清华师者

主 编 ◎ 覃川

副主编 ◎ 程曦 周襄楠 曲田

清华大学出版社
北京

本书封面贴有清华大学出版社防伪标签，无标签者不得销售。
版权所有，侵权必究。举报：010-62782989，beiqinquan@tup.tsinghua.edu.cn。

图书在版编目(CIP)数据

清华师者/覃川主编. —北京：清华大学出版社，2021.4
ISBN 978-7-302-57938-0

Ⅰ.①清… Ⅱ.①覃… Ⅲ.①清华大学－优秀教师－生平事迹 Ⅳ.①K825.46

中国版本图书馆CIP数据核字(2021)第061481号

责任编辑： 刘　晶
封面设计： 李伯骥
版式设计： 方加青
责任校对： 王荣静
责任印制： 宋　林

出版发行： 清华大学出版社
网　　址： http://www.tup.com.cn，http://www.wqbook.com
地　　址： 北京清华大学学研大厦A座　　**邮　编：** 100084
社 总 机： 010-62770175　　**邮　购：** 010-62786544
投稿与读者服务： 010-62776969，c-service@tup.tsinghua.edu.cn
质 量 反 馈： 010-62772015，zhiliang@tup.tsinghua.edu.cn
印 装 者： 三河市金元印装有限公司
经　　销： 全国新华书店
开　　本： 185mm×260mm　　**印　张：** 22.25　　**字　数：** 512千字
版　　次： 2021年4月第1版　　**印　次：** 2021年4月第1次印刷
定　　价： 89.80元

产品编号：092863-01

序

百年大计，教育为本。教育大计，教师为本。

师者，是一所大学最宝贵的财富。教书育人的故事，是大学校园中最动人的故事。

正如清华大学党委书记陈旭在清华大学2020年教师节庆祝大会上所讲到的："有一流的教师才有一流的教育，才能培养出一流的人才。清华近110年的历史长河里，名师荟萃、鸿儒云集，他们爱国爱校的赤子情怀、倾心育人的大师风范、严谨治学的扎实作风，积淀为清华教师的宝贵精神传统。尽管岁月流逝，但始终代代相传，在新时期焕发出更加绚丽的光彩。"

在清华大学110周年校庆之际，我们精选了近10年在清华新闻网和清华大学校报《新清华》上发表的84篇人物报道，以发表时间为序，汇集为这本《清华师者》，讲述84位师者立德树人、传道授业的动人故事。

师之大者，为国为民。89岁的张光斗先生为了严把三峡工程质量关，坚持爬上40多米高的脚手架检查导流底孔施工质量，直爬得两手发凉、两腿发颤，给在场的建设者和学生上了生动难忘的一课。

师风师德，代代传承。化工系金涌、魏飞、张强老师是师门三代。他们始终把国家的需要作为自己的选择，并让这种精神在代代传承中不断发扬光大，课题组中走出了9位清华大学特等奖学金获得者和8位学术新秀。

以生为本，因材施教。计算机系邓俊辉老师说："每代人都有其伟大之处，我们的任务就是帮助孩子们去实现他们的伟大"，要"尽最大努力关注每一位学生，倾听其心声，助力其成长"。

立足前沿，科教融合。航天航空学院张雄教授坚持在学术上蓄好"一缸水"，把自己在科研中关注的问题、取得的成果融入教学，让学生切实体会到科研的乐趣和意义。

以课育心，以教载道。中文系孙明君教授从古典诗词的韵律之美入手，启发学生，唤醒他们心中的诗意，打开研习文化的一扇窗。

以赛促教，精益求精。每届"青教赛"的备赛过程，都是老、中、青三代教师集中研讨教学理念、淬炼教学艺术的"练功"之旅。130多次试讲，三四百张幻灯片，即使吃饭也塞着耳机倾听自己的讲课录音查找纰漏……马克思主义学院青年教师李蕉通过精心打磨，用扎实的内容、精彩的思辨赢得了比赛，也赢得了学生。

教师的行为本身就是最好的教育。在这本书中，我们可以读到很多"一棵树摇动另一棵树，一朵云推动另一朵云，一个灵魂唤醒另一个灵魂"的感人故事。清华大学建筑学院教授吴唯佳至今记得20多年前的一个雨夜，吴良镛先生披着雨衣冲进他在三号楼的宿舍，了解他的学习情况和需求的情景。还有一位博士生曾满怀深情地这样写道："我无法忘记吴先生带着我完成的一次古都之行。他这么大的年纪，领着我从北京古城的景山到什刹海，在葱葱绿荫的胡同里穿行，还买了一块特别好吃的烧饼让我品尝。那一刻，我深知他心中巨大的爱，我对这个城市的爱也被他点燃。"

　　清华的老师们常常说，得天下英才而育之，是自己最大的幸运。而清华和学生们的幸运则在于，园子里始终有这么一批既站在学术前沿，又把教书育人看得最重的师者。他们数十年如一日，用心用情做好教学这个"良心活"，培育出一批批学术大师、兴业英才、治国栋梁，为一流大学建设打好坚实基础。

　　清华师者的动人故事还在不断涌现，我们也会继续努力，写好这些教书育人的故事。谨以此书献给清华大学110周年校庆！

目 录

把一生的爱献给祖国的江河——记我国水利水电工程专家、教育家张光斗 …………… 1

人民得安居　毕生情所系——记"国家最高科学技术奖"获得者清华大学建筑学院教授
　　吴良镛院士 ……………………………………………………………………………… 9

筑起城市供水的安全屏障——记 2012 年"全国五一劳动奖章"获得者、环境学院教授
　　张晓健 …………………………………………………………………………………… 17

跟学生在一起，很幸福——记"北京市高等学校教学名师奖"获得者吴冠英教授 ……… 20

点燃学生的求知之火——记"北京市高等学校教学名师奖"获得者姚强教授 …………… 23

做英语写作的快乐导游——记"北京市高等学校教学名师奖"获得者张文霞教授 ……… 26

清华一甲子　桃李天下芳——记 2013 年"清华大学突出贡献奖"获得者金国藩院士 … 29

从光华路到清华园，探索艺术与科学的融合——记 2013 年"清华大学突出贡献奖"
　　获得者王明旨 …………………………………………………………………………… 32

丹心为国为民　赤诚育人育才——记 2014 年北京高校优秀共产党员清华大学
　　教授胡鞍钢 ……………………………………………………………………………… 36

石如人生　不忘初心——记 2014 年北京高校优秀共产党员、清华大学水利系教授
　　张建民 …………………………………………………………………………………… 40

化学课上讲故事学知识——记"北京市高等学校教学名师奖"获得者、化学系教授
　　李强 ……………………………………………………………………………………… 44

做学生成长路上的"筑梦师"——记 2014 年北京市教学名师、历史系教授张国刚 …… 48

一片丹心写三尺讲台春与秋——记"北京市高等学校教学名师奖"获得者、材料学院
　　教授姚可夫 ……………………………………………………………………………… 52

姚期智的清华十年：A+！ …………………………………………………………………… 55

王继明：清华园中的世纪学者 ………………………………………………………………… 63

在奋斗中架构土木结构工程的"高楼大厦"——记 2015 年全国先进工作者、土水
　　学院教授聂建国 ………………………………………………………………………… 67

生命的意义在于不断前行——记 2015 年"清华大学突出贡献奖"获得者李衍达 ……… 71

为梦想的又一段征程披荆斩棘——记 2015 年"清华大学突出贡献奖"获得者左焕琮 … 74

明德如君　以诗育心——记"北京市高等学校教学名师奖"获得者、清华大学人文学院
　　教授孙明君 ……………………………………………………………………………… 77

格非：没有文学的人生太可惜 ………………………………………………………………… 81

不留痕迹才是最理想的教学——记"北京市高等学校教学名师奖"获得者、自动化系副教授王红 … 89

讲台上的光荣与梦想——记"北京市高等学校教学名师奖"获得者、航天航空学院教授张雄 … 92

一生情系清华　爱洒陇西学子——清华老教授赵家和的生命之歌 … 95

生命园地沁芬芳——记中国科学院院士、生命科学学院教授李蓬 … 102

面对面——柳百成："80后"回看学术人生 … 105

共建美丽中国　呵护美丽蓝天——记中国工程院院士、清华大学环境学院院长贺克斌 … 112

一步一个脚印，实现创新梦想——记中国科学院院士、电子工程系教授陆建华 … 116

专业求精深　心志存高远——记2016年北京市优秀共产党员、核研院院长张作义 … 120

积极奋进扎沃土　锐意创新溢芬芳——记优秀共产党员、化工系副教授张强 … 123

立足中国　网络世界——记中国工程院院士、计算机科学与技术系教授吴建平 … 127

周立柱：花甲之年筚路蓝缕　执着奉献不忘初心 … 131

让工程教育成为强大的创新引擎　访联合国教科文组织国际工程教育中心秘书长王孙禺 … 134

做教学学术和实践的"先行者"——"北京市高等学校教学名师奖"获得者、清华大学电机系教授于歆杰 … 137

岳光溪：在工程一线实践科学 … 140

点亮身边的读书"种子"——记"北京市高等学校教学名师奖"获得者、清华大学历史系教授彭刚 … 144

史元春：教研路上永远年轻 … 148

关肇邺：清华园里，将时光凝固成诗 … 151

薛其坤：投身中国科研的"黄金时代" … 157

薛健：热爱的事业才不会觉得辛苦 … 164

赵蓉：努力提升学生的格局和能力 … 166

做科学秘境中的女探险家——记第十三届"中国青年女科学家奖"获得者、清华物理系教授周树云 … 169

化作滴水汇江河——追记我国水利水电工程专家、清华大学水利系教授谷兆祺 … 172

钢铁是怎样炼成的——记清华大学航天航空学院教授郑钢铁 … 181

六十载光阴躬耕讲台——记"首届清华新百年教学成就奖"获得者钱易 … 185

桃李不言　下自成蹊——记"首届清华新百年教学成就奖"获得者曾攀教授 … 189

巧耕心田拨云雾　甘做助擎朝九天——记清华大学航天航空学院教授、"宝钢优秀教师特等奖"获得者李俊峰 … 193

思想无边界　追问不停止——记清华大学首批文科资深教授汪晖 … 198

解密人生——记中国科学院院士、清华大学高等研究院讲席教授王小云 … 204

波澄荫群木　永日淇清华——记2017年"清华大学突出贡献奖"获得者、化工系

　　教授金涌院士 207

在国家急需领域做科研的"探矿者"——记中国工程院院士、清华大学材料学院

　　教授周济 213

玖韵保芳华——贺环境学院许保玖先生百岁华诞 217

清华"女神"肖星教授：三尺讲台品人生，私募领域展巾帼 223

清华大学"良师益友"卢麾：可以和他谈理想人生，也可以和他谈笑风生 226

他去青海做追光者——记清华大学优秀共产党员、青海大学新能源光伏产业研究

　　中心主任梅生伟 228

为讲台而赛　为清华而战——记"第四届全国高校青年教师教学竞赛思政课专项组一等奖"

　　获得者李蕉 231

对教学永葆敬畏之心——记"第四届全国高校青教赛工科组一等奖"获得者李威 235

一名体育教师的光荣与梦想——记"第四届全国高校青年教师教学竞赛文科组一等奖"

　　获得者彭建敏 239

春华秋实——93岁的清华教授说，教学"对我是最高的奖赏" 242

冷冻电镜下的为师之道——记2018年北京市师德榜样、清华大学生命科学学院

　　院长王宏伟 246

吕冀蜀：办趣味课堂　燃军旅梦想 249

识邓公好比遇美酒——记清华大学计算机系教授邓俊辉 252

积极忘我，至心为人——记清华大学第十六届"良师益友"奖获得者张羽 255

人工智能六十载　耄耋之年仍少年——记清华大学人工智能研究院院长、计算机系

　　教授张钹院士 257

中国心脏外科事业的"拓荒者"——记清华大学第一附属医院首席顾问专家、心脏

　　中心主任吴清玉 260

从未放弃过对创新和进步的追求——记清华大学公共安全研究院院长范维澄 264

"如果有来生，还是选择当一名老师"——记清华大学马克思主义学院教授肖贵清 267

初心不忘　责任在肩——记清华大学汽车工程系教授帅石金 270

摩擦学领域的引路人——记清华大学机械工程学院院长雒建斌院士 273

用生命与时间赛跑的人——深切缅怀清华大学网络科学与网络空间研究院副院长

　　毕军教授 276

人生悟理　物理人生——记"清华大学突出贡献奖"获得者朱邦芬院士 280

驰骋在智能汽车科技创新的广阔征途中——对话中国工程院院士、清华大学车辆与

　　运载学院教授李骏 285

让未来更好，就是让一切更好——对话未来实验室首席研究员郑址洪 291

把设计融入生活　用建筑承载使命——记中国工程院院士、建筑学院院长、清华

　　建筑设计研究院院长庄惟敏 294

周礼杲：从清华教授到澳门"双料"校长 298

李景虹院士：当好科研"领路羊" ……………………………………………………………304

微观生物　止于至善——记中国科学院院士、清华大学生命学院教授隋森芳 …………307

中国存储系统的先行者——记中国工程院院士、清华大学计算机系教授郑纬民 ………310

燃赤心以奉献　恒兀兀以穷年——记中国科学院院士、清华大学生命学院教授
　　谢道昕 ………………………………………………………………………………315

从精深学习、到学术追梦、到创新教育——记中国科学院院士、清华钱学森力
　　学班首席教授郑泉水 …………………………………………………………………318

"中国青年五四奖章"获得者付昊桓：计算无极限，挑战无止境 ……………………322

追思"建筑仁者"李道增——先生之风　山高水长 ……………………………………325

耗尽光与热，平凡的人和他不平凡的人生——记清华大学化工系退休教授杨基础 ……332

蒙克：关注现实　以人为本 ………………………………………………………………339

结缘稀土　深耕一生——对话中国科学院院士、清华大学化学系教授张洪杰 …………342

把一生的爱献给祖国的江河

——记我国水利水电工程专家、教育家张光斗

这是瘦削而苍劲的身躯，70年来，承载着一颗智慧的心灵走遍了祖国的山山水水。

从英俊青年走成耄耋老者，如今，这位95岁高龄的老人，背像弓一样曲驼，目光也不再清亮，但他的思维却异常敏锐深邃，谈起自己为之殚精竭虑奋斗一生的中国水利水电事业，仍是满怀眷恋，心存忧虑。

张光斗（1912—2013），水利水电工程专家和工程教育家，中国水利水电事业的主要开拓者之一。

他佝偻着身子，拿着一柄放大镜，颤抖着手在电脑上用超大字体一字一句地敲击着。他每天要阅读大量资料，他关注水利水电建设，关注水资源和环境保护，关注人民生活，关注高等教育和科技创新。他的血脉中跳动着一颗赤子之心，仿佛长江黄河鼓荡着春潮，汹涌澎湃，奔流不息……

他就是我国著名水利水电工程专家、教育家，我校水利系教授张光斗先生。

国家为重　情系人民

1937年秋，一艘法国白轮载着风尘仆仆的归国青年张光斗从汉口沿长江逆流而上。那一年，他25岁。

船行至三峡时，他不禁为大自然鬼斧神工造就的壮美山川发出赞叹："好一个优越的水利水电地址！"他想起孙中山先生兴建三峡工程的宏愿，更忘不了日寇侵华的国仇家恨，梦与痛一起涌上心头。他此行的目的，是去四川龙溪河为抗战兵工厂开发水电资源，为中国建造第一批完全依靠自己力量设计、施工的水电站。

山河破碎风飘絮，祖国的内忧外患让年轻的张光斗坚定科技报国、江河安澜、为民造福的人生追求。"我选择水利事业的原因只有一个，就是国家和人民的需要。"在张光斗的自传《我的人生之路》中，胸怀祖国、热爱人民的情怀清晰可见："我的童年梦想，就是

看到中国强大起来，不再受人欺负。选择水利专业，是认为它可以为民造福。"

1934年秋，张光斗从上海交通大学毕业后考取了清华大学水利专业留美公费生。出国前，他到国内各水利机构和工地考察、实习，看到多地洪涝灾害频繁，水利事业不兴，人民生活艰苦，更加激发了他奋发求学、以水利事业为民造福的决心。

在美国获得两个硕士学位后，张光斗又获得了哈佛大学攻读博士学位的全额奖学金。此时，抗日战争爆发了。爱国心切的他毅然谢绝了导师的再三挽留，辗转多日，回到了战乱中的祖国。他说："'国家兴亡，匹夫有责'，我留在美国，心有不安。"对张光斗来说，优厚的物质利益怎能敌得过对祖国江河的拳拳爱恋！

从1937年到1942年，张光斗与工程技术人员和工人们一起艰苦奋战，在四川建成了一批小型水电站，为当时的军工生产提供了电力，支援了抗日战争。抗战胜利后，张光斗在工作中积累、保存了大量有关我国水资源蕴藏量和水文勘测的宝贵资料。1948年，国民党政府的资源委员会要求张光斗把所有重要的技术档案和资料图纸都装箱转运台湾。在中共地下党的安排和协助下，张光斗冒着生命危险将这批档案和资料保存了下来，成为国家"一五"期间水电建设的重要依据。新中国成立前夕，在华工作的美国水电工程师力邀张光斗赴美工作，他也谢绝了。他说："我是中国人，是中国人民养育、培养了我，我有责任为祖国的建设服务，为养育我的老百姓效力。"

他把自己的一生毫无保留地奉献给了祖国，奉献给了人民，奉献给了水利水电事业。

踏遍江河　丹心未老

从张光斗参与设计、指导的一系列水利工程中，我们可以清晰地看到他在神州版图上跋涉的足迹。正如人们评价的那样：在中国，从黄河上游的龙羊峡、拉西瓦到长江中下游的葛洲坝、三峡，从雅砻江的二滩到红水河的龙滩，没有哪一座重要的水坝在遇到重大技术难题时，没有得到过张先生的指导；而直接聆听过张先生教诲，得以在工程建设中攻克难关的中国水利工程师，更是难以计数。

俗话说，有人走过的桥比别人走过的路还多。张光斗就是佐证。他看过并且亲手触摸过太多的大山大水、穷山恶水、青山秀水。70年来，除了在清华园传道授业，他的大部分时间都是在崇山峻岭、急流险滩间度过的。对工程现场，他有一种近乎执著的热情，艰难困苦甚至死亡都被他置之度外。

为了查勘到第一手资料，张光斗经常像壁虎一样匍匐爬行于悬崖峭壁，有时甚至露宿荒郊。头戴安全帽，脚蹬没膝高的黑色胶靴，和工人们一道下基坑，爬脚手架，这就是张光斗在工地常见的形象。

中国的水力资源蕴含量居世界第一位，但由于河流洪水流量大、泥沙含量多等特点，开发困难较大。自20世纪50年代以来，张光斗曾先后为官厅、三门峡、荆江分洪、新安江、丹江口、葛洲坝、二滩、小浪底、三峡等数十座大中型水利水电工程提供技术咨询，为中国水利水电事业的发展提出了许多指导性建议。

他曾负责设计了我国华北地区库容最大的密云水库。整个枢纽包括两座主坝、5座副坝、3座开敞式溢洪道等共19座建筑物，总库容44亿立方米，为潮白河下游防洪、灌溉和缓解首都北京供水紧张起到了极为重要的作用。他在设计中大胆创新，采用了大面积深覆盖层中的混凝土防渗墙、高土坝薄黏性土斜墙、土坝坝下廊道导流等革新技术，这些技术措施在当时的国内均属首创。一年拦洪，两年建成，这在世界水利工程史上也是不多见的。周恩来总理高兴地称赞密云水库是"放在首都人民头上的一盆清水"。

对葛洲坝工程，他提出炸掉原处于江中的葛洲坝岛，以增大二江泄洪闸和大江电站布置的空间。这一建议对改进枢纽水流河势，保证大江截流和扩大电站装机，具有战略性的意义。

对二滩拱坝枢纽布置，他坚决主张坝内、坝外多种方式结合的泄洪方案，并形象地将此方案比喻为"不能把所有鸡蛋都放在一个篮子里"，这个比喻一直被同行专家们传为佳话。

对于三峡水利枢纽工程，三期施工导流底孔方案是他提出来的。这一方案的实施对保证三峡工程施工期黄金水道的顺利通航和整个工程的按期完成发挥了重要作用。他对三峡工程一直魂萦梦牵，情有独钟。他是三峡工程规划、设计、研究、论证、争论以至开工建设全过程的见证人，倾注了满腔热情和艰辛努力。

他长年奔走于长江、黄河，奔走于江河湖海工程一线，为祖国的水利水电建设栉风沐雨。

岩土工程专家、水利系退休教师濮家骝教授至今记得一次难忘的旅程。那是1975年8月，濮家骝陪张光斗到宜昌进行葛洲坝复建的设计审查和指导。当时洪水肆虐、京汉铁路中断，交通瘫痪，好不容易等到了第一列从北京经襄樊开往汉口的临时列车。没有确定的到站时间，没有饭食，甚至也没有水，63岁的张光斗还是毫不犹豫地坐上了硬座。在长达40小时的旅程中，张光斗的情绪始终非常饱满。到了宜昌，他也不坐设计院派出的车，就凭一双脚，走遍、看遍整个工地。

到了晚年，很多高空、高海拔、深水等危险地带大家都不让他去，但他常常不管不顾，拦都拦不住。"工人能去，我为什么不能去？""你们是不是想搞鬼，不敢让我看啊？"这都是他冲破"阻挠"的口头禅。

1995年10月18日上午，83岁的张光斗神采奕奕地抵达黄河小浪底工地，下午就马不停蹄赶到大坝基坑察看防渗墙，第二天一早又一头钻进导流洞，在这"地下迷宫"巡视了一上午。"小浪底工程必须万无一失。你们不要骂我老保守。防渗墙就天衣无缝？我是不相信。"他半开玩笑又带着几分严肃地对施工负责人说。第三天，他早早就到石门沟料场去了。淅淅沥沥的秋雨把路面淋成一片泥泞，汽车打滑开不动，人们劝他到这里就行了。他反问："人家怎么过去的？"陪同的人告诉他都是走过去的。"人家走过去，我们也走过去。"他深一脚浅一脚地走到土料旁，弯腰抠了一团泥巴，放在手心搓成直径1厘米粗细的泥棍，满意地赞许："这里的土黏性很好，不错！"三天时间，他走遍了小浪底工地，那双粘满泥土的大胶鞋在黄河岸边留下了他深深的脚印。

2001年春，作为三峡工程质量检查专家组副组长，89岁的张光斗到三峡工地检查导流底孔施工质量。他深知高速水流对底孔过水表面平整度的要求极为关键，为了掌握第一手材料，他坚持从基坑顺着脚手架爬到55米高程的底孔，检查混凝土表面的平整度。当他用手摸到表面仍有钢筋露头等凹凸不平的麻面时，当即要求施工单位一定要按照设计标准返工修复。对于一位年近九旬的老人来说，爬40多米高的脚手架，其难度可想而知。张光斗个性好强，在脚手架上还不让人搀扶，坚持自己走。助手王光纶碰触到他冰凉的手，知道他已经精疲力竭了，艰难迈出的两腿已在微微发颤。在由底孔向下返回的爬梯上，王光纶怕他腿软撑不住滑下去，只好在他前面慢慢地走，挡着他。即便如此，张光斗还是坚持查看了两个底孔。事后他对带队的全国政协副主席、质量检查专家组组长钱正英说："我实在是爬不动了，要是还有力气能爬，我一定再去多检查几个底孔。"当钱正英在质量检查汇报会上告诉大家，张先生为了严把三峡质量关，硬要爬脚手架，直爬得两手发凉、两腿发颤时，与会者无不深深感动。时任三峡总公司总经理的陆佑楣院士在答谢专家组的发言中谈及此事时，情不自禁地流下了眼泪，他哽咽着说："老先生为了三峡工程能如此尽心，我们这些在第一线工作的人员怎么能不把三峡工程做好呢！"

这是张光斗最后一次去三峡。他爬脚手架的身影深深铭刻在三峡人的心里。他宵衣旰食的身躯，仿佛永远有着一股强悍的力量！多年来，他数次与死神擦肩而过，甚至目睹二滩首任设计总工程师被飞石砸中，牺牲在自己身边。但所有这些，都没有使他的步伐产生丝毫犹疑。

才补造化　脚踏实地

早年在美国垦务局实习的经历对张光斗一生影响至深。他之所以能在如此众多的水利工程中发挥举足轻重的作用，并且能够切中要害地指出工程的关键问题，很大程度上要归功于他对现场查勘的极度重视，对国情、水情和施工过程的了如指掌。他始终把握着中国水利建设的需求和发展脉搏。

他极为严谨，耄耋之年依然拿着那柄特制的放大镜，对着大部头的报告或文件，一字一句地仔细审阅。那场景令人肃然起敬。

很多人都说张光斗"倔"。的确，只要是认准的理，他一定会不屈不挠地坚持。"倔"的背后，是对国家对人民的高度负责。他经常用中外水电史上一些失败的例子告诫年轻的水电工程师：一根残留的钢筋头会毁掉整条泄水隧洞，一定要"如临深渊，如履薄冰"。

早在1958年负责设计密云水库时，张光斗的这一性格就得到了充分体现。当时有个别学生为了节省投资，想抽掉廊道内的钢筋。张光斗苦口婆心地讲明利害，从晚上7点一直讲到次日凌晨4点，得出了不同意抽掉钢筋的结论。可就在张光斗出差的间隙里，钢筋还是被抽掉了，进水塔也被去掉，造成了非常危险的局面。回到工地后，张光斗惊讶地发现进水塔没了，廊道内的钢筋被抽掉了。同事告诉他说，这是系党总支的决定，只能服从。张光斗的拗劲儿一下子上来了："你应该把人民的利益放在第一位，这才是真正服从党的领导。廊道抽掉钢筋，泄洪是很危险的，下游有千百万人民，这样如何对得起党和人民？"

心急如焚的张光斗在河边来回走了两天。同事以为他想不开，一直紧紧跟着。张光斗说:"我不会跳河,我是在想办法。"后来他因所谓"搞专家路线"遭到批判,但他毫不介意,依然努力工作。最终,他说服总指挥部补建了进水塔,在廊道已经开始导流无法进人的情况下,又设法采取了在水中锚固门槽混凝土的补救办法。

周恩来总理得知此事后,深感不安。他做出三点指示:不准张光斗离开工地;图纸必须由张光斗签字;技术上相信张光斗,不勉强他同意他认为不对的意见。总理的信任让张光斗毕生感念,也成为激励他不断克服困难的一份动力。

在那个处处以苏联专家意见为圭臬的特殊年代里,在陕西潼关、安徽佛子岭和四川狮子滩等地,张光斗多次坚持自己的正确观点,与苏联专家的不正确意见针锋相对,屡遭批判却毫不畏缩,他的意见最终被采纳。

1961年暑假,张光斗等8人应长江流域规划办公室(简称"长办")之邀赴丹江口工程检查。接待方面是吃好住好,却既不提供技术资料,也不让走,这样反常的情况令张光斗心生狐疑。他借了一辆吉普车,独自来到工地。这一看,发现了大隐患:不仅混凝土施工存在很多质量问题,而且混凝土配合比也不合理,很可能发生危及大坝安全的严重裂缝事故。他向上级层层汇报,力陈己见,驳斥用所谓的统计理论解释这一问题的观点。水电部领导十分重视他的意见,当即向工地派出了工作组,证实了他所反映的问题确实存在,而且不久后混凝土中出现的大量贯穿性裂缝,更说明了问题的严重性。周总理果断下达了停工整顿两年的命令,经过整顿,复工后加固,大坝终于实现了良好的运转。有位专家深有感触地说:"若非如此,将是后患无穷。"

即便是身处极端艰难的逆境,张光斗的责任意识和奉献精神也一如既往。1976年7月,唐山大地震波及密云水库,大坝上游砂砾石保护层发生滑坡,正在黄河小浪底勘察的张光斗被急召回京。当时正值"文革"后期,他还属于被审查的对象,工宣队负责人明确向他宣布:"此次抗震加固设计方案你要负责,但不能在图纸上签字。"蒙受如此不公正的待遇,张光斗还是义无反顾地投入到抢险加固工程中。他说:"我是为人民工作的,不是为哪一位长官工作的。让我签字也好,不让我签字也罢,反正我要对老百姓负责。"

苟利国家生死以,岂因祸福避趋之。再苦再难,能为国家和人民工作,他便心安。

晚年的张光斗担任国务院三峡工程质量检查专家组副组长,从二期工程开始进驻三峡后,他依然保持着明察秋毫、"六亲不认"的作风,不断提出问题和建议。一个公认的事实是,三峡三期工程的质量堪称世界一流,专家组功不可没。

不惟书,不惟上,只惟实。这九个字可谓张光斗的传神写照。全国人大代表、水利系教授周建军清楚地记得,自己和张先生的相知源于一场与三峡工程有关问题的激烈争辩。当时两人各执一词、不欢而散,但是仅仅过了两天,张光斗就用颤抖的手、歪歪扭扭地亲笔给周建军写了一封信,向他表示歉意,承认自己的错误、肯定周建军的意见。这时的张光斗已是85岁高龄,是大家公认的学术泰斗,向一个35岁的年轻人认错,令人难以置信!周建军非常感动,自此,他和张光斗成了忘年交。周建军说,自己从张先生那里学到的最重要的道理就是:做水利这一行,即便是专家、教授也不能保证永远正确,但一定要讲自己认为正确的事。一旦发现错了,要勇于承认错误。在技术领域不能顾面子。

这样一个"倔"老头儿,在大多数时候,其实是个相当"保守"的人。保守,为的是万无一失。对于曾被周总理称为"放在首都人民头上的一盆清水"的密云水库，张光斗对其设计的考虑更是慎之又慎。1960年水库基本完工后，他嘱咐几个青年教师常驻工地，对全部设计从计算到图纸直到实际施工结果，做全面仔细的核查，务求不留任何隐患。3年间查出的10项重要问题很快逐项得到补救。此后40多年时间里，这些关键部位从未发生过重大事故，保证了密云水库源源不断地为首都供应优质饮用水和生活用水。

安全在张光斗心目中拥有压倒一切的地位。在图书馆特藏室，我们看到了几份张先生在三峡工程《现场设计工作简报》上的批示。在1995年1月20日的一期中，他这样写道："要不惜工本，保证安全。"

但是，在严格遵循科学规范的基础上，他又总是最具革新精神的。比如黄河在下游是地上悬河，过去从没有人敢在下游对黄河大堤"动刀子"，张光斗就敢。1951年，他主持设计黄河人民胜利渠首闸时，首次在黄河下游破堤取水成功，创造了一个不可思议的奇迹。

在新世纪，他把这样的精神传递给了下一代。陆佑楣在三峡总公司的会上就曾专门提到张先生对他的教诲："一个总工程师，如果只会照规范做，不敢在科学分析的基础上突破规范去创新，就不是一个好的总工程师。"

上善若水　师者楷模

1949年10月，张光斗到清华水利系任教，开始了他的教学生涯。

他的学生、水利系教授张仁至今还清晰地记得张光斗上课的情形："张先生讲专业课非常生动，带来了一股新鲜空气。"张仁说，过去的专业课讲理论比较多，实际内容少。张光斗有非常丰富的实践经验，从规划设计到施工都非常了解，所以他经常会讲些具体生动的例子，同学们都非常感兴趣，觉得与实际联系得很紧。水利系1965届毕业生陈士贵终生难忘张光斗的水工结构课："他的课不光讲书本知识，还有很多工程实际，同学们都像听故事一样。"

20世纪50年代初，张光斗率先在国内开设了水工结构专业课，编写了第一本《水工结构》中文教材，建立了国内最早的水工结构实验室，培养了国内首批水工结构专业研究生。60年代，他花费大量精力，搜集国内外资料，结合个人多年工程实践的经验，编写了一部《水工建筑物》专著，可惜几百万字的书稿在"文革"浩劫中散失了。改革开放后，他数年辛勤努力，每日伏案疾书数小时，手持放大镜重新著书立说，相继出版了《水工建筑物》上、下册,《专门水工建筑物》三部专著，以此作为他对祖国高等工科教育的再次奉献。

张光斗非常重视教学工作，即使到了耄耋之年仍亲自给学生讲"水工概论"和"水资源可持续发展"课。他手拿放大镜讲课的情景令许多学生终生难忘。他十分注重理论的严谨和概念的准确，更注重理论与生产实际相结合。他常常告诫学生："理论计算、设计图纸，必须在实际中得到落实和验证，如果现场施工控制得不好，再好的设计也是白费！"他最厌恶不切实际的夸夸其谈，特别要求各级施工的组织者和工程技术人员，要把很大的精力和注意力放在现场。他反复强调说，工科生不能只待在学校和实验室里，要走出去，到工地上去，和工人们一起劳动。要获得真本事，没有实践是万万行不通的。在他的带领下，水利系学生在密云水库接受实践教育，提出"真刀真枪做毕业设计"。这一经验已成为我校一条非常重要的办学理念。

张光斗执教58个年头，学生逾5000人，许多人已成为国家水利水电事业的栋梁之材，其中包括一批国家重大水利水电工程设计和建设的总工程师，多名国家设计大师，还包括10多位两院院士。

对高等工程教育问题，张光斗多年来有着深入的思考。他认为中国的高等工程教育一定要适应国情，满足我国工业建设的需要，要与工业企业相结合；科学理论基础要扎实，还要有最基础的工程教学，有设计和生产实习；科研工作既要有科学研究也要有技术开发；他还特别强调要培养学生的能力和创新精神。

20世纪八九十年代，张光斗从清华大学副校长和水科院院长的职位上退了下来。然而心系教育的他仍然没有闲暇。他常到国内外走访，考察国内外高等教育状况，并对中国高等教育的发展提出了许多建议和思考，陆续发表了多篇有关高等工程教育的文章。

如今的张光斗已经告别教学一线，然而对学生、对教学科研，他仍是那么牵肠挂肚。

他高度重视学生的德育，发表文章谈工科大学的培养目标和培养模式，再三强调工科大学要培养社会主义建设者和接班人，首先就是德育。水利系每年的开学和毕业典礼他都要参加，并亲自给学生们做报告，从国家需求讲起，十分感人。许多思想动摇的学生听了他的演讲都坚定了投身祖国水利水电事业的决心。水利系主任余锡平教授说："在开学和毕业典礼上聆听张先生的教导，已成为一代代清华水利学子共同的记忆和宝贵的财富。每一次典礼，当张先生步入会场的时候，全体师生自动起立，掌声经久不息。"余锡平说，自己在水利系这些年，参加过各种各样的聚会，但能够受到这样礼遇的惟有张先生一人。2005年，已经93岁高龄的张光斗由于身体不适，不能出席水利系本科生的开学典礼，但他仍然准备了书面发言，勉励学生要好好学习，将来报效国家，服务人民。

他十分关心青年教师的成长，给几代水利系教师以教导和帮助。他告诫青年教师少务虚，多务实，紧密结合生产实际开展科学研究。青年教师从他身上不仅学到了宝贵的知识和经验，更学到了做学问和做人的道理。水利系教授王光谦回忆说，自己担任全国政协委员后，社会活动增多了。张先生多次请别人传话给他，告诫他别瞎跑，别荒废了专业。王光谦谨记先生的教诲，每年一定要抽出一定的时间到水利水电一线去。

张光斗对学生最大的期望就是他们能够好好成长，爱祖国，爱人民，懂奉献，多为祖国和人民做实事。他自己尽管有着很深的西学背景，但从未因为留过洋而自矜自傲。这位从贫弱的旧中国走过来的老人深爱着祖国，也深深眷恋着祖国的语言和文化。在张光斗看来，理工科的学生同样需要一定的人文知识，需要了解自己民族的传统，熟悉自己的文化。"传统中是有许多优良的东西需要我们来继承的。比如孔子，他的许多思想值得我们去借鉴。当然传统中也有糟粕，不过我们可以把那些好的发扬光大，不好的就抛弃。"张光斗的话朴实无华却富有辨证色彩。针对目前大学生大多使用电脑写文章的现象，他表示担忧："有好多学生已经不会用手写字了，不了解自己的文字了"，言谈中充满了遗憾。在清华任教这么多年，张先生一直坚持用手写字，直到最后无法握笔为止。

不知有多少人因深受张光斗的影响而走上了水利道路，这样的例子不胜枚举。水利系2005级硕士生但萍的一句话，更是让我们怦然心动。但萍是重庆长寿人，那里是中国小水电的发源地，是张光斗70年水利生涯的起始点。但萍的爷爷曾在20世纪40年代参加过由张光斗负责设计的重庆狮子滩电站的建设工作，对张先生非常敬佩。高考时，但萍选择了清华水利系，因为爷爷对她说："清华有个张光斗！"

"清华有个张光斗！"

这句话用爽利的重庆话说出来，是多么掷地有声，滚烫贴心！我们知道，在祖国的山山水水间，这句话一定还会以各种不同的口音回响，流传……

记者　卢小兵　程曦
学生记者　常迎春　张艳秋　龙洋子
《新清华》2007年5月18日刊发

人民得安居　毕生情所系

——记"国家最高科学技术奖"获得者清华大学建筑学院教授吴良镛院士

960万平方公里的国土，有锦绣山河，也有巍峨城郭。中国人世世代代居住的地方，灾难与建设无数次改变了它们的面貌。

这片土地会记住这样一位老人：他用近70年的时间读万卷书、行万里路，探索中国建筑与城乡规划的发展道路，为新世纪人居环境建设指明了方向。

岁月和疾病使他的脚步不再像当年那样迅疾、矫健，却挡不住他探索的激情。年届九旬的他依然活跃在学术舞台上，为缔造和谐社会与美好的人居环境而辛勤工作。

他，就是我国著名的建筑与城乡规划学家、建筑教育家，人居环境科学的创建者，清华大学建筑学院教授吴良镛。

吴良镛，我国著名建筑学家、城乡规划学家和教育家，人居环境科学的创建者。

2012年2月14日，他从国家主席胡锦涛手中接过了"国家最高科学技术奖"证书。

这是中国科技界的最高荣誉。这本殷红色的奖励证书，承载着祖国和人民对他毕生探索的真挚谢意与崇高敬意。

苦难中迸发的建筑梦

20世纪上半叶，中国大地战火纷飞，吴良镛的成长历程中饱含着流离失所、国破家亡的民族血泪，这促使他义无反顾地走上学习建筑的道路。少小时被典当人威胁要揭走屋瓦，不得不带着伤寒高烧的妹妹告别祖居；日军铁骑逼近南京，加入逃难者队伍的他从此开始颠沛流离；大学入学考试最后一科刚刚结束，轰炸机的阴影就降临合川，死伤无数，毁掉半座城池的大火直到次日还在熊熊燃烧。青年吴良镛背井离乡，目睹国土的沦丧，层层累积的苦难激发了他重建家园的热切愿望。1940年，他走进了中央大学建筑系。

1943年，在中央大学图书馆的暗室里，吴良镛看到了一批通过"驼峰航线"运来的国外建筑杂志缩微胶卷。他惊讶地发现，同样饱受战乱侵扰的西方，建筑界并不是无所作为，而是信心百倍地放眼未来，致力于战后城市重建和住宅建设的研究。国破山河在！战后重建的美好愿景如同一道划破黑夜的闪电，照亮了这个建筑学子的心。

抗战胜利后，刚毕业两年的吴良镛应梁思成之邀，协助他创办了清华大学建筑系。建系之初，梁思成赴美讲学，吴良镛和梁思成夫人林徽因成为系里最初的两名教员。1948年夏，梁思成推荐吴良镛去美国匡溪艺术学院深造。在世界著名建筑师沙里宁的指导下，吴良镛开始探索中西交汇、古今结合的建筑新路，其间曾获罗马奖金建筑绘画雕塑设计竞赛荣誉奖，在美国建筑界崭露头角。

重建家园的创造与困惑

新中国成立后，梁思成、林徽因给吴良镛寄去了一封信。信中表达了对祖国重获新生的喜悦之情，希望他赶紧回来参加新中国的建设。"百废待兴"，这四个字让吴良镛迅速作出明确的抉择。1950年底，和那个时代许多充满赤子情怀的科学家、艺术家一样，吴良镛冲破重重阻挠，绕道归来，投身新中国的建设和教育事业。作为新中国建筑教育和建筑事业的开拓者之一，他于1951年开始主持清华建筑系市镇组工作，并与中国农业大学汪菊渊教授一道创办了我国第一个园林专业。1952年起，吴良镛历任建筑系副主任、主任，全面推动建筑技术科学、建筑历史与文物保护等学科的发展。

1959年，吴良镛倡导创办了清华大学建筑设计研究院。在此前后，他还主持全国建筑会议、制订共同教学计划，参与领导全国建筑学专业通用教材的建设，并主持《城乡规划》教学用书的编写。他是北京市都市计划委员会顾问和保定、北戴河、秦皇岛、邯郸等城市的规划建设顾问；人民英雄纪念碑、北京图书馆等著名建筑都凝聚了他的心血；1976年唐山大地震后，余震未消，他就作为最早一批专家参加重建规划。

旧中国民生凋敝的影像在一批批拔地而起的新建筑、一座座百废俱兴的新城市身后渐渐淡去，吴良镛的心头却萦绕着越来越深的困惑：20世纪40年代初，他抱着避免西方"城市病"的愿望开始学习城市规划，回国后也曾相信中国城市可以完全避免交通拥挤、住宅短缺、破坏自然等现象。然而，数十年间中国城乡变化虽巨，现实面貌却似乎和这一理想呈现出较大偏差。在曲折中，吴良镛蓄积力量、摸索前进，新的变革契机正在下个路口转弯处等待着他。

时代激流中的探索

1980年，吴良镛成为"文革"后第一批当选的中国科学院学部委员。

改革开放的春风中，各项事业蓬勃发展，各门学科也开始了新的探求。从西德讲学归来的吴良镛参加了1981年的中科院学部大会，他深深感受到全国学术界探索未来的高昂热情，感受到当代建筑学家对建筑学科发展所应肩负起来的重任。

"这次大会使我认识到，面对新中国成立与'文革'后的经验与教训，建筑学要有所作为就必须走向科学，向建筑学的广度和深度进军。"为了求解这条建筑的科学发展之路，年逾花甲的吴良镛抖擞精神，从理论与实践两个维度同时迸发。

在理论上，吴良镛从20世纪80年代初就开始进行"广义建筑学"的思考，并于1989年出版了专著《广义建筑学》。其着眼点从单纯的"建筑"概念转向"聚居"，"从单纯的房子拓展到人、到社会，从单纯物质构成拓展到社会构成"，大大拓展了建筑学的视野。事实上，广义建筑学已经在很大程度上将"广义的住""空间环境""多学科综合研究"等思想从理论上结合起来，形成了后来人居环境科学思想的雏形。

在积极探索理论的同时，吴良镛还和同事们一起踏遍千山万水，为解决中国城乡建设的实际问题，完成了一项又一项贡献巨大的开创性工作。

20世纪80年代初，在吴良镛指导下完成的"北京奥林匹克建设规划研究"，就是其中较早的一项成果。针对当时已申办成功的亚运会和未来北京奥运会的建设工作，他以"经济时空观"思想为基础，运用系统分析方法将项目策划、项目运行和赛后安排结合起来进行研究，力图以最少的投资取得最大的建设效果，最终提出集中与分散相结合的建设模式，以及按需修建比赛场馆、建好的场馆尽量做好赛后使用的衔接安排等建议。这些建议都得到了政府相关部门的关注和采纳，该项研究获得1987年国家教委科技进步一等奖。

北京奥运会成功举办，今天再来看这项研究，我们更能体会到它的前瞻性：奥运会对场馆设施建设的要求相比亚运会时已经有非常大的提升，如果当时就把主场馆盖好了，如今只会成为尴尬的"鸡肋"。拒绝"大而全"，结合实际留下发展空间，这一思想对北京的奥林匹克建设助益良多。

1984年4月底，62岁的吴良镛卸去担任多年的系主任职务。这年夏天，他在清华主楼9层的半间屋子里，带领一名教师和几名研究生，开始清华大学建筑与城市研究所的初创工作。

20世纪90年代初，经济迅速发展的长江三角洲地区吸引了吴良镛的视线。东部这片肥沃丰美的土地已经加速行驶在城市化的快车道上，城市规划的思想、原则却相对落后，发展中出现了种种尖锐的矛盾和问题。于是，他带着助手几下江南，在上海、苏、锡、常和宁、镇、扬三个地区进行了细致的调查研究，一次又一次撰写国家自然科学基金重点项目建议。

1992年，国家自然科学基金委首次将重点项目资助投放在建筑领域。在吴良镛的主持下，清华大学、东南大学和同济大学联袂开展"发达地区城市化进程中建筑环境的保护与发展"研究。这样一个多单位、跨学科、多领域、综合性的区域性研究，成为我国建筑和城市规划领域的首次尝试。

清华大学建筑与城市研究所主要负责苏、锡、常地区的规划研究。其间，吴良镛对这一区域的发展和每个城市的规划都做了认真考察和科学预测，并指导学生和助手完成了若干城镇和县域规划，使研究呈现出城乡并重的丰富性和整体性。

这项长达5年的研究于1997年结题，它首次提出区域协调发展观念，并注重保留与发扬地方建筑特色，赢得各方好评，获得2000年"中国高校科学技术奖"二等奖。

社会学家费孝通主持进行了项目技术鉴定和结题验收。这位改革开放之初以"小城镇大问题"推动中国小城镇建设的著名学者对这一项目给予了高度评价，认为他们为苏南小城镇的物质空间环境改善作出了贡献。阔别故土半个世纪，吴良镛终于在生养他的江南水乡实现了一个久远的梦想。

北京西北文教区和中关村科技园规划建设、上海浦东规划、广州城市空间发展战略研究、深圳城市总体规划和福田中心区规划、三峡工程与人居环境建设、滇西北人居环境可持续发展规划研究、南水北调中线干线工程建筑环境研究……在这一个又一个至关重要的实践课题中，吴良镛倾注了自己对吾土吾民的热爱，奉献了自己的才学与思想。他在探索具有中国特色的人居环境建设道路的过程中所作出的巨大贡献，将一直为世人所铭记。

中国人居环境科学的奠基人

伴随着理论和实践探索的不断深入，吴良镛逐渐理解到，不能仅囿于一个学科，而应从学科群的角度整体探讨学科发展，因此他提出了"人居环境科学"这个整合众多学科的"学科群"概念。

1993年8月，在中科院技术科学部大会的学术报告中，吴良镛（与周干峙、林志群共同撰文）提出"人居环境学"这一新的学术观念和学术系统。

1999年，国际建筑师协会第20届世界建筑师大会在北京召开，吴良镛担任科学委员会主席，作大会主旨报告，并起草《北京宪章》。《北京宪章》以人居环境科学理论为基础，提出"建设一个美好的、可持续发展的人居环境，是人类共同的理想和目标"，在大会上获得一致通过。时任国际建协主席斯戈泰斯称赞这是一部"学术贡献意义永存"的文献。英国建筑评论家保罗·海厄特认为吴良镛以一种乐观和利他主义的姿态，提出了引导未来发展的"路线图"。作为国际建协成立50年来的首部宪章，它成为指导新世纪世界建筑发展的重要纲领性文献，并以中、英、法、西、俄5种文字出版。

2001年，吴良镛出版专著《人居环境科学导论》，创造性地建构了中国人居环境科学的理论体系、学术框架和方法论，进一步奠定了中国人居环境科学的研究基础。人居环境科学以人居环境为研究对象，是研究人类聚落及其与环境的相互关系与发展规律的科学。它针对人居环境需求和有限空间资源之间的矛盾，遵循五项原则：社会、生态、经济、技术、艺术，实现两大目标：有序空间（即空间及其组织的协调秩序），以及宜居环境（即适合生活生产的美好环境）。2010年，人居环境科学作为原创性重大科学技术成就获得"陈嘉庚科学奖"，该奖认为："人居环境科学理论针对建设实践需求，尊重中国历史传统与价值，为中国大规模城乡空间建设提供科学指导……为世界人居环境建设提供指引。"

人居环境科学构建起了一个有中国特色的建筑学理论体系，它在建筑学理论上的重大意义毋庸置疑。如果对吴良镛主持的一系列重大科研项目进行一番回顾分析，我们就会发现，它们同样是以这一理论体系为指导，并以其现实成就印证了人居环境科学理论的重要价值。

例如：自改革开放之初起，吴良镛就一直在思考北京及其周边地区发展的问题。直到1999年1月，国家自然科学基金"九五"重点资助项目——"可持续发展的中国人居环境的基本理论与典型范例"正式立项，其主要课题即为京津冀地区城乡空间的发展规划研究。随后，相关研究又先后得到清华大学985研究基金和建设部重点科研项目的支持。

吴良镛以其个人声望和课题的重大战略意义动员了十多个单位、几百位专家直接参与这一项目，组织了北京、天津、河北等两市一省有关部门和不同专业的合作，利用多层次的沟通与交流，建立起"科学共同体"，在区域层面具体运用人居环境科学理论进行研究。研究确立了地区规划的一些基本思路，如核心城市"有机疏散"与区域范围"重新集中"的结合、明确划定保护地区或限制发展地区、"交通轴+葡萄串+生态绿地"的发展模式等，无不体现出整体塑造区域人居环境的理念。

2002年研究报告发表后，北京市、天津市先后邀请课题组参加其空间发展战略研究和城市总体规划修编，并由吴良镛担任首席领衔专家。这一系列研究直接指导了北京近10年来的建设发展，面对城市蔓延、旧城保护乏力等问题，开创了新时期北京城乡规划的新局面。其中在旧城保护领域，提出了旧城积极保护战略，促进了从"大拆大建"到"有机更新"的政策转变，达成了从"个体保护"到"整体保护"的社会共识。

如今，吴良镛又带领团队开展了面向建国100周年、关于城市发展模式的研究——"北京2049"。建设学科群、打造跨学科平台、开展多情景模拟……人居环境科学的思想理念和方法论在其中得到充分体现。

回顾吴良镛的每一次研究，他总是努力走在时代的前面，"远见于未萌，避危于无形"：在北京保护与发展的矛盾尚未完全暴露前，就主动开展区域整体的规划研究。早在20世纪90年代，他就提出三峡工程不是一个纯粹的水利工程，而是人居环境一个大的变动，建议应对三峡人居环境建设予以及时关注、切实指导——时至今日，《国家中长期科学和技术发展规划纲要（2006—2020年）》已经把"城镇人居环境的可持续发展"列为城镇化与城市发展领域的三个战略重点之一。

我们不妨提出这么一个问题：如果没有吴良镛，没有他所提出的这样一个整合建筑、规划与园林等学科，融贯科技、历史与文化的人居环境科学体系作为指导，今天中国的城乡发展又会呈现出怎样的面貌？

正如两院院士、建设部原副部长周干峙所言："吴先生通过总结历史的经验和中国的实践提出的人居环境科学，从传统建筑学扩展到广义建筑学，再到人居环境科学，符合科学发展规律。如今我们的规划设计工作已经相互交叉、融会贯通、相互集成，多学科已经联系起来。实践证明，这样的融贯、集成避免了许多决策的失误，所带来的经济、社会和环境效益不可估量。"

矢志不渝的民生情怀

吴良镛做过许多宏观和中观的战略性规划，但在1993年，他却因为对北京胡同里一个四合院的改造项目获得了"世界人居奖"与"亚洲建协建筑设计金奖"。

菊儿胡同是吴良镛探索北京旧城保护与发展问题的一块"试验田"。20世纪八九十年代，他带领一批又一批研究生在这里进行调研和规划设计。通过居民互助、政府资助、单位补贴等途径，以及房改加危改的方式，当年破败的"危积漏"（危房、积水、漏雨）院落变成了由一座座功能完善、设施齐备的单元式公寓组成的新四合院住宅。扩展形成的"跨院"又突破了北京传统四合院的全封闭结构，形成邻里交往的崭新空间。粉墙黛瓦、绿树成荫，气象一新的菊儿胡同仍旧保持了与北京旧城肌理的有机统一。

这个项目规模不大却费尽周折，凝结了吴良镛的智慧和心血。建筑学院左川教授感慨地说："对这个2760多平方米，仅一万元设计费用的小工程，吴先生可以说是不嫌其小，又不厌其烦。"

选择菊儿胡同，除了旨在为北京旧城建设探索一条道路，也体现了吴良镛一以贯之的民生情怀。在菊儿胡同的改建过程中，他特别关心原有居民的回迁情况；改建工程告一段落之后，他还多次派人回访，一直关注着社区活动、绿地保护等工作的落实。

吴良镛曾说："一个真正的建筑大师，不仅看他是否设计出流传百世的经典建筑，而是看他是否能让自己国家的老百姓居有定所。""与公共建筑相比，我更在意民居。民惟邦本，普通人的居住问题是建筑最本质、最核心的内容。"

每次外出工作，他总是有意识地到老百姓住的地方去看一看。在四川成都进行三峡工程与人居环境研究时，他还特地去"圩"（集市）上了解普通农民的生活。在指导清华建筑学院住宅研究方向的发展时，他也特别强调要保持自己清醒的判断和思考，在开展住宅研究时更多关注它的社会属性，对住区和住宅发展的整体状况进行调查分析，为行业的健康发展和国家政策的制定建言献策。

培养人居环境"集团军"

如果说20世纪中叶梁思成先生提出的"体形环境"思想为清华大学建筑学院创造了可持续发展的教育建筑平台，那么吴良镛先生创建的人居环境科学则是新时期清华大学建筑学科的办学指导思想。以此为基础，奠定了清华大学建筑学院面向人居环境的"建筑学—城乡规划学—风景园林学"的学科架构和教学体系。

自1946年协助梁思成创办清华大学建筑系以来，吴良镛历任系副主任、系主任，建筑与城市研究所所长，人居环境研究中心主任，为清华建筑教育的发展倾尽心力。这60多年来，从清华大学建筑学院先后走出建筑领域院士9人（占全国总数的38%），国家勘察设计大师16人（占全国总数的30%），国内外知名建筑学院院长和国际知名学者33人，国有大型设计单位院长、总建筑师、总规划师65人。清华建筑学专业的学科整体水平始终在全国保持领先。

作为导师，吴良镛亲自培养了81名博士和硕士研究生，"一把钥匙开一把锁"是他广为人知的育人理念。每个学生开题时，他都要针对学生的特点和兴趣仔细琢磨，和学生一起讨论合适的题目。

对于在职的博士，吴良镛每年都要召集至少两次以上的学术例会，请来自全国各地的在职博士汇报他们的研究进展。在这样的学术例会上，每个人的选题都经过了一而再，再而三的反复打磨修改。

他对学生要求极严，但也充满关爱。清华大学建筑学院教授吴唯佳至今记得20多年前的一个雨夜，吴良镛披着雨衣冲进他在三号楼的宿舍，了解他的学习情况和需求的情景。还有一位博士生曾满怀深情地这样写道："我无法忘记吴先生带着我完成的一次古都之行。他这么大的年纪，领着我从北京古城的景山到什刹海，在葱葱绿荫的胡同里穿行，还买了一个特别好吃的烧饼让我品尝。那一刻，我深知他心中巨大的爱，我对这个城市的爱也被他点燃。"

吴良镛提倡让人才在集体"大兵团战斗"中成长。每一个研究和实践项目，都是他培养人才的平台。但是，他特别强调做项目不能像"炸油饼"，盲目进行生产性的重复劳动，而是要在整个集体共同的学术框架下进行，成为从科学进步和创新出发的"作品"。

清华大学常务副校长陈吉宁认为："人居环境科学的发展极大拓展了传统建筑学的研究领域，带动了建筑、规划、环境、市政、景观、生态和地学等多个学科的发展，推动了不同学科之间的融合，为解决人类当前快速城市化、工业化进程中的空间可持续发展问题提出了新的理论指导。在一流大学建设中，如何以国家经济社会发展为舞台，创新学术思想和理论，吴先生为我们树立了典范。"

清华大学党委副书记、建筑学院教授邓卫钦佩地说："吴先生最大的贡献，一是适应时代需要，勇于理论创新。他在充分吸取前人理论贡献的基础上，结合中国当前大规模、高速度的城镇化的时代背景，创造性地提出了人居环境科学理论，为建筑学的科学发展指明了方向。二是面向重大问题，探索实践模式。通过区域、城市、街区、建筑等不同层次的实践探索，他为在中国城乡建设中实现美好人居的理想找到了具有重要指导意义的方法和道路。三是坚持融会贯通，引领学科发展。他在相关学科融会贯通的基础上搭建起人居环境科学这个共同的平台，使建筑学领域内各学科的协同创新成为可能。从这一点来说，他是独一无二的。"

"少有的刻苦、激情和坚强"

1948年在吴良镛赴美留学前夕，林徽因读到梁思成写好的推荐信后，又提笔增添，"少有的刻苦、渊博，少有的对事业的激情，多年与困境抗争中表现出的少有的坚强"。

这的确是对吴良镛奋斗精神的传神写照。

曾经有很长一段时间，他总是在清晨最静谧的时刻起身，抓紧时间进行学术研究工作，白天再处理繁杂的日常事务。

曾担任吴良镛科学秘书的清华大学建筑学院教授武廷海回忆说，起草《北京宪章》时，经常在凌晨2点多，他骑车把按吴良镛批注修改好的材料送到吴家门前的小报筒，4点多钟吴先生就会起来工作，开门取走材料进行再修改，精益求精。

2008年夏天，吴良镛不顾南京炎热的气候，坚持在江宁织造府的工地上现场指导，结果由于天气炎热、出汗过多而突发脑梗，先在天坛医院抢救，再住进康复医院治疗。

在天坛医院，面对前来探望的学院教师，他的第一句话不是谈论病情，而是吃力却坚定地说："奥运会马上就要召开了，在奥运期间调查首都北京的城市空间状况是千载难逢的大好良机，不要耽误，一定按照之前布置好的做下去，把调查做好。"听到这句话，在场的教师既意外又感动：先生全身心为事业投入的精神，一般人是难以望其项背的。

那段时间，病床就是他的办公桌。虽然身体不能动，可他一刻也没有停止过对手头所有工作的关心：通过口授安排南京工地的工作，思考《中国人居史》的研究，听取研究生课题进展的汇报……

时年86岁高龄的吴良镛，还以惊人的毅力进行身体康复训练。酷热的夏天，他穿着小背心，每次做完康复训练，衣服全湿透了。在医院里，他还开始练习用左手写字，右手的功能也通过按摩和训练一点点得到恢复。令人意想不到的是，出院时他送给医护人员的答谢礼竟是一幅漂亮的书法。对于一个刚刚从中风状态恢复过来的耄耋老人，这是多么的不易！建筑学院边兰春教授深有感触地说："只有在那个过程中亲眼见证他每一点变化的人，才能真正体会到吴先生的毅力之强大。看到这些，也就为他在事业上的坚持找到了一个注脚。"

现在，吴良镛又重新投入到高强度的工作中。同事们给他制定了保护身体的"八项注意"，他一般总是尽一切可能身体力行，有时也不免"巧妙迂回"。

活到老，学到老。学养深厚令人叹服的吴良镛，至今依然敞开胸怀吸纳一切有益的思想，孜孜不倦地探索新知。最近热销的《乔布斯传》，也进入了他的阅读视野。吴良镛认为乔布斯有自己独特的方法论，这使他很感兴趣，想看看是否能从中获得借鉴，对学问有所裨益。

吴良镛为全校研究生开设"人居环境科学导论"课程，多年来他坚持亲自做开课和结课演讲，只有2008年生病时缺席了一次开课，到年底，他还是拄着拐杖从康复医院走上了讲台。

2011年12月27日，是最近一次结课演讲的时间。面对台下那群满怀热切目光的年轻人，他回顾了自己从对建筑学产生困惑到完成几次"顿悟"、发展人居环境科学的全过程，谈到了对这门学问向"大科学、大人文、大艺术"融汇发展的期待，也回忆起抗战时在茶马古道上感受到的风土人情和人民疾苦，以及由此对那里的建筑、那里的百姓所抱有的特殊情感……这一讲，就是两个多小时。

在这次演讲中，吴良镛恳切地评价了自己所创立的人居环境科学："人居环境科学提出后，进行了一定的理论和研究的构建，并且已经进行了融贯区域、城市、建筑等多种层次的实践，但仍旧要不断地完善、展拓。它是一个开放的巨系统，到现在并没有定型……我们不过是点燃了一根小小的蜡烛，热情地期待后继者将其发扬光大，使之普照大地。"

手擎这支明烛，90岁的吴良镛依然孜孜不倦，行走在通往梦想的道路上。

记者　程曦
实习记者　于帅帅　赵姝婧
清华新闻网2012年2月15日电

筑起城市供水的安全屏障

——记 2012 年"全国五一劳动奖章"获得者、环境学院教授张晓健

临危受命，确保人民饮水安全

"广西龙江河发生镉污染，镉的含量最高超标 80 倍！沿线和下游城市居民用水告急"！2012 年春节期间，接到一个电话后，我校环境学院教授张晓健以最快速度预订了飞往广西的机票。

在接到国家环保部和住建部的紧急电话后，根据已有的技术储备和大量的前期研究成果，张晓健立即提出应对镉污染的技术方案——弱碱性化学沉淀法应急除镉。抵达现场后，张晓健和助手迅速开展验证试验，提供了应急处置的具体工艺参数。综合污染事态发展和专家学者意见，应急处置指挥部采取了河道投放药剂、水利调度稀释、自来水厂建立应急处理安全屏障等一系列应急处置措施。

张晓健，清华大学环境学院教授，我国培养的第一位环境工程博士，是我国供水行业的顶尖专家之一。

由于措施及时到位，从污染源下游 70 多公里处开始，镉含量明显下降，污染水团下移过程中，镉浓度不断降低。一周以后，"污染水团"到达柳州，柳州自来水厂取水口的镉浓度已经降低到国家标准 0.005 毫克/升以下，出厂水镉浓度更是降到了国家标准限值一半以下——柳州 300 多万市民用水未受影响。作为广西壮族自治区龙江河突发环境事件应急处置指挥部专家组副组长，张晓健又一次出色地完成了任务。

临危受命，千钧一发之际力挽狂澜，守卫住城市供水"生命线"，这样的事情对于张晓健来说不止一次……

科技创新，构建城市供水应急处理技术体系

张晓健在危急时刻的从容不迫和自信，离不开多年的科研积累和实践经验。2005 年松花江硝基苯水污染事件结束后，他深受触动，原有自来水厂的设计和建设都是针对正常

水源条件，国内外也缺乏系统的饮用水应急净化处理技术，当发生水源突发污染事故时，大多数情况下只能停水规避。回到学校后，张晓健决定立即组织开展全面系统的研究。

面对我国环境突发事故频发的现实情况以及鉴于保障城市供水安全的重要性，张晓健提出：要"从事故中临时被动的应对，转变为提前主动系统研究，全面加强应急能力建设"。作为技术负责人，他承担起建设部应急供水技术研究和"十一五"国家重大科技专项"水体污染控制与治理"研究中的应急供水课题，组织开展城市供水应急处理技术研究。他在国内外首创自来水厂应急净化处理技术体系，并对饮用水相关标准中的全部污染物开展应急处理试验研究，确定了针对不同污染物的具体处理技术。该技术体系可以应对饮用水100多项指标中85%以上的污染物，在多项技术难题中取得重大突破，其中，应对镉、砷、铊、锑等金属污染的应急净化处理技术，应对藻类暴发的综合处理技术等都属于国内外首创，对确保供水安全有着重大意义。

在组织全国城市供水行业应急能力建设中，他还指导了全国39个重点城市的应急供水能力建设规划方案研究，并为北京奥运会、国庆60周年庆祝活动、上海世博会、广州亚运会等重大活动的城市供水安全保障提供技术支持，显著提高了我国城市供水行业的应急供水能力，彻底扭转了以往面对突发污染事件时因缺乏应对技术只能停水的被动局面。

治水专家，打赢城市供水"保卫战"

作为住建部和环保部的顶级应急专家，凭借扎实的理论功底以及丰富的实践经历，张晓健多次打赢形势严峻的城市供水"保卫战"，其中2007年太湖蓝藻暴发，无锡市饮水危机事件就是艰苦的一役。

2007年5月28日，大规模的蓝藻暴发使太湖水质发生严重恶化，当地技术部门采取的一系列应急措施都未能有效去除异味，200万无锡人的饮水危机瞬时牵动了全国人民的心。

3天后，张晓健接到无锡市的求助电话。险情就是命令，张晓健即刻带领研究生第一时间赶赴现场。从5月31日下午赶到无锡后，张晓健一直在现场实验室工作到次日7时40分。经过5批次、30个条件的试验，他迅速确定了问题的根源和治理对策：死亡藻渣在厌氧环境下形成了硫醇硫醚类物质——只要0.07ppb（1ppb表示浓度为十亿分之一）就能闻出气味，要比臭鸡蛋臭上百倍。此类污染物是张晓健一年多前在受污染水体中首次发现的，是我国重污染水源中一类重要的致臭物质，并已在实验室中确定了主要去除技术。根据研究经验，张晓健迅速确定了水厂的应急处理技术路线：必须先氧化，再吸附，将此前水厂的应对措施顺序进行对调，投加剂量进行调整。治水效果立竿见影：6月1日下午，自来水厂出厂水质达标，3天后城市供水恢复正常。此外，张晓健还在现场协助水厂进行应急处理、运行调控、水质综合检测、管网清洗等，7天6夜，他累计只睡了10小时，瘦了3公斤。6月2日出厂水刚刚恢复正常，《无锡日报》就在头版刊发了题为《感谢你，除嗅专家张晓健！》的报道，用最质朴的语言向这位忘我工作的治水功臣致敬。

2005年11月，松花江发生硝基苯污染事故，拥有300多万人口的哈尔滨市城区停水，张晓健担任建设部应急专家组技术负责人指导哈尔滨市应急供水，4天后实现安全供水。2005年12月，广东省北江流域发生镉污染，张晓健担任建设部应急专家组组长，3个小时后形成治理方案。2007年秦皇岛自来水嗅味事件，2008年贵州都柳江砷污染事件、汶川地震灾后供水安全保障，2010年青海玉树地震灾区应急供水、广东北江铊污染事件，2011年浙江苕溪水污染事件、湖南广东武江锑污染事件……在多次震动全国的城市供水危机中，张晓健负责城市应急供水的现场技术指导，一次次奔赴重大水污染事故现场，本着高度的政治责任感，勇挑重担，以高超的技术、丰富的经验和有力的组织协调，及时化解危机，保障了城市供水安全，在关键时刻作出了突出贡献。2012年，中华全国总工会授予他"全国五一劳动奖章"。

教书育人，倾力培养创新型人才

作为教师，张晓健将大量的心血倾注在创新型人才的培养上。他多年担任全国环境工程教学指导委员会和给水排水工程专业教学指导委员会的工作，积极推动全国专业教学改革，主持编制了全国的《给水排水工程专业发展战略》《给水排水工程专业规范》《卓越工程师教育培养计划给水排水工程专业本科培养标准》等重要的专业指导性文件，教学成果在专业教育界有重要影响，曾获国家级教学成果奖一等奖和二等奖各一项，省市级教学成果奖一等奖四项、二等奖一项。

创新，是张晓健教学风格的关键词。"我认为人才培养的关键是学术思想的培养，特别是创新性思维的培养。'学习、实践、创新'是研究型教学的核心，课程只是载体，关键是要培养人的创新精神和能力。"他讲授的"高等水处理工程"课程连续多年获得"清华大学精品课程"称号。

张晓健喜欢和学生们"泡"在一起，至今仍然和学生们挤在一间30多平方米的房间里办公。"研究生的思维是最活跃的，我的任务就是与他们交流讨论，提出问题，提出要求，永远使他们处于激发状态，不断探索，勇于创新。"2006年和2009年，张晓健先后两次获得我校研究生"良师益友"称号，他培养的40余名博士生、硕士生，毕业后大部分进入科研院所、设计院、重点企业等单位工作，并在多次水危机事件中与他并肩战斗。

2003年、2004年，张晓健由于甲状腺癌上了两次手术台，但很快他又以饱满的热情回到了工作第一线，带着脖子上长长的手术伤口坚持为学生讲课，即使说话困难也要坚持参加组会，一开就是一整天。

"作为饮用水安全领域的教师、学者，教学中要言传身教，培养高水平创新人才；科研中要勇于创新，攻克技术难关；关键时刻要勇担重任，确保人民饮水安全。"张晓健时刻牢记着自己的责任，为了培养创新型人才和保障城市供水安全，他的奋斗永无止境。

记者　高原　程曦
2012年6月8日《新清华》刊发

跟学生在一起，很幸福

——记"北京市高等学校教学名师奖"获得者吴冠英教授

吴冠英，清华大学美术学院教授，中国美术家协会动漫艺术委员会副主任。

每学期美院学生开始选择限选课的时候，总有一位老师的课"火爆"异常，同学们蜂拥而至，"抢"到后欣喜不已。提起他，同学们都打开了话匣子：

他的课特别生动，活泼又有带入感，他喜欢和学生分享关于艺术的新鲜感受！

他是中国动画专业的学科带头人之一，"动画设计"还是国家精品课程，从他那里能学到很多东西！

他是一位"很萌很可爱"的老师，始终有一颗年轻的心，亲切又不失严谨，可爱又让人尊敬！

这位让同学们既喜欢又敬仰的老师，就是清华大学美术学院信息艺术设计系教授、2012年"北京市高等学校教学名师奖"获得者吴冠英。

与孩子们共享"艺术财宝"

30个年头的教学生涯，吴冠英从来没有厌倦过。"跟学生在一起，是一种享受。"他倚靠在椅子上娓娓道来。"我把积攒多年的知识和心得传授给学生，眼看着一个个孩子慢慢长成有创造力、生存力的成年人，这是件相当幸福的事情。当然，设计师需要永远保持年轻的心态，需要了解年轻人的审美层次和趋向，因此跟孩子们在一起永远不会老。"

吴冠英给学生们准备了一个"宝库"，他把自己目前已经掌握的所有资料，包括世界各国难以搜寻到的各类优秀动画作品都放在了公共电脑里，希望学生们能在这里挖掘到自己的"艺术财宝"。"爱学生，就会毫无保留地把自己的研究材料和心得都与他们分享。"吴冠英强调，"没有不能让学生共享的东西，一定要让它们发挥最大效用。"

当然，设置这个"艺术宝库"时吴冠英还有更大的期待："只有让学生们见多识广，全面了解国内外的动画动态，才能进一步培养他们的创新能力。"吴冠英指出，创新能力不足一直被视为中国动漫产业的软肋，"要创新，首先要看得多，要仔细研究人家为什么那样做，才能得到启发。"

对于如何培养学生的创新能力，吴冠英有自己的想法："创新也是有一定规律的，看起来灵感乍现生成的东西其实要有深厚的积累作铺垫，而这种积累是可以通过人为的努力去实现的。"

做艺术　请深爱

吴冠英一直记得一位导演曾经说过的话："如果做得不够好，那是因为爱得不够深。"

"艺术同样如此。"他微笑着说，"如果没有将情感投入作品里，画出来的顶多是图解式的东西。作品里有深情、有生活，才有引起他人共鸣的可能性。"

无论是教学还是创作，吴冠英都投入了最深的感情。"要想不断出新、不断进步，必须要用强烈的热爱作支撑，所以我一直不敢懈怠，从未停止创作。"

吴冠英师从著名艺术家吴冠中教授，"那时候我们师生一起出去写生，吴老师起得比我们还早，他走到哪儿画到哪儿，回去就是一摞的画儿，一点不比我们少。"说到这里，吴冠英翻开办公桌上的手稿本，幽默地说："我常跟我的学生开玩笑说，要是画得比我少，就不能毕业。"

无论在哪里，无论什么时候，吴冠英都不会忘记观察生活、捕捉灵感。手稿本上的漫画形象可能诞生于开会途中、候机或者是等人的时候。"只要有灵感，就会画到本子上。"现在这样的手稿本已经累积了很多，随便翻开一本，都能看见里面画着可爱的小猪、神气的孩童、变形的水滴等许多生动有灵气的动画形象。

我和学生一起去实践

言传身教是吴冠英非常重视的育人态度。"'言传'就是说得出来、讲得清楚，给学生启发；'身教'就是身体力行，用自己的行动去影响学生。"因此吴冠英一直亲力亲为并鼓励学生多参与实践。"有第一手的创作实践和创作体会，才能告诉学生创作规律，这些从书本上是学不到的。"

一般来说，每秒钟的动画制作需要24张原画，动起来之后多一笔、少一笔的效果是不一样的。造型稍微复杂一点，加工难度就会增大很多，成本也会随之提高。针对这一情况，吴冠英指出："教动画的老师一定要多参与创作实践，经验积累多了，在具体的教学上才能把握到关键点。"

从教多年来，吴冠英总结出了动画设计与平面设计的不同点："每部动画片都是团队合作的成果，每个人都是团队里的一员。因此老师更要全面了解动画创作和制作的各个不同环节，这样才能真正把握好所教课程的内容和关键知识点，把自己的创作心得传达给学生。"

他举了这么一个例子："美国皮克斯公司在出品《飞屋环游记》动画作品时，为了切身体会主人公梦寐以求想到达的南美洲'仙境瀑布'，创作人员就深入实地，爬上很高的悬崖，去观察山顶上的特殊形貌和地理结构。"只有真正去过，才能在创作时传达出当时的感受，这是我最想告诉学生的。"吴冠英说。

当然，实践过后还需要反复斟酌和修改，"像我们给比较大型的活动做设计，做出后不一定马上会被认可。在我做过的许多设计作品中，几乎每件作品都经历了多次的修改。比如我参与设计的北京2008年奥运会吉祥物'福娃'和后来设计的残奥会吉祥物'福牛'，这两个形象从形成创意到最终完成历经一年多的时间。"

因此吴冠英希望学生们能养成对待艺术创作精益求精的态度，不怕失败，失败多了才有可能成功。

下深功夫制精细动画

面对当今中国的动画产业，吴冠英给出了中肯的分析："很多人都说中国的动画不好看，这其中的原因有很多。动画是一门综合性的艺术，涉及故事内容、动画造型、中期加工的精细度和熟练程度，以及后期声音的配合。"吴冠英形象地把这比作一部汽车的构架，车外壳、发动机、传动系统等每一个零件都得是最好的，才能组装成一部最好的车。

吴冠英指出，中国动画产业的制作环节下的功夫还不够。制作者不能有"差不多"的心态，而应有超越日美动画的信心，勇于做精细活。他还进一步揭示了一些其他原因，比如国内的动画市场还未成熟、版权保护需要进一步加强等。"未来有许多事情需要去做，而在人才培养方面，我们要强化学生的认真、敬业的意识，努力做到笔下的每个画面、每个场景都有根据，全面提高他们的综合素质。"

吴冠英给他的学生们列了一个书单，在要求学生们完成具体作品时也会有针对性地给他们推荐一些书籍。他指出："审美是全面的素质，对文学的、形象的、音乐的、材料的审美能力都要进行全面训练，这样创作出来的东西才能有高度和美感。"比如，有的学生想在作品中使用老北京的元素，吴冠英就会给他推荐老舍的小说，并让他亲自走进有着历史底蕴的老胡同，感受四合院的文化烙印，这样对老北京人的生活场景、生活状态、生活用品等产生直观鲜活的感受。

他还利用多年来在动画业界积累的人脉资源，推荐学生到一些动画公司或工作室实习，出品过《魁拔》的青青树动画公司就是美术学院动画设计专业的指定实习单位之一。

吴冠英对自己的学生尽可能地给予帮助，"我希望他们少点坎坷，多点成绩。"如今，他已是桃李满天下，每次去外地出差，当地的学生都会争取和老师聚一聚。"每次都特别热闹，他们向我汇报工作、汇报生活，把我当作长辈和朋友，跟我讲心里话，我觉得特别满足。"吴冠英欣慰地说。

每年教师节，都有很多学生给吴冠英发来祝福短信，吴冠英总是这样回复他们——"你要做出好作品，老师才会真正快乐"。

"我希望每个学生都比老师强，能青出于蓝而胜于蓝。"吴冠英满怀期待地说。

学生记者　陈田桃
2012年11月30日《新清华》刊发

点燃学生的求知之火
——记"北京市高等学校教学名师奖"获得者姚强教授

多年来,姚强在燃烧学领域孜孜不倦地研究探索,已经成为国际燃烧学界知名的学者。在姚强看来,自己的学科和教育有某种相通之处:"我是做燃烧研究的,能够深切体会到火在人类探索自然与自身过程中的作用。在我看来,教育就是要点燃学生的求知之火。"

在多年的教学生涯中,姚强努力践行这一育人理念,鼓励、带动学生们的学习和求知热情。

姚强,新疆大学校长,清华大学热能系教授。

启迪智慧 与学生平等探索

"教育不仅关乎一个人的成长和成才,还关系到人类的前途和未来。"姚强深有感慨地说。在他看来,教育应加强对学生学习方法等方面的引导,不能让教育变成纯粹知识的传授,变成对已知答案的问题的解答。因此课堂不应只是知识的灌输,而应以学为主,不只以教为主。

为了培养学生的创新意识和独立思考的能力,姚强认为教师应该具备跟学生平等探索问题的意识,"任何一个教师的知识都是有限的,他不是所有问题的权威,他要勇于承认即使是在最熟悉的领域,自己也会有未知的东西,需要和学生一同探索。"

姚强为学生们开设了三门课,其中一门是新生研讨课——"能源科学研究中的失败案例讨论"。他希望通过这门课让学生们一进入大学就能了解未来研究的基本方法和模式。在这门课上,他设计了多个环节,让所有学生都有机会提出问题、探索与实践,甚至共同体会失败的乐趣,让大家成为"成功的失败者"。

课堂上,有一种被他称为"滚雪球"的学习方法。姚强把两个学生分成一组,针对一个专门的问题,让大家单独进行一定时间的准备。准备结束后,先是小组内两人讨论,然

姚强与学生们畅谈理想

后再和其他小组的同学一起讨论，不断放大讨论范围，直到全班共同讨论。"这个过程可以让大家体会到，即使有相同的背景、相同的对象，最终究竟能达成多少共识，又会存在什么样的差异。这有助于大家理解求同存异的过程是多么有趣，从而理解共同合作对于学习和解决问题的重要性。当然，这不仅能开拓学生们的思维，也让他们学会尊重别人。"姚强意味深长地说。

姚强还会让学生们大胆地去采访教师。他选的题目让人出乎意料——让学生去采访教师们失败的研究经历！"我想让学生们通过采访知道，有些事情想起来容易，做起来却很难。"刚开始，多数同学都以失败告终。其实多数人愿意谈成功，而不愿谈论失败。"同学们应该预先理解这一过程的难度，作充分的准备，学会换位思考，学会沟通。我希望通过这种方式让大家品尝失败的滋味，同时也从教师们的经历中获益。"姚强说。

因材施教　尊重学生的特长兴趣

"每个研究生的特点都不一样，因此不能用固定的模式去指导研究生。这是对教师的一大挑战。"姚强坦率地说。

"年轻的时候，自己有很多想法，同时又有完成项目任务的压力，很自然地会为学生设计好题目，对他们的指导也非常具体。"

后来，姚强发现了一个问题：不同的学生有不同的天赋、积累和兴趣。"有的学生适合做理论研究，有的适合实验研究，而有的则适合工程研究，还有的人可能适合用计算机进行计算。"如果都用一种模式来指导和要求学生，学生的积极性和特长就得不到充分的发挥，很难做出最好的成果。

其实这也是在学生的启发下发现的。热能工程系是清华最早实施本科生导师制的院系之一，一位姚强指导的本科生提出喜欢太阳能，姚强就鼓励他去探索。后来该同学希望继续跟随姚强读博士，姚强说那就不能再做太阳能了，因为自己不熟悉这个领域。但是这位同学在尝试了其他课题后，还是想坚持以前的爱好。"我尊重他，并让他寻找这方面的研究跟我们专业之间的关联。"后来，这位同学从太阳能电池的损失是热这个角度入手，提出可以研究"光伏/热"系统，从而进入一个新的研究领域。"他的研究成果引起了国外一家公司的兴趣，博士论文也做得很出色，毕业后直接进入了这家公司。"谈及此事，姚强十分欣慰。

从此，姚强决定把教学方式从教师的具体规划转向尊重学生的个人特长与兴趣。这一转变收到了显著成效。"我与同学们的关系，更希望是一种合作关系。我可能比你们多一些失败的经历和教训，加上仍然保持全身心地投入与责任感，这是我与你们合作的'资本'。但无论是创新能力、心中的期望、未来的发展，还是在任何一个具体的研究课题上，你们都应强于我。你们需要超越的很多，而最需要超越的是你们自己。最期待的是，你们在埋头拉车抬头时，发现已在高山之巅。"姚强这样寄语学生。

引导鼓励　把梦想作为前进动力

大学校园里，很多学生都会对未来感到迷茫和困惑，姚强幽默地说："有困惑是很正常的。对我来说早就应该'不惑'了，可如今我还是有很多困惑。"他指出："关键是要有勇气去探索，要勇敢地往前走。"

"我觉得，不断地获取知识，任何时候对你都可能有帮助。迷茫是年轻人常有的一种状态，不明白就去探索。人生就是一个探索的过程，困惑是探索的动力。"姚强说。

在姚强看来，同学们都应该从"小"做起。"如果将科学研究比作盖房，倘若人人都不喜欢做砖瓦，只想做那个最终把房子盖起来的人，就无法盖成真正的房子。科学的大厦需要大家共同搭建，每个人都要实实在在地作出贡献，重要的是独特而不重复，哪怕是微小的一点。"姚强强调说，"每个人都是有特色的。所以就要从最小的事情出发，抓住自己的优势，踏踏实实地往特定的方向发展。"

姚强还讲述了发生在他身边的一个故事。一个女孩在上大学填报志愿时与父母发生了冲突。父母不同意她的选择，觉得她选择的那个专业"没有前途"。但他们最终却被她的一句话说服了，这句话是"追寻你的梦想，追随你的热情"（follow your dream，follow your passion）。"一个年轻的孩子能有这样的想法难能可贵。"姚强希望同学们勇于坚持自己的梦想，多去尝试。"一个没有梦想、缺乏激情的人是令人遗憾的。清华学子肩负着将来建设祖国的重任，更应坚定理想信念，明确人生目标，满怀激情地投入到学习和生活中。"

对姚强来说，跟学生们在一起是最幸福的事情，"他们会给我带来很多意想不到的创新和惊喜。那是一种享受。"

提起学生们，姚强坚定地说："我对中国年轻的这一代是越来越有信心，他们比我们这一代拥有更多的自由，拥有自己的理想。他们思考和探索的脚步从未停止，这正是未来社会发展进步的动力。我相信他们的未来会比我们更好。"姚强的目光深处，尽是期待。

曾有一位学生这样作文描述他的恩师姚强：

"面对姚老师，你会看到朴素踏实，看到谦谦君子，学者风范；与他交谈，你将感受到严谨和专注，感受到科学家的敏锐和工程师的直觉；跟他做事，将体会到果决的判断、高效的执行，体会到责任在肩的压力和引领潮流的激情；当你和他成为朋友，便会发现自己的人生已在潜移默化中又上了一个台阶。"

学生记者　孟祥夫　李东雅　许亚伟

2013年1月4日《新清华》刊发

做英语写作的快乐导游

——记"北京市高等学校教学名师奖"获得者张文霞教授

张文霞,清华大学外文系教授、博士生导师。

2012年12月10日下午4点,清华大学本科生春季学期课程预选结束。外文系教授张文霞开设的"快乐英语写作课"课容量为40人,却吸引了几乎超出额定人数一倍的同学报名选课。

张文霞开设的这门课究竟有什么"魔力"会吸引到这么多同学?它与其他课程有何不同?同学们能从中获得怎样的知识和启示?

在清华任教的26年中,张文霞勇于开展英语教学改革,率先提出"快乐写作"的教学理念。她努力践行着自己的承诺,用心与每一个学生交流,主讲的课程深受同学们喜爱。

"酒神的欢愉" 快乐学习英语写作

与一般写作课不同,"快乐英语写作课"十分强调同学们的体验、参与和互动。张文霞说:"这门课的全称是'酒神的欢愉——快乐英语写作'。众所周知,希腊神话中酒神的欢乐象征着人类本性的狂欢,我希望同学们能通过这门课收获意想不到的知识和欢乐,那种回味会如美酒一般甘醇。"

张文霞指出,不少同学在进入大学后,仍带有高中时"三段式"的英语写作习惯。针对这一现象,她提出了"task specific writing"(特定任务写作)的教学理念,"同学们在求职信函、故事创作等具体化的写作要求下,需要针对不同的文体采用不同的格式,有筛选地组织文章内容。这样可以有效地克服过去笼统、抽象的写作弊病。"

张文霞在设计这门课的考核方式时并没有采用期末考试的形式,而是有步骤地提出8项任务,在完成任务的过程中考查学生。同学们的成绩大部分取决于个人投入的努力及全程的参与度,而非单纯的英语写作水平的高低。

同时，张文霞还在英语写作与现代化教育技术相融合的教学研究方面进行了有效的理论和实践探讨。她是清华最早将批改网（英语写作自动评阅系统）和体验英语写作资源平台引入本科英语写作教学的老师。特别是她引入了人机共评的多维度、多模态写作评价模式实践，取得了良好的教学效果。在完成作业的过程中，同学们先借助网络和体验英语写作资源平台学习"精巧技术"，机器测评中大量的语料库会给同学们提出修改建议，然后同组同学互评，最后由老师对文章做全面点评。在循序渐进的交流学习中，每个人都能得到语料库、同学和老师的同时反馈，写作水平会得到较大提升。

这样的互动学习模式得到了同学们的广泛好评："课堂很轻松，也能学到不少东西。每次作文先自己写，然后在网上修改、同组互评，再经老师评审，受益颇丰。"而与同学们融洽的沟通，往往能带给张文霞更多的教学灵感和激情。

锐意探索　英语教学改革的排头兵

"快乐英语写作"的教学理念，根植于张文霞多年来对英语教学改革孜孜不倦的思考和探索。

20世纪八九十年代，中国学生学习英语的典型特征是重视阅读理解和完形填空等应试题型，却忽视了关键的听说训练。针对这一问题，张文霞看在眼里，急在心里，她不希望中国未来的精英们变成英语考试中的"巨人"、应用语言上的"矮子"。于是张文霞决定，把她执教以来开设的第一门课定为英语听说课程。1996年，清华改革英语教学课程体系，开始注重学生听说能力的教学与考核，在全国高等院校中开启了一股新风气，张文霞作为改革的参与者和实践者，也身体力行地作出了自己的贡献。

21世纪初，全国大多数高等院校的英语教学模式还停留在硬性规定学生选择大量基础英语技能课的阶段。然而，这样的课程设置忽视了同学们的主观能动性，无法培养出更高质量的英语人才。为此，时任外语系副主任的张文霞连同其他教师果断倡议，英语教学改革要将目标转向培养综合性人才。这一大胆破冰的举动再开全国高等院校英语教学改革的先河。

随后，清华在全校范围内开设了大量英语精品选修课，学生们在必修英语基础课的同时，有了更多的机会学习自己感兴趣的英语课程。除了强化"听说读写"基础训练之外，同学们还可以选择"商务英语""国际会议交流"等应用性强的课程，更有"美国社会与文化""英文报刊选读"等介绍西方文化的课程，大大加深了学生对英语国家文化的了解。

10多年前的这项举措，对任课教师的授课方式无疑是很大的挑战，在全国范围内也是大胆的尝试。经过多年探索，这一创举最终取得了良好效果。2004年，"大学英语综合课程改革与实践"项目获北京市教育教学成果一等奖，2005年再获国家级教学成果二等奖。

20多年来，张文霞探索英语教学改革的脚步从未停止。最近，她和外文系相关负责人调查发现，原有的考试不能完全适应同学们当下多样化的专业需求，为此她们又在2011级学生中实行了一次改革，即如今的清华英语水平考试。

怀揣锐意改革的决心，满怀朝气蓬勃的热血，饱含挚爱清华的真情，张文霞二十年如一日推动的清华英语教学改革一直走在全国高校的前列。

廿六岁月　一颗依恋清华心

"教清华的学生，确实是一个挑战。"张文霞笑着说，"因为从学生到家长，都会有很高的期望。不过我觉得这是一件好事。"张文霞每学期坚持至少开一门本科生英语通选课，在与学生的沟通中，她能以一个管理者的角度思考如何改善课程设置、课堂教学，以适应同学们不断变化的需求。

如今，张文霞的学生已不完全来自中国，还有来自美国加州的英语文学教师。张文霞向这些"特殊学生"传递的，更多是有关应用语言学、教学与测试等方面的知识。通过指导这些外籍学生并和他们交流，张文霞也得以从更为国际化的视角去思考和实践更新的人才培养模式。

作为教学、科研、行政三肩挑的教授，张文霞始终将教学放在第一位。她非常注重提高上课效率，也一直在尝试将讲授具体知识转变为引导学生主动学习，从而培养学生独立、自主、自己把握机会的能力。

张文霞在清华埋头工作了几十年，她对这里已有了深深的依恋之情。"刚来清华的时候，周末我时常会叫上三两同学，骑车出门，自在郊游。那个时候没有太大压力，那种生活方式让我深深喜欢上了这里。"张文霞在香港理工大学读完博士之后，虽然有不少留港的机会，但她还是毅然回到了清华的怀抱。"那时的我心系母校，我离不开这个地方。"

"清华对我最大的影响有两个方面，一是原则底线，二是理性严谨。"张文霞深有感触地说。"自强不息，厚德载物"的校训无形地影响着她、改变着她，让她树立起强烈的责任感，所以她把"要做就要做到最好"当作原则。同时，张文霞也谈到，自己以前是一个纯粹的文科生，爱看小说，偶尔"文艺"一下，可是清华理性、严谨的"工科范儿"又教会了她用理性机制来保证工作的有条不紊。

平时的张文霞非常注意平衡工作与生活的节奏，她喜欢一杯咖啡、一段谈话的惬意时光，午饭时间也会与同事愉快闲谈，也许无关教学和政事。但是她在英语教学改革的路上曾不停下脚步，每当需要她再一次为英语教学提出新的建议时，她便会从容不迫地开始又一项工作议程。

学生记者　向小雨　郭智慧　裴俊巍

2013年3月22日《新清华》刊发

清华一甲子　桃李天下芳

——记2013年"清华大学突出贡献奖"获得者金国藩院士

早上8点多,金国藩像往常一样来到他位于9003大楼三层的办公室,系里有一场学术报告,他要趁报告开始前与报告人作个交流。忙碌的一天又开始了。

年逾八旬的金国藩,不仅身体硬朗、精神矍铄,更保持着旺盛的好奇心和求知欲,带领年轻的教师和学生们始终探索在科学研究的最前沿。在清华工作的第61个年头,他荣获了"清华大学突出贡献奖"。"我很高兴",金国藩说,"60多年的工作得到认可,这是一件让我感到骄傲的事情。"

金国藩,精密仪器系教授,中国工程院院士,光学仪器与光学信息处理专家,我国光学信息处理的奠基人之一。

服从需要　结缘光学

"革命战士一块砖,哪里需要哪里搬"是金国藩形容自己前十几年的工作时常说的一句话。

毕业于北京大学机械系的金国藩自幼就对机械非常喜好,经常将自行车拆了又装,装了又拆,还自行装制矿石收音机、收发报系统。1950年毕业时,成绩优异的金国藩留校任教。1952年随着全国院系调整,金国藩来到清华大学机械系,从此开始了与清华园的不解之缘。

初到清华园,适逢国家建设急需大量工程建设人才,学校大量招收学生,需要更多的教师承担全校性基础课的教学任务,金国藩被分配讲授"画法几何"与"工程制图"两门课程。由于使用苏联教材,讲前面部分的时候竟不知后面部分的内容,金国藩只能边学边教。两年之后,根据学生们技术基础课程学习的需要,金国藩又被分配讲授"金属切削原理",他专程前往哈尔滨工业大学进修了半年,回来后便开设了这门课程,一讲就是5年。这期间,金国藩还被任命为金属切削实验室副主任,他尽全力开设了金属切削原理的实验以及切削力、切削热、刀具磨损等实验,并研制出我国第一台三向切削力测力仪。此后,金国藩又被调往新成立的陀螺仪器专业讲授"航空仪表与传感器"。

1965年,金国藩再次服从需要,从陀螺仪器教研组调往光学仪器教研组,任国防工办下达的"劈锥测量机"研制任务的课题负责人。这次调动,让金国藩从此与光学结缘,在这个领域里孜孜不倦地探索了近50年。

每次转变,金国藩都感到肩上责任很重。但他并不畏惧,而是团结组里其他教师一起迎难而上。在我国第一台"三坐标光栅劈锥测量机"的研制过程中,对光学一窍不通的金国藩从零学起,带领青年教师们查阅资料,向工人和技术人员请教,自己动手改造和研制试验设备,到工厂亲自加工……1969年国庆前夕,他们终于突破了国外的技术封锁,实现试制成功,精度和自动化程度都达到了当时的国际先进水平,研制成本也远远低于从国外购买一台测量机的价格,这项成果于1978年获得"全国科技大会奖"。

"我搞光学是逼着上,憋着气干,干中学,靠集体发展提高。"回顾自己开展光学研究的历程,金国藩这样说。

严格要求　倾心育人

"金老师在培养学生时要求很严格。"这大概是金国藩的学生们的共识。在金国藩的学生中,有预答辩不合格被延期答辩的,有书面或口头报告达不到要求开题报告不予通过的,还有个别因不能达到要求而最终被劝导退学的。从研究选题到实验设计,从发表论文到学位论文答辩,金国藩都亲自指导,毫不放松要求,数值模拟结果需尽量经实验验证,实验结果必须可靠并能重复,发表论文需冲击高影响因子……"我不想培养书呆子,我希望培养出来的人能够为社会作出更多贡献。"金国藩说。他认为对研究生来说,能力的培养是最重要的,不仅包括自学能力、分析解决问题的能力、创新能力,也包括写作能力、表达能力和社交能力。"因为人都是生活在社会中的,任何人都不能离开别人。"金国藩说。

在课题组的讨论会上,金国藩要求学生们都要做幻灯片并进行演讲,还鼓励大家用英文交流,锻炼英文听说能力。对每位学生的报告,他则仔细记录,一一点评。"这种交互式的讨论会提高了我们的交流表达能力",金国藩的学生王文陆说,"金老师在这方面的培养对我的工作有很大帮助。"

金国藩的学生郑学哲还记得,刚开始读博士时,自己想去开发测棉花色度的仪器,又担心导师要求自己专注于博士课题。没想到金国藩却鼓励他去做自己认为有意义的工作,并告诉他博士课题固然重要,但实际的研发工作也是能力培养重要的一环。"对这样一位开明宽厚的师长,我想很多学生都是像我一样心存感激的,因为是他给了我们可以高飞的翅膀。"郑学哲说。

60多年来,无论工作有多繁忙,金国藩从未离开过教书育人的第一线,至今仍在指导究生。他培养了我国光学仪器第一名博士生,有多名研究生的论文获得清华大学优秀学位论文的荣誉,先后有两位博士生的论文被评选为"全国百篇优秀博士论文"。在担任机械学院院长期间,金国藩更是努力为师生创造条件提高教学水平,他凭借自己的威望从国外的公司募集来资金，资助教师学术交流和学生科技活动。

瞄准前沿　敢为人先

"金先生常常教育我们'要有所为，有所不为'，但如果'有所为，就要为人先'。他把研究目标定位在世界先进水平，要'敢为人先'。"曾先后接替金国藩担任清华大学光电工程研究所所长（教研室主任）的李达成、张书练、李岩撰文回忆道，"他凭借敏锐的学术洞察力，扶持新思想、新动态的发展，有些在刚出现时显得很弱的新芽现在已发展成为学科的重要研究方向。"

金国藩是我国光学仪器和光学信息处理、二元光学的奠基人之一，他编写了国内唯一的《计算机制全息图》和《二元光学》专著，发表文章300余篇，专利100多项，获得两项国家技术发明二等奖以及教育部科技进步一等奖、北京市科学技术一等奖、教育部科技进步二等奖、中国工程科技奖、全国优秀科技图书奖二等奖等诸多奖项。

金国藩总是对新的研究动向很有兴趣，他经常到美国光学学会网站上下载最新发表的论文阅读，还把一些相关的论文推荐给课题组的师生，每学期大家基本都能收到他推荐的文章。每次参加学术会议归来，金国藩也会向课题组的师生们传递最新的学术动态、应该留意的科研方向等。有一次，郑学哲从国外回来，向金国藩汇报了自己正在国外从事的研究，他惊讶地发现，金国藩对他从事的研究方向非常了解。"他还向我介绍了他的团队在纳米光学器件方面的研究和全息存储方面的突破性进展，我看到了一位永远向前探索的学者。"郑学哲说。

金国藩自己是这样做的，也是这样鼓励青年教师和学生的。他积极支持青年教师参与学术交流，有的教师出国交流期间，所负责的项目和指导的学生都由他亲自"代劳"，解除了青年教师出国交流的后顾之忧。有的教师遇到项目经费和人员的困难，他不仅提供自己的经费作为支持，还协调研究力量提供人力支持。对于种种支持，张书练感动地说："金老师用实际行动鼓励我坚持课题研究，这对在茫茫大海中寻找科研突破口的年轻人多么重要！"

如今，已步入耄耋之年的金国藩仍然没有打算闲下来，除了仍承担国家863、973和国防预研等项目，活跃在科学前沿，他最关心的莫过于带动和帮助年轻人成长。他一方面积极拓展研究方向，多方寻求合作，建成数个实验平台，为年轻教师的成长创造了良好的条件；另一方面也给年轻人压担子、委以重任，让他们担任课题的具体负责人，给他们以充足的平台和空间。金国藩说："趁现在还跑得动，我还想多做几件事，为系里多争取几个项目，为年轻人多创造些条件。"

"生命不息，战斗不止！"金国藩铿锵的话语彰显着他的壮心不已。

记者　刘蔚如

2013年9月13日《新清华》刊发

从光华路到清华园，探索艺术与科学的融合

——记 2013 年"清华大学突出贡献奖"获得者王明旨

王明旨，清华大学文科资深教授、中国美术家协会顾问、中国美术家协会工业设计艺术委员会主任、全国高等教育自学考试指导委员会艺术类专业委员会主任。

"中央工艺美院加盟清华，更名为清华大学美术学院，转眼之间已经 14 年了。"从当年的中央工艺美院院长到合并后的清华大学副校长兼美术学院院长，再到校务委员会副主任，14 年来，王明旨一直在为清华美院的发展殚精竭虑。

14 年间，清华美院从光华路上精致小巧的校园迁入清华园东隅宽敞明亮的大楼，在学校建设一流大学战略思想的指导下，依托综合学科优势，加大教学改革力度，在学科建设、人才培养、科学研究、队伍建设等方面均取得长足发展，学科结构更趋合理，优势进一步加强，特色更加突出，在 2010 年的学科国际评估中被评价为"已经跨入国际最佳设计院校行列"，多次入选美国《商业周刊》评选的全球 60 所最佳设计院系，成为中国最具影响力的艺术与设计类学院之一。美院的加入，也为清华园增添了浓厚的人文氛围和艺术气息，让艺术与其他各学科的交叉成为可能。

2013 年教师节前夕，王明旨荣膺"清华大学突出贡献奖"。回顾 14 年来的历程，他说得最多的还是美院的发展，而不是自己的成绩。"必须强调这些都是在学校的大力支持下，清华美院全体师生员工和历任学院领导共同努力的结果。"王明旨说。

设计与美术并重 确立学科发展方向

1956 年成立的中央工艺美术学院，是当时全国唯一的设计艺术类院校。半个多世纪后的今天，随着经济社会的发展和公众审美情趣的不断提升，全国已经有上千所大专院校开设了设计艺术学科。和清华一起大步迈向世界一流的清华美院，在学科发展中应该选择怎样的航向？2000 年 10 月，王明旨等美院领导组织全院召开了为期三天的学科建设讨论

会，确立了清华美院在今后发展中要"保持设计艺术学科优势，加速发展美术学科"的方向。2000年和2003年，清华美院先后获得美术学硕士和博士学位授予权。

在2001年接受《美术观察》杂志社关于艺术教育的访谈时，王明旨表示："工艺美院并入清华之后，由原来的纯艺术设计扩展到美术的范畴。"他强调，清华美院的发展应该处理好美术与设计的关系、传统与现代的关系，在保持设计艺术类学科传统优势的同时，大力促进深层次探索心灵的美术类学科发展，因为它们既能为设计艺术提供养料，又具有全面育人的深远意义。王明旨举例说，中央工艺美院的健康发展，实际上也受惠于"装饰绘画""装饰雕塑"这些教学中长期存在的美术基本形态。

在这种思路的指引下，清华美院大力加强美术类学科建设，广揽贤才，迅速发展，成为令人瞩目的"后起之秀"。以雕塑系为例，学院先后引进曾成钢、李象群和王洪亮等国内著名的雕塑家，师资队伍建设取得显著成效。近年来，雕塑系先后完成几十项国家级和省部级科研项目，对我国城市雕塑建设产生了积极影响。

"美术领域的评价欣赏往往见仁见智，很难有统一标准。我们清华美院的美术学科能够在短短十几年时间里取得公认的让人刮目相看的成绩，甚至有人说这确实是'清华的学科'，上升迅速而水准一流，这是非常难得的。"王明旨欣慰地说。

王明旨当年在访谈中所作的判断没有错，与美术学科的"异军突起"相呼应，清华美院的设计艺术学科在兄弟院校的激烈竞争中一直保持着领先位置。"设计艺术学"2002年被教育部评为全国高等学校重点学科，在近10年来3次全国一级学科整体水平评估中，"艺术学""设计学"共获得3次全国第一，清华大学艺术与设计实验教学中心被评为国家级实验教学示范建设单位。

艺术与科学交融　彰显清华特色

2001年5月，清华90周年校庆刚刚结束，清华美院在中国美术馆隆重举办首届"艺术与科学国际作品展暨学术研讨会"，江泽民、李鹏、温家宝、李岚清等16位党和国家领导人先后出席展览，展览参观人次刷新了美术馆的历史纪录。这次极富"冲击力"的展览和研讨会被誉为当代中国美术界具有深远影响的重大事件，"艺术与科学"也成为令人瞩目的热门话题。

科学、艺术两大领域的两位大师——诺贝尔物理学奖获得者李政道先生和著名画家吴冠中先生联手倡导了这次活动。吴冠中来自清华美院，而李政道也一直与清华美院保持着密切交往。这些得天独厚的背景固然为活动的"极一时之盛"创造了条件，但对清华美院来说，更重要的是如何将展览和研讨会带来的影响力持续下去，为清华美院的人才培养和学科发展注入新的力量。

"以这次展览为契机，我们树起一面大旗，就是清华美院无论在艺术创作、理论研究还是未来的探索中都应该坚持艺术与科学交融的大方向。在全国乃至世界上，少有艺术类院校如此明确地立起这么一面旗帜。现在看来，当时确立这个方向是对的。"王明旨坚定地说。

展览期间，学校支持美院成立了"清华大学艺术与科学研究中心"，李政道担任中心名誉主任，王明旨作为中心主任负责具体工作。中心面对国内外相关领域，通过课题、项目的研究与合作方式，开展艺术与科学的基础理论研究、应用实践研究和学术交流活动。艺术与科学国际作品展暨学术研讨会目前已经连续举办了3届。

清华综合性、研究型、开放式的大学环境，为美院进行艺术与科学交融的探索提供了难得的条件。"清华大学艺术与科学研究国家创新基地"入选国家"985"工程哲学社会科学创新基地建设项目，新成立的信息艺术设计系与计算机系、新闻与传播学院共同开展"信息艺术设计"交叉学科硕士研究生项目，《清华美术》《艺术与科学》系列书刊的持续出版……所有这些，无不秉持着艺术与科学交融发展的共同宗旨。"这使得我们各方面的工作都有了一个长期的大的努力方向，实际上也让美院和清华其他院系的学科交叉和协同研究找到了新的界面。在这样的环境中，美院甚至有了973项目——雕塑、壁画类文化遗产的虚拟复原，这在过去是不敢想象的。"王明旨说。

从2008年起，王明旨开始担任吴冠中艺术与科学创新奖励基金管理委员会主任。他与吴冠中先生长子吴可雨和管委会委员们经过反复商议，决定利用这笔基金，在三年一届的艺术与科学国际作品展上颁发"吴冠中艺术与科学大奖"，同时面向全校学生，每年奖励9位在艺术与科学创新方面表现优秀的清华学子。王明旨相信，让吴冠中、李政道首倡的艺术与科学交融之道在年轻一代身上发扬光大，是对吴先生最好的纪念，也是清华美院可以为学校作出的独特贡献。

有大楼更应有大师　"退居二线"心系长远

回顾14年来清华美院的发展历程，王明旨最感激的，是学校对艺术学科特殊发展规律的尊重和支持；最欣慰的，则是美院全体师生员工对学校世界一流大学建设大局、总体规划、管理体系的理解和认同。

2005年，也就是王明旨卸任清华美院院长的那一年，他欣慰地看到美院新教学楼的完工。"在学校的支持下，我们得以把世界上最优秀的美术院校的建设经验应用到美院大楼的建设中。仅用一年半的时间完成建筑面积达63000平方米的大楼建设，这是很难想象的速度。"王明旨强调，美院大楼建设的灵魂不是"大"，也不是"新"，而是给予师生充分的实践空间和交流空间。美院大楼建成后，使得清华美院生均教学资源在国内同类院校中占有优势，为学院培养创新型杰出人才提供了重要保证。

14年一晃而过，当年清华美院引进的一批年富力强的优秀艺术家，不知不觉也到了临近退休的年纪。王明旨借用原常务副校长何建坤打过的比方说，艺术家就像"甜瓜"，越老越甜。他最大的心愿是学校能在这批艺术家退休后，用其他形式尽量组织他们继续为国家、为学校作贡献。"他们的艺术创作经验和体悟，对人才培养来说是很宝贵的资源。学生的成长需要他们，我们不能把他们简单地'放到'社会上。"王明旨深有感触地说。

当院长的时候，王明旨总感到肩上担负的重任。任何时候有老师或同学对学院发展提出建议、意见，他总要认真地听取他们的想法，仔细研究、商议、妥善答复和处理。"现在担子不在肩上了,有更多的时间可以考虑一些对学院长远发展有好处的事情,我想通过这种方式为学院和学校继续作贡献。"王明旨诚恳地说。

除了担任校务委员会副主任,王明旨也主持了清华大学艺术博物馆的筹建工作。对这座即将于2014年校庆期间建成的"艺术殿堂",王明旨充满期待和信心。"艺术博物馆将有1万多平方米的展览场地,这样既能把社会上和美院内部各种优秀的展览都吸引过来,又能让学校图书馆、建筑学院和美院等院系单位的大量'藏品'充分呈现在广大师生面前。我们还可以按主题、按季节来策划展览,这对丰富清华的校园生活和艺术氛围会很有好处。"王明旨说。

记者　程曦
2013年9月27日《新清华》刊发

丹心为国为民　赤诚育人育才

——记 2014 年北京高校优秀共产党员清华大学教授胡鞍钢

胡鞍钢,清华大学国情研究院院长,清华大学文科资深教授、公共管理学院教授、博士生导师,国情研究(当代中国研究)的开拓者和领军人物之一。

一位中年教师正在带领学生进行实践调研。一路上,他的腰间挂着一个小盒子,盒内的导管另一端连着一支极细的针头,针头就插在他腰间的肌肤里。每日三餐前他都会定时按下按钮进行注射,经导管流入他体内的药液正是重度糖尿病人所需的胰岛素。在公众和媒体眼中各种光鲜标签的背后,他忍受着巨大的身体苦痛,倾心倾力做他的研究,带他的学生。他就是清华大学国情研究院院长,国情研究专家、经济学家胡鞍钢。

知识报国　知识为民

中国的知识分子自古便有"先天下之忧而忧,后天下之乐而乐","居庙堂之高则忧其民,处江湖之远则忧其君"的历史传统。作为我国恢复高考后的第一批受益者,胡鞍钢从治学伊始便以"知识报国、知识为民"为终生己任和不渝矢志,急国家之所急,想人民之所想。作为一名清华教授,他深知自己肩负的责任——不仅是知识的生产者、创新者,更是知识的传播者。胡鞍钢在研究中以破解中华民族生存与发展难题为动因,以实现富民强国的伟大复兴梦为宗旨,教学中始终肩负着为国为民传播知识和创新知识的义务与使命,不断践行"知识报国、知识为民"的理念。

在从事国情研究与国策研究的近 30 年里,从专业化到知识化,从知识创新到知识集成创新,从专业成果到思想成果,从个人研究到团队研究,从个人智慧到集体智慧,从国内影响力智库到国际影响力智库,胡鞍钢一直在"摸着石头过河",探索如何建设中国特色新型智库。

2012 年 1 月 12 日,胡鞍钢紧密围绕经济社会发展大局,创办成立了清华大学国情研究院，整合教学科研资源，为党和政府的决策当好"大学外脑""学术智库"。他对其发展提出目标，要成为国家未来目标的"瞭望者"，国家战略的"谋划者"，国家智库的"担当者"，国家治理的"监督者"，要站得更高，看得更远，想得更深，看得更准。

不能全面正确地认识国情，就不可能提出成熟的国策建议。

同自然科学的"硬知识""硬科学"相比，国情研究是"软知识""软科学"，但在胡鞍钢看来这恰恰是"精神原子弹"，和"物质原子弹"同等重要，而且不能从他国进口，只能由中国学者发明制造。胡鞍钢开创和从事的国情研究（即当代中国研究）是一个全新的、创新性的领域。他思想敏锐，对中国问题有着较为深刻的认识，并没有将研究的方向局限在过去的学科框架内，而是综合各个学科方法，从而引领中国问题研究方向。最为可贵的是，胡鞍钢不仅始终保持着思想上的推陈出新，而且带领团队，激发学界对于中国国情研究的不断创新。

胡鞍钢长期从事中国国情、宏观经济管理及公共政策研究，是我国国情研究领域的开拓者之一，在国内外社会科学领域有较高知名度和较强影响力。近年来，胡鞍钢已经成为在国际上颇有影响的著名中国学者，成为中国社会科学学术界与国际科学学术界交流对话的重要代表，被俄罗斯科学院远东研究所授予荣誉博士学位，其专著《2020 中国》已被美国著名智库布鲁金斯学会出版社纳入"中国思想者"丛书正式出版。胡鞍钢说，之所以要撰写著作，就是想在欧美学术界的主流阵地上发出"中国声音"，实现真正意义上的中国学术"走出去"，让中国学者的研究成果成为国外大学和智库的参考材料。让学术研究惠及国家与人民的同时，也影响国际与世界。

在清华执教多年，胡鞍钢觉得自身与清华精神的最大契合点就是"自强不息"。他长期患有糖尿病，需要每天打胰岛素维持，严重时还要住院治疗。但他还要在这个束缚下去做自己想做、愿意做、擅长做的事，也就是他念念不忘的国情研究和教书育人。他说："这是我人生中做的两件大事，如果把这两件事做好了，也就实现了我的人生很重要的目标和价值。前者使国家人民受益，后者使青年学生受益。"

公共管理学院党委书记孟庆国说，胡鞍钢不只是学者和研究者，更是从自己的本职工作出发做事的一名好党员。他从不说教，身体力行高标准示范。他身体不好，但每天都要写很多东西，思考很多问题，谈起专业话题总是很兴奋，他对专业的专注和投入甚至超过了十八九岁青年人的状态。他的专业研究走在前面，对国家战略层面具有积极影响，他的贡献和影响力已经远远超越了一般意义上的高校教师。跟他在一起就感觉到他的"车"走得很快，只有把步子迈开，才能跟上他的步伐。他永远都正面看待问题，充满正能量，受他人格魅力感染，会自觉养成一种担当精神。

育人为本　育才报国

胡鞍钢说：教师之职，教书为本；教书之责，育人为本；育人大业，学生为本；学生成才，能力为本。当初，胡鞍钢之所以作出从研究机构转到大学做教授的选择，从一方面讲，成为清华教师，中国最优秀的学生是检验老师是否称职的最好考官，作为清华教师是一种荣誉；另一方面，清华的育人宗旨是培养学术大师、兴业英才、治国栋梁，公共管理教育更是为国家培养治国人才，因而作为公共管理学科的教师，为国家培养人才更是一份责任。这是胡鞍钢选择教书育人的一片初心。

从1996年起，胡鞍钢在清华为本科生开设"国情与发展"课程，系统性介绍中国基本国情和特点，历史性介绍中国现代化发展道路。这门课既是国情知识的传授课，也是地地道道的思想政治理论课，更是人文素质教育课。胡鞍钢希望通过授课，让学生学会了解中国、分析中国、发展中国，在学成之后还能影响终生、受益终生。他坦言，作为清华教师，教书育人、立德树人是自己义不容辞的责任。关注青年学生所关注的社会问题，关心他们在成长中遇到的主要问题，帮助他们解决所遭遇的难题，引领他们认识中国、认识社会、认识使命、认识责任，是自己分内之责，更是情之所切，不仅要做好学生的学术导师，更要做好学生的人生导师。

他积极主导了研究生政治理论课"社会主义经济理论与实践""社会主义建设理论与实践"的教学改革，这些课程已成为清华大学精品课程。他本人也多次当选清华大学"良师益友""优秀论文指导教师"和"研究生课优秀教师"。胡鞍钢的教学理念与育人的努力也是硕果累累，他所指导的多名学生荣获了清华大学"学术新秀"等荣誉，指导的论文获评北京市优秀博士论文、培养出了一批高素质的国情研究人才。

杨竺松是胡鞍钢的在读博士生，谈起导师，他给出的第一个关键词就是"教书育人"。杨竺松说，虽是"大牌教授"，胡鞍钢一直坚持亲手执教、亲自指导。杨竺松戏言，如果胡鞍钢一个月没见着学生，他比学生还着急。杨竺松曾参与胡鞍钢主持编写的一本著作的写作任务，在编写过程中基本和胡鞍钢保持着隔一天见一面、天天通电话的节奏。有一天晚上十点多，杨竺松突然接到胡鞍钢的电话，请他到家里去。在胡鞍钢的家里，师徒二人边讨论边修改次日要用的文稿，一直到很晚。其实，杨竺松和其他同学都是胡鞍钢家的常客，他们经常去老师家讨论课题、修改文稿。

胡鞍钢还创办了"小班制"的教学模式，有不同类型的研究班、课题班、写作班。每个月会定期举办"小班"规模的学术沙龙，曾先后邀请何祚庥、王绍光、韩毓海、武力等不同学科的专家学者，围绕研究前沿、基础积累相关主题，与研究生、青年教师进行专题探讨。"小班"研讨之后每人都要提交一份与自己研究相关的心得体会，胡鞍钢会认真地逐一审阅并反馈。

胡鞍钢把教书作为育人的手段，把育人作为教书的宗旨。他认为，教书是传授专业知识，育人是引导学生塑造高尚人格，专业知识会伴随社会进步和科技发展而过时，但人生的指导是长久和潜移默化的，中国教育体系中育人为本的教育理念是全球性现代教育体系中最具中国特色的。胡鞍钢是清华园中受众学生最多的教授之一，他在学生中的广受欢迎正是得益于他深入浅出、雅俗共赏的授课。天道酬勤更酬乐，对于讲课心得，胡鞍钢把其归为"兴趣"二字，他说教书育人完全是出于一种与生俱来的天然兴趣。

道阻且长　吐哺不已

　　胡鞍钢曾在《中国：走向21世纪》（1991年）一书的"序言"中这样写道："中华民族的繁荣，祖国的强盛，既是我人生之路之目的，亦是我学术研究之宗旨。"寥寥数语，道出了胡鞍钢矢志求索的动因。胡鞍钢和他的弟子们还在路上，正在为现代中国的未来寻觅最美的图景。

　　胡鞍钢自语："平生只做两件事：国情研究和教书育人。"且做好这两件事，就是与国与民造福。党性的光辉在他追逐"中国梦"和培养更多"追梦人"的征程中熠熠闪光。

记者　王冰冰

2014年7月4日《新清华》刊发

石如人生　不忘初心

——记2014年北京高校优秀共产党员、清华大学水利系教授张建民

张建民，清华大学土木水利学院教授，中国工程院院士。

张建民的办公室位于清华泥沙馆西侧，一处不为常人注意的地方。走进去，则大有天地。这是一片由逾百块亿万年前的原始巨石组成的"石林"。石林中，一线飞瀑顺流而下，一汪清泉幻化成镜，一座小亭亭亭玉立，一座二层小楼掩映其中，古朴雅致。

从高处拾阶而下绕到一楼，是一间正待开发的实验室，再返回，寻到二楼，门上钉着一片锈迹斑斑的铁片，上面写着防火责任人张建民。试着敲敲门，不抱有任何希望转身而回时，门"吱"地一声开了。

从张建民办公室的窗口望去，这片怪石嶙峋的丛林中，各式各样的巨石或卧或立，沉默着，充满力量，仿佛"满怀心事"地讲述着地质历史亿万年来的变迁和演进。这是张建民利用业余时间，历时十余年，从全国各地搜集而来的岩石和地质标本建立起来的"地质之角"，一共三大类90种286块巨型原石，是目前国内外大型岩石标本种类最多的室外地质博物园。

"这里的每块石头都是有故事的。"园子里的一石一木一亭，就好像他多年的老友，讲起它们时张建民充满了感情。作为一名工科教授，在张建民身上，体现了传统中国知识分子的社会责任感和浓厚的人文儒雅之风，闪现着纯粹的智慧之光和朴实的行动力量。在日复一日的科研教学服务中，他用磐石般的坚定与执着践行着一名共产党员的责任与担当，以自己的实际工作书写着爱国爱党的动人情怀。

忘我投身科研

2014年1月，张建民和他的团队在人民大会堂捧得2013年度"国家技术发明奖"一等奖。鲜红的证书背后，凝聚的是他们历经十余载忘我投身科研的心血与付出。

10多年前,张建民海外留学归来,一心想要在科研事业上作出一番成绩回报祖国。那时,他和团队成员正着手进行接触面力学问题研究。

接触面力学听来高深,却与人们的日常生活息息相关。无论在城市还是乡村,无论走进地铁还是走上大桥,几乎所有的建筑最终都离不开与土体的接触,而这个"接触面"正是控制建筑结构系统安全最关键的部位之一。

回国后,张建民和他的团队从研制精密有效的测试设备开始了科研探索之路。从手里仅有的一张概念图纸到进行机械设计加工,再到开展设备液压系统和控制电路研发,一台大型的二维接触面设备,就这样在张建民和他的博士生张嘎的手中,一点点被"攒"了出来。

此后,从二维到三维,从单调加载到复杂循环加载,从细粒土到粗粒土、从钢材结构面到混凝土和岩石结构面,从硬性接触面到柔性接触面,从小变形到大变形,设备不断升级完成不同系列的实验成果。他们发明研制的这套以大型为主、大中小型配套的高精度接触面静动力学试验设备,填补了国内外在大型接触面实验技术领域的空白。

"作为一名知识分子,必须要面对国家重大需求提炼出问题来,突破、拿下,再回到实践中去检验,而不是跟在别人后面去做,别人叫一声'喵',你跟一声'咪'。所以一定要到生产一线去,社会需要什么你做什么,回归零点,而不是跟着别人跑。"张建民说。

多年来,他们坚持将科研目光投向工程技术实践。其完成的科研项目"大型结构与土体接触面力学测试系统研制及应用"经专家鉴定总体达到国际领先水平,项目被直接推广应用到公伯峡和马来西亚巴贡等地的高坝、地铁、建筑、桥基、港航、海上风电等国内外大型工程结构设计论证中。这一项目荣获2013年度"国家技术发明奖"一等奖。

倾心教书育人

在这个获奖团队中,除了张建民自己,其他人都是从清华水利系毕业、由他指导过的博士生。张嘎是张建民指导的第一位博士,现如今他已是清华水利系最年轻的教授。

张建民指导过的研究生都会记得他的"六字箴言、一句话"。六个字是"境界、眼光、胸怀",他希望学生能够成长为一个有理想、有信念、有追求、有作为的国家栋梁之材。他对学生说:"进门的时候,我教你;出门的时候,你教我",以此勉励学生成为走在各自研究领域前沿的专家。学生们也喜欢找他聊天,感慨张老师懂自己,每次聊天都会很有收获。对于教书育人,张建民的窍门是四个字"因材施教"。

"为什么要因材施教?因为每个学生的追求、想法、做法不同,必须非常仔细地观察他,发挥他的长处、抑制他的短处,这样他就有可能成为'人物'。所以一定要做个用心的人,特别是对于一个教育工作者而言。"张建民深有感触地说。

除了日常的教学科研工作,张建民还利用业余时间,克服种种困难在清华园开辟了一处"地质之角"。这块别有洞天的地方,不仅成为一处展示典型地壳岩石和典型地质现象的校园地学实践教育基地,更成为清华园里一处迷人的风景。该项成果2012年被评为清华大学教学成果一等奖。

在"地质之角",你能看到水工结构创始人张光斗、水工泥沙创始人钱宁、土力学及岩土工程创始人黄文熙三位清华水利系泰斗级大师的笔迹。其中"地质之角"四个字就是出于张光斗先生之手。此外,在一块石头上还刻有爱因斯坦的真迹。

"这里的每一块石头,包括'一亭'的名字都有它背后的故事,学生在这里学习、别人来这里参观,不需要讲那么多,只需要听故事就能对水利系肃然起敬,知道它是有传统的。所以文化的力量更有感染力。我们做这个园子不仅是出于教学的需要,实际上它是校园文化建设的一部分,我们希望大家来清华不仅看到如画的风景,还要有所得,有所见识。"张建民说起建立"地质之角"的初衷时说。

张建民工科出身,但传统文化底蕴深厚,言行之间是一派儒雅的人文气质。对于工科与人文的关系,他认为,"跨学科的素质对于一名工科研究者而言非常重要。人文对于一个学工科的人来说也很有意义,在行为实践中只有从更大的范畴思考问题时,才有可能最靠近正解。工程领域也有艺术的成分,而且在达到某一高度后,甚至会发挥更重要的作用。"

可能正是鉴于对文化感染力的认同,张建民发起倡议并推动成立了张光斗科技教育基金管理委员会,并担任秘书长至今。基金会每年给来自全国17所水利水电院校的48位优秀大学生颁发张光斗优秀学生奖学金,迄今已颁发了7届,336位学生受到奖励。除了物质上的奖励,他更看重能为这些优秀的同学们带去哪些新的启发和能量。于是,颁奖典礼被放到每年的清华校庆时,这些获奖同学被邀请来到清华,聆听学术报告、参观校史馆、国家博物馆、大兴水电基地等,活动结束时总是满载收获。

"教育投资是世界上最有价值的投资。除了培养我们自己的学生,尽可能地集合一些教育资源惠及更多的学生,是一件很幸福的事。"张建民说。

无私公共服务

在教学科研之外,张建民始终心系社会公共服务,承担了大量的社会服务性工作。现担任中国土木工程学会土力学及岩土工程分会理事长、中国振动工程学会土动力学分会理事长、《地震工程学报》编委会主任等多个学术兼职。他积极推动和组织各种学术交流,成功推动组织了中国土木工程学会成立100年来第一次与会代表逾千人的全国性学术会议。

从1999年开始,他负责组织相关专家回忆和撰写黄文熙、汪闻韶等一批岩土力学老前辈的回忆录,整理撰写中国土力学及岩土工程学科半个世纪以来的发展历程,编辑出版了《岩土春秋五十年》一书。尽管其中不少作者已经去世,但这部出版物为土力学及岩土工程领域的青年科技工作者留下了值得自豪和骄傲的史料,凝练出了岩土人值得继承和发扬的宝贵精神财富。

"我所在的这个平台是社会给的,因此就要做一些有意义的事情。人的能力有大小,但是只要站在你所拥有的平台上,做你觉得有意义的事情就足够了。能做的事和'跳一跳'能做的事,只要对社会有意义,都可以大胆努力尝试。"张建民言语朴实,却掷地有声。

在张建民的内心深处，始终深埋着一份对国家、对社会赤诚的感恩之心。当年他是知青点里唯一一个考上大学的人，所以他将自己人生轨迹的转折归功于社会的改革与发展。"我常告诉自己要怀感恩之心，要学会回馈社会，不是为了别人，而是因为这样做，自己也会感到很幸福，很满足。"

石如人生，人生如石。现如今，他路过这片"石林"时，都会情不自禁地停下脚步，默默注视着它们，感悟人生的变与不变。"这些石头历经几十亿年本色不改，这是非常难得的品质，而且一年四季各有风貌。雨后鲜亮美丽，冬天挂雪又是另一番风情。但无论如何变幻形象，它还是它。"张建民感慨地说。

记者　高原

2014年8月22日《新清华》刊发

化学课上讲故事学知识

——记"北京市高等学校教学名师奖"获得者、化学系教授李强

李强,清华大学化学系教授,教学特色鲜明,涉及学科交叉内容广泛,课堂内外师生互动性强,深受学生喜爱。

李强,有点像导演李安。

长相三分像,声音五分像,性格七分像。

"教书这件事,仅靠时间投入不行,但不投入肯定也不行,所以还是一年一个台阶,一步步投入去做吧。"他说话慢条斯理,声音轻柔沉稳,似乎在他早早灰白的发丝中很难发现"鲁迅式"的桀骜叛逆。

他并不是一个看起来那么有"性格"的人,但却充满了生活的情趣和对生活的热情,体现了温柔随和、随遇而安、谦冲居下的特质。

李强的课堂也像李安的电影,舒缓的叙述节奏演绎着扣人心弦的故事,让本来枯燥的"大学化学 A"课堂成为一部"李强式"风格的大片,引人入胜,让人情不自禁地对化学产生美好的遐想。

"兴趣,是学习最好的老师"。这正是李强开讲这门课时的初衷。

化学"说书人":讲古今中外,谈基础前沿

2013 级清华学堂钱学森力学班学生李逸良,上学期刚刚上完李强的"大学化学 A"课。"李老师的课不会让人无聊,相反会让人觉得化学是一门很神奇、贴近现实生活的有趣的学问。"李逸良说。

让李逸良印象深刻的是,在讲授荷兰化学家、首届诺贝尔化学奖得主范特霍夫时,李强在课堂上描述了范特霍夫渗透压公式诞生半个世纪后的一个美妙画面。美国科学家 DR. S. Sourirajan 在佛罗里达海边散步时,偶然看到一只海鸥正在戏水,它从海面啜起一大口海水,隔了几秒,再吐出一小口。这幅图景像雷电一样瞬间击中了他对范特霍夫渗透压理论的灵感,因为陆地上用肺呼吸的动物无法饮用高盐分的海水。他发现原来海鸥体内有一

层薄膜，这使他最终实现了反渗透压技术淡化海水的设想。

这种生活中的偶遇带来的灵感霓虹般的惊喜，对仅仅是大一的李逸良产生了巨大的冲击。在后续的课上，李强还干脆把范特霍夫三个方程一口气串起来讲，让分散在课本上不同角落的知识"连点成线"，自成系统。

在一堂课的开头，李强给同学们抛出了一个看似很简单的问题："冬天滑冰时，为什么锋利的冰刀很容易滑，而粗钝的冰刀则阻力很大？"有水才会有润滑，同学们一致表示。但水是怎样产生的呢？大家七嘴八舌给出了许多答案，例如物理复冰现象，或是用克拉伯龙方程从压力角度解释等。李强并不着急否定同学们的结论，而是顺势指导大家通过克拉伯龙方程式计算，发现无法解释通。于是，他引导同学们从化学的角度去思考——纳米化学认为一个物质的表面结构和内部结构是不一样的，例如金属银的熔点是961℃，而4个纳米大小的银颗粒的熔点只有150℃左右。

这一下就吊起了同学们的兴趣，难道这就是问题的关键所在？

李强继续"抽丝剥茧"地解释，冰刀在冰面上滑过留下的白色印迹，实际上是切割瞬间产生的冰屑，它们的熔点可以降低几十度甚至更多，所以在零下40多度超低温的冰面滑行时，冰刀滑过的地方依然会产生冰的融化现象。

"化学，不是简单计算平衡、方程式，通过掌握一定的化学原理，在其他领域依然有很多值得探索的空间。"李强语重心长地说。对于这些非化学专业的理工科学生，李强希望通过深入浅出的讲授，打通化学与其他学科之间的联系，开阔同学们的研究视野。

而这种说书人"抖包袱"的讲课风格，李强说，是受到本科时一位教党史的老师的影响。1981年，李强在上海交通大学读材料专业，当时党史理论还不像现在这么脉络明晰，这位老师却用鲜活的语言和大量的史实故事把党的发展历史串了起来，这些知识让他至今记忆犹新、历历在目。如今他"继承衣钵"并发扬光大，在清华的化学课上畅谈古今中外，遍及基础前沿，演绎起化学"大片"，深受同学们的好评。

带进去　走出来　留下来

上课和拍电影、讲评书终究不一样。后者讲究的是"带入感"，而前者还要求"走出来"。这也是教学上的一个难点。

李强在钱学森力学班期末评价中发现一个现象，一些上课喜欢坐在犄角旮旯的学生其实非常渴望与老师互动，这打破了他以往默认前排同学积极听课的看法。为了更好地调动同学们上课的积极性，李强请助教为每一位同学制作了桌签。他也一改以往站在讲台上讲课的习惯，而是走到同学们中间，进行"提问—回答"式的教学。

同学们开玩笑地说这种"抽不冷"提问的方式，让上李强的课变得有点"刺激"，因为不能有一分钟的溜号，说不准就会问到自己头上。同样因为问答次数增加，回答正确与否变得和自尊心没什么联系，许多性格羞赧的同学开始主动在课上与老师交流。

李强坦言，很多学生的问题有时也出乎他的意料，但有反馈是一件好事。"你对问题反应到哪儿，我们就讲到什么程度，然后前进一小步，看你能否跟得上，再决定是否停下来。""清华的学生高中时很擅长考试,但很多知识是书本上没有的,希望同学们被'带入'课堂的同时,也能把这些知识用于思考,'走得出来'。"他说。

"眼见真的为实吗?"李强在课上问。在讲解化学动力学时,他把自己的摄影爱好带入课堂,从摄影角度和大家分享飞秒化学的交叉学科知识。

他拿出一组专业相机在不同快门速度下拍摄瀑布的照片,展示了随着快门速度提高,原本连续的瀑布会变成白色的、非连续的水流。他进一步解释说,由于机械快门速度有限,科学家发明了快速频闪光灯,帮助人们捕捉子弹穿过苹果、牛奶飞溅玻璃的精彩瞬间。而飞秒激光器就是频闪达10~15秒的超快"闪光灯",它本身虽然是物理学界的研究成果,却帮助化学家揭示了化学变化中最令人难以琢磨的中间产物是否存在的"黑箱"现象,并得到诺贝尔化学奖的奖励。

从一组拍摄的瀑布照片到飞秒激光器,李强说:"我们讲化学不能只盯着化学,它山之石可以攻玉,如果在自身研究领域之外还能关注点儿其他领域的发展,这也许能帮助我们走到最高点。"

上学期钱学森力学班首席教授郑泉水对李强开玩笑地说:"我们一位数学老师把一名'钱班'同学吸引到数学专业了,你能不能从'钱班'也'抢'走一名学生呢?""我尽力吧!"李强开玩笑地说:"至少希望同学们能把未来研究的眼光'留'在化学,对今后的研究有所助益。"

给你一片草原　送你一匹野马

李强喜欢把一个知识点当做一匹"野马",然后任由它跑遍整个草原。在他跳跃性的思维里,知识不是独立的个体,而是相互关联的"星系"。掌握一个知识点固然重要,更重要的是跳出知识的禁锢,从更高的角度俯视它们,这样才能有创新、有突破。从水的氢键到水的密度与地球演变、生物进化的联系,这种大开大合的讲课方式,让同学们觉得上李强的课像坐过山车,在高山、低谷的起伏中呼啸而过,让人直呼"过瘾"。

去年,李强还在课外成立了"化学兴趣小组",由对化学感兴趣的同学自主报名。他们在李强的实验室开会,每周1个小时,李强一次不落地参加,亲自为这些非化学专业的本科生指导实验设计方案,提供实验室,创造与化学研究第一次"亲密接触"的机会。

在"化学兴趣小组"里,李强总会看似随意地抛出问题,请同学们利用业余时间查找文献资料、做幻灯片、讲报告、设计实验方案、完成实验,并以论文的形式表达思想。例如在一次兴趣小组会上,李强问,为什么冰棍第一口尝起来有些苦味呢?

这个看似简单的问题难住了同学们,他们开始查资料、找答案,在李强的提示下,多次跑偏的思路终于回到溶液结晶的正确路子上。同学们又提出能否用光谱进行检测,李强告诉同学们不要过分依赖实验设备,一些简单的、容易到手的仪器同样能完成。同学们想要观察不同环境下冰的截面,李强建议他们把装有水的试管冻住,然后直接砸碎就可以。李强"跳出盒子外的思想"让李逸良大呼意外,"有时候简单粗暴的做法可能是解决问题最有效的方式。"他笑着说。

为了更好地激发同学们的创新性，提高学习的"挑战度"，李强还在课程结束后，为对化学感兴趣的同学们订制参与研究课题，参加 SRT 训练、星火计划或校内外科研竞赛等项目计划，鼓励同学们通过不间断地参与科研训练，巩固课堂学习成果的同时，拓宽视野和培养研究能力。

上好一门课就像是构思一个电影脚本，起承转合，适时地抛出悬念，巧妙地讲出故事，发人深省，获得启发。李强像是拍摄电影一样，精心设计着教学中的每一格"镜头"。今年新学期伊始，他又有了新的想法，希望编一本能更好地适用于理工科非化学专业的大学化学教材，筹建专业教学网站，并为同学们创造更多走进实验室开展"研究式"实验的机会……李强的"电影"，还将在清华的讲台上精彩继续。

记者　高原

2014 年 9 月 19 日《新清华》刊发

做学生成长路上的"筑梦师"

——记2014年北京市教学名师、历史系教授张国刚

张国刚,清华大学人文学院教授,曾兼任中国唐史学会会长、中国中外关系史学会副会长等职。

2008年夏天,暑热当头,历史系教授张国刚骑车在清华园里穿梭,在正午的烈日下寻找他提前约见的、从外地赶来准备报考历史系研究生的王炳文。

当看到满头大汗、四处找寻的王炳文,张国刚立刻微笑着向他招手:"炳文你好,我是张国刚,欢迎你报考历史系研究生。你赶路肯定饿了吧,不如我们找个地方边吃边聊。"

素未谋面,从外校赶来提前约见导师,王炳文从未想到,名气如此大的学者会这样热情随和,尊重学生的梦想。

在食堂,张国刚详细问了王炳文的研究兴趣和学习情况,细致了解他对未来的想法,并给予他相应的建议。如今转眼6年过去了,王炳文已经硕士毕业,继续师从张国刚攻读博士学位,"这么多年,我始终牢记着第一次见到张老师的情景,因为那是梦开始的时候。"他感慨地说。

这只是张国刚多年来与学生共处过程中的一个画面。

"每位学生都有自己的梦想,作为老师,一定要尊重他们的梦想,并正确地引导和帮助他们一步步前进。清华的文科专业有着'小而精'的特点,我希望能了解我教过的每位学生的个性,让他们在课堂上收获的不只是知识,更是人生的智慧和启迪。"

"从教31年来,我一直坚持着这一目标,不断前行。"张国刚说。

不同成长阶段给予学生不同的"营养"

2003年,张国刚入选清华"百名人才引进计划",进入历史系执教。"那一年清华历史系刚开始招收第一届本科生,要做的事情很多,我深深知道自己肩上所担负的责任。"张国刚说。

张国刚曾在国内外多所著名高校执教，他把多年积累的教学经验融合到在清华所开设的课程中，做出了一系列新的尝试，并在学生不同的成长阶段给予他们不同的"营养"。

张国刚曾开设十几门本科生课程，其中有"中西文化关系史""《资治通鉴》导读"等本科生素质课，以及"隋唐五代史"等专业课。"对于公共课来说，我认为知识的门槛要稍微放低一点。不同专业的学生前来学习通识课，除了知识，更应该给予他们思想和智慧。"张国刚说。

针对本科生，张国刚在课堂上还专门安排了课堂报告环节，以此提升学生的理解和创新能力。报告要求学生就所学内容选取一个切入点，结合原典或教材作主题报告，并由老师点评。这一活动使课堂收到了教师单纯讲课所没有的效果，加深了师生间的了解和交流。

除此之外，张国刚还开设了"历史学理论与实践"（必选）、"中国社会与制度""中古社会文化史"等硕士和博士研究生课程，给予这一阶段的学生另一种培养方式。

"对研究生教学，我采用以阅读原始材料和学术专著为依托的'研讨班'（seminar）授课模式，以问题为导向，以原始材料或学术专著为依托，每次课集中探讨一种文献或专著，由一位同学主讲，老师与所有同学参与讨论。希望通过这样的课堂，让学生更多地参与到提问、思考和解决问题的过程中，老师则应从一二手材料出发，引导学生畅游其中，从而让他们自己学会如何构建材料，找到自己的研究兴趣。"张国刚说。

从硕士到博士，王炳文一直师从张国刚，"跟随张老师学习，让我懂得了什么是做实在的学问。有时候我们师生一天会见几次面，围绕一个问题反复深入讨论。张老师对每一位学生都非常负责，我们能真切感受到自己在他的指导下不断成长。"

就这样，多年来张国刚通过渐进式培养方式，输送了一批又一批专业基础扎实、拥有创新思维的学生，对待他们如同对待自己的子女一样用心尽力，如今他还能对清华历史系首届本科生的名字及其毕业去向如数家珍。

精心设计每堂课　创新授课模式

"我认为对学生来讲，首先课堂上读一本'足够专业'的教材非常重要。"张国刚说，"现在课堂上有个问题值得我们思考：部分教材过于简单，学生读教材觉得不过瘾，授课教师还会让学生去看其他资料。我认为，课堂教材是学生迈入学术领域的第一本读物，对培养学生的学术兴趣和基础至关重要，因此教材除了注重知识，还要有系统性和创新性。"

对传统课程内容，张国刚进行了整合与创新。以"中西文化关系史"为例，这门课无论是在中国还是西方，都是一门有着悠久历史的课程。"在欧美大学里，这门课使用的是由英国人编写的《欧洲与中国》教材，但是我认为我们应该有更适合我们自己学生的教材。"张国刚说。他结合中欧学界彼此学术优势和研究成果，编写了《中西文化关系史》，被列入国家"十五"规划教材，而他在清华开设的"中西文化关系史"课程，更是使这门古老的课程焕发出新的生机。

张国刚还是张岂之主编的《中国历史》第三卷（隋唐宋）的主编及执笔者，该教材最大的特点在于吸收了中古史研究中很多最新的理论和成果，较为全面地反映了隋唐宋这一历史时期的面貌特质。2013年，张国刚再次对该教材进行了认真修订，准备作为张岂之主编的《中国历史新编》（下册）出版。

一本本优秀的教材就这样应运而生，为了写出好教材，帮助学生打下牢固的基础，张国刚长时间挑灯夜战，注重教材内容的综合性与时效性，适时修订，重新出版。

除此之外，张国刚还运用视频资料和幻灯片，使课堂内容丰富，图文并茂。"中西文化关系史"课程所讲授的历史时间跨度数千年，涉及众多地理区域，为了使学生能更为直观地理解所学内容，张国刚就所讲内容进行了广泛的图像收集，展示了大量珍贵的图像资料，使同学们对两种历史阶段的面貌产生了深刻印象。

博士生李兮曾做过导师张国刚几门课程的助教，"在张老师'《资治通鉴》导读'这门课上，200多人的大教室里每堂课都是爆满，上座率极高。课堂上文科理科学生都有，每当听到张老师讲到精彩之处，大家都会集体鼓掌，满堂喝彩！"她说，"从精彩的教材到丰富多彩的课堂形式，都是吸引同学们前来听课的因素，而且张老师会根据听众感兴趣的点，不断调整讲课内容，受到了同学们的广泛欢迎。"

江山代有人才出　培养"筑梦接力者"

张国刚非常注重对青年教师的培养，许多学生已成长为相关领域教学及科研的中坚力量。

"我常常对学生说，现在很多人都想出国，觉得国外的东西更好。但我认为不是这样，我们的国家正在日渐强大，无论身处哪里，都要谦虚好学，牢记祖国需要人才，争取作出更多的创造性成果。"张国刚说。

目前，在张国刚培养的博士生中，有6人担任教授，十几人担任副教授，培养出了涵盖中古社会史、中西文化关系史、中古家庭史、唐代政治史等多个学术领域的人才，并引进了以侯旭东教授为代表的一批优秀中青年人才，不断壮大清华历史系的人才队伍。

为了使更多的年轻人共享优质学术资源，培养更多人才，张国刚所讲授的"《资治通鉴》导读"课程已入选"学堂在线"清华第二批MOOC在线课程，并于今年秋季学期正式上线。"在以往的教学中，我已经积累了视频课录制的相关经验。MOOC的制作与之有相通之处，但更要注意到其独特性。相比而言，MOOC更是一种讲、学、思、练全方位同步结合的教学模式，在课程设计、知识点裁剪、视频制作、团队建设上都提出了全新的要求。"张国刚说。

张国刚不断革新，积极尝试新的教学工具，接受新的教学挑战，并结合自己的特长在线互动，让优质的资源共享，为全球学生呈现了一门精彩的历史学在线课程。

"张老师特别注重学术的传承与创新，他与时俱进，不断接受新事物，不断带给学生新的知识和授课形式，让我们受益匪浅。"李兮说。

"我希望学生们在我身边成长的过程中,能够真正地全面发展,除了希望他们掌握渊博的知识外,还希望他们拥有宽广的胸襟、正直的人品和深厚的人文主义情怀。在这一过程中,我愿意倾尽全力,助他们实现梦想的一臂之力。更希望他们未来能够'接力'下去,共同为祖国培养出更多的优秀人才。"张国刚说。

记者　赵姝婧

2014年10月17日《新清华》刊发

一片丹心写三尺讲台春与秋

——记"北京市高等学校教学名师奖"获得者、材料学院教授姚可夫

姚可夫,清华大学材料学院教授,2014年被评为北京市高等学校教学名师。

"来到清华20年,主讲超过8门专业(基础)课,每学年授课100学时以上,担任1门国家精品课负责人,1个国家级教学团队负责人……"在材料学院教授姚可夫的教学履历上,一连串的数字是他日夜孜孜不倦、倾心教学的写照。

"我是国家恢复高考后招收的首批大学生,那个特殊的年代培养了一批满怀理想的青年。在我走上讲堂之后,这种青年时的理想逐渐沉淀为对学生的责任和关怀,那就是要尽心上好每一堂课,培养出对社会、对国家有所贡献的栋梁之材。"姚可夫说。

临危受命 课程建设薪火相传

今年是姚可夫担任国家精品课、北京市精品课"工程材料"课程负责人的第8个年头。

"工程材料"是面向制造类专业学生的一门非常重要的技术基础课,涉及热能系、汽车系、精仪系、机械系、航院等多个院系。经过20余年的努力,该课程被评为北京市和国家级精品课。在发展过程中,课程组同时也面临新老交替的难题,时任课程负责人、清华机械系教授朱张校即将退休,课程组内部却无年龄合适的人选接任。谁来做课程负责人?经过慎重考虑,系里决定由姚可夫挑起这个担子。

"说实话,当时压力非常大,作为一位课组外的教师,如何将这门精品课教好、建设好、发展好,对于没有讲过一天'工程材料'的我来说是极大的挑战。"临危受命的姚可夫广泛调研了国内外多所著名高校相近课程的教学情况,同时向课程前任负责人郑明新、朱张校等老教授请教,与课组教师一起探讨,共同努力,进一步强化"工程材料"基础理论和应用实例教学,并结合多媒体教案建设、网络课程建设、实验课建设,不断将学科前沿成果引入教学,取得了很好的教学效果。

为建成年龄分布合理、学术水平高且教学效果好的教学团队,避免当年自己接手时人

才青黄不接的局面，姚可夫尤其重视青年教师的引进和培养。他先后引进5位青年教师加入课程组，并以传帮带的方式带领和指导青年教师讲课。

邵洋就是这5位青年教师之一。当时，他刚从加拿大学成归国，在加入"工程材料"课程组后，遇到的第一个问题是角色转换。"做了那么多年学生，突然站上讲台，有些不习惯。"邵洋说，"课程组采取传帮带的方式指导青年教师上课，姚老师负责带我。课前他总会提醒我哪些是重点，哪些是学生易混淆的概念；课后他会直言不讳地指出我讲课中的问题，启发我如何把课讲得更清楚、更有趣。"

此外，姚可夫还鼓励和支持青年教师参加全国范围的教学研讨会，向他人取经。经过几年努力，青年教师的教学水平迅速提高。2010年，"工程材料与加工"教学团队被评为北京市优秀教学团队和国家级教学团队。

兢兢业业　全力培养拔尖创新人才

谈及新形势下教学的关键，姚可夫毫不犹豫地说："是全力培养拔尖创新人才。"在姚可夫看来，创新能力养成的前提是兴趣，只有学生对授课内容感兴趣，才会主动思考和探索。

为了使"工程材料"这门课更富有吸引力，姚可夫请来经验丰富的老教师和课程组成员一起开发了多媒体教学课件，把一些较难理解的内容制作成演示动画和教学视频。课堂上，他常常以同学们熟悉的生活用品作为例子，结合不同学生的专业背景，引导同学们理论联系实际，真正掌握所学的内容。

在教学方法上，姚可夫认为，培养创新思维不能按部就班地灌输，而是要循循善诱地引导。"这里面存在什么问题，你们琢磨一下。"这是他上课经常挂在嘴边的话。在讲到"通过调整材料内部组织结构来调整性能"时，姚可夫找来工科同学金工实习时经常用到的钢锯条现场演示。他先将两根相同的锯条用酒精灯加热烧红，之后把一根快速淬到水里冷却，另一根放置一段时间再用水冷却，然后顺势引导同学们观察锯条发生的变化，前者变得硬而脆，后者变得软而韧，进而启发同学们思考在实验中是什么改变了锯条的性能。

"工程材料"虽然是一门技术基础课，但姚可夫十分注重课堂教学内容的更新，不断将最新的科技进展和重大活动中使用的先进材料引入课堂，让同学们了解工程材料的前沿动态和重要作用。他重视对学生研究能力的培养，将课程教学与学校SRT项目相结合，鼓励学生选修SRT项目。精仪系精仪6班的吴海飞同学跟随姚可夫做SRT项目"高强脉冲电流处理对冷拔钢丝组织和性能的影响实验研究"时发现，有很多内容与课堂上讲到的知识点是相关的，例如弹簧钢丝材料、形变对组织和性能的影响、热处理对组织性能的影响等。吴海飞后来在脉冲电流处理对冷拔弹簧钢丝组织和性能影响的实验研究中成功发现新型脉冲电流处理的效果优于传统的热处理工艺，他与指导教师姚可夫一起在EI收录期刊《材料热处理学报》上发表了实验研究成果。

矢志不渝　真诚热爱教学工作

在学术上，姚可夫是出了名的严师。曾做过"工程材料"助教的姚可夫的博士生刘学说："由于姚老师要求相当严格，学期中不少学生抱怨他们不明白为什么一定要记忆铁碳相图、为什么课后习题要花很长的功夫钻研，但当同学们学习到'零部件失效分析与选材原则'后，看到失效导致重大事故和损失的很多实例，才明白原来掌握好基础知识、选好材料是多么重要，也终于理解了姚老师的一片苦心。"

刘学还记得在有一年大年初二凌晨，他收到了姚可夫关于论文的修改意见。这件事令他至今感动不已："平时姚老师就经常工作到很晚，凌晨一点还给学生发邮件，可是大过年的姚老师还如此恪尽职守，令人感佩。"材料学院二年级硕士生冯荣宇曾选过姚可夫主讲的"现代材料分析技术"。他回忆道，姚老师总是比学生来得还早，下课后总会留下来为同学们答疑。课程是晚上的，姚老师常常为同学们解答问题到十一二点才离开。"

在学生眼中，姚可夫是"没有架子、没有代沟、知识渊博的长辈"，他也时时提醒自己要多聆听学生的心声。姚可夫回忆说，以前有个同学成绩不太理想，也不爱问问题，直到一次他鼓足勇气说："老师，其实我不是没有问题，而是有太多问题以至于不好意思提问，怕老师觉得我提得太简单，笑话自己。"这个想法令姚可夫很吃惊，后来他发现这样的情况其实很普遍。从此以后，他格外注意与那些不那么活跃的学生交流。意外的是，这不仅让他们课堂表现活跃了，而且成绩也变得越来越好。

对于希望培养什么样的学生，姚可夫说，相比于一个成功的人，成为一名对社会有贡献、拥有理想和社会责任感的人更重要。

"日夜孜孜，修学行道，不敢止也。""修学"即做学问，"行道"即用自己的所学影响社会。对于姚可夫而言，一片丹心写三尺讲台春与秋，三尺讲台不大，教书育人却是大事。他实践着自己年轻时的理想，饱含深情与学生分享人生的感受与体会，鼓励他们树立远大目标，胸怀奉献精神，回报社会和国家，就像他曾经告诉自己的那样。

记者　王蕾
2014年12月5日《新清华》刊发

姚期智的清华十年：A+！

2004年9月的一天，正在普林斯顿大学攻读博士学位的张胜誉像往常一样与导师姚期智碰面交流近期研究进展。姚期智突然对他说："我要回中国了，permanently（永远地）。"张胜誉后来回忆说："当时有些讶异，但随即感到释然。单纯从研究角度讲，的确没有一个地方比普林斯顿更舒服。他回国，应该是要去做一件大事。"

此后不久，姚期智辞去普林斯顿终身教职，正式加盟清华大学高等研究中心，

姚期智，清华大学交叉信息研究院院长，中国科学院院士及美国国家科学院外籍院士，算法、密码学及量子计算的国际先驱及权威。

成为清华全职教授。57岁的他放弃美国的一切，在清华园，重启人生全新的探索。

2005年，由姚期智主导并与微软亚洲研究院共同合作的"软件科学实验班"（后更名为"计算机科学实验班"，也被称为"姚班"）在清华成立，并先后招收大一、大二两班学生。次年3月，姚期智在致清华全校同学的一封信中掷地有声地写道："我们的目标并不是培养优秀的计算机软件程序员，我们要培养的是具有国际水平的一流计算机人才。"

十年间，一批批拔尖创新人才从计算机科学实验班迈向世界学术舞台，他们思维活跃，勇于挑战，怀揣坚定的科研梦想，勇攀计算机科学领域学术高峰。

十年间，由姚期智领导的清华交叉信息研究院成立，信息科学与多个学科在这里交叉互动，成果叠出，以开疆辟土的恢宏气势填补了国内计算机科学在该领域的空白地带，为世界学术界瞩目。

"在清华十年所取得的结果，让我感到很欣慰。如果给自己打分的话，我想应该是——A+！"总结清华十年，姚期智欣然微笑。

没想到，他亲自指导我论文

计算机科学实验班校内二次招生。全英文授课，全英文交流。没有国界，没有教材，没有拘束，甚至没有台上台下、课上课下的分明界限。需要上的课并不算多，但每门课都

姚期智此前半生走过了世界上许多赫赫有名的大学——哈佛大学、伊利诺伊大学、麻省理工学院、斯坦福大学、加州伯克利大学、普林斯顿大学……当他决定在清华培养世界一流的本科生时，心中那幅世界一流大学课堂的画面自然而然地浮现。

姚期智主讲的"计算机应用数学"是一门面向本科一年级的专业基础课，每年开课，他都会极为认真地梳理教学思路，每一节都精心策划。这门课一讲就是8年，直至逐渐找到合适的年轻教师才把接力棒传下去。其间他还担任"计算机入门""理论计算机科学""量子信息"等多门课的任课教师。

在计算机科学实验班，绝大多数同学都曾在本科低年级聆听过姚期智的课，并在短短的一两个学期内，受其影响改变了自己的人生之路。

王君行，计算机科学实验班2010级本科生，在姚期智及其夫人储枫教授的亲自指导下，本科二年级就发表了第一篇全英文学术论文。而论文的灵感，正源自姚期智课上的一次"随意发挥"。

当时，姚期智在课上向同学们介绍了拜占庭将军问题，并将这一著名问题与计算机系统的可靠性保障问题相联系，希望同学们提出解决方案。

这些本科一年级同学"毫不示弱"，像往常一样自发组成小组展开讨论。一小节课后，姚期智请几个认为已找到答案的小组进行演示。有趣的是，每当一组演示时，其他小组就会直接指出其中的不足和错误，台上台下讨论得十分热烈。

当姚期智看到大家"你一言我一语"一步步向正确结果靠近时，他起身准备宣布标准的解决方法。这时，一直没有说话的王君行站了起来，打断他说："我还有一个方案！"

王君行走上讲台，起笔写了四五行看起来非常简单的算法。不像刚才大家七嘴八舌的"互挑毛病"，教室里突然安静下来。姚期智后来回忆说，当王君行写出他的算法时，大家都觉得可能是错的，因为太简单了。但几分钟后，他意识到眼前的这位一年级学生真的解决了一个困扰学术界30年的问题。

课后，姚期智给王君行发了一封邮件，鼓励他把课上的算法进一步深入整理成论文。此后数月，姚期智夫人储枫教授自愿协助他修改论文，并就投稿期刊提出建议。2011年，王君行读大二，他将这篇论文发表在国际期刊 Journal of Combinatorial Optimization 上。

从此，王君行义无反顾地走上了科研之路。三年后，他成为全球第一个在本科阶段获得ACM计算经济学国际学术大会最佳学生论文奖的人。如今，被姚期智亲切地称为"聪明的小鬼"的他，已在卡内基梅隆大学攻读博士学位。

在姚期智眼中，计算机科学实验班最优秀的学生已超过他在国外见过的最好的本科生，他们有着极强的求知欲和可塑性，他们需要的不仅是课本上的知识，还有对学术研究深层次的理解。因此，姚期智的课堂上没有一成不变的教材和教案，却真正凝结了他自己多年来丰富的研究成果和心得。

为了把握课程难度，让学生逐渐从高中式的学习思维过渡到研究思维，姚期智精心设计课堂的每一个环节，提出兼具思考性和深度的问题，学期还未过半，课程难度就几乎与普林斯顿、斯坦福本科四年级的课堂难度相当了。

在姚期智的课堂上，老师和学生之间是令人愉快的平等关系。他向同学们提出有挑战性的问题，也欢迎同学们向他发起挑战。每当有学生给出一个出乎意料的答案时，他觉得这就是对自己投入本科生教学最好的馈赠。

首届计算机科学实验班学生楼天城至今还记得自己曾在课上向姚期智提问，姚期智认为他的问题不够明确清晰，叮嘱他多想几天后再问。没想到没过两天，姚期智就主动找到了他……说起姚期智，楼天城、王君行就像在谈一位自己再熟悉不过的老朋友。在他们眼里，姚期智毫无"大师架子"，交往中甚至比普通师生间还要亲切，没有隔阂。

在清华流传着许多有关姚期智给本科生上课的故事，其中一个流传甚广。一次，姚期智在课堂上"悬赏"出题，25分钟内解出者请吃"必胜客"。令他惊喜的是，90%的学生在规定时间内做出了正确解答。鉴于人数众多，姚期智信守承诺，叫来外卖奖励了每位答对的学生。而与大师零距离的相处，也成为计算机科学实验班学生备感自豪的一件事情。

听课、讲课都是挑战

2011级物理系本科生施天麟大一时选修了姚期智的课，这让平时上其他课觉得"吃不饱"的他，毅然决定转到计算机科学实验班。

在这里，同学们需要上的课程并不多，但把总学分"解放"出来的同时，也提高了每门课的难度。有时一次课堂作业就需花费二三十个小时完成，而且还有可能找不到理想答案。这给予了许多像施天麟一样喜欢科研探索的学生充足的"挑战感"，也激励他们把有限时间投入到对知识深层的理解中，进而做出一些创新性的工作，而不局限于了解书本上的知识。

和施天麟一样，计算机科学实验班2013级本科生范浩强对课上"不断升级"的难度记忆犹新。他们虽然只是本科低年级学生，却不像一般计算机系学生从基础编码学起，而是被"假设"已经掌握了这些基础内容，课程更加偏重深层次的理论计算的分析和架构。这些被学生们戏称为"虐心"的课程却也让他们欲罢不能，听起来十分"过瘾"。

范浩强把在计算机科学实验班听课比喻为"盖大楼"。"原本预想听完一门课，自己的思维会从'一层'升至'五层'，这已经很刺激了，但没有想到，老师直接从'六层'讲起！"

这种高强度的授课方式，给课上、课下都带来了不小的压力。一开始很多同学不适应，但渐渐地，他们发现自己居然可以做得到！这种"重新发现自我"的惊喜，极大地激发了同学们的潜力，很多同学甚至不满足于课上所学，主动联系老师找选题、做研究。

在计算机科学实验班，范浩强注意到，大家在意的不是纯粹的考试和高分，羡慕的不是满分"学霸"，而是心中怀揣的那个高远的科研梦想——立志要做出世界最顶尖的科研成果。

范浩强的观察也恰恰印证了姚期智创立计算机科学实验班时的初衷。

"清华有许多很好的学生。有一些是中国典型的好学生，每科都力争第一，但也有一些学生希望在大学里做自己真正感兴趣的事。我希望清华的环境能让大家没有那么多压力，而是能感受到学习、研究过程中的挑战与突破，以及由此带来的幸福感。唯有这样，我们才能培养出世界最顶尖的年轻人,不管他们将来是做学问还是去创业。"姚期智说。

与这群听课听得过瘾的学生一样,对于计算机科学实验班的许多教师来说,讲课也成为一种挑战,被学生的问题"挂"在黑板上更是家常便饭。计算机科学实验班2012级班主任徐葳有次在黑板上写了一个非常复杂的程序,本以为难度很高、无懈可击,可没想到,刚刚落笔就有同学起立:"老师,您写的这个程序少了一个'点'!"

刚从加州伯克利大学回国的徐葳对于计算机科学实验班自由而紧张的课堂氛围感受强烈。"他们比国外大学的学生思维还要活跃,他们更勇于质疑和挑战,我们经常在课上讨论教案外的内容,这种互动比美国一些著名大学课堂上的生师互动还要精彩。"徐葳说。

"姚班"梦、清华梦、中国梦

2004年姚期智回国之初,原本计划尽快构建一个培养博士生的良好机制,打造一支好的研究团队。但随后在清华的亲身感受,让他逐渐萌生了精英教育要从本科生抓起的想法。

到底什么才是精英教育?

姚期智凭借多年的研究经验和国外世界一流大学的工作生活经历,认为国内传统教育比较重视计算机工程方面的学习,要想真正有所突破,清华还需要创建一个相对独立的班级。这个班级能与世界一流大学的本科生教育媲美,不仅国际化而且富有挑战性。姚期智的想法得到学校的大力支持,校领导对教育创新和改革的魄力也更加坚定了姚期智从根处解决问题、在本科生中开办计算机科学实验班的决心和信心。

此后,57岁的姚期智在人生最为成熟丰美的黄金时节,开始了新一轮的开垦与奋斗。

在姚期智的主导下,计算机科学实验班的培养方案、教学计划逐步确立并完善,姚期智亲自主讲的"理论计算机科学(1)(2)"成为国内首次开设的计算机理论课程,主要内容正是他最精通的计算机算法设计和复杂性领域。

十年来,姚期智带领着计算机科学实验班重构计算机本科课程新体系,以领先而敏锐的视角,对教学内容进行优化重组,注重理论基础,全面覆盖计算机科学前沿领域,又突出计算机科学与物理学、数学、经济学、生物学等多学科领域的交叉。

在姚期智的邀请下,图灵奖、奈望林纳奖、哥德尔奖获得者等顶尖学者、大师相继走进清华的课堂,他们精辟的见解、严密的逻辑、深湛的哲理,以及演算和推导过程中像棋坛高手般走出的奇招、怪招,常常引得同学们屏息关注,热烈讨论。

2013年,施天麟来到美国麻省理工学院交流学习,他惊讶地发现原来自己平时上课学习的方式可以和世界一流大学"无缝衔接"。施天麟性格偏内向,但他在清华计算机科学实验班却非常享受和同学们思想交锋的过程,清华学堂的讨论间成为施天麟和同学们相约看书、交流的好地方。

像施天麟这样赴世界一流大学交流的同学,在计算机科学实验班中为数不少。据悉,截至2014年12月,从计算机科学实验班走出去参与联合培养、出席国际会议和出访交流的学生已近450人次,此外还有20余名来自麻省理工学院、伯克利加州大学等学校的学生来访，和计算机科学实验班的同学们一起学习提高。

这种国际化的、开放包容的学习氛围在姚期智看来，是培养学生自信心的重要条件。"清华的学生要有自信心，他们可以和全世界最好的学生一样，甚至可以做得更好。"姚期智说，"本科阶段只是一个人研究生涯的开始，要让学生们在本科期间就有充分的自信，他们才能把眼光放得高远，才能在将来做出世界一流的成果，使我们的大学更加欣欣向荣，更好地为民族和国家作出贡献。"

姚期智鼓励学有余力的本科生参与科研。同学们从不缺乏接触科研的机会，"首次接触"可以从一门课开始，或是一个已知的项目。姚期智把计算机科学实验班形象地比喻为"超级百货商场"，老师们的研究工作是"商品"，学生们可以根据兴趣"选购"。在姚期智看来，发现自己的兴趣点对本科生来说至关重要。

截至2014年12月，计算机科学实验班学生本科期间共发表论文110篇，其中以学生为论文通讯作者或主要完成人的共84篇。这样可喜的成绩让姚期智感到十分欣慰。因为哪怕是国外世界一流大学毕业的本科生，也很少能在国际学术期刊发表文章，更少有学生会有完整的科研经验，但在清华计算机科学实验班，几乎三分之一以上的学生都发表过文章，其中一些成果甚至达到了博士毕业的水准。

2010年8月，清华计算机科学与技术学科进行国际评估，以图灵奖得主、美国康奈尔大学约翰·克罗夫特教授为首的评估专家组对清华计算机科学实验班给予了极大肯定，专家们一致认为，这里"拥有最优秀的本科生和最优秀的本科教育"。2014年，清华计算机科学实验班获得国家级教学成果一等奖。

"除了潜心育人，便是科学研究。"清华计算机系原党委书记杨士强教授这样评价姚期智在清华的工作："十年来，姚先生将全部心血都奉献给了清华的本科生教育和交叉学科的研究，一直把培养国家创新人才的使命放在心间，把攻克一个又一个世界领先学术制高点的责任记挂心头。这是一种静水流深的爱国主义，值得我们每个人学习和发扬。"

此外，计算机科学实验班2011级本科生闫宇对一次班会记忆尤深，那就是姚期智和同学们分享他的"姚班梦"；2010级本科生、清华本科生特等奖学金获得者吴佳俊说，姚期智让他印象最为深刻的是"他始终有一个 Big Picture（宏伟的蓝图）"；2012级本科生李竺霖说，有一天她突然意识到自己有了一个坚定的理想——成为一名像姚期智那样的科学家时，她感到既惊讶又骄傲！

也许对于所有计算机科学实验班的学生而言，一份真诚的赤子之心，超越小我的大我，实现梦想的勇气，直面人生挑战的信念才是姚期智带给他们最大的精神财富，并将陪伴和激励他们一生。

在思想的原野上，你需要进入一个完全不同的世界

虽然当今计算机科学非常热门，但姚期智认为，计算机科学家们不能自满，而要不断推陈出新。计算机学科未来的远景在哪里？回溯历史发展的进程，姚期智认为计算机学科未来的新生恰恰孕育在它"初生"时的自然属性——交叉之中。如何在中国开创一个计算

机学科与其他学科交叉的研究环境？

十年间，在寻求计算机学科交叉发展的道路上，姚期智始终没有停下不断探索和尝试的脚步。他先后在清华建立了理论计算机科学研究中心、清华大学—麻省理工学院—香港中文大学理论计算机科学研究中心，并在这些努力的基础上，于2010年12月成立了清华大学交叉信息研究院。

从此，姚期智又多了一个新的身份——清华大学交叉信息研究院的管理者。

姚期智十分重视人才在学科发展、学院建设、人才培养过程中的重要性。挖掘优秀人才，让其发挥自身最大潜能，是姚期智管理学院工作的一条主线。交叉信息研究院的徐葳、黄隆波等青年教师几乎无一例外都是经过姚期智亲自面试进入研究院的。而他们放弃国外多年的工作和生活，选择来到清华，几乎都有一个共同的原因，那就是——姚期智。

"我和姚先生的研究领域不一样，但他总是非常认真地倾听我的想法，在他身上展现的大师风采、对后辈的礼遇提携，让我深受感动，对清华交叉信息研究院也产生了强烈的好感。"经过与姚期智的单独面谈后，徐葳便作出了这样的决定：我要回国，回到清华！

在姚期智寻觅世界优秀人才、发展信息科学交叉研究的道路上，段路明的出现无疑为交叉信息研究院的未来增添了新的可能。

段路明1994年在中国科技大学物理系读研究生时，对量子计算产生了兴趣，并在论文中看到了Andrew Yao（姚期智英文名）的名字。这一中国人的名字和他的研究工作让段路明印象深刻。

2005年，在密歇根大学任教的段路明听闻姚期智回国到清华工作，十分感慨："姚期智真是一位了不起的科学家"。与此同时，年轻的段路明也在自己的领域马不停蹄地做出了一系列重要的工作，而他不知道的是，那位只在文献中出现的Andrew Yao也一直默默地关注着他的工作。

2010年，两位彼此"熟知"却素未谋面的科学家在电话中"相遇"了。

那时，姚期智正计划在清华组建一支能在量子计算领域做出创新工作的团队。在过去的几十年里，姚期智亲眼见证了中国在世界微电子领域竞争中的"错过"，他意识到未来量子信息和量子科技将成为新的发展点，中国必须得跟上。而量子计算除了需要理论计算机专家外，同样也需要懂量子计算的物理学家。于是，姚期智想到了段路明。

2010年10月的一天上午，当时正是北京时间的深夜，段路明在密歇根大学正准备给学生上课，突然身边的电话响了，显示号码是北京，他万万没想到，电话那头居然是姚期智本人。

姚期智在电话里表示希望段路明发挥在实验设计方面的优势，为清华成立量子网络研究平台作出开创性的工作。接到电话后，段路明感到既兴奋又忐忑，研究直觉告诉他这将是一片大有可为的天地，但长时间的国外生活和研究经历也让他心存顾虑。但后来更让他没有想到的是，两个星期后，姚期智专程飞到密歇根大学与他会面。经过这次为期几天的停留，姚期智与段路明初步勾勒出清华量子信息中心的蓝图。

两个月后，也就是2010年岁末，段路明加盟清华量子信息中心的建设。凭借姚期智在学术界的威望，以及段路明在物理学界的影响，世界量子信息领域一批年轻学者开始将目光投向清华。中心需要实验室，学校更是全力支持，将网球馆西侧的保龄球馆划分为实验室用地。2011年1月，经过不到两个月的筹划，清华大学量子信息中心揭牌成立。

成立四年来，清华量子信息中心在段路明等教师的共同努力下，取得了丰硕的研究成果。2014年10月，段路明研究组首次在常温固态系统中实现了抗噪的几何量子计算，该成果是量子计算研究领域取得的重要进展，研究论文发表在国际著名期刊《自然》上。更为可喜的是，论文第一作者祖充是交叉信息研究院在读博士生，共同完成文章的还有两名本科生。科研与教学园地里多年来的辛勤培育，逐渐开花结果。

"学院里有很多优秀的年轻人才，姚先生以他的威望为我们提供了充分的资源，这里的研究环境比许多国外的研究机构更有弹性和空间。我们感受到姚先生的信任，同时更加敬佩他对科学研究前瞻的判断和独到眼光。"回忆起量子信息中心四年来从无到有、迅速成长为具有国际影响力的量子信息研究基地，段路明深有感触。

对于这些海外归来、满怀科研抱负的年轻人而言，"放手去做"显然比"什么都管"更具吸引力。姚期智以自己年轻时做学问的经历为"镜"，深知做研究需要一个完全自由的环境，心无旁骛，这就像是一个艺术家，在思想的原野里，需要进入一个完全不同的世界，不能有太多的世俗与牵绊，才可能做出一流的成绩。当姚期智从一名研究者成为学院的管理者时，他奉献出自己大半生的研究心得与感受，为这些年轻的学者提供了比国外还要舒适和自由的研究环境。

做研究就像是开5档，飞驰在原野上，无拘无束！

姚期智是把艰苦工作视作无上乐趣的科学家，对于做学问和搞研究，他有两个观点颇为耐人寻味：首先是做学问要有"Sense of beauty"（美感）；其次是"Happiest moment"（最快乐的瞬间），作为科研工作者，最大的幸福莫过于此。

清华十年，姚期智的角色发生了许多变化，而科学研究的魅力始终让他难以忘怀。大概两三年前，姚期智的夫人储枫教授给计算机科学实验班的学生开设了一门关于博弈论的课。有一次，储枫请姚期智代她上了一节课。在这节课中，他给学生讲到经典的"拍卖利润"最优化问题。他也注意到这领域尚有种种未解决的重要问题。

在一个新鲜的研究领域里，年过六旬的姚期智还像一个"顽童"，对未知的世界充满了好奇心。在后来的研究中，他突然注意到一个简单却很巧妙的拍卖方法，而这正是近年来相关领域学者都想做出来的一个成果。

姚期智再一次陷入陀螺般急速旋转的思维世界里，为了心无杂念地解决这一问题，2014年春天，姚期智在伯克利加州大学"闭关"……

3个月，潜心攻克难题。"我觉得，做研究的人就好比一辆跑车，有好多'档'，也许普通的车开到4档已经足够了，但是真正好的研究者会加速到5档，而且一些重要的、特别的工作只有在5档状态下才能完成。"保持5档高速驾驶的姚期智，又回归到了他熟悉的、难以割舍的、纯粹的研究状态中。3个月后，姚期智成功解决了这一问题，并认为这是他"过去15年作出的最好的研究之一"。

"你有过在原野上无拘无束飞驰的感觉吗?它就如同一只飞翔的鸟,因为自由自在,所以它声音嘹亮,它的每一片羽毛都会张开。

每一位能做出好的研究的人都曾体会过这样的感觉。"姚期智说。

而姚期智对科学研究的热情与投入,同样感染激励着交叉信息研究院每一位教师和学生。

助理教授 Alioscia Hamma 感慨地说:"不同学科的交叉领域正是这样,在重重障碍下,不同领域最核心的部分往往有交融的可能。探索这种可能性并把不同学科的交融变为现实,需要杰出的判断力和不懈的努力,在这条曲折的道路上,姚先生已经迈出了一大步。"

从 2004 年到 2014 年,对于姚期智来说,是人生中非常难忘的一段时光。他人生的头 20 年生活在中国,20 岁以后生活在美国,57 岁后又将人生归根在中国。命运就像是交叉信息研究院的名字一样,在他身上,体现了中西文化的"交叉"融合,体现了不同身份间的"交叉"换位,也体现了跨越学科的"交叉视野"。最令人钦佩的是,他在即将步入花甲之年毅然重构自己的人生和事业,为培养中国自己的理论计算机科学人才"翻山越岭",作出开创性的贡献。但了解他的人都知道,姚期智自己心中并没有那么多复杂和纠结的想法,对人、对事、对科研、对祖国,他都是如此,简单、性情、纯粹、忘我。

"请用四个关键词回顾自己的清华十年。"

姚期智沉思半晌,答案是:只要三个字:"很开心!"

记者 高原 赵姝婧

学生记者 张瀚夫 程玺 田姬熔 石怡 郭雪岩

2015 年 1 月 9 日《新清华》刊发

王继明：清华园中的世纪学者

2015年4月26日，清华迎来104周年华诞，百花争芳的清华园随处可见从天南海北返回母校的学子。在环境学院，一场百岁华诞贺寿会隆重举行。200余人的大厅，黑发白发交织攒动，沧桑的面孔、年轻的容颜溢满祝福，此次回"家"相聚，他们为的是向面前这位老人道一句：生日快乐！

贺寿会的主角是王继明，中国建筑给水排水学科奠基人，一位伴随清华走过风风雨雨的世纪老人。

王继明（1916—2019），给水排水与市政工程科学家和教育家，先后在清华土木工程系、建筑工程系及环境工程系任教，曾任清华大学给排水实验室及环保办公室主任。

清华新生时光

1936年，王继明考取了清华大学土木系。彼时的清华，梅贻琦任校长，潘光旦任教务长，还有陈寅恪、闻一多、朱自清等名师任教。

在个人回忆文章里，王继明谈到清华的众师友。吴有训和萨本栋担任重点课程"物理学"的教师，微积分由曾远荣讲授，"老师上课认真负责，重点突出，听后印象深刻。"国文课由余冠英讲授，先生讲得细致有趣，每节课王继明都准点到达，生怕漏下一丝半毫。

"斗牛"是当时体育锻炼中极受欢迎的一项。每天下课，体育馆篮球场上都有一场连嚷带跳的"斗牛"战。刚入校时，王继明只是站在场边观望，后来跃跃欲试参与进来，斗得满头大汗，跑到浴室冲个澡，好不痛快。"勇于尝试，奋斗到底不退缩"，这是王继明在斗牛场上学到的清华体育精神，也让他"受用一生"。

由于严格的学业要求，学习上王继明时刻不敢松懈。和多数同学一样，节假日他很少进城或游山玩水，大都在图书馆里"开矿"，或在荷塘池畔、柳荫花侧凝神阅读。在这种严格要求、自强不息的好学风下形成的钻研精神，对他日后的学习、工作均产生了极大影响，烙下了终生的印记。

西南联大岁月

1937年夏,王继明放暑假回家的第三天,"七七事变"就爆发了,华北大乱,交通及电信中断。

1937年底,战火逼近长沙,清华、北大、南开三所学校组成的长沙临时大学再度迁校至昆明,更名为国立西南联合大学。

在家中被迫滞留半年后,王继明启程奔赴云南昆明。

为防日伪军检查,他和同学假冒英国商人,途经香港,过境越南后去往昆明。当通过由法国人管辖的海防海关时,风华正茂的爱国学子们遭到了蛮横的检查和侮辱,"被子都撕开看看里面有什么东西,特别看不起中国人,当时我们觉得非常愤慨,就发誓一定要奋发图强,绝不当亡国奴。"

同仇敌忾,团结奋斗,重建祖国,这是当年西南联大师生的共同心声。在遥远的中国西南边陲,王继明学会了什么叫作"弦歌不辍"。

"当时的生活很艰苦,简易房屋作教学用房,茅草房是学生宿舍。生活全靠救济金,饭是带沙子的糙米饭,起初还能吃饱,之后物价上涨,就会饿肚子。"他回忆道。

随着战争的不断扩大,原本相对安全的昆明也饱受日军威胁,跑警报成了师生的家常便饭。校方因空袭不得已只能将课程打散,老师和学生便利用跑警报的间歇进行学术研究,有时还会把课堂搬到野外。

就在这"残屋陋室"的困苦环境中,王继明完成了学业。忆起当年林语堂到西南联大讲演时的情景,王继明说有两句话让他印象深刻:一句是"不得了",指物质条件极差;另一句是"了不得",说的是大家精神上不畏艰苦,团结敬业,怀有"待驱逐雠寇复神京,还燕碣"之决心。

"这是对西南联大的高度概括。"70多年过去了,当年的热血青年已是百岁老人,但西南联大的光芒仍然长久地留存在他心中。"那段时间内我所受的深刻的爱国团结、刚毅坚卓、艰苦奋斗的教育,对我当时以及之后的工作、学习和为人处世都有极深刻的影响,受益良深,永铭不忘。"王继明说。

重实践,善育人

1941年,王继明毕业后作为工程师加入了云南地区的抗疟工作。1945年日本无条件投降,他回到西南联大,在土木系水工试验室任助理研究员,协助施嘉炀先生进行雨量分析研究。1946年王继明回北平协助王裕光教授进行清华复员前的校园修复工作,并协助陶葆楷先生辅导给排水工程课程。老一辈清华学者严谨治学、认真负责、诲人不倦的品格,深深影响和激励着他。

新中国成立后高校院系调整,王继明承担了清华和北大两校合并后的"市政卫生工程组"的教学工作。当时中国从未开设过"房屋卫生设备"课程,也极其欠缺相关的专业参考资料。王继明一边学习外文教材内容,一边加入自己的实际工程经验,反复摸索,终于完成了国内第一本《房屋卫生设备》教材。教材中所涉及的专业内容、基本概念和计算方法，对我国建筑给排水工程专业的建设起到了引导作用，也为我国该学科的发展和完善奠定了基础。此后，他又先后开设了"水泵及泵站""给水排水工程"等多门课程，编写了相应的教科书。

1970年，王继明参加《给水处理》新教材的编写工作，为获得第一手材料，他亲自去往北京化工二厂循环冷却车间蹲点，历经一个多月，跟班作业。从冷却塔到循环供水泵房，他与工人们共同研究解决实际生产环节中遇到的每一个问题，获得了大量一手资料，并将其带回到课堂中来。

理论联系实际，是王继明亲力亲为践行的箴言，也是他对学生一如既往的要求。带领刚入学的一年级学生参观施工现场、水处理厂等生产一线，指导高年级学生到施工工地进行生产实践，是他教学过程中的惯常做法。"工地的生活和劳动，不仅有利于学生获取专业知识，还可以加深师生感情，对课堂教学是一种强有力的补充。"王继明说。

他主讲的"给水排水工程""建筑设备"等课程深受学生欢迎。他根据业内最新发展不断修改的课程提纲、丰富的工程案例、生动鲜活的授课语言，至今为学生交口称赞。

据王继明的研究生回忆，论文开题王继明一般不做指定，而是列出研究方向的相关中外文书单，让学生在阅读过程中自行寻找，确定研究课题并写出选题报告。王继明认为，"这样做可以使学生直接切入学科前沿，触碰到专业最高水平和科技最新动态，在阅读中思考，提高学习效率。"

教学之外，王继明大部分时间都待在实验室里。他和学生接触非常密切，言传身教对学生产生了很大影响。

"从来不端架子，跟他交流就像是平辈朋友间的交谈，不受约束。"马金是王继明的学生，后留校任教与他在同一教研室工作。"跟王老师讨论学术，总感觉很自在。他是实实在在地跟你沟通，而非不容置疑的教导口吻，这样一来，学生就会更倾向于表达自己，提高得也就更快。"马金说。

为中国给排水事业攻坚克难

20世纪50—80年代，从我国南方到北方，80%以上的工业厂房在雨季都发生过房顶泛水和地下雨水井冒水的问题，影响正常生产，这是新中国成立初期以苏联设计标准和规范进行厂房设计留下的问题。20世纪60年代初，国家建委责成清华大学与一机部一院、建工部设计院三家联合攻关，但因当时诸多条件不具备，研究工作暂时中断。1974年国家建委将本课题列入研究项目。1975年决定由清华大学建工系承担，机械部一院和八院参加，进行大面积屋面雨水排除的研究，并为设计规范提供设计技术措施。以王继明为负责人的科研组临危受命，开始攻克这一技术难题。

由于"文革"刚刚结束，科研经费紧张，在他的带领下，团队将精打细算发挥到了极致。拾废料、自己动手组装试验管道设备，王继明笑着说："自力更生，其乐无穷"。

他们利用实验室里的量测仪表及水循环系统进行试验，由小模型开始，逐步扩大，将试验数据应用于生产，循序渐进，终于在1986年通过技术鉴定，科研成果和技术措施被刊入1988年我国《建筑给排水设计规范》中，填补了我国《室内给水排水和热水供应规范》TJ15-74规范中雨水计算留下的空白。这套我国独有的屋面雨水设计方法，经过几十年的工程实践考验，显示出科学性和实用性。

1980年后，清华建筑给排水专业开始招收研究生。王继明带领研究生围绕室内排水系统，展开了单立管排水系统通水能力的研究，在国内首次提出排水立管内的压力是影响其通水能力的决定因素，引领了该领域的发展方向。此前，我国及国际上普遍采用美国学者20世纪20年代建立的方法。我国的国家标准《建筑给水排水设计规范》GB-50015在时隔25年后，开始采用由管道内压力确定排水立管通水能力这一方法，并修改了规范中的通水能力数据。近年国内高校在此领域内也基本采用这一方法，进行各种管材排水立管的通水能力研究。

1993年，年近八旬离休在家的王继明在专业期刊上发文，提出我国自新中国成立以来建筑内厨卫多采用的钟罩式地漏的缺点与环境危害，应该被弃用，并提出研制新型补水地漏的设想。2008年，92岁高龄的王继明终于设计出补水卫生地漏，解决了几十年来由于地漏干涸冒腐气的大问题。这个设计在国内外尚未见到同类产品，属创新型产品，该项技术已获得国家专利。

"很忙碌，但心情是舒畅的，精神状态也是很好的。"王继明说。对于科研工作者，这是一种幸福。

"对您影响最大的一句话是什么？"

"自强不息，厚德载物。"贺寿会上，王继明目光灼灼，耳朵有些背，声音有些大。清华的八字校训已经深深印刻在了他的脑海中。

从英俊青年到期颐老者，王继明不变的身份是清华人。他认真负责，诲人不倦，为众多学子同声称道；他学识渊博、治学严谨，为我国的给排水事业铸就了非凡的学科楷模。

100，这个别具意义的数字，包含着一个世纪的完满，又蕴含着新的开始……

记者 曲田

2015年5月8日《新清华》刊发

在奋斗中架构土木结构工程的"高楼大厦"

——记2015年全国先进工作者、土水学院教授聂建国

五月的清华园，梧桐与白杨掩映之间，一座红褐色的小楼内忙碌非凡。

这里是清华大学土水学院土木工程系结构实验大厅。与普通实验室不同的是，它更像是真实的、繁忙热闹的建筑工地。一个个建筑和桥梁结构模型正在接受各种荷载考验，钢筋与混凝土交织的气味在空气中弥漫开来。

聂建国，清华大学土水学院教授，中国工程院院士。

在这个"工地"上，每天都能看到一位头戴安全帽、身穿工作服的老师行走其中，耐心询问实验进展、细致指导学生科研，夜以继日，倾心付出。

他就是清华大学土水学院教授聂建国院士。多年来，聂建国把所有精力都奉献给了祖国的土木工程事业，取得了一系列重大创新型成果，培养了一大批组合结构优秀人才。2015年"五一"劳动节前夕，聂建国被评为"全国先进工作者"。

梦想与热爱同在　机遇与使命共存

"赶上了千载难逢的好机遇。"聂建国一直为自己的选择而庆幸。20世纪80年代初，组合结构并不是热门研究方向，"但我国大规模基础设施建设的巨大需求必将使土木工程维持在快速发展的水平，从而为组合结构的发展提供难得的历史机遇。"1994年聂建国在清华完成博士后研究工作后留校任教，选择了组合结构作为他的主攻方向。正如他所预见的，随着经济的快速发展，我国高层建筑、交通枢纽、桥梁隧道、体育场馆、会展中心等大型公共基础设施建设如火如荼，对新的结构形式和体系产生了巨大需求，而钢—混凝土组合结构为解决土木工程领域的关键技术难题提供了新的选择。

在组合结构研究并不热的时候就认准这个方向，并始终如一地坚持30余年，这不仅要有眼光，更要有毅力。多年来，无论周围环境发生怎样的变化，聂建国始终

如一地钟情于组合结构的研究，不因艰难的道路而垂头沮丧，不因个人的利益而停滞脚步。

聂建国始终倡导将研究工作与工程实际需求、我国基本建设的国情紧密结合起来。在"源于工程、服务工程、高于工程、指导工程、引领工程"的不断实践中，他对组合结构技术、设计计算理论及设计方法进行了一系列的创新和发展，研发了多种组合结构新形式和新技术，有力地促进了组合结构从构件层次向体系层次的提升。相关成果已成功应用于天津津塔、中国博览会综合体、航天发射塔、重庆观音岩长江大桥等100余项工程，覆盖26个省、市、自治区，解决了许多大型复杂土木结构工程中的关键难题，得到了学术界和工程界同行的高度评价。

结构工程是一项实践性很强的学科，在这个没有硝烟的"战场"上，聂建国始终坚守一线。多年来，他始终坚持和学生共同参与试验全过程，"一个结构模型试验从设计到制作，需要两三个月甚至更长时间，而试验的破坏过程却只有短短几分钟。为了这宝贵的几分钟，我们投入了太多的时间和精力，如果只在试验结束后看照片，就不会有亲临现场才会有的深刻体会，以及随之激发出来的灵感。"聂建国说。

而灵感也时常在生活的细枝末节中迸发。2014年底，聂建国和他的同事及学生一行去南宁开会。清晨，不到6时，别人还在睡梦中，聂建国早已背上相机直奔跨越邕江的一座桥梁。原来，前一天在路上他发现这座桥梁在设计上存在一些问题，就想赶紧拍下来，回去给学生做研究。

为了拍摄各种建筑和桥梁结构照片，获得第一手研究资料，聂建国爬过脚手架，也钻过结构内狭小的空间。"有一次车辆行驶在高速公路上，聂老师突然大喊停车。司机吓了一跳，后来才发现，原来他看见窗外一座桥梁很有特色，急着要把细节拍摄下来。"聂建国曾经的学生、如今的土木工程系教授樊健生说，"他是真心热爱这份工作。"

追逐土木工程强国梦

"外形决定了建筑的美观，但它的安全性则直接取决于内部结构。土木工程这个学科关系到国计民生，我们作为这个行业的科技工作者，责任尤其重大。"每当看到在桥梁事故和地震垮塌中逝去的生命，聂建国都十分心痛："我们必须要有强烈的使命感和社会责任感，决不允许失败！"

做研究，聂建国始终坚持清华所倡导的"不唯书、不唯他、不唯上、不唯洋、只唯实"。"要追踪国际热点，更应引领国际热点。"聂建国认为，虚心向国外学习固然重要，但不能盲目崇拜国外技术。他不主张仅仅用自己的试验来验证国外的技术，而是倡导自主原始创新，提出自己的构想，促进组合结构技术的发展和科学技术的进步，争取得到国际同行的认可，并最终起到引领作用。

怀着这样的抱负，聂建国团队瞄准新型大跨重载组合结构这一前沿课题开展了持续研究，最终解决了传统大跨重载结构中的多项瓶颈难题，取得了大跨双向组合结构、大跨组合转换结构、系列节点构造技术和综合抗裂系列技术等多项技术发明。在2013年1月18

日的国家科学技术奖励大会上，聂建国带领的研究团队获得了土木工程领域第一个国家技术发明一等奖，同年聂建国当选中国工程院院士。

在追求事业的道路上，最难做到的就是坚持。多年来，聂建国接到了多次请他主持工程咨询项目的邀请，他婉言谢绝了许多与组合结构无关的项目，将它们介绍给更适合的同行，而自己则始终如一地钟情于组合结构的研究。"中国目前已经是土木工程大国，在不久的将来，只要我国土木工程领域的科技工作者坚持不懈地努力，土木工程强国的目标必将实现，而组合结构也必将会在实现我国土木工程强国的进程中发挥重要作用。"

聂建国说，如果对他30余年的工作作一个总结，他觉得"做好一项研究，追求一个梦想"就是最恰当的一句话。这里的"一项研究"就是"组合结构"的研究，"一个梦想"便是他孜孜不倦、始终追求的中国土木工程的强国梦。

深受爱戴的良师益友

作为一名教师，聂建国始终把培养学生作为自己的第一要务。对于人才培养他有自己的独到理解："要想做好学问，先要做个好人"，"为学重要，为人更重要"，"人品决定学品"。

聂建国经常把自己在为人方面的经验和体会告诉学生，希望能潜移默化地影响他们，用自己的实际行动感染他们。"感恩、谦虚、严谨、诚信"是对聂建国为人为学最贴切的写照。一直以来，无论取得了怎样的成绩，聂建国始终非常谦虚，他常说自己只是赶上了机遇，在已有的工作基础上做了一些发展。"要说在研究和工程应用中有些收获，应该归功于导师和前辈们的引领与鼓励，归功于工程界和学术界同行们的大力支持和帮助，归功于一批优秀的学生和一个团结奋进的团队。"

"时间对于每个人是相同的，而每个人对待时间的态度却不同，工作效率很重要，但效率加时间更重要。"除夕是聂建国唯一的休息日，其余时间如果不出差，每天早上8点前到办公室，晚上11点离开，日复一日，多年如此。"办公室不大，但真是个思考的好地方！"聂建国笑着说。

从聂建国的办公室向外望去，整个实验室一览无遗，学生遇到问题可以随时上来，敲下门，一场讨论便可开始。"几乎每天晚上都能在办公室找到聂老师，可以随时跟他讨论问题，畅谈研究方向和方法，而他永远都充满了热情和旺盛的精力。"樊健生说。

每周参加学生组织的学术沙龙是聂建国雷打不动的一项活动，"要保证和学生们有充分的交流，组合结构的发展终究要靠一代又一代青年人来传承。"多年来聂建国培养了近百名组合结构专业人才，大批学生目前已成为行业骨干。

聂建国的博士生、青年教师陶慕轩至今难以忘怀与导师初识的情景，"那时，我抱着试一试的心态，把粗浅的研究想法通过邮件发给聂老师，没想到他立即回复并约我见面，还把我的文档用红笔逐字逐句做了修改。"陶慕轩说，"在我的科研启蒙时期，聂老师启发了我对科研工作的极大兴趣，也让我建立了从事科研事业的信心。"

人生当架几座桥？聂建国认为，一座是"科学技术之桥"，一座则是"育才为人之桥"。

在热爱的研究领域里，聂建国用扎实的功底和渊博的知识奠定了事业大厦坚实的"地基"，又凭借孜孜以求、不知疲倦的探索精神，以及他独特的育人理念，帮助更多的学生将埋藏在理想中的宏伟蓝图一点点舒展开来，随着一项项科研创新成果的拔地而起，聂建国以自己的奋斗，构架起了今天土木结构工程的"高楼大厦"。

记者　曲田

2015年5月22日《新清华》刊发

生命的意义在于不断前行

——记 2015 年"清华大学突出贡献奖"获得者李衍达

2015 年是李衍达在清华大学工作的第 57 年。这些年来，他孜孜不倦，攻克了一座又一座科研高峰，开拓了多个重要的交叉学科方向；他鞠躬尽瘁，筹建清华大学信息科学与技术国家实验室，为清华大学信息学科的发展作出了突出贡献；他诲人不倦，培养了数位优秀人才，注重培养他们坚韧不拔的精神品质和创新能力……

李衍达，清华大学自动化系教授，中国科学院院士，我国生物信息学的开拓者之一。

如今，已近耄耋之年的李衍达仍然活跃在科学前沿，科研的脚步一刻都没有停止。2015 年教师节前夕，李衍达荣膺"清华大学突出贡献奖"。

敢想敢拼　报效祖国

1936 年，李衍达出生于东莞莞城，他的童年在抗战炮火中辗转度过，为了继续学业，李衍达跟随母亲前往广州，好学的他从小就在图书馆阅读大量书籍。中学毕业时，正逢新中国成立初期，在实业兴国的浪潮中，李衍达立志要去工业发达的北方上大学。

"如今我还对报考清华记忆犹新。"李衍达说，"当时只有一个想法，那就是一定要报效祖国。起初我想报考船舶学院当海军，但又不知是否适合自己。正当迷茫的时候，高中老师开导我说，你的成绩很优秀，建议报考清华，在那里能更好地实现你的理想。于是我在志愿书上坚定地写下了清华大学。"

1954 年，李衍达考入清华大学电机系，大三时进入新组建的自动控制系学习。1958 年，成绩优异的李衍达被挑选成为电子学教研组助教，辅导同年级学生课程。更意想不到的是，他很快又接受了一个艰巨的任务——参加当时全国第一台数控机床的研发工作。

"那时粮食不够，经常吃不饱，研究过程中也会碰到各种各样的技术难题，但我们天不怕，地不怕，非要做成不可！"这种敢想敢拼的精神影响了李衍达一生，此后的很多研究他都不畏困难，勇往直前。

那段日子，李衍达深深沉醉于自由探索的乐趣。然而1966年，"文革"开始了，在实验室全身心做研究的李衍达被迫中断了工作。不过，科研的脚步并没有因此停止，他利用劳动间隙，成功研制出了我国第一台感应同步器及其显示控制设备。

1978年，李衍达被选为我国首批赴美访问学者，从那时起到1981年，他在麻省理工学院师从奥本海默教授学习数字信号处理，兼修微型计算机。这对当时的李衍达来说是个完全陌生的领域，进修过程非常艰苦。

"但我知道，国家迫切需要这样的人才，我要努力学到更多知识，并把它带回祖国。"在美期间，李衍达综合物理、数学与信号处理知识，进行了"人工地震波的传播与反射"研究，并提出了利用相位函数重构信号理论进行反射波抵达时间估计的新方法，从而跻身信号处理理论及方法的前沿。

1981年，李衍达学成回到清华任教，先在电子学组工作，后进入模式识别教研组。回国后，李衍达在IEEE Trans发表的论文成为清华1978年后评出的第一篇优秀学术论文。此后，他一直致力于信号处理理论方法及这些方法在油气勘探与开发中的应用研究。

经过不懈努力，李衍达突破传统地震勘探数据处理技术，构建了融合测井数据、地质工程师知识和地震数据的信息分析方法，并在胜利油田发现了3口新高产井。如今，将地震勘探、地质工程师解释与测井数据同时处理，人机交互的方法，已成为我国油气勘探的重要手段。

1991年，李衍达与常逈教授合著《信号重构理论及应用》，同年被选为中科院院士。他还先后获得"北京市科技进步奖""国家教学成果特等奖""国家教委科技进步奖"一等奖等奖励，硕果累累。

开拓进取　醉心学术

然而，就在各种荣誉接踵而来时，李衍达却把目光投向了刚刚兴起的互联网领域。

"那是1994年，互联网刚刚进入中国，我很快注意到发展这个突飞猛进的领域的重要性，也发现了很多亟待攻破的难题。如果我们不奋力追赶国际互联网发展潮流、不开拓进取，我们势必就要落后。"李衍达说。

1994年，李衍达率先在清华大学建立网络信息研究组，并将多年研究的智能信息处理与智能控制方法应用于网络控制和网络信息检索。他侧重于智能信息处理的研究，譬如人工神经元网络、模糊系统、专家系统、进化算法的理论模型及其在网络信息智能控制中的应用，取得了多项成果。

那时，李衍达已经年近60岁，但他仍孜孜不倦，醉心科研，因为他再次发现了一个重要而崭新的学术领域——生物信息学。

"虽然我没学过生物，但是我对这一领域很感兴趣，因为它涉及人类的生命和整个世界的变化。"李衍达说，"生命的意义在于不断追求，我们要着眼于具有重大意义的科研领域，生物信息学、系统生物学是信息科技发展的重大机遇，所以一定要开拓并深入。"

从1996年开始，李衍达和自动化系、计算机系、生物系的专家学者率先展开这一科学前沿的探索。"也许因为太前沿，起初并没有太多人认同，但我没有放弃，这是因为无论是在我几十年的科研生涯中，还是在学生阶段，我的字典里面就没有'放弃'两字。"李衍达说。

1996 年，李衍达创建清华生物信息学研究所，任首任所长。2002 年，研究所发展成为我国首家生物信息学教育部重点实验室，2004 年部分并入清华信息科学技术国家实验室生物信息学研究部。

在生物信息学这一新兴方向上，李衍达主持了国家自然科学基金重点项目"复杂系统意义下生物信息学中若干问题研究"等国家项目，致力于将复杂系统的信息处理方法应用于生物学、医学和中医药学，在基因组序列的信息结构研究、基因调控网络的建模和仿真等方面展开多项研究，极大地推动了信息科学与生命科学的结合。

李衍达十分重视学术队伍的建设，他在清华组建了信号处理理论与地震勘探、智能信号处理、生物信息学、系统生物学与中医药现代化等多个研究团队，为我校信息学科的发展作出了突出贡献。他曾任校学术委员会主任、校务委员会委员、校学位委员会副主席，为我校的学术环境建设、研究生培养等工作作出了重要贡献。

作为国务院学位委员会委员兼控制科学与工程学科评议组召集人、中国自动化学会副理事长、电子学报主编、IEEE Fellow，李衍达还对我国当代信息学科的发展发挥了重要作用。

先研究人生　再研究学问

在清华工作 57 年来，李衍达已培育了 40 多位博士，20 多位硕士，遍及海内外学界。在人才培养过程中，他注重让学生们树立理想信念、塑造民族自信心和自豪感，培养他们坚忍不拔的精神品质和创新能力。

"李老师常常告诉大家要有独立的思想，并引导我们自由选择研究方向，这极大地培养了我们的科研兴趣。"学生古槿说。

李衍达认为，每个人都有自己的兴趣和追求，根据兴趣做研究，才能不怕中途的艰难困苦，才会永不停步一直向前。

"我记得李老师曾说过，做一名科学家是非常幸福的，因为可以不断思考问题、解决问题，在这个过程中会一直处于比较兴奋的状态，从而激励自己不断探索、成长，我想这就是李老师至今还致力于科研的灵魂所在。"

"研究生首先要研究人生，然后才是研究学问，要理清做学问与立身做人的关系。"李衍达说，"我希望我的学生们能够为人谦和、视野开阔、善于思考、勇于开拓。"他还鼓励学生要有"三想"和"三力"——"理想，梦想和幻想"；"努力，毅力和合力"。

如今，年近八旬的李衍达仍在不断学习，不断探索新领域。"科研脚步一刻都不能停止，我希望还能继续为祖国科研事业的发展贡献力量，也希望年轻的清华学子们一生学习、不断进步，因为只有这样，才能触摸到生命的真正意义。"李衍达说。

记者　赵姝婧
2015 年 9 月 11 日《新清华》刊发

为梦想的又一段征程披荆斩棘

——记 2015 年"清华大学突出贡献奖"获得者左焕琮

左焕琮(1945—2017),曾任清华大学第二附属医院(清华大学玉泉医院)院长,清华大学生命科学与医学研究所脑神经疾病研究所所长。

2015 年教师节前夕,左焕琮荣获"清华大学突出贡献奖",这是他来清华的第 13 个年头。

13 年间,左焕琮为清华医学学科建设、为清华大学第二附属医院(清华大学玉泉医院)的改革发展、为青年医学人才的培养殚精竭虑。13 年里他被赋予医生、学者、教师、管理者等不同的角色,不变的,则是他对医学事业和广大患者的满腔热忱。

志为良医、探索生命、深层从医,这是左焕琮自小选择的道路。作为清末重臣左宗棠的第五代嫡孙,左焕琮系出名门。他的父亲左景鉴是新中国最早的外科医生之一,左家有"不为良相,则为良医"的传统,左景鉴希望儿子能够成为一个"好医生"。从 1964 年迈入北京医科大学的那刻起,左焕琮就一直秉承父亲的心愿,潜心钻研医学。

浩瀚的医学海洋中,让左焕琮情有独钟的领域是神经外科的临床研究。从业 50 余年,左焕琮开创了若干先河——1984 年左焕琮在国内成功开创显微血管减压手术,治疗面肌痉挛、三叉神经痛和舌咽神经痛,率领团队完成该类手术逾万例,居国内首位。1989 年他在国内开创先例,在"颅内禁区"海绵窦区直接进行手术,为这一手术的发展奠定了基础。1996 年左焕琮作为"第一个吃螃蟹的人",在国内开始研究脑近红外线诊断技术,通过红外扫描仪的测量判断脑部活动,甚至可以判定包括抑郁症和强迫症在内的许多心理疾病。此外,左焕琮还在脑胶质瘤综合治疗、帕金森氏病干细胞移植的实验研究等方面取得了显著成果,曾获得国家科技进步二等奖、卫生部科技成果奖、卫生部突出贡献科学家等奖项。

"创新"是左焕琮多年来的不懈追求。正是他的创新研究与实践,为很多病人带来了福音。例如,左焕琮和他的团队已经成功为 40 多个孩子做了神经代偿和重塑手术,他们虽然半脑被切除,但依然可以正常生活和学习。除了将技术应用于临床治疗,左焕琮还创新了神经外科病人的诊疗模式:"病人通常是按照自己所得的疾病来看病,因此会诊的形式很有必要。这样专家团队可以在主任的调动下，运用多个学科的知识共同对病人进行诊断。"左焕琮介绍说。

在学术研究中，左焕琮强调学科建设的创新要通过国际化和多学科交叉手段来实现。这与他当年留学经历有关——左焕琮曾在日本短暂学习过半年，师从日本神经外科学会主席、世界著名神经外科专家高仓公朋教授。左焕琮认为，他从高仓老师那里得到的最大教益，就是做一个好医生需要国际视野和开拓精神，要善于通过学科交叉促进医学研究的发展。回国后，左焕琮充分利用海外资源，不断同国外的医学研究机构进行合作，累计邀请过40多位主任教授来中国交流，并派出30多人次前往日本学习。"要想在国内站起来，首先要在国际上得到认可。"多年来，左焕琮通过与国外合作，引进、创新了一批项目，其中在三叉神经痛和面肌痉挛治疗方面已经建成了世界上最大的治疗中心。

作为清华医学建设的最早参与者之一，左焕琮早在1995年担任中日友好医院副院长时，即应清华之邀参与规划医学学科，并成立了清华中日友好医学研究所。2002年左焕琮调入清华医学院，并从2003年起担任第二附属医院院长。

谈及选择清华的原因，左焕琮表示，过去的医学模式主要是经验医学模式，而未来医学发展的主要形式是科研医学模式，临床医学和理工科研究相结合将成为医学发展的主要动力和趋势。左焕琮恳切地说："当时我已年过半百，要抓紧时间为医学发展再做一点事情。清华为我提供了事业进一步发展的良好工作环境和条件，也为我提供了一个多为社会做点事的机会。"

在担任第二附属医院院长的12年时间里，左焕琮不断开拓创新，成功地使一所"起点低、基础薄"的医院实现了跨越式发展。

刚刚进入二附院的左焕琮面对的，是医院条件相对落后、亏损严重的严峻局面。因循守旧注定要失败，左焕琮审时度势，得出结论："现在医学的发展是在不断细化的，'单点突破'要比'全面开花'更有发展。要想从竞争激烈的综合医院中脱颖而出，必须改革创新，做专业医院。"

在左焕琮的主持下，二附院确立了大专科、小综合的发展思路，以功能神经外科和妇产科为切入点，逐渐形成和引进有特色有规模的优势技术项目，并带动综合科室发展。与2002年相比，二附院2014年在医疗收入方面增加了7倍，手术病人数量增加了3倍，自筹资金建设的医疗教学综合楼一期2万平方米已投入使用，二期工程1.2万平方米正在招标，三期正在规划。

由小到大，从弱到强，二附院功能神经外科的名气已在全国打响。以左焕琮为带头人的神经外科具有较完整的学科体系，病床数在北京市排第三位，病人来自全国各地。

谈到作为"后起之秀"的二附院妇产科，左焕琮也颇为自豪："原来我们的妇产科很小，只有十几张床，一个月只能接生20多个孩子，现在一个月要接生150多个孩子，要住院的病人已经得排队了。"

此外，左焕琮还担任过清华长庚医院建设副总指挥的职务，为清华长庚医院的创立发展倾注了很多心力。他倡导由职业管理者管理医院，同时吸纳社会资本进入医院。医院筹建期间，左焕琮全面负责医院的学科规划、人才引进等事宜，积极协调多方资源，与台湾捐赠方密切沟通、合作，为清华长庚医院的如期开业提供了重要保证。

除了不断改善医院的硬件设施，左焕琮也非常注重引进和培养人才，他称之为"引人筑巢，筑巢引凤"。左焕琮表示："现在我工作的一个重点就是青年医生的教育和培养，因为一个医院能否成功，说到底还是要看这个医院的人才培育体系建设得怎么样。"对于新引进的青年医生，左焕琮有一个很直接的标准："国家级教科书上这个领域的章节是你写的，你就成功了。"

在培养青年医生的过程中，左焕琮非常注重密切结合教学与临床实践，帮助青年医生尽快走上工作岗位，并在今后的发展中独当一面。他不断开创新的诊疗技术，又都无私地传授给青年医生。左焕琮说："我的教学理念就是要大量积累病人，书本上学到的知识一定要去实践，多操作、多练，要为学生提供充分的锻炼时间和机会，更要教他们学会奉献。"

当每个人确定了专业发展方向后，左焕琮就会给足空间让这些"雏鹰"飞翔。他强调年轻医师的再学习，形象地把医师培养工作比喻成"把本科的光头剃掉，戴上帽子"。左焕琮每年都会推荐优秀学生到国外学习，让年轻人接触更广阔的平台，接触世界先进技术和理念。左焕琮说："年轻人是未来的希望，自己该把世界留给年轻人了。我需要做的就是腾出更多时间来想更多点子。我只是负责开路的人，做成了就交给别人，这样才能容纳贤士，才能做强做大。"

在担任医学院副院长和医学中心副主任期间，左焕琮积极争取临床医学学位点设置，积极推进临床医学教育体系建设，有力促进了医学研究生招生质量和培养水平的提高。同时，他积极推动清华与解放军总医院、积水潭医院和北京市神经外科研究所的合作，以提高清华临床医学的影响和实力。其中，在左焕琮主导下成立的临床神经科学研究院，实现了清华各附属医院临床神经科室的整合及学科的合理布局，为该学科今后的整体发展奠定了基础。

如今，左焕琮已迈入古稀之年，但他仍坚持出门诊、查房、上手术台，因为每年都有近千名手术患者慕名而来。他的思维依然活跃，跟年轻医生一起讨论问题时，他对人类思维本质的洞察、对神经外科研究的热情，总是带给大家深深的感染和有益的启发。

左焕琮说，在清华的这些年，是他实现梦想的又一段征程，他将继续披荆斩棘、不断开拓。"百年清华，医学学科还应该有更大的发展。"对清华新百年医学学科的美好前景，左焕琮充满期待。

记者　曲田
2015年9月11日《新清华》刊发

明德如君 以诗育心
——记"北京市高等学校教学名师奖"获得者、清华大学人文学院教授孙明君

2010年夏,晴日灼灼,清华园花草葳蕤。刚刚通过博士生复试的聂昕,眼看着要过了与素未谋面的导师——人文学院教授孙明君约定见面的时间,一路小跑着,从学校南门赶到新斋。拾级而上,二楼的走廊尽头,孙明君已经在办公室等待。

聂昕打量着周围,墙上高悬着王羲之的《远宦帖》,三面书柜环绕,书香四溢,卷帙高垒。孙明君一袭经典的白衬衫、灰西裤,传统文人的端方姿态,目光深邃如炬,仿若挟古风而来。"聂昕你好,很高兴见到你。"孙明君微笑着,招呼她坐下。

孙明君,清华大学人文学院教授。

五年后,聂昕仍清晰地记得这一幕。想象中不苟言笑的诗歌大家,却是如此温和儒雅,平易近人。

"跟着孙老师读书的时间越久,这种感觉越深切。不仅是我,孙老师的学生都为他的为学和为人折服,我们师门群名称就叫作'明德如君'。"

诗歌中有大美

"一去二三里,烟村四五家。亭台六七座,八九十枝花。"

这是孙明君在读书时代,业师文学界泰斗霍松林先生向他提起的一首诗。虽是短短一首小诗,但炼字、结构、音韵、格律、意境无不考究。在孙明君看来,这正是古典诗词的曼妙之处,小诗中同样蕴含着大美。

"今人虽不至'不学诗,无以言',但人生的最高境界,正是诗意的、审美的、艺术的。应该让更多人,尤其是青年学生们感受到古典诗歌的魅力。"1995年,刚来清华任教的孙明君讲授全校选修课程"中国古典诗歌研究与赏析",开始面向学校全体本科生,讲授他所理解的古诗之美。

因为扎实的文学功底，孙明君讲起课来旁征博引，而略带西北口音的吟诵抑扬顿挫，裹挟着特定时代的历史情思。"孙老师讲课时整个人沉浸其中，往往只是普通的一句诗，经他点拨，同学们就仿佛和诗人实现了超时空对话，很容易体味到诗歌所表达的志趣和情怀。"曾担任这门课助教的聂昕说。

为了更好地增强学生的审美体验，孙明君利用多媒体教学，通过播放古典诗词的吟诵和歌唱，让课程变得有声有色。在讲述《诗经》中的《蒹葭》一篇时，孙明君找来由琼瑶作词、邓丽君演唱的《在水一方》放给大家听。

清音袅袅中，同学们闭上眼睛，任凭思绪向历史深处漫溯——仿佛自己来到岸边，隔着苍茫的芦苇，望穿秋水，有位伊人正姗姗而来，且行且望，若即若离。

"营造身临其境的氛围，比教师用语言告诉学生这句诗是什么意思、表达了何种感情，教学效果要理想得多。"孙明君说。这样的课颇受学生欢迎，"中国古典诗歌研究与赏析"开课近20年来，选课人数多达4867人，最多时有400名同学同时选课，最后不得不"拼运气"，靠"抽签"来决定。2009年，该课程被评为"北京市高等学校精品课程"。

面对荣誉，孙明君说："真的不是我讲得好，是中国古诗实在太美。青春年华里的同学们都是诗人，对诗歌有一种天然的亲近。我要做的，只是用诗歌的美唤醒人家的诗意而已。"

走出"半人时代"

在课程广受好评的同时，孙明君亦坦言，在以理工科见长的清华园，自己还是常常会被学生问道："学习古诗文，究竟有何用？"

"这个问题本身就是'有问题'的。如果只是遵循有用或者无用的逻辑来判断事物，我们的眼界只会越来越狭窄，越来越功利。尤其是在评价人文学科时，不能只简单地追问能学到什么知识，我们必须考虑到人文素养和情感对于每一个人的重要作用。"在孙明君看来，完全不关心、不了解科学技术的人文学者会被边缘化，而缺少文化底蕴的科学家也只是"半个人"。

"1948年，我们的老学长、著名建筑大师梁思成先生曾在清华做过一场题为'半个人的时代'的讲演，谈的正是文、理分家导致人的片面问题。我希望通过诗歌激发同学们对文学的兴趣，促进人文素质的养成和提高，真正告别'半人时代'。"孙明君说。

为此，在全校选修课上，孙明君侧重通过引导启发学生主动探索问题，使同学们在查阅文献、阅读经典的过程中进一步扩大人文知识面。比如，课堂上的讨论往往围绕一些开放性问题展开："陶渊明到底是不是一位纯粹的田园诗人？世间流传的'爱情告白书'——《闲情赋》是不是他本人的作品？归隐后，他对官场是否还有留恋？"这些似乎颠覆传统认知的问题一下子抓住了同学们的好奇心，也促使大家在课后仔细阅读相关诗集和人物传记，很多同学甚至翻阅多本历史文献，以更广阔的视野找寻答案。

为了让非文学专业的同学更系统地了解古典诗歌和古代文学，孙明君开始着手编纂教学相关材料。他精选出古诗300首，作了详细注释，并根据自己的理解写下点评，出版了

《昨夜星辰：中国古典诗歌品鉴》。围绕这本教材，孙明君又相继出版了《三曹诗选》《白居易诗选》《颜氏家训诵读本》等普及读物，期待能够以点带面、循序渐进，提升学生的文学素养。

更令孙明君欣慰的是，相当多的理工科同学通过他的课程，对古代文学和中国文化产生了浓厚的兴趣。每学期课程结束，孙明君都会请学生谈谈对课程的看法和建议，有同学这样写道："此前听说孙老师人很好，课程也相对简单，于是抱着'考试容易过'的心态选择了这门课。但当我听过几节课后，深深被诗歌传递的情感和意境所吸引，原来中国古代文学如此富有魅力！这门课为我打开了研习传统文化的一扇窗。"

历史上的清华文科群星璀璨，虽曾因1952年院系调整一度中断，但从未停止建设与发展的脚步。"在学科深度交叉融合的今天，如何将专业知识与通识教育打通，即在通识课上更巧妙地传授知识，令更多非专业学生受益，是教师们面临的挑战。孙明君无疑提供了很好的参照和借鉴。"清华中文系主任王中忱说。

以诗育心　以文载道

师者，传道授业解惑，传道为先。作为一名古代文学教师，用传统文化净化人们的精神世界，弘扬传统文化精神的"正能量"，是孙明君所坚守的天然使命和责任。

在讲到庄子时，孙明君这样告诉同学们："传统语境下庄子虽有些消极混世，但请你们注意，他的文章中同样蕴含着一种'逍遥游'的态度，因此希望你们从中汲取养分，无论世界怎样纷杂，都要保持自我平静，守住心中的一方净土。"

"以诗育心，以文载道"的要求同样贯穿在孙明君对中文专业同学特别是研究生的教育和培养中。"孙老师常说，作为中文系的同学，一定要有专业精神和专业意识，既然选择了中国古代文学，传承和弘扬中国优秀传统文化，就是义不容辞的责任。"博士生刘隽一说。

"孙老师非常强调'当下'，强调古与今的共通之处，他告诉我们写论文一定要有问题意识，人文科学不是闭门造车、纸上谈兵，而是要以科学的态度实实在在地研究、解决问题，而且要明白过去的学问是对当下的照应和关怀。"刘隽一说。

孙明君在治学方面坚持高标准、严要求，一派"严师"作风。一方面，他要求学生大量阅读"第一手材料"，文章不说半句空。当学生向孙明君请教问题时，如果不是自己深入研究、有独到见解的，他绝不会信口而谈，而是略带歉然地答道："不好意思，这个问题我没有做过深入研究，无法一下子给出答案。"而数日后，孙明君会拿着做满注释的笔记，主动找到提问的学生进行讨论。"有一分材料说一分话"，也是孙明君自己一贯秉持的风格。

另一方面，孙明君极为看重在"大文科"的视野下研究问题，在给学生列出的阅读书单上赫然列着版本学、文献学、历史学、哲学等不同学科领域的相关著作。"每一个诗人都生活在具体的历史情境里，脱离历史、哲学孤立地研究文学，无法领会文学的真谛，是做不好学问的。"

孙明君还致力于将中国优秀传统文化介绍给更多国外学生。在1997年和2007年，他分别前往韩国釜山大学和日本九州大学讲学一年，两国学生学习汉学的热忱令他深为感动的同时，也颇为自豪，"中国文化对于周边国家，尤其是日本和韩国的影响是巨大的。"2008年，孙明君开始担任对外汉语文化教学中心主任，这使他感到更加任重道远——"要让更多的外国年轻人了解中国语言和历史，感受到中国文化的魅力所在。"

如今，已过天命之年的孙明君，最喜欢的事情莫过徜徉于书斋和讲台，带着同学们与古人进行心灵对话，探寻历史对于"当下"的关照——"虽是'昨夜星辰'，但依然熠熠生辉，闪烁着理想与智慧，照亮我们的心。"

孙明君在以诗育心、以文载道的路上执着地前行着。伴随着他的还有宋人王安石游褒禅山时的一句话："尽吾志而不能至者，可以无悔矣"。

记者　王蕾
2015年9月25日《新清华》刊发

格非：没有文学的人生太可惜

学堂路西侧的校内咖啡店，露台上的花木透着深深的绿。

比约定采访的时间早一刻钟，格非老师背着双肩包来帮我们占座了。

此前三天，他的《江南三部曲》以最高票荣获四年一度的中国长篇小说最高奖——茅盾文学奖。

清华大学人文学院教授是他的正职。作家，则是他的"业余"身份。

他在清华一待就是15年，至今还在给本科生上课。

他只喝简单的黑咖啡。一场雷阵雨的工夫，我们聊了很多。让我们有些意外的，是他回答问题的实在，还有语言的平实甚至朴实。在这一点上，他和清华园里其他的教授并无不同。

格非，清华大学人文学院教授，中国当代实力派作家，凭借《江南三部曲》获颁第九届茅盾文学奖。

引　子

"你应该去一个不那么热闹的地方，清华就是这样的地方。"

《新清华》：您是南方人，作品发生的背景也都是在江南，为什么会来北京呢？

格非：我在华东师范大学读书、工作将近20年，对上海已经摸了个底透。来北京是因为家庭原因，要照顾家里的老人。人的命运很难想象，当时我对北京没概念，但是来了以后发现北京对我太合适了。我特别喜欢北京"大大咧咧"的氛围，很多事不用过多思考，素不相识的人可以坐在一起吃饭喝酒，朋友找你，你没时间，人家也不生气，就是很大气。上海人做事很精细，精细的话很累，北京就特别轻松，说错话也没关系。其实我家祖籍就在北方，南宋时从开封迁徙到江南，所以可能到了北方就很舒服。

《新清华》：为什么选择清华，而且一待就是15年？

格非：当时我对北京完全不了解，有学校提供很好的条件，朋友们也给出了一些建议。后来我去看望王元化先生,他的童年在清华园度过,对清华是很有感情的。王先生有一句话一下子打动了我,他说:"你应该去不那么热闹的地方,清华就是这样的地方。"王先生当场就提笔写信,推荐我到清华来。

获奖对我来说并没有那么重要,但很奇怪的是,原来我跟奖项绝缘,来清华后好像每一部作品都得过奖。我也不知道怎么回事。这里面很重要的原因,应该是清华文科的氛围特别好。虽然清华文科复建的历史不是特别长,但学校的整体战略很对路,给予各文科院系很大的发展空间,而不是采取量化的考核方式。我向来认为,引进人才时应该非常严格,选择真正懂行的专家,引进以后则应该给教授以充分的信任,让他们自己选择要做什么事情,这一点我觉得清华做得特别好。

比如我刚到中文系时,我们系王中忱教授正在做一个重要的研究项目,从我知道他做这个研究到现在已经十多年了。很多朋友都知道他在进行这项研究,不断有人向我询问王老师这项研究的进展。这种用十多年时间安安静静做一项研究的心态,我觉得在中国的其他学校是很难想象的。

另外我们中文系也是一个很团结协作的集体,同事间关系很好,没有乱七八糟的事情。一些教师能够出作品、出成果,是因为有同事包括领导本人承担了很多事务性的工作,系主任总是到深夜一两点还在做填表等一些琐碎的事情,很不容易。对专注教学、研究和创作的人来说,这是很重要的氛围。我特别得益于在这样一个集体中,很幸运。

关 于 写 作

"写作需要'钻到别人脑子里',于是教会了我们尊重他人。"

《新清华》:您这次获奖的《江南三部曲》基本都是来清华后创作完成的,这期间您的创作状态是怎样的?

格非:20世纪90年代我写完《欲望的旗帜》后,就一直在考虑创作一部大一点的作品,历史跨度稍微长远些。一开始想法比较多,主要是希望能够用现代主义的方法来概括100多年间的历史,为此我做了大量的笔记。

当时我比较迷恋地方志的形式,我还记得当时写的提纲,第一章写气候,第二章是地理,后面还有人物,等等。通过这种形式把100多年的历史放进去,比如从洪水、风暴等气候变化带出一些历史事件,这是一个现代主义的想法。

后来写不下去了,可能有很多原因。一方面中国社会在变化,20世纪80年代先锋小说支持过的实验文学的氛围已经不在了;还有创作方面的原因——我对现代主义这种方式也有些怀疑。

更重要的原因我在外界都没有谈过,就是当时我正读博士,其间又有了儿子。读博期间要写论文,没法写作;儿子还小,我只能整天推着他在校园里走。那时是有点苦闷和焦虑的。

直到2000年我来清华,2001年正式上班,孩子也上学了,各方面都安定下来。2003年,我接受法国蓝色海岸协会邀请赴法,在那里开始了《人面桃花》的创作。从法国回来后,学校派我到韩国庆州做交换教授,我就在那座古老的城市里,用一年时间写完了《人面桃花》。

《新清华》:《江南三部曲》在人物关系和地点上看上去是有延续性的,但能感觉到风格和探讨问题的变化,这背后是个怎样的过程?

格非:《江南三部曲》在2009年左右完工,前后差不多花了十七八年时间,我原来是想让它完全浑然一体,这个变化的过程是"被迫"的。如果我是个专业作家,可能用五年时间就能完成风格统一的三部曲,但我的主要工作是教学和研究,只能利用暑假和秋季学期刚开始的几个月抓紧时间写作,这样就会拖很久。

十七八年里时代在变,我自己的思想和对文学的理解也在变,所以三部曲的风格不可能不变。时间拉长了有好有坏,这样形成一种风格的自然过渡,也不错。所以一部作品写得怎么样,不仅取决于你的学养和经验,还取决于你的工作状态。在安静的、优游自在的状态下写作,跟边工作边抽时间来写是不一样的,这个我没法选择,毕竟不是专业作家。

《新清华》:这么长的时间跨度里,这种熟悉会不会导致新鲜感的丧失?

格非:在写作过程中,所谓基本经验和方式是不太管用的。比如你在这部小说里用这种方式成功了,下部小说用同样的方式可能就会失败。所以有这么一种说法——写作不是在同一个井里打水,而是不断地挖井。每次写作都是一个全新的考验,这是写作本身的要求,写小说、写诗的人都了解这种关窍。

当然不是说你写了30年就没有经验,这种经验是具体工作的经验。以前我一旦写不下去就很慌,但是慢慢就知道写不下去怎么对付,会有很多办法。比如以前我一失眠就会想怎么睡不着觉,第二天会不会还睡不着,渐渐成为一种负担,失眠一个月整个人就一塌糊涂。现在我会跟自己说,失眠了就不睡呗,睡3小时我也可以写作。其实失眠也不见得一整晚都睡不着,所以慢慢地人就放松了,反而会有高质量的睡眠。

同样地,如果你已经写过30万字的小说,就会知道写到10万字时是什么情况,写到15万字又是什么情况,写不下去了你就不会慌。积累了30年的经验,你会有大量办法应对各种情况。每个作家都有自己的小窍门。

《新清华》:写作对您的现实生活有什么影响?

格非:对我而言,有一个关键就是不要老为自己考虑。写小说是一个重要活动,它教会我们如何生活。不是说我们先学会了生活,再通过生活中积累的东西来写作,我认为不完全是这样。写作这个活动本身会教你如何做人,因为写作中你需要尊重他人。

比如出现了一个罪犯,文学家要想这个人为什么犯罪?他是一个人,你要尊重他,尊重他的情感,某种意义上你要变成他。写作需要"钻到别人脑子里",于是教会了我们尊重他人。我对任何人都不敢轻视,不管他伟大还是渺小,甚至一个罪犯都要尊重,然后了解他。

写作如果变成简单的道德是非评判,就没有意义了,它应该协调自我和他者的关系。所以对我影响最大的是写作本身带给我的思考——我看到的这些就是真相吗?背后还有没有其他的东西?

从这个意义上讲,文学是我们社会中一种重要的力量,它带给我们不同的视角,还有平等心。这种平等心要求你像尊重自我那样尊重所有人,这样你的心灵和精神世界就会变大。当然不是说作家和普通人不一样,只是经常换位思考让作家对别人的痛苦有更多体会,对他人的命运有更多悲悯。一个写作者的一点点不同是,当社会发生不幸和灾难时,他们会相对镇定些。

这种平等心不是天赋,是工作的训练,可以培养。

关于阅读

"如果一个人一辈子都没有接触过真正重要的文学作品,就没有办法了解莎士比亚、托尔斯泰、卡夫卡这些大师笔下的世界,走近他们的心灵,分享他们的人生精华,这真是太可惜了。"

《新清华》:除了平等心,文学还能带给青年学生怎样的力量?

格非:文学是一种世界力量。对青年学生来说,文学能够给人更好的反省的力量。文学作品不会通过简单的道德判断来看世界,它更加复杂。在文学作品中,你会看到世界上有大量不同的民族、群体,有那么多不同的文化背景,文学能够提供这样一个更加扩大的视野。

从某种意义上说,文学与一些功利性目标有关,它可以反映社会,也可以记录时代。但更重要的是,文学有一个核心功能,它关乎真理,关乎信仰,关乎精神世界的寄托。

我觉得一个人了解一些文学,对培养自我情志极其重要。因为我们国家不是宗教国家,不是说你一头扎到宗教里,就会有上帝或佛陀来帮你承担。这时候我们就需要人文的力量。而在传统人文学科里,文学门槛最低,历史和哲学需要专门训练,需要阅读大量文献,文学不是。文学任何时候都能让人迅速进入,并且饶有兴味,它的感染力很强。

今天社会中有太多消费主义的东西,不光中国,全世界都在面临文学日益狭窄化的问题。阅读快感、消遣功能固然也很重要,但文学最核心的力量不能被忽略。现在年轻人不太愿意读严肃意义上的文学,大家喜欢特别"轻"的、能够及时消费的文学,这跟时代氛围有关。我自己也爱读金庸,但如果一个人一辈子都没有接触过真正重要的文学作品,就没有办法了解莎士比亚、托尔斯泰、卡夫卡这些大师笔下的世界,走近他们的心灵,分享他们的人生精华,这真是太可惜了。所以我建议学生不妨把眼界扩大些,尝试着去读一些作品,比如要是觉得陀斯妥耶夫斯基特别"重"、特别"大",一下子吃不下来,那就不妨先读读《罪与罚》这样比较"轻"的作品,从"小"作品开始,慢慢进入。

《新清华》:今年入学的清华新生第一次收到了来自校长的赠书——路遥的《平凡的世界》,您怎么看?

格非:我觉得校长这么做很有远见,也很有眼光,因为《平凡的世界》这部书特别重要。我们这次修订应读书目,当代作家选了路遥和莫言,我当时就坚持一定要把《平凡的世界》选进去。这部书到底写得好不好,可能仁者见仁智者见智,这个没关系,关键是要看它写了什么,能给学生什么营养。《平凡的世界》描写的东西对今天的学生来说已经是历史,但学生们应该也需要知道,中国乡村在面临改革开放时发生了什么,那里的青年人在情感和思想精神上经历了怎样的波动。这部书给今天的学生提供了一个很好的知识背景，非常值得读。

《新清华》：您给自己的孩子推荐过书吗？

格非：我没有给他推荐过任何一部文学作品，因为我自己学文，推荐了容易让他一下扎进去，这样对他不负责任。

过去人家讲"学问学问，先要让人问"，教孩子也是这样。严歌苓有次跟我说，她儿子问爸爸问题，爸爸会介绍很多背景，讲了半小时，儿子跑了。我就跟严歌苓说，孩子问问题你要直接给答案，他对背景没兴趣。家长都有点"好为人师"，而孩子需要的是一个简单的答复，所以他问什么你就答什么，他如果有兴趣进一步了解，你再往下讲详细些。有次我和儿子聊了4个多小时，他一环扣一环地问。我觉得当孩子想了解一个问题时，你教育他会事半功倍，他不想了解的时候你硬要灌是不行的。这是我的一点看法。

关于人文素养

"这些事情看起来很小，但可能未来的大师、真正的人才就是通过这样点滴的工作孕育出来的。着手做某项具体工作，一开始就是这么不起眼。"

《新清华》：您对提升清华学生的人文素养有哪些思考？

格非：关于人文素养，我觉得不管在人文学院还是其他院系都有必要加强。

举个例子来说，一个训练有素又不乏天资的科研工作者，如果仅仅从功利的角度衡量，他应该很快就能获得成功，有了住房、金钱等物质条件甚至各种荣誉，那么他接着奋斗的动力从哪里来？他能不能一辈子专心致志，为着纯粹科学的目标、为真理去奋斗？这种动力必然来自某种超越功利性的情感或信仰，只有具备这样的动力，才能做出一流的成就。

如果说这个目标定得还太高，那么退一万步说，最起码要让学生热爱自己的工作。我做科学研究是因为我热爱它，这项工作给我带来非常大的乐趣。要培养这样的情感，我认为也非常需要人文方面的素养。

我刚才也谈到了，中国不是一个宗教国家，它的大量超越现实的激情，从古至今都来自于人文。这是我们民族性格中很基础的一部分。中国是一个人文大国，也是一个道德伦理国家，在这样的历史和现实状况下，我觉得清华要培养出一流的人才，必须在人文素养的提升方面下比较大的功夫。

《新清华》：具体有哪些举措呢？

格非：在提升学生人文素养方面，近年来清华来做了一些具有建设性意义的工作。比如甘阳教授任总监、曹莉教授任项目主任的"通识教育实验区"新雅书院，这是一个很好的尝试，有利于选拔各院系学生，开设人文课程。我也参与其中，给学生们上了一学期的课程，感觉很有意思。

再比如胡显章等老师放弃暑假休息，召集我们人文学科的老师商议《清华大学学生应读书目》的修订。讨论中大家都很认真，积极贡献意见。我相信，经过多轮讨论、最后公布于众的书目定稿，相较以往会有很大的改动，体现了在目前知识更新的文化氛围下，怎么来考虑学生应有的知识储备和结构。这次修订工作是一个很好的举措，我觉得教师应该多在这方面为学生着想。

另外，我们中文系也邀请了一批著名作家，开展首届"朱自清文学奖"的评选工作。评选面向全校学生，包括小说、诗歌、散文、文学批评等类别，希望每年能将学生们的作品、论文等出版成册。

这些事情看起来很小，但可能未来的大师、真正的人才就是通过这样点滴的工作孕育出来的。着手做某项具体工作，一开始就是这么不起眼。比如学生文学社办《清华文刊》，最初就是几个人的提议，后来慢慢聚集起一群人，在很多年里形成一种独特的文学氛围。

尽管做了这么多工作，但总体来看清华的文科氛围和学术覆盖面还是不够，这可能跟招生人数少有关，比如我们系一届学生才十几个人，因而很难形成影响力比较强的氛围。正因为清华这样的特殊性，更需要教师、管理部门认真考虑如何营造更加积极的人文氛围。

关于教学和文科发展

"每次上课我都很激动，因为每个学生都有自己独特的想法，你不知道他们会发现什么新东西。我觉得中国的年轻人是有希望的。"

《新清华》：您在清华，从事教学工作的同时，在2006年还当过一年系主任。一边教学一边行政，期间还完成了重要的作品，这种角色间怎么转化的？

格非：教学和写作这两种工作我都做了几十年了，很熟悉。一方面做教师，一方面通过业余时间做一些创作，对我来说最合适，因为这两个工作有所不同：写完一个长篇后需要休息，这时做些研究是个休息；反过来做研究有点枯燥的时候，写小说也是种休息。两种工作换来换去，节奏很好，不会厌烦。

我很乐意做班主任、主管教学的副系主任这样具体的工作，但是系主任的工作确实有点陌生。因为需要考虑的事情和要见的人很多，我又是个心思比较重的人，别人举重若轻处理掉的事我需要想好多遍，这样的话自己就很累，也吃不消。所以做了一年我就提出辞职了，学校也很理解。

《新清华》：您现在还给本科生上课吗？

格非：当然。我有两门课：基础课"文学名作与写作训练"和为中文系三四年级学生开的电影课。

"文学名作与写作训练"课有一大半的学生来自其他院系，他们让我很吃惊。即使是全世界公认最难读的乔伊斯的作品，这些一年级的学生竟然也能准确理解其中的内涵，他们的讨论让我从头到尾都很感动，也给了我很大的启发。现在有一种说法是年轻人浮躁，很多东西不理解，我觉得这是教师的方法不对。如果找到一种好的方法，学生们是可以理解最艰深的文学作品的，至少对清华的学生来说没问题。一堂课下来，我常常跟助教感叹，我们的学生怎么这样厉害！

开设电影课是因为我们系里的老师商量，中文系的学生读了很多小说诗歌，但图像的训练少，电影是个很好的介入方式，所以我带学生对电影史上的重要作品进行讨论。

《新清华》：您指导研究生的方式是怎样的？

格非：我跟学生们的关系都很好，但对博士生和硕士生的培养方式有所不同。博士生要从事大量系统的学术研究，我对他们的要求会更严格一些。对硕士生，我希望培养他们的独立性和自律精神，主动发现自己感兴趣的题目、把握研究进度。但学生们都知道，只要发封邮件、打个电话，我就会放下所有事情，随叫随到。学生们跟我也形成了一个默契——他们知道我写小说时比较忙，就会几个人约在一起，"埋伏"在教室外，下课后集中解决问题，尽量为我节省时间。这种带研究生的方法，我是跟导师钱谷融先生学的。

《新清华》：您希望学生从您这里带走什么？

格非：说实话，我能"教"给学生的东西很少。因为知识更新很快，每个学生的专业领域也不一样，教师要对所有学生的研究内容了如指掌是不现实的。比如我有个学生是科幻作家，读他的博士论文时，我是在向他学习。

作为导师，我最重要的责任是帮助学生找到自己感兴趣的领域，进行论文整体的判断，把握论文训练的各个环节，同时为他们提供背景材料，提醒他们这些问题过往有哪些研究基础，供他们参考。论文写作过程中有什么问题，再及时跟他们沟通商量。

如果说我做人做事对学生有些影响，那是他们从我身上看到的，我本人对他们没有任何要求。

《新清华》：大学有可能培养作家吗？

格非：大学不培养作家是肯定的，但也不能一概而论。我们这个年代跟高尔基、狄更斯那个年代不一样，现在的作家基本上都有大学学历。也就是说，大学教育不再是"高等"教育，而是"必需"的教育，它给学生带来的是博雅教育，是常识教育，这很重要。

虽然大学不培养作家，但写小说的人必须要有常识的基本概念。今天你要写一个好的作品，你要了解世界是怎么回事，仅仅凭直观经验远远不够。因为今天的世界极其复杂，话语欺骗很诡异，你要了解真相，要有分析力，就要有起码的学历，所以作家接受大学教育是必须的。

《新清华》：您对清华理工科老师有怎样的印象？

格非：我做过江苏招生组成员，其间跟很多理工科的老师接触过，邻居中也有很多科学家，我们经常一起聊天。他们对我有一个借鉴就是为人朴实，做事严谨，这也是文科做研究必须的。很多人觉得清华曾经是工科院校，老师们有些朴素甚至死板，我不认为这是缺点，这种一是一二是二、一丝不苟的科学态度，对学文科的人来说很重要。我倒是对过于浪漫、天马行空的东西很怀疑。我跟其他院系的老师接触，很多时候都是肃然起敬。

《新清华》：清华文科相对精致，您对它的发展有何建议？

格非：我认为清华这样做有她的道理，有所为有所不为。清华文科已经在发挥她的作用，我们不用太在意国际国内排名这些指标，一个系发展到一两百位老师的规模没有太大必要。但是中文系二十多位老师还是有点少，因为很多学科不能覆盖。所以我觉得清华文科发展应该"取中"，究竟怎样的规模合适，可以做一个调研。我个人觉得清华中文系有

30～40人的教师规模会比较理想。

概括起来就是，少肯定比多好，但也别太少，这个观点我们跟学校领导提过，领导也很赞同。人少的时候，可以慢慢选择，慢慢引进。如果一下进100个人，可能就很麻烦。我觉得宁可慢慢来，扎扎实实做工作。所以清华文科复建时采取这么稳健踏实的发展思路，我认为是正确的。

文科的特点是她并不需要占有太多的资源，最重要的就是有科学健全的发展战略。我们慢慢来，一步步走，总会起作用。举个例子，清华中文系在全国的排名并不是数一数二的，但教师的学术声誉我们排第二，对二十几个人的系来说是很了不起的。我们虽然人少，但是有成果，所以不用太在乎外界的评价指标。

记者　程曦　曲田

2015年10月9日《新清华》刊发

不留痕迹才是最理想的教学

——记"北京市高等学校教学名师奖"获得者、自动化系副教授王红

正午的阳光透过玻璃窗洒进办公室。眼前的王红,一头干练的短发,笑容温暖而亲切,言谈话语中,透着一份爽朗与率性,纤细的身体里仿佛时刻充满了韧性与能量。

不久前荣获第十一届北京市高等学校教学名师奖的王红,将这个奖项归功于整个教学组的努力:"这不是我个人得的奖,我只是教授专业基础课教师中的一员,这是我们整个教学组的荣誉。"

王红,清华大学自动化系副教授,系副主任。

春华瑰丽　秋实盈衍

自动化系"电子学教研组"在清华很知名。20世纪50年代,中国电子技术学科和课程建设主要奠基人、著名电子学家童诗白先生回国后在清华创建电子学教研组,在国内率先开设了多门电子学相关课程。

从创建伊始,历经清华人几代传承,教学组一直保持着鲜明特色和优良传统。1995年刚刚硕士毕业的王红幸运地成为这个集体的一员。

"阎石、华成英两位老师手把手教我怎样教学,我现在的很多知识都是从他们那里学到的。"提起两位引领她走入教学、爱上教学的恩师和前辈,王红自然而然地流露出一份由衷的感激和敬重。在电子学教学组,每一名教师都怀着一份同样的集体荣誉感和归属感,积累厚重,共同向上,在这样的氛围和环境中,王红像一株青葱的树苗,于沃土中汲取养分,生机勃勃,朝着自己向往的蓝天舒枝展叶。

2004年,王红在清华大学首届青年教师教学基本功比赛中斩获一等奖。本来下午参赛的她,一大早便来到比赛现场,兴致勃勃地把每一位参赛老师的比赛从头听到了尾。

"得奖不是最重要的，我更在乎的是从比赛中能学到什么。"王红意识到，很多学科其实可以触类旁通，专业不同，但教学的本质始终如一。教学基本功比赛中的一个重要环节是资深老教授台下点评，当时一位老先生谈到王红在比赛中用了12处口头语，这个平时感觉不到的表达习惯，直接关乎教学品质的完美度。老教授的提醒让王红铭记于心，终生受用。

王红认为，课程创新应该是循序渐进的、在继承优秀传统基础之上的创新，也就是常新。多年来，她和同事们共同修订的《电子技术基础》教材多次再版，广受欢迎，被评为北京市高等教育经典教材。

如今，王红已成为国家级精品课程和国家级精品资源共享建设课程"电子技术基础"负责人。她带领教学组开展教学研究和改革，保持了课程的先进性和鲜明特色，承担和参加了国家973计划子课题、国家自然基金重大研究计划子课题、国防项目以及国际合作等在内的30余项研究项目。她还多次获得不同层级的各种奖项和荣誉称号。

心存敬畏　道法自然

"教师就是传道、授业、解惑，这个定位很准确，但要做到却不容易。"执教多年，王红仍对教师这个职业抱有一种敬畏感。"在王红看来，教师这个岗位最重要的特点就是"能影响人"，她总害怕自己不够优秀，不足以担当这个职责。

王红心中理想的教学状态是一种无意识有能力的状态，一种自然流露的不留"讲授痕迹"的状态，如同文学写作中看似漫不经心的笔触却最能触动读者心中最柔软的部分，更加接近事物的本质。

王红不喜欢做深沉状的讲授者，更愿意以交流者的姿态与学生们相融互动。"课堂对学生的吸引力很大程度取决于授课教师的个人魅力，包括其广博的知识，对整个课堂的掌控和气氛的调动。一位优秀的教师站在课堂上，本身就会自带一种吸引住学生的气场，这需要深厚的积累，我还差得很远。"

"知识容易被遗忘，能力和思维方式才是价值所在。"王红认为，好的教学应该因材施教，因人而异，学生能力的提高和培养为先，知识传授在后。

为了培养学生的独立思考能力和创新性思维能力，王红在解答问题时从不喜欢问一答一，而是反向发问，鼓励他们自己去发现问题，找寻没有掌握的知识点。遇到学生尚未接触过的知识点，王红便会尝试用学生学过的知识触类旁通。"我认为，深入浅出是大学专业课比较理想的教学方式。我特别担心因为我讲课的原因，把学生的兴趣'封'住了，我希望通过我的教学，培养他们对专业课的兴趣，让专业课更具吸引力。"

王红有一个法宝："舍得"，即在每节课切入正题前非常"舍得"时间，用于介绍知识点相关背景、必须掌握的重点、特别注意的环节，由此大大激发了学生的探究兴趣和学习热情。这样做看似浪费了讲课时间，但效果奇好。

王红风趣生动的授课方式和亲和力深受学生喜爱，他们亲切地称呼她为"红姐姐"，并这样评价她："第一次见到这位学长学姐们口中的'红姐姐'，在课堂上，红姐姐亲切、开朗、自信、风趣，让我们一下就明白了为什么学长学姐们是如此地喜爱她。""上课知识点讲得很透彻，大家不仅学到了知识，领略到电子世界的美妙，也在课堂上感受到学习的快乐"。

在近10年的时间里，王红主讲的"数字电子技术基础"，在学生评教中各单项指标均为"笑脸"（即各个单项得分排名均在100人以上课堂参评教师的前15%），且评教总分10次位列清华大学全校的前5%。

能够得到学生的认可和喜爱，王红颇感欣慰，但是"学生都有向师性，相较于他们的赞扬，我更在意他们提出的问题。"她的冷静中闪烁着智慧的光亮。

亦师亦友　亦庄亦谐

课内课外，王红始终与学生保持着一种亦师亦友的关系，她与学生相处融洽，既诙谐可亲，又端庄严格，为同学们所信赖。

王红一直重视教学中的答疑环节。每学期期中考试后，她都坚持对180名学生考试中做错的试题进行一对一的面批答疑，十几年如一日，坚持至今。

每当送走一批学生，讲台下换上一批新的朝气蓬勃的面庞，王红每每都会生出"年年岁岁花相似，岁岁年年人不同"的感慨，"虽然学生换了一批又一批，但他们优秀、好学的相似性也激励着我，教学相长，无论教学还是科研，我都从学生那里学到很多，所以我都会在最后一堂课向学生道谢。"

一位学生曾这样描述自己眼中的王红："无论是对待教师这份职业，还是面对生活，她总是充满活力。在课堂上她非常职业，对于教书育人有着独到深刻的理解，在生活里又是同学们的好朋友，我们从她身上学到的不仅是专业知识，更多的还是这种积极面对生活的态度。"

时光的影子在讲台上交错而过，王红始终是学生心目中那位风趣幽默、可亲可近、值得信赖却又不失严格的"红姐姐"。

执起教鞭，方知教师职业之神圣。一切努力与付出，在王红看来，都只是在做好自己应做的事情。她不喜刻意，教学是这样，生活也是这样，一切发乎自然，专注于眼前，就是最好的收获。

从最初喜欢大学"单纯"的工作环境而选择成为一名教师，到后来真正深爱上这个职业，王红用20年的成长、积累，完美地诠释了教师这个神圣的角色。

记者　李含
2015年10月16日《新清华》刊发

讲台上的光荣与梦想

——记"北京市高等学校教学名师奖"获得者、航天航空学院教授张雄

张雄,清华大学航天航空学院教授。

"我家是农村的,在陕甘宁边区,很偏僻。上大学前没到过县城,相对比较闭塞,对我影响最大的人就是学校里的老师。"张雄说起话来慢条斯理,轻柔的声音里透着西北人特有的质朴与淳厚。

此时,他坐在位于蒙民伟科技大楼的办公室内,初冬的阳光透过窗户倾洒进来,打在他略微灰白的发丝上,似乎在诉说着这些年走过的点滴历程。

怀着对教师这一职业的崇高敬仰,读中学时,张雄开始把自己的人生坐标定位在为教育献身的轨迹上,三尺讲台成为他心目中的麦加。而今,张雄已从教20余年,在清华的讲台上,他实现了自己最初的梦想。

立足科研 储好"一缸水"

作为村子里第一个考上大学的人,张雄从小到大都是班上学习努力的学生。在顺利完成本科阶段学习后,怀着想要"往外蹦"的一股冲劲,他潜心钻研,在知识的高峰上不懈攀爬。

1989年,张雄在大连理工大学跟随著名力学家钱令希院士攻读博士学位,在参与国家自然科学基金重大项目时,结识了清华工程力学系陆明万教授。在当时的张雄看来:"清华是国内工科最好的学校,希望能有机会去那里发挥更大的作用。"于是,他向陆明万表达了自己的意愿,没想到,"陆老师很不拘一格,完全不在意我不是清华'原装'的。"在陆明万的引荐下,张雄1994年博士后出站后来到清华工程力学系,开启了他向往的教师生涯。

学术性是高等教育区别于基础教育的重要方面,这就要求大学教师不仅要是好的"教书匠",更要是名出色的研究员。在张雄看来,大学教师需要不断掌握新知识、新技术、新成果,如此一来才能引领学生关注学科发展前沿,感受专业最新发展方向和趋势。"想

要给学生'一杯水',自己就要先有'一缸水'。"正是源于为学生解知识之渴的责任感,多年来张雄在高水平科研上下了很大功夫。他主持了多项国家自然科学基金项目、国家重点基础研究发展计划课题、国家安全重大基础研究子专题和横向项目,出版专著两部,发表期刊论文100余篇,曾入选教育部首批新世纪优秀人才支持计划,获得教育部自然科学奖二等奖和一等奖等奖项。张雄总会将自己在科研工作中关注的问题、取得的成果或放到教材中,或与课堂讲授的基础理论结合起来,让学生切实体会到科研的乐趣和意义。

而他的良苦用心在学生中也得到了广泛好评。近10年来,张雄主讲的"理论力学"课程评估结果有7次位于全校同类课程的前5%,其中2次第1名、1次第2名,负责的钱学森力学班"有限元法基础"一课入选校挑战性示范课,"计算动力学"则被评为校研究生精品课程。张雄也先后获得北京市教育创新标兵、北京市高等教育教学成果奖二等奖、清华大学青年教师教学优秀奖等诸多荣誉。

心系讲台　讲好课才是好老师

谈及多年教学心得,张雄表示:"清华的学生都很聪明,但是学生间学习效果的好坏还是存在差异的,这里面兴趣是最大原因。有兴趣的话学生就会投入,学得更好;没兴趣就不愿意学,当然学不好。"那么,如何让学生在接受知识的同时始终保持兴奋?在张雄的课堂上,多媒体教学便是触动学生神经的那根"魔力探针"。

上过"有限元法基础"课程的同学,都对下面这一幕印象深刻:昏暗的灯光下,闪闪发亮的大屏幕上,鹅毛般的雪花从天空中飘落,如轻盈的玉蝴蝶般翩翩起舞。这一景象让人恍惚间来到了梦幻的冰雪世界。其实,这是张雄正在为学生播放视频课件,栩栩如生的下雪场景是用物质点法模拟制作而出的动画效果。

正是源于眼前这个视频,2012级力2班"屈指可数"的女生之一杨连昕开始对有限元方法产生兴趣。杨连昕说,这个视频让她联想到电影《银河系搭车客指南》中的一段狂想——地球是由老鼠建造的超级计算机,用于运算关于生命、宇宙及一切终极问题。"我突然觉得科幻世界中炫酷的事情跟我所学的东西息息相关,有一种脑洞大开、可以让想象天马行空的畅快感。"在学期末的课程评价中,杨连昕反复提及这次"震撼":"谢谢张老师,您的课让我认识到探索世界、了解世界的方法原来不只有理论和实验,用模拟的方法重现世界运行的过程也是件很有趣的事情。"

除了引用成熟影像外,很多时候张雄又像个"导演",喜欢自拍自制。走在路上,看到工人修路,张雄就会掏出手机开始摄像,将蛤蟆夯压路的画面录制下来,回去再跟学生一起用多体动力学软件对这个过程进行模拟,做成视频,然后在课堂上一边讲述基础知识一边穿插自制影像,因势利导,往往取得超乎预料的教学效果。"基础课里加入多媒体元素,学生不仅有兴趣,还会觉得学这个东西很有用,而且知道在哪些地方有用。理论联系实际的方法有利于开阔视野,从而激发学生的思维活力。"张雄说。

在有限的课堂教学时间内,深入浅出、幽默风趣地把教学知识讲解清楚,并最大限度地抓住学生的注意力,这需要教师投入大量精力进行课前设计与准备,而这也正是张雄一直以来所做的。因为在张雄心中，讲好课才是好老师，为此他乐此不疲。

以身立教　教书更要育人

自 2004 年起，张雄开始负责"理论力学"课程的日常教学管理工作，组织教学团队定期研讨教学内容和教学方法，交流教学经验，同时邀请国内其他院校名师与团队进行交流。在青年教师首次承担"理论力学"课程教学前，张雄无私提供自己的教学录像，组织青年教师观摩、讨论教学内容，帮助大家尽快上岗。近十年来，先后有三名"理论力学"青年教师获得了清华大学青年教师教学优秀奖。

除了教师、管理者，张雄还有一个身份，便是 2011 级钱学森力学班班主任。通常清华的班主任会选择相对年轻的教师，但在 2011 级钱班班主任推选时，同事们纷纷推举张雄。面对同事的一致信任，西北人骨子里的豪气再次彰显，张雄果断地说了句"上就上"，于是开始了一段新征程。

与和同学们打成一片的年轻教师不同，张雄这位班主任给予学生更多的是父亲般深沉的爱。"我是在背后关注着他们，了解学生状况，不会干预太多。我觉得这些孩子不是高中生了，管太多反而会有逆反，对他们成长不利。但有什么问题我会及时提醒，单独约他们吃饭聊一聊，给出建议。"

张雄培养学生自有一套方法。大一刚开学时，作为班主任他给大家布置了一个任务：请在这四年一直思考，你的长远规划是什么，短期目标又是什么？四年来，每当同学们开始有松动的迹象，张雄便及时将问题再次抛出，为的是让学生"有短期目标、有长远规划，这样才有动力往下走。"而让张雄欣慰的是，他的学生毕业后大多去了科研院所，从事学术和研究工作，选择出国读书的学生则涵盖了哈佛、麻省理工、斯坦福等众多世界级名校。

航院博士一年级学生宋言当时是张雄班上的班长，他至今仍对张雄每周和大家在食堂里谈天说地的景象记忆犹新。"张老师日常工作很忙，但仍然每周都抽出时间参加班级聚会，是一位非常体贴的班主任。当我们向他寻求指导时，他会随时放下手中的活儿和我们进行探讨。"谈及张雄在同学们心中的形象，宋言脱口而出："特别超能，非常无敌"。"张老师总能一下找出我们的问题所在，明白大家想问什么，然后一语中的，给出非常中肯的引导，启发学生思考。"宋言说。

"我希望我的学生能够成为一个对社会有贡献的人。这里的贡献是广义的，因为学生各有特点、各有想法，只要他们能发挥特长，做自己感兴趣的事，具备积极达观的态度，实现人生价值便是作贡献。"张雄说。

亲其身，信其道，张雄为学生倾注了大量时间和精力，学生们也发自真心地喜爱他。

记者　曲田

学生记者　王也文　徐玥

2015 年 11 月 13 日《新清华》刊发

一生情系清华　爱洒陇西学子

——清华老教授赵家和的生命之歌

他捐出毕生积蓄帮助数千名贫困学生完成学业，但在癌症晚期却舍不得使用进口药物治疗；他在美国做客座教授时薪酬不菲，但给自己一家三口规定的每月生活费标准仅为100美元；他退休后曾在深圳某著名企业担任顾问，但每次南下都是自带铺盖、租住普通民房……了解这些事情是在他离世之后。他在世时，绝不同意公开自己捐资助学的事情，新闻报道中也只能用"一位清华大学退休教授"代指。

他的名字叫赵家和。

赵家和（1934—2012），清华大学经济管理学院教授，著名金融学家和金融学教育家。

出生清华　献身教育

1934年，赵家和出生在清华园，他的父亲是时任清华大学法学系主任。在20世纪40年代抗战的艰难岁月中，赵家和跟随父亲及家人迁往云南昆明西南联大。历经战火纷飞，见证弦歌不辍，"爱国奉献，追求卓越"的精神铭刻在他幼小的心里。

1951年，赵家和考入清华大学无线电电子学系学习。大学期间，他曾担任班长，获得学习优良奖状，这是当时清华学生的殊荣。毕业后，他选择留校任教。1961年，赵家和加入中国共产党。

在同事眼中，赵家和既是清华教师中的普通一员，又是听党召唤、服从分配、工作踏实、成绩显著的骨干人才。

20世纪50—70年代，赵家和一直在电子系工作。他曾参与建立系里实验室、指导学生毕业实习、研制科研材料，并担任主讲教师，共同编写教材。无论做哪方面的工作，他都十分勤奋、刻苦、积极、努力。

由于赵家和工作严谨踏实，除了日常教学、科研工作外，他开始承担相关管理工作。

在此期间，赵家和曾负责电子元器产品车间的组织管理，并协助建立器件厂，后来担任系科研科科长。

任职期间，赵家和善于管理、勇于创新、表现出色。1977年，他被调到清华大学电教中心工作，1979年5月被聘为副教授，任电教中心副主任。在创建电化教学实验室的工作中，他吃苦耐劳，认真负责，专业心强，业务能力高；他对同志要求严格，积极关心培养青年人才；他坚持原则，处理事务十分果断。

两年后，赵家和开始在清华大学科研处工作，历任科研科科长、科研处副处长。当时世界银行提供给学校首批无息贷款，赵家和由于有较高的英语水平，被委派到国外选购一批计算机和先进仪器设备，以充实学校的科研和教学资源。

选购的谈判过程异常艰苦，赵家和不厌其烦地和外商砍价，利用自己过硬的专业知识和娴熟的英语口语谈需求、谈性能、谈商务。最终，他带回的计算机价格仅为市场价格的一半。

1984年，清华大学经管学院成立，学校陆续从各个院系抽调骨干力量到经管学院工作。赵家和服从安排来到经管学院工作，历任院长助理、管理信息系统系主任、常务副院长，并兼任国际贸易与金融系主任等，为经管学院的创建与发展付出了很多心血。

虽然科研与管理任务十分繁重，但赵家和仍然亲自给学生上课。他的"微机原理与应用""电子企业经营管理""对外经济管理基础"等课程不仅得到了学生的一致认可，在美国和我国香港地区的讲学也获得了高度评价。在学生眼里，赵家和可以调动所有学生，让课堂"活"起来。

赵家和曾开设了一门商务英语课，当时班里的大部分同学都不敢开口讲英语。他通过营造轻松的课堂氛围，让同学们不再羞涩，勇于把学到的英语说出来。一学期下来，同学们都能用英语对话了。

1998年，赵家和从清华大学退休。从毕业后留校任教到退休离任，在几十年的时间里，赵家和把所有的精力都献给了清华，献给了自己挚爱的教育事业。他先后在无线电、计算机、经济管理三个专业从事教学和科研工作，实现了三次"转行"，横跨文科、理科和工科。

每当赵家和从一个学科转入另一个学科，都是因为学校建立新专业或新机构，需要能力卓越、视野广阔、思路清晰的人带队，打好基础、开创局面、远谋深虑。每当学校提出要求的时候，他都坚决服从组织安排，即使对新领域不了解，也迎难而上。他曾经的学生兼同事、清华大学经管学院原党委书记陈章武说："赵老师是干一行、爱一行，干一行、成一行。"

一个西瓜也舍不得吃

1998年，退休后的赵家和应邀担任德克萨斯州立大学客座教授，他和妻子来到美国，与当时正在美国攻读硕士的女儿团聚。由于赵家和对经管专业非常了解，又有着近乎母语水平的英文能力，因此美方给他开出了不菲的薪水。然而意料之外的是，他们一家的生活却简朴到了艰苦的程度。

赵家和的夫人吴老师至今还记得，为了省钱她需要怎样地精打细算："我们在美国最常吃的就是鸡腿，因为它最便宜。我和女儿还特别关注打折信息，看哪里有卖特价的食品。"据女儿回忆，在美国的时候，父亲严格规定他们一家每个月只有100美元的生活费。因为生活的地方西瓜比较贵，一家人平时甚至不舍得吃一个西瓜，只有在母亲生病的时候，父亲才会允许他们买西瓜吃。那时，每个月如果能省下一些钱去吃一顿中式自助餐，则是全家人的"奢侈享受"。

家国依旧　故园情怀

2001年，不顾美方的一再挽留，赵家和放弃了在美国已经"风生水起"的工作，执意回国。好友刘尚俭问他："你在这儿好好的，为什么突然有回家的念头？"赵家和回答说："信美然非吾土，田园将芜胡不归。"

正是在这次聊天过程中，赵家和向老友透露了自己希望用积攒的薪水资助我国偏远地区学童的想法。不过，作为经济学教授，赵家和希望先让自己手中的钱增资，然后再发挥更大作用。

于是，赵家和毅然回到了北京，同时带回的还有自己20多万美元的积蓄。

除刘尚俭外，没有人知道这笔钱会用来做什么，也没有人知道赵家和心里的那个"秘密"。

自带铺盖　租民房做企业顾问

一次偶然的机会，赵家和得知清华经管1986级学生刘迅的公司在深圳做投资。交流了几次之后，赵家和把自己当时的全都积蓄都交给刘迅打理，随后他将退休后在美教学所得以及给商业机构做顾问的酬劳也陆续汇去用于理财增值。

作为赵家和最信任的学生之一，刘迅在很长一段时间里一直不明白，老师日子过得如此朴素，他攒那么多钱到底为了什么？在他眼中，赵老师平时的行为简直是"过分"节俭了。

那时，赵家和在深圳给一家著名的通讯企业做顾问，按说也会有一些薪酬，但是他去深圳时竟然要自带铺盖卷，而且只租住廉价的民房公寓。每次离开深圳，赵家和会把这些"家当"托放在刘迅公司的库房，刘迅看着那些朴素整洁的被褥、炊具，想着老师如今的资产完全可以在深圳住像样的、有专人打理的公寓，不用那么辛苦。于是他又开始思索老师的用意，莫非是牺牲当期的消费来投资？或许有更大的消费支出意向？但是，这个意向到底是什么呢？

一次偶然的机会，赵家和的夫人也说起了想资助学生的事。

夫人当时说："我们可以建一所希望小学。"可言语不多的赵家和却说："现在钱还不够，再想想吧。"

直到2005年的一天，当刘迅告诉赵家和账户的数额时，赵家和说了一句——可以做点事儿了。

此刻，刘迅心中的谜团终于揭晓——老师攒着这笔钱一直不动，原来是准备拿这些钱去资助就读困难的学生。

一辆开往延庆的长途汽车

经过长期思考，赵家和准备将自己的积蓄用于资助贫困学生完成学业，因为他相信，教育公平是一切公平的起点。

慎重考虑后，他把资助对象集中在高中生身上。因为我国的九年义务教育已经覆盖了小学和初中阶段，而一旦进入大学，贫困生获得资助的机会就会更多。所以，只有高中阶段还没有国家政策的大力资助，不少青少年就此中止了学业。

"我们也没有多大本事，'热闹'的地方，我们就不去了。我只希望做一点'雪中送炭'的事，'锦上添花'的事情，我们就不做了。"赵家和说。

出于学者的严谨，也为了做好这份"雪中送炭"的爱心事业，赵家和开始着手研究到底多少钱可以帮助一个困难的高中生免于失学。

2005—2006年，赵家和多次前往延庆进行实地调研。他自己联系学校，了解学生需求，制定出最需要帮助的贫困高中学生的资助计划。

路途颠簸，赵家和却一直坚持乘坐最简陋的长途汽车。夫人看着心疼，曾劝他包车，他没舍得，而是尽可能省下每一分钱用于捐资助学。

此后，为了能让资助款落到实处，赵家和找到了中国教育电视台的资助计划，与教育电视台详谈如何加入这些计划，并请他们作为媒体来监督落实。

2006年是赵家和捐资助学的"元年"。这一年他72岁，此后每年他都从自己的积蓄中拿出一部分，为贫困学生提供帮助。

也就是从这一年开始，赵家和开始与甘肃的贫困学生有了"交集"。但这个"交集"仅限于他知道学生的情况并提供资助，而学生并不知道他是谁。

赵家和的爱心行为感动了刘迅及其公司的员工们，他们也加入到助学计划中来。大家商量为助学计划起个名字，有人建议以赵家和的名字来命名这项计划，他坚决谢绝并且很干脆地说："就叫'兴华助学'，'振兴中华'的'兴华'"。

不透露自己的姓名，不干涉受资助学生的生活，这是赵家和给自己定下的基本原则。这笔钱，从遥远的清华大学源源不断地送到甘肃贫困学生的手中，同时接受资助的，还有江西、湖北、北京、大连等地的学生。

2009年，赵家和的捐助方式开始发生变化。他在甘肃白银市实验中学设置了"新同方班"，捐助范围逐渐从全国多地向甘肃这个西部欠发达省份聚拢。赵家和连续三年给"新同方班"的孩子们提供每年每人3000元的资助。"兴华助学"还与学生开展双向交流，并带着孩子们来北京参观学习，开阔视野。

节省药费　捐资助学

2009年，赵家和在一次体检中查出患有肺癌，而且癌症已经向脊椎和脑部转移。这个消息对一直帮助赵家和打理捐赠事宜的刘迅来说无疑是晴天霹雳。刘迅当时还有一些"庆幸"，因为他知道，老师账户上的钱用来治病应该绰绰有余。但是赵家和的决定却让他大吃一惊："助学的钱专款专用，不能用来治病。"陈章武也曾与赵家和沟通，希望他能够留下治病钱后，剩下的再资助学生。而赵家和的回答是："治病的钱够了。"

在时刻关注自己病情变化的同时，赵家和还一直想着如何在医药费上节省一些。当时医生给他开了一种英国进口的靶向药，药的效果很好但是很贵，一片就要500元。赵家和悄悄打听到印度有一种仿制的同类药物，只需50元一片，于是就托人带了一些，结果这种仿制药物引起他全身过敏。

也许是知道自己的时间已经不多，赵家和决定捐出全部积蓄用于助学，并开始酝酿成立基金会，让助学行为更加长久规范。

对于他的这个决定，夫人吴老师并不觉得突然："他想为国家做点事，解决一点问题，就是这么简单的想法。"

2011年，赵家和找到陈章武，委托他建立基金会，并准备把自己的全部积蓄捐赠给基金会。身患重病的他反复强调，在基金会的名称和章程中一定不能出现自己的名字，他和家人今后也不在基金会担任任何名誉或实质性的职务。

尽管觉得压力巨大，但是出于对赵家和的钦佩和对这份爱心事业的认同，陈章武还是接过了成立助学基金会这副沉甸甸的担子。

基金会的申报过程几乎是"一场与生命的赛跑"。赵家和的事迹感动了更多人投入其中，甘肃的清华校友们也纷纷参与其中，帮助赵家和在生命的最后时刻完成心愿，让他看到自己用毕生积蓄所开创的事业后继有人，延续不息。

2012年初，由赵家和捐资建立的甘肃兴华青少年助学基金会在甘肃成立。华池一中、环县一中、合水一中、镇原二中等甘肃省10所高中共1000名优秀寒门学子成为赵家和的资助对象。2012年7月，甘肃省兴华青少年助学基金会终于拿到了正式具有免税资格的公益事业捐赠票据，这意味着赵家和所委托的善款终于变成了基金会的财产。也正是在那个月，在看到自己多年来的辛勤付出终于结出果实后，赵家和平静地离开了人世。

赵家和去世后，他的故事才点点滴滴从工作人员的口中流出，孩子们终于知道了那个为自己梦想插上翅膀的人是谁，许多人潸然泪下。

求仁得仁　慨当以慷

临终前一个月，赵家和对前来探望的好友刘尚俭说："我已经作了我认为最好的安排，求仁得仁，了无遗憾。"

有的人可能会想，赵家和既然如此艰苦朴素，那他最初用于捐资的钱又从何而来？据陈章武介绍，赵家和的这笔毕生积蓄，是他一点一滴节省出来的。

从 2000 年开始，直到 2012 年逝世，赵家和没有买过一套新衣服，他最常穿的只是用 1 美元买的化纤毛衣和 20 世纪 80 年代买的一条尼龙裤，以及一件洗得褪色的短袖 T 恤。摄影是赵家和最大的爱好，但他还是没有舍得为自己买一套专业设备，而是和全家人共用一台卡片机。自行车是他最常用的交通工具，在学生的公司里担任顾问，他都是骑自行车上班。

但赵家和的慷慨又几乎近于极致。他所有的积蓄既舍不得自己用，也没有留给子女，而是全部捐了出来。值得一提的是，赵家和祖籍安徽，没有在甘肃的工作和生活经历，基金会选择资助甘肃的困难高中生，完全是凭着一份大爱——只要能帮助一些学生免于失学，只要能做到雪中送炭，基金会就会落户在中国大地的任何一个地方。

生命最后的日子里，赵家和还决定把自己的遗体捐献给协和医院，以供科学研究。

如今，赵家和已经去世三年多了，但他的家里还是他离开时的样子：一台"轰鸣"的老计算机里保存着赵家和的生前资料，包括所有捐助孩子的名单；一个老旧的大衣柜里，放着赵家和曾经穿过的衣服。

赵家和是国内较早进入计算机研究领域的专家，可是他自己的计算机却十分老旧，甚至如今在平常人家都很难见到。夫人和儿子还用着这台计算机，噪音太大就塞个耳塞，他们说："还能用，舍不得换掉。"

赵家和的夫人吴老师说："这么多年来，我收到的唯一一件礼物，就是我 70 岁的时候他送给我的一台 27 寸的液晶电视，而且还是他的学生来家里，实在看不过去原来的老电视，硬给买来安装的。"

求仁得仁，慨当以慷。赵家和就这样把生命的一切都奉献给了他挚爱终生的教育事业。

无声大爱　默默延续

2006—2009 年，赵家和共捐出约 200 万元善款，资助贫困学生约 1000 人次；自 2011 甘肃兴华青少年助学基金会成立以来，共使用善款 800 余万元，先后资助甘肃、青海贫困地区高中学生 2204 人。受助学生中，80% 以上升入高等学校学习。目前，961 名在读高中生正在接受资助。

目前，兴华基金会正在工作人员的精心运作下健康发展。陈章武说："我们一直都按照赵老师的要求做，并且希望长久地做下去。"

赵家和的无声大爱，感召呼唤了更多人加入这场爱心行动：陈章武，在赵家和身体每况愈下时，义无反顾地继承了他的事业，开始筹备运营甘肃兴华青少年助学基金会的成立；刘迅，深圳新同方投资管理公司董事长，曾是赵家和的学生，在创业之初受到老师的大力支持和帮助，在公司成功运营后全力加盟这一公益助学的行列；李俊，兰州友信置业有限公司董事长，清华校友，得知要在甘肃设立助学基金会的消息，第一时间作出响应……在捐助者中，既有个人，也有集体，如今捐助人数已有 500 余人，其中 95% 是清华校友。

对于基金会来说，唯一没有公开的信息，就是捐助者的名单。现在，所有受到资助的学生虽然没有人见过赵家和，但这位清华的赵爷爷却是孩子们最崇拜的人。一些受资助已经读大学的学生，尽管还没有独立的经济能力，但是他们纷纷加入爱心社、成为志愿者，努力把自己接受的爱心传递下去……正像北京协和医院写给所有遗体捐献者的一句话："最后的死去和最初的诞生一样，都是人生必然；最后的晚霞和最初的晨曦一样，都是光照人间。"

赵家和把他的关怀，像春晖一样洒在了陇原大地最贫困的地方；他用自己的点滴爱心，如丝丝春霖般滋润了贫瘠的土地；他满怀对家国的眷恋，如和煦春风带给这片土地希望；他用人生最后的晚霞，照亮了寒门学子的求学之路。

赵家和用平凡而伟大的一生，生动诠释了人民教师的师德风范，模范践行了共产党员的理想追求。

记者　清轩

2016年1月8日《新清华》刊发

生命园地沁芬芳

——记中国科学院院士、生命科学学院教授李蓬

李蓬,清华大学生命科学学院教授,中国科学院院士,分子生理学家。

初春的清华园,医学楼里忙碌非凡。在白大褂的穿梭交织中,李蓬从实验室走进办公室,一缕清香扑鼻而来,她的办公桌上放着一束百合花。"这是高中母校获悉我当选院士之后,专程从江西送来的。"李蓬微微一笑,一如眼前这百合花般恬淡优雅。

在日前公布的2015年中国科学院新增选院士名单中,李蓬赫然在列。面对这一荣誉,她谦虚地说:"院士的称号是对我过去工作的肯定,科学研究是永无止境的,我需要做的还有很多,会继续坚定地走下去。"

潜心科研 成绩斐然

1965年,李蓬出生于江西省宁都县,从小家境并不丰裕,作为长女的她深知肩上的担子与责任,自幼便刻苦用功,努力学习。高中时期李蓬开始接触生物学,很快便产生了浓厚的兴趣。"我觉得这个学科特别有用,跟人们的健康生活息息相关,因此学得特别起劲。"正是从那时起,李蓬立志在生命科学领域干出一番事业。

1987年李蓬从北京师范大学本科毕业,有幸入选由康奈尔大学生物学教授吴瑞发起的中美交换(CUSBEA)项目,进而获得资助前往美国继续深造。对于这次难能可贵的学习机会,李蓬倍加珍惜。在异国他乡的岁月里,她潜心于生命科学领域的前沿研究,屡创佳绩。

1997年的生物学界,关于细胞凋亡的研究尚不明晰。当时李蓬正在美国达拉斯德州大学西南医学中心做博士后研究,为了用生物化学方法分离和纯化调节细胞凋亡调控途径中的一个关键蛋白,已身怀有孕的她每天仍坚持工作十几个小时,分娩前一日也依然忙碌于实验室中。女儿第二天早上平安出生后,李蓬便第一时间致电实验室人员协助完成实验,产后两星期又迅速回到实验室。除白天工作外,李蓬的很多实验都是在晚上女儿入睡后,又重新回到实验室完成的。功夫不负有心人,李蓬的研究最终获得了巨大成功,揭示

和阐明了调控细胞凋亡的中心途径，该研究被认为是细胞凋亡领域的里程碑发现之一。

1997年底李蓬离开美国，赴新加坡分子和细胞生物学研究所建立了自己的独立实验室。结合已有研究，李蓬决定开辟先河，从事当时尚为空白的细胞凋亡中与DNA降解因子有同源性的CIDE家族蛋白的研究。为了研究这类蛋白的表达水平，李蓬与她的学生历时数月，反复检查测试，却不曾获得理想结果。恰逢此时，在与一位从事胚胎期原位杂交的技术人员交流时，李蓬迸发出了新的灵感，终于取得了一些科研进展。

然而科研探索的道路永远是苦乐相叠，一个"山峰"跨过之后，更严峻的"山峦"便显现于脚下。在后续研究中，为了获得与小鼠生理代谢相关的参数，李蓬带领学生走遍新加坡，只为寻找一种检测活体动物代谢率的特殊仪器。后来，她又亲自带领学生上门学习该仪器的操作和测试，历时近6个月终于获得了理想数据。最终该研究成果首次证明了CIDE家族蛋白可以通过调节脂代谢而调节肥胖和糖尿病的发生与发展，发现了调节脂代谢的新途径，也为后续研究CIDE的作用机制奠定了重要基础。

"若非一番寒彻骨，哪得梅花扑鼻香！"谈及从事学术研究中遇到的种种挫折，李蓬说："这些都是必经的过程，也是人生的宝贵财富。"

生命不息　探索不止

2003年底，李蓬受邀来到清华访问，这里严谨、朴实的治学氛围给她留下了深刻印象："清华是一个能够踏踏实实干实事的地方。"当时的清华生物系（生命科学学院前身）正处于上升阶段，求贤若渴，双方一拍即合，一段崭新的科研教学生涯就此展开。

在清华，李蓬建立了自己的实验室，在已有工作基础上进一步致力于脂代谢调控分子机制的研究，并取得了一系列具有原创性、系统性和连续性的杰出成果。

李蓬带领实验室团队发现了调节肥胖和脂肪肝发生的新途径，揭示了脂滴融合的生物化学基础和生理学功能，这些研究均代表了国际脂代谢领域的前沿水平，也为该类疾病的预防和治疗提供了理论基础和新药物靶点。此外，李蓬还担任国家基金委"脂稳态与脂滴生物学"创新研究群体带头人，973项目"脂肪代谢调控与肥胖的生理病理机制研究"首席科学家，并承担了多门本科生和研究生课程，主管清华生命科学学院的科研平台建设和人才引进，对清华生命科学的发展和我国脂代谢研究起到了重要的推动和促进作用。

由于在生命科学领域的杰出成就，李蓬数次受邀在美国高登研究会议、欧洲国际脂生物学协会年会等国际著名会议上作特邀报告，并于2012年获得何梁何利基金会生命科学领域科学与技术进步奖，成绩斐然，享誉海内外。

科学研究是一个长期探索的过程，在局外人看来，研究的过程不仅枯燥单调，时间漫长，且要面临无数次的失败，生物学的研究更是如此。"它是一门实验学科，除了要有扎实的理论和基础知识外，还需要良好的动手能力，更需要时间的付出和不懈的坚持。"多年来，除了照顾家庭外，李蓬几乎把所有的时间都投入到研究上，读文献、与学生和同行交流、指导学生实验、撰写论文……每一项工作她都兢兢业业，不敢有丝毫懈怠。

"作为女性，在搞科研的同时还肩负着很多家庭责任，因此一定要更加高效地工作。"

谈及女性科学工作者面临的种种挑战，李蓬表示，奉献科研的决心、刻苦的品质以及追求效率这三方面都十分重要。

每天早上，李蓬把孩子送到学校便来到实验室开始一天的工作，晚上孩子睡觉后，则又伏案灯下继续埋头科研。"这种生活看似紧迫，但对我来说却是乐在其中。因为我每天都在思考感兴趣的问题，做喜欢做的事情，为科研中的进展而快乐，希望对自然和生命有更深入的了解，这些都是我前行的动力，也是我快乐的源泉。"李蓬说。

春风化雨　育人为乐

在李蓬团队中，没有周末的概念，也没有家与实验室的界限，无论白天黑夜、暑往寒来，她的团队就像一个精准的钟表永不停歇地、嘀嘀嗒嗒转动着。虽然科研工作极为繁重，但与学生一起分析数据、讨论进展一直以来是李蓬雷打不动的重要日程，而她更是永远充满了热情和旺盛的精力，有时忙起来更是连饭也顾不上吃。

李蓬的学生一致认为，老师在学术上要求极为严格，但在生活中更像一位慈母。在学生心目中，李蓬是美丽的化身，是博学、爱心、优雅的象征，更是严谨求实、勇于挑战的象征。"李老师经常与我们探讨一些新想法，大家讨论得十分热烈，畅快淋漓。李老师鼓励我们要大胆创新，勇于接受新思维新科技，但严谨必须是第一位，要懂得去伪存真，科学研究不能掺一点'水分'。"李蓬的助教、生命科学学院博士后廖榕玉说。

对于李蓬而言，科研和教学是她事业的"车之两轮"，毫不偏颇。李蓬平素十分重视学生独立思考能力和自学能力的培养，希望学生能通过日常研究工作的不断积累收获新知、逐步成长。李蓬经常告诫学生："做研究兴趣固然重要，持之以恒更加重要。要甘于从最基础的事情做起，并在这过程中不断磨炼自己。学到基本技术，对做学问的道理有所领悟，一旦时机成熟，自然会水到渠成，量变引发质变。"

从教数载，尽管登上过无数次领奖台，但最让李蓬欣喜的，始终是与每位学生共同成长。"和学生相处，总能看到新的希望，感受到新的力量，是一种享受。"

关于未来，李蓬表示，要用更多的研究成果为社会和人类造福，这是她从事生命科学研究以来从未改变的理想与憧憬。

巾帼不让须眉。李蓬是"顶天立地"的"女汉子"，更是一朵根植于生命科学园地里的美丽百合花，虽气味淡雅，却弥远悠长，经年不息。

记者　曲田

2016 年 3 月 4 日《新清华》刊发

面对面——柳百成："80后"回看学术人生

傍晚时又下起了小雨，微凉的风吹着，清华园里行人匆匆。

行至柳百成院士家门前，远远望去，早已亮起一盏温暖的灯。

柔和昏黄的灯光下，柳百成正开门探身等待着，一看到我们，便挥手微笑。

此前不久，柳百成获得中国机械工程学会"中国铸造终身成就奖"，以表彰他在当代铸造科学前沿取得的重大突破、在铸造行业发展过程中作出的卓越贡献。同时，

柳百成，清华大学材料学院及机械工程学院教授，中国工程院院士，铸造工艺与设备专家。

他还是唯一一位先后获得"中国铸造杰出贡献奖"及"中国铸造终身成就奖"两个奖项的学者。

他是改革开放后中国的第一批赴美访问学者，学成后毅然回国，在清华一待就是60多年。

他对清华有太深的感情，太多的希冀，讲到激动处甚至站起身来，眼里泛起点点泪花。

厚重的人生，值得每一个人细细学习、品味……

40岁踏入完全陌生的领域

《新清华》：您近日获得"中国铸造终身成就奖"，如今您也在清华工作了60多年，能否谈谈您的感受？

柳百成：今年是我在清华工作的第61年，按照老校长蒋南翔同志"争取至少为祖国健康地工作五十年"的要求，我已经"超期服役"。十分荣幸获得中国机械工程学会的"中国铸造终身成就奖"，之前还获得了"中国铸造杰出贡献奖"，我觉得这两个奖项可以为我的学术人生画上一个圆满的"句号"。

不过，为了实施国务院颁布的《中国制造2025》，我国去年成立了国家制造强国建设

战略咨询委员会。很荣幸，我被聘为咨询委员，马凯副总理专门为我们颁发了聘书，聘书的任期还有5年。因此，人生的"句号"又变成了一个崭新的"逗号"，我还得继续发挥余热，为振兴我国制造业努力拼搏。前方的路还很远，我还要奋发向前。

《新清华》：作为改革开放后第一批赴美访问学者，那段被您称之为"学术人生转折"的经历给了您怎样的影响？

柳百成：我很幸运，成为改革开放后第一批赴美访问学者。当时共有52人，其中清华入选9人。我们于1978年12月26日出发，这个时间很有纪念意义——要赶在中美正式建交（1979年1月1日）前到达美国，为中美建交烘托气氛。我们有幸参加了大使馆开馆和五星红旗升旗仪式，参加了欢迎邓小平访问美国的许多活动，留下了十分珍贵的记忆。

为了更多地了解中美之间的差异，我决定要多走、多看。在美学习期间，我并没有像多数人一样，课上课下都跟自己国家的留学生"扎堆儿"，而是尽可能地扩大自己的交际圈，勇于走到世界各国的师生群体中，听取他们不同的观点和看法。这也是我想对如今出国学习交流的清华学子们说的——走出国门，要勇于开拓新视野，接受新事物，听取新观点。

在此期间，有一件事情特别触动我。那时我刚到威斯康星大学所在地麦迪逊，住在一个普通美国人家里。有一天，我突然看到房东太太七八岁的儿子正在玩苹果电脑，我十分惊讶，因为出国前我还从未见过电脑，而在美国，连儿童都能自如操作。

我敏锐地感觉到，或许有一天计算机会改变人类的生活。如果我能把信息化和传统工业进行融合，是否会有新的发现和突破呢？

于是，我下决心跟着学校的本科生一起学习计算机高级语言。每天晚上，我就在大学的计算机中心学习编程序、解难题，有时直至深夜。

当时我已经40多岁，而且踏入的是一个完全陌生的领域，难度可想而知。那时我只有一个想法：我要把学到的所有先进知识都带回祖国！

《新清华》：您是从一开始就打定主意要回国吗？

柳百成：没错。我的心中始终有一个强有力的声音呼唤着我——报效祖国。我认为，一个人的能力有大小，但一定要为国家和人民作出力所能及的贡献，一定要把爱国奉献谨记在心，这是一个中国人一生应有的追求。

记得上小学的时候，我临摹文天祥的《正气歌》，其中有一句是"人生自古谁无死，留取丹心照汗青"。我一遍遍地写，越写越能领会其中的深刻含意。高中时，又读到了范仲淹的"先天下之忧而忧，后天下之乐而乐"，深有感慨。我把这两句话当成自己的座右铭，一生都受其影响。

提起学成回国，我讲个故事。

在美学习期间，有一次我在麦迪逊的一个中学作访问演讲，率真的当地中学生问了我这样一个问题："你觉得美国怎么样？想不想留下来？"

我迎着孩子们炯炯的目光，毫不迟疑地脱口而出："我想用一首世界名曲 *Home, Sweet Home* 的最后两句来回答：'Home, home, sweet, sweet home, There is no place like home.'（家，可爱的家，世间再没有任何地方能比家更让我眷恋！）"。

当时全场掌声如雷，美国学生也佩服中国人热爱自己祖国的高尚情操。当时的场景我永远都不会忘记。

《新清华》：回国时，您心中对中国的铸造业有怎样的"蓝图"？

柳百成：这要从出国前我所了解的中国铸造业发展情况谈起。

1951年，我考入清华机械工程系，大学二年级时我们前往鞍钢实习。当时正值国家实施第一个五年计划，工业欣欣向荣。每个周末我们都会去老工人家里拜访，虚心学习工人阶级的优秀品德。

有一次，一位老工人问我："小伙子，你知道什么叫铸造？"我思索了许久，觉得很难用几句话概括。

他停顿了一下说："现在的铸造，就是'睁着眼睛造，闭着眼睛浇'。我国的铸造业还处于靠经验的阶段，有时甚至要靠运气和偶然才能做出一个合格铸件。"

那次谈话对我触动特别大。我想，难道我国的铸造业永远只能靠经验和运气来发展？我们何时才能赶超工业发达国家？

作为年轻人，确实应该有所行动了！

五句话二十字的学术人生

《新清华》：回国后，您作了哪些努力？

柳百成：回国后，我率先应用先进的信息技术提升传统铸造行业。这是一个崭新的领域，遇到了重重困难，但是我和我的团队咬紧牙关、持之以恒，坚持了下来。

我们在国内首次成功研发了三维铸造模拟仿真软件，同时与学校计算机系和自动化系进行了学科交叉，在计算机集成制造系统、并行计算等交叉领域作出了一系列的创新研究成果。

当时有媒体报道称："这一系列的成果终于使我国的铸造业从'睁着眼睛造，闭着眼睛浇'，成功转变成'睁着眼睛造，睁着眼睛浇'。"

1999年当选为工程院院士后，我的科学研究发生了新变化。在中国工程院的直接领导下，我从以前的"战术型"研究转变为"战略型"研究，从"铸造"扩展到"制造"领域，积极从事振兴我国制造业和发展先进制造技术的战略研究。

当前我国制造业可以归结为四个字："大而不强"。面向国家需求，我积极参与制定《中国制造2025》，这是把我国建设成为制造强国的纲领性文件。

学者一定要有全局意识、战略眼光，要时刻对新鲜事物保持敏感。我始终没有"扔掉"传统里精髓的东西，而是不断地将最新的科学技术和知识融入其中，将两者不断集成和提升，这是科研取得突破的一个非常重要的方法。

《新清华》：那对工科原创性成果您怎么看？

柳百成：我对工科科学研究的看法是：不仅要追赶"前沿"，同时还要重视国家当前的迫切需求，把两者结合起来，解决中国工业的重大关键科技问题。

例如，对于航空发动机高温合金单晶叶片的研究，一些工业发达国家已经研究到第五代了，而我们国家的研究才处在第二代、第三代水平，距离最前沿还有很大差距。

然而，当前国家的实际需要是第二代、第三代关键核心技术的产业化。因此，我们首先要结合国情，一步一个脚印地开展研究、打好基础。同时，结合采用最先进的科学技术，如集成计算材料工程，也能做出原创性的研究成果。近年来，我的团队开展的航空发动机高温合金单晶叶片多尺度建模与仿真研究，多次应邀在国际学术会议上作大会主题报告，获得了国际同行专家的高度评价。

因此，我们不仅要赶超最先进的科学技术，更要有扎实的基础功底。我很不赞成"弯道超车"的提法，没有扎实地打好牢固基础，想走捷径，盲目地追求"弯道"，不仅没有超车，反倒有可能被"甩"出去，可谓得不偿失。培养工科人才更是如此。

《新清华》：工科人才培养怎么样才能出大师？

柳百成：在我毕业60周年时，我用五句话二十字——"爱国奉献，创新思维，顽强拼搏，健康体魄，热爱生活"总结了我的学术人生。

每一位学生入校时，我都送给他们这五句话二十个字，希望以我一生的学术经历对他们有所帮助。

作为一名清华的学生，首先要有爱国奉献的胸怀，同时还要有顽强拼搏的精神。我经常用美国发明家爱迪生的名言告诫我的学生，那就是："我平生的一切发明，都不是靠偶然或意外，而是靠勤奋劳动。"这对工科学生来说十分重要。

应该说，新中国成立以来我们确确实实培养出了大师。我们的运载火箭和卫星飞上了蓝天，我们的机器人潜下了几千米深的海洋，这难道不是我们自己培养出来的大师做出的原创性研究成果吗？

当然，由于各种原因，我们培养的大师还不能满足国家发展的各方面需求，教育体制还需要继续进行改革和创新，我们还要继续努力。

放眼望去，新中国成立60多年来，我们国家取得的成果比任何一个工业发达国家同时间段取得的成果都要多，清华也为国家输送了大批优秀人才。我相信，只要我们创造一个适宜人才成长的氛围和土壤，时机成熟了，大师们就会自然而然地成长出来。

教书育人是教师的根本职责

《新清华》：您在清华已经工作了60多年，对当前学校正在进行的综合改革，您有什么建议吗？

柳百成：我想从几个具体的例子出发，谈谈学校当前存在的一些问题。

当前国家正在研发大飞机，航空发动机的研发也已启动。我认为清华应该在国家的重大工程科技专项中发挥更大、更多的作用。再例如，当前高档数控机床的研发对于国家发展十分关键。要知道，我国第一台数控机床正是1958年在清华诞生的，然而我们却没有持之以恒，坚持这一研究。因此，我们要反思为何有些科研成果可以在清华诞生，却没有继续在学校壮大、发展、从而真正为国家作出重要贡献的原因。

同时，我希望学校进一步加强不同院系和学科之间的协同创新体制。例如，学校成立了航空发动机研究院，我认为应该整合全校与之相关的航空、材料、制造等相关领域的学科资源，才能产生出水平更高、更多的科研成果，更加有利于学校的未来发展。

在新的形势下，我希望学校重点发展工程学科，这是我校的优势所在。"不进则退"，有了优势不努力发展，故步自封，就会面临被超越的危险。清华在取得很大成就的同时，也要时刻居安思危，总结经验和教训，齐心协力，更上一层楼。

《新清华》：当前学校正在大力推进的人事制度改革，您是否关注到了？对工科院系的人事制度改革您有什么建议？

柳百成：我认为学校开展人事制度改革是进一步提升师资队伍质量的一个良好契机，我很支持。当然，人事制度改革的具体措施，也要在实践中不断改进和完善。

我是工科类的教师，我想就工科人事制度改革重点谈一些看法。我认为，对学校教师的评价机制要分门别类，建立多元化的评价机制，不能简单地用一个统一标准。据我了解，环境学院对科学类、工程类及管理类教师制定了不同的评价标准，我很赞同。评价工科教师要克服"唯论文论"的倾向，不能单纯看论文或SCI因子，更重要的是综合考察其科研成果在重大工程领域中的应用，以及取得的经济社会效益和前景等。

举例来说，我曾应邀参加国外一些大学教授的聘任。他们看重的是对参评人的综合评价，比如是否处在本门学科领域的前列，以及他的学术贡献和业绩。我觉得这些做法值得借鉴和学习。

《新清华》：当前很多教师尤其是青年教师都面临着教学科研的双重压力，您怎么看待教学与科研的关系？

柳百成：科研是十分重要的，要有为祖国科技事业发展作出重大贡献的决心，这是我们要时刻铭记的。但是，不能因此而出现"重科研轻教学"的倾向。

我在美国学习期间发现，大学的所有教授，即使是诺贝尔奖获得者也要每周给学生上课，而且每个人的课时任务都不轻松。因此，我回国后就把教学放在十分重要的位置，带头讲课，先后开设了三门课，而且使用双语教学。同时坚持为全校一年级博士生讲课，一直坚持到80岁。

当前有一些年轻教授忙于项目的申报，专心做科研的时间变得很少，备课、讲课和与学生相处的时间更少。教书育人是教师的根本职责，我希望青年教师们能真正领悟到培养人才对一名教师的重要意义和自己的职责所在，正确处理好教学和科研的关系，努力让两者相互促进，才能算是一名合格乃至优秀的教师。

没有扎实的基础何来创新和创业

《新清华》：您现在还带学生吗？

柳百成：目前我仍在指导7名博士生，也有团队的年轻教授参与联合指导。我希望他们在毕业的时候，能带走我的五句话二十字。因为我始终认为，培养学生的过程不仅要传授知识，更重要的在于"立德"。要通过言传身教，着重对学生进行人格塑造和严谨治学的引导。

我在美国学习时发现，美国的教授和学生之间是一种轻松平等的关系。每逢节假日教授都会请学生到家里，一边聊生活家常、一边品尝烧烤，这和国内当时的师生关系很不一样。因此，回国后每逢节假日，我经常请学生们到家中欢聚，拉近师生距离。

我觉得老师在教学上要严格要求学生，但在生活上要关心贴近学生，而且要和他们打成一片，成为他们的知心朋友，这是我的追求。

《新清华》：国家当前鼓励大学生创新创业，清华学生也有很大的创新创业热情，您对同学们有什么建议？

柳百成：创新特别重要。不过，并不是只要勇于"创"就一定能取得"新"。

创新首先要有正确的方向，要培养同学们树立厚德载物的精神，把爱国奉献的人生观放在首位。当然，大多数同学在大学期间还必须要把基础知识打好，有了正确的方向和扎实的"功底"，创新就会水到渠成。

当前，越来越多的大学生走入创业的潮流中。在此，我想提醒同学们：有些同学在本科时期就一心想着如何创业、如何挣钱，一定程度上耽误了学好知识、打好基础。这种做法我是很不赞成的。我认为，大学期间一定要把基础课程学好，这是创新和创业的根本。没有扎实的基础，何来创新和创业？

《新清华》：不少学生毕业后选择出国深造，对他们您有什么建议？

柳百成：我想强调两点。一是鼓励同学们走出去，可以很好地开阔眼界，开阔视野，学到新知识；二是多数同学应该学成回国，带着知识回来，为国家和人民作出力所能及的贡献，这是一个人最基本的人生观。

清华在培养又红又专人才上是做得很好的。1978年，我们是改革开放后第一批出国的访问学者，其中清华9人全部按时回国。大家都有着坚定报效祖国的决心，如今已有3人当选为中国科学院院士或工程院院士。

现在，我们国家发展十分迅速，跟过去已经大不一样。生活水平有了很大提高，与国外的差距不断缩小，个人发展的机会也越来越多。国家迫切需要更多优秀的人才参与到国家的发展进程中来，我相信清华学子们也会继续延续爱国奉献的传统，为祖国作出应有的贡献。

《新清华》：如何看待清华学生的全面发展？

柳百成：清华业余生活丰富多彩，各种社团十分活跃。1951年，我刚进校不久就学会了溜冰，一直溜到70多岁。当时我还是班级里足、篮、排球的代表队队员。近年来，我又热衷于摄影，已经正式出版三本摄影集。这些爱好和兴趣培养了我高尚的情操、乐观的情绪和健康的体魄，使我终身受益。我认为这是清华特别好的传统。

作为清华的学生，除了学习做科研，还应该全面发展。要有健康的体魄，更要热爱生活。因此，希望同学们不要只局限于实验室、教室和宿舍的三点一线。应该走出自己的小圈子，与你喜爱的各个领域"亲密接触"，与不同学科、不同院系的师生交流互动，这样你会发现你的人生越来越绚丽多彩。

《新清华》：有些学者认为，研究型大学不应以就业为导向。您是否赞同这样的说法，您对学生们的就业有何建议？

柳百成： 我认为这个观点有一定道理。这个问题正好涉及同学们非常关注的就业去向问题，应该根据自己的兴趣爱好选择就业方向，还是应该去祖国最需要的领域工作？我认为要辩证地来看，这两者并不是矛盾和对立的。

从宏观上来讲，我们应该把国家需要放在首位，时刻准备为祖国的未来发展奉献一生，这样的人生才是最有价值的人生。当然，如果你的个人兴趣爱好正好与国家需求相一致，那么这是最完美的结合。

但是，也有部分同学的兴趣现在看来仍是"冷门"或"偏门"。那么，也要允许一部分人从事有兴趣的研究，肯坐"冷板凳"、攻难题，耐得住寂寞。也许有朝一日你所热爱的"偏门"，也会变成国家需要的"热门"。

总之，一所研究型大学培养出来的优秀人才，不应该片面地、狭窄地仅仅以就业为导向，而是应该教育学生树立远大的志向、拥有宽广的视野和胸怀、掌握扎实的基础知识，培养他们勇于坚持理想的勇气。做到这些，当同学们毕业面临就业的时候，自然就会从容自信、正确坚定。

记者　赵姝婧

学生记者　纪彦康　李琦

2016 年 3 月 25 日《新清华》刊发

共建美丽中国　呵护美丽蓝天
——记中国工程院院士、清华大学环境学院院长贺克斌

贺克斌，清华大学环境学院教授、院长，国家环境保护大气复合污染来源与控制重点实验室主任，国家杰出青年科学基金获得者和国家自然科学基金委创新研究群体学术带头人，创新团队带头人。

2015年底的一天，中国工程院会议室，大屏幕上正在播放一部名为《天命》的纪录片。片中老一辈科技工作者为促进国家经济建设和社会发展作出的杰出贡献，为实现国家繁荣富强勇于担当、甘于奉献的情怀，感染着在座新当选的每一位中国工程院院士。

清华大学环境学院院长贺克斌就是他们中的一员。作为长期致力于大气复合污染研究的专家，贺克斌曾为2008年北京奥运会、2014年APEC会议、2015年大阅兵等重大活动承担空气质量保障决策和监管的科技支撑任务，对使命和责任体会格外深刻。

面对"院士"的新头衔、新职责，贺克斌表示，这是终生的荣誉也是终生的责任，终生责任大于终生荣誉。

用最先进的技术解决最复杂难题

近几年，随着雾霾在北京乃至全国范围内频繁出现，雾霾防治和大气污染治理越来越成为公众关心的问题之一。国务院出台的《大气污染防治行动计划》，制订了有关我国大气污染防治的五年计划，成为中国环保史上具有里程碑意义的事情。目前《大气污染防治行动计划》已实施三年，围绕雾霾治理成效，国家环保部委托中国工程院对大气污染治理结果进行中期评估，贺克斌便是这项评估的核心骨干之一。

对贺克斌来说，他不仅要运用自己的专业知识和科研成果为大气污染结果评估提供支持，同时还要对区域大气污染特征进行观测分析，为长期持续的空气质量改善和大型活动期间的区域空气质量保障提供决策支撑。

每遇大型活动，大家争相在朋友圈晒"APEC蓝""阅兵蓝"，分享天高云淡带来的好心情。而此刻，贺克斌正带领团队运用他们研发的区域空气质量动态调控新技术系统，分分秒秒监控着空气质量变化，并通过构建缜密的计算模型，对区域大气污染防治提供决策的数据支持。

每当电视广播上播报空气质量预报时，贺克斌团队也在同时运用他们设计的高分辨率排放源模式和在线排放清单技术平台，进行在线动态排放清单计算、数据同化与推送，为北京和全国部分省、地级市的气象局和环境监测站的大气污染情况提供实时动态跟踪和预测。

其实早在20世纪90年代，贺克斌就开始致力于大气污染防治的科研工作。当时，贺克斌在美国哈佛大学环境中心做访问教授，他关注到了美国学界正在开展的有关$PM_{2.5}$标准的争论，而当时国内关注更多的还仅限于PM_{10}。"那时我就想，中国未来经济社会发展进程中也许会遇到类似问题，因此要尽早关注并开展研究。"贺克斌说。

如今，$PM_{2.5}$已成为当前最为困扰我国空气质量和环境保护的问题之一，"我国的大气污染问题是全世界最复杂、最难解决的。"贺克斌指出，"一方面由于我国快速的工业化和城市化，使得各类污染物的排放量在短时间内快速增长，发达国家用一百多年逐步解决的问题，中国在过去三十多年已经集中发生；另一方面，当前中国出现的$PM_{2.5}$和雾霾问题更为复杂，在化学机理等方面尚有一些新问题未得到科学解释，因为$PM_{2.5}$是'一果多因'的复合并发症。这样复杂的问题就给我们提出了更高的要求，我们必须要研发出世界最先进的工程技术系统来解决这一世界级难题"。

"天上"的问题要从"地上"抓起

贺克斌常说，"天上"的问题要从"地上"抓起，大气污染的源头，就存在于日常生活中的各种建筑、工业、交通的污染排放中。1996年从哈佛回国后，贺克斌开始带领团队着手开展"天上"和"地上"两个系统的研究。

针对"天上"的问题，贺克斌带领团队研发出基于观测和模拟的大气复合污染多维溯源技术。他们长期进行野外定点观测研究，通过多年收集、研究大气中PM_{10}、$PM_{2.5}$及其化学组分，以及二氧化硫、二氧化氮等污染物的浓度数据和气象变化数据，从重现率高的现象中总结$PM_{2.5}$浓度及其化学成分与污染物排放和气象变化的相关性。他们根据观测结果不断改进数值模拟模型，建立了更精准表征的数理方法，进而通过气象数据、排放数据和污染浓度数据，预测和描述未来，支撑政府进一步决策，如《大气污染防治行动计划》的制定等。这样"第一手"的基础数据观测积累工作，贺克斌团队已坚持近20年。

而对于"地上"的问题，贺克斌带领团队通过对各类排放源的测试实验，摸索污染源排放的特征、规律，开发出基于动态过程的大气污染源高分辨率清单关键技术，并建立了在线排放清单技术平台。这项新技术从行业、产品、技术、污染控制等多个维度，将污染源识别范围由几十种增加到700多种，清单更新频率从5—10年提高到1年，并将主要污染物排放量的不确定性降低了 50%～70%，显著改善了清单的准确性和对污染源的识别精度。他们通过多模式机制化学物种排放的统一算法，将可解析的化学物种从十几种提高到了 500 多种。

从"天上"抓理化规律，从而确定"地上"可能存在的问题，并提出相应的防控措施。按照这样踏实的步骤，贺克斌团队从迹象到现象，逐步找证据、推测化学反应路径、并通过实验设计重现这一反应，再逐步总结规律，慢慢就掌握了污染源排放、大气污染程度和气象变化之间的规律。

这项研究不仅对我国的雾霾防治至关重要，对国际大气化学和大气科学也有重要意义。贺克斌团队研究设计的在线排放清单技术平台，被国际研究计划排放清单首席科学家戴维评价为"世界一流的工作"；他主持设计的我国排放清单编制技术指南体系，已在全国数百个城市推广应用；他发表的关于我国 $PM_{2.5}$ 及其前体物排放演变的相关论文，被评为"最具影响国际学术论文"。

以"治标"促"治本"

"一些人片面地认为雾霾防治就是对建筑、工厂、机动车等实行简单直接的减停，其实不然，因为这不能从根本上解决问题。"贺克斌说，"当前我国正处在社会经济快速发展的阶段，不能片面地采用停滞社会发展的方式实现蓝天白云，而要在保证正常有序的社会经济发展的前提下根本解决大气污染问题。"

基于大气污染源高分辨率清单关键技术和大气复合污染多维溯源技术，贺克斌带领团队研发出了多污染物协同控制系统分析技术，并设计了区域空气质量动态调控新技术系统。这套系统最初应用在 2008 年北京奥运会开幕前和奥运会期间，持续晴好的"奥运蓝"成为贺克斌团队这套科研技术获得成功的生动证明。此后，这一技术被更广泛地应用于各种具有国际影响的大型活动中，2010 年上海世博会、2010 年广州亚运会、2011 年深圳大运会、2013 年成都财富论坛、2014 年 APEC 会议、2015 年世锦赛和大阅兵，中国的蓝天一次次分外明媚地呈现在世界各国媒体的镜头中。

贺克斌带领团队研发的技术成果并非只为简单地建立一套理论，而是要切实应用于实战。这一技术从工程科学技术层面认识问题、解决问题等方面来看，既能"治标"，又促"治本"。他们通过排放源表征、数值模拟等方法的综合，将排放与空气质量定量关联，不仅能精准确定污染源的地理区域，还能清晰地分辨出关键排放源。"这种工程技术方法既可用于临时减停的决策支撑，也可用于长期逐步减排的决策支持，无论是对短期空气质量的保障还是长期空气质量的改善，都有重要作用。"贺克斌说。

如今，全国 90% 以上的空气质量预报系统都已应用贺克斌团队研发的排放源清单技术系统，他们的清单技术平台也通过网站推送给中国环境监测总站以及全国各级城市的空气质量预报预警系统。

除了提供常规的基础数据外，他们的技术平台还支持为特定用户定制数据产品，比如为河北省建立"河北省大气污染治理动态评估与管理平台"，提供特定时段和特定区域的实时空气监测和大气污染防治建议,这种"云平台"的动态数据应用,在世界范围内还是首创。

面对国家"十三五"规划决胜时期的新形势和新要求,贺克斌及其团队已埋首于更加艰巨的科研工作。他们要通过不懈努力,继续为建设美丽中国和美丽蓝天添砖加瓦,为实现"中国梦"贡献自己的力量。

记者　王冰冰

2016年4月1日《新清华》刊发

一步一个脚印，实现创新梦想
——记中国科学院院士、电子工程系教授陆建华

陆建华，清华大学电子工程系教授、信息科学技术学院院长，中国科学院院士，通信与信息系统专家。

"一步一个脚印"，这是陆建华的座右铭。他相信天下没有免费的午餐，做出任何成绩都要付出劳动。正是凭着这份执着、认真，陆建华的学术研究成绩日益显著，从 名清华学子、教师成长为受人尊敬的专家、教授。

他是国家973项目首席科学家，国家杰出青年科学基金获得者，国务院学位委员会"信息与通信工程"学科评议组召集人，IEEE Fellow……如今，陆建华身上又新添了一项荣誉——中国科学院院士。

"当选院士是对我20多年科研工作的一个肯定，我感到非常荣幸。但更多的是抱有一颗平常心，今后还有很长的路要走。"没有太多时间喜悦，等待陆建华的还有更多的工作，更重的担子。

国家需求引领人生轨迹

1981年，陆建华考入清华无线电系（电子工程系），1989年获得硕士学位后留校任教。"在清华，我受到的最好教育是把人生追求与国家需求紧密相连。

老一辈科学家和教授们非常敬业，他们发自内心、实实在在地为国家和民族振兴做事情，他们的言传身教对我影响很大，让我深受触动。"也正是源于不断接触到的国家需求，陆建华经历了几场难忘的科研"硬仗"，实现了一系列创新。

陆建华人生中遇到的第一场"硬仗"，是1990年主持设计我国某专网第一代用户入口交换机。由于该专用交换机与常规的交换机技术体制差别很大，使用环境苛刻，技术条件复杂，无参考设计，且合作方的相关技术基础比较薄弱，加之国内强大对手的竞争，时间紧任务重，当时的研发面临着极大困难。

没有丝毫退缩，在电子系领导和老师们的信任、支持与鼓励下，陆建华带领一群比自己小不了太多的本科生和工厂的工程师一道开始了一场与时间赛跑的征程。

他们全身心地投入到项目研制中，制定了三个月内研制出原理样机、八个月内研制出可供评测的工程样机这一近乎"疯狂"的计划。

整整三个月间，陆建华几乎没有回家吃过饭，但这些外人眼里的"苦"，在陆建华的心里却是留存至今的难忘记忆："就是觉得这件事国家需要，特别值得去做，尤其是遇到难题要去解决的时候，就觉得特别有意思。"最终，团队按预定计划，很快为合作方赢得了竞争优势，并成功完成了该交换机的定型、批量生产和装备部队。这一场"硬仗"的完胜，也为陆建华的科研生涯积攒了第一桶"金"。

1998年，在香港科技大学临近完成博士学位论文之际，陆建华得知清华发展航天航空技术的设想和决心，便毅然放弃到美国工作的机会，返回清华并随即前往英国萨里大学参与"清华一号"微小卫星的研制。这颗由清华和萨瑞大学联合研制的微小卫星于2000年6月28日发射升空，它的成功发射是清华发挥综合学科优势的一项创举，也是陆建华等一批立志报国的科研人员人生道路上的一道亮丽风景。"如果不是当年参与微小卫星研制，我现在也不可能成为航天信息领域的专家，也无缘接触更多的国家需求。"陆建华回忆道。

2014年9月，陆建华作为工程任务总师负责的"灵巧通信试验卫星"成功搭载发射，在轨运行正常，实现了我国低轨移动通信卫星零的突破。低轨卫星移动通信是国家亟待发展的核心技术，面临门槛高、风险大、系统复杂和成本高昂等难题，加之国外技术和市场的双重封锁，发展受到制约。陆建华带领清华和信威通信公司联合研究团队，经过四年艰苦攻关，突破星地协同按需覆盖、快变信道条件下实时交互式通信、多业务可重构星上处理等瓶颈难题，圆满完成了工程任务，为我国成体系发展自主可控、低成本的低轨移动通信卫星系统奠定了关键技术基础。"这是一场硬仗，更是一场恶战，我们打赢了！"陆建华兴奋地说。

正是凭着这份认真和执着的精神，陆建华牢牢地抓住了每一次机会，逐步在学术研究领域打开局面，从一名普通的青年教师成长为学科领军人物，为国家空天信息领域的科技创新作出了实实在在的贡献。陆建华表示："下一步，我们希望谋划发展未来空间网络，这件事更具挑战性，也更有意义，值得为之奋斗。"

团队协作　共同面对基础难题

2005年春节对陆建华而言是一个非同寻常的节日。大年初三，他陪同清华时任副校长龚克等来到中国探月一期工程总指挥栾恩杰家中。言谈中，栾恩杰对我国深空通信领域种种亟待解决的瓶颈问题并不讳言，更流露出对我国探月卫星链路余量不足的担忧。初步了解对方需求后，陆建华"斗胆"问了一句："我们用一个算法把这个不足补回来，行不行？"栾恩杰将信将疑，陆建华心里也并无完全的把握。

大年初五，探月工程中心郝希凡副司长受栾恩杰委托到清华考察。陆建华许下承诺：

"给我们三个月，我们把原型系统做出来。"

为了实现服务国家重大需求的愿望，立下"军令状"的陆建华在学校领导的支持下，组织宇航中心、电子系相关人员成立了从编码理论、算法设计、芯片设计、到系统接口与实验的协作团队，集中力量进行攻关，很快研发出原型系统，并通过计算机仿真和半物理仿真，验证了采用新型的LDPC（低密度奇偶校验）编码提升链路余量的有效性，得到探月工程中心的初步认可。

LDPC编码具有优异的编码性能，但在深空通信领域的设计和应用面临突出的基础难题，国际上也无先例。为保证该技术在探月工程的有效应用，陆建华带领研究团队着力编码构造理论创新和算法实现优化创新，并结合工程实现研究，反复试验、反复修改。

2006年3月，国家探月与航天工程中心批复了LDPC研究项目的立项申请，航天五院总体部随即向我校下达了相关工程研制任务书，陆建华和他的团队自此"师出有名"，清华也成为唯一一家与探月工程总体签订工程任务合同、参与国家探月工程嫦娥二号任务的高校。2007年，陆建华和他的团队完成了星上LDPC编码器的产品化，测试表明该设备体积小、重量轻、功耗低，可使卫星测控通信的可靠性和传输数据速率得到较大提升，该编码技术被确定为嫦娥二号任务四大创新技术的核心内容之一。

2010年10月，陆建华带领项目组，按照嫦娥二号任务既定计划参与了嫦娥二号任务创新技术试验，并在北京航天飞行控制中心、青岛、喀什测控站全程提供技术保障，试验获得成功。因带领研究团队在探月工程中的重要贡献，陆建华被授予"探月工程嫦娥二号任务突出贡献者"称号，他是教育部部属高校中唯一的获奖者。

面对成功，陆建华将主要成果归功于和自己一起打拼的团队，"个人的力量永远是渺小的，团队里这些更年轻、有想法、有思想、有干劲、素质高的人才，才是真正的希望所在。"陆建华说。

矢志不渝　钟爱教学

教师、科学家、院系领导、团队带头人……随着业界资历的不断加深，陆建华身上肩负的角色也越来越多，但他坦言，自己最喜欢的还是教学。"我喜欢和学生交流，和他们交流可以紧跟时代，使自己一直年轻；另一方面，教学相长也能为科技创新提供源泉和动力。"多年来，对于教学，陆建华始终保持着满腔热情，也正是这种外力无法阻挡的热情，使陆建华深受学生的爱戴。

课内课外，陆建华始终与学生保持着一种亦师亦友的关系，与学生相处融洽，既诙谐可亲，又治学严谨，为同学们所信赖。他时常告诫学生，要持有一颗探索未知的恒心，特别是在通信领域，"人类距离实现任何人在任何时间、任何地点以任何方式与任何人进行通信的梦想依然有很遥远的距离，蕴含着无限可能，要不断往前看，甘于沉下心来，以坚定的科学信念，在学科领域里踏踏实实付出努力。"

"作为大学老师，我会继续尽职尽责，教书育人，培养更多的优秀学者；另一方面，前行在科技创新的道路上，我也深感任重而道远。"陆建华始终坚信"千里之行，始于足下"，他庆幸自己遇到了一个好的时代，也会时刻谨记时代赋予自己的责任，"在新的起点、新的征程上，我愿意为信息与通信事业不遗余力。"

记者　曲田
2016年5月6日《新清华》刊发

专业求精深　心志存高远
——记2016年北京市优秀共产党员、核研院院长张作义

北京昌平南口，燕山脚下，有一座普通的院子。很少有人知道，就在这里，几代清华人为了自主研发中国核反应堆技术已经埋头苦干了30年。

张作义，清华大学核能与新能源技术研究院院长兼总工程师，第四代先进核能系统高温气冷堆核电站国家重大专项总设计师、专职技术责任人。

作为清华大学核能与新能源技术研究院基地，这座别称"200号"，"年龄"超过半个世纪的小院，孕育着世界上最先进的核技术，也记录下了清华大学核能与新能源技术研究院院长兼总工程师张作义带领团队，让中国高温气冷堆技术从跟踪、自主创新、跨越到走到世界前列的重要历程。

一个梦想的守护者

1962年出生在厦门的张作义，中等身材，有着学者的儒雅。他17岁考入清华大学热能系，本科毕业后进入清华大学核能技术设计研究院攻读研究生，师从王大中院士。27岁时博士毕业，留在清华大学核研院工作。1994年，张作义结束在德国的研究工作，回到清华成为学校最年轻的教授之一。2001年，年仅39岁的张作义出任清华大学核研院院长，成为清华最年轻的研究院院长。在他的带领下，世界首座固有安全的模块式高温气冷堆示范电站的研发及工程实施顺利展开，团队成功突破了高温气冷堆的主要核心技术，使我国成为世界第四代先进核能系统的领跑者。

在这看似一帆风顺的履历背后，只有张作义和他的同事们知道这些年他们经历过的艰辛，而所有的付出只为了让我国早日建成自主创新、安全运行的核电站。

早在1986年，国家863计划支持发展高温气冷反应堆，清华核研院就自主研发并建成1万千瓦高温气冷堆，掌握了自主发展高温气冷实验堆的技术基础，当时还在读研究生的张作义，就是这个优秀团队中的一员。2006年，"大型先进压水堆及高温气冷堆核电站"作为16个重大科技专项之一被列入《国家中长期科技发展规划纲要（2006—2020）》，目

标是要建成世界上第一座具有自主知识产权的20万千瓦级模块式高温气冷堆商业化示范电站，张作义被任命为高温气冷堆核电站专项的总设计师和专职技术责任人。

"坦白说，做这些事伊始我们没想到能取得今天的结果。近年来国家的自主创新能力以及高端制造业都在飞速发展，这为我们提供了很多世界上别人所没有的机会。我们这代人很幸运能够加入并继承高温气冷堆研发这支团队，我本人就是在王大中等老师的教导下，从一个年轻的普通清华学子，受到教育一步步成长起来，成为今天这样一个团队精神、创新梦想的守护者。"张作义说。

自主知识产权、世界首座、示范电站——责任面前，张作义开始了他漫长的攻坚之旅。

一个正确的决策者

对于张作义和他的团队而言，加班、熬夜从来都是家常便饭。多年来，张作义把全部精力都投入到做实验、搞科研上，"五加二""白加黑"是他的工作常态。"张老师的办公室里，摆着个长沙发，还常备一箱方便面。饿了，办公室就是食堂，泡上袋方便面，技术图纸当'调料'；累了，办公室就是休息室，在沙发上稍微眯一会儿，就又精神抖擞地投入'战场'。有时技术讨论会结束得很晚，食堂已经下班了，他还邀请大家一起到他办公室吃方便面。"张作义团队的成员这样回忆。

与长时间枯燥的科研工作相比，面对重大选择时的技术决策更加令人"纠结"。

"2006年的那次决策，是我人生遇到的最大挑战，几乎用尽了我的全部精气神。这样的挑战，人生也就遇到一两次。"张作义回忆道。当时，南非依靠从德国购买的技术，开始建造功率为400兆瓦的商用高温气冷堆。与此同时，清华核研院也在设计、研究功率差不多的高温气冷堆。"那时我们已经走在了这一领域的世界前列，人们顺理成章地认为我们应建世界上功率最大的高温气冷堆。"

于是，一个重大的抉择摆在了以张作义为首的高温气冷堆试验团队面前：是同南非一样，做世界最大？还是做成两个20万千瓦，尽管功率较低但是更可行？

那段时间，张作义食无味，睡不眠，几百号人看着他，等他拿主意。张作义清晰地记得彼时的艰难：如果决策失误，损失的不仅是几十亿元的投资，更严重的是可能使中国在高温气冷堆的技术研发方面远远落后于发达国家。巨大的压力面前，张作义没有丝毫气馁，他反复衡量、核实数据……最终，张作义作出了一个重大决定——在保证固有安全的前提下，考虑技术可行性和未来经济性，选择后者。

一时间，国际、国内，有人反对、质疑，还有人讽刺。然而，时间终能证明一切。

2009年，南非推翻了之前的方案，干脆照搬清华的技术方案，不可避免地在竞争中落在了中国人后面。2011年3月，日本福岛核电站事故发生后，一个重大问题摆在世人面前：人类是否有能力安全利用复杂的核能？然而，就在四个月后，由清华核研院牵头实施的山东荣成20万千瓦高温气冷堆核电站示范工程通过了国家核安全局组织的福岛事故后核安全大检查。

"高温气冷堆是国际公认的第四代先进核能系统，具有安全性好、堆芯不会融毁及温度高、用途多等突出技术优势。"张作义介绍说。目前，正在山东荣成建设的全球首座20万千瓦示范工程和后续60万千瓦商业核电站的模型吸引了众多目光，世界上性能最好的球形包覆颗粒燃料元件和电磁轴承主氦风机等由清华自主研发的关键技术设备也备受关注。"我国高温气冷堆已突破全部核心技术，目前山东荣成20万千瓦示范工程的土建和设备都已经基本完成，明年就要并网发电，这是世界首创。下一步要进行复制并商业化推广，目前全球首座商业示范工程进展顺利。我们不仅要着眼于国内市场，还要放到国际市场。"谈及未来，张作义信心满满。

一支团队的凝聚者

在清华核研院，张作义是公认的良师益友。不论科研工作多忙，他都始终坚持上讲台为学生讲课。他结合最新研究成果讲授的"核能技术的发展前沿"研究生学位课程在清华课程评估中名列前茅。他善于对青年教师委以重任，安排他们参加国家重大项目的一线科研工作，为我国核能技术发展培养高端的领军人才和后备力量。多年来，在张作义的悉心指导与帮助下，许多毕业生已经在核能行业内发挥着重要作用。

与此同时，在张作义的带领下，清华核研院也聚集了一支高素质的研究创新团队，他们甘愿淡泊名利、忍受寂寞，在浮躁的社会里栖身于郊区的实验基地内，为中国的核事业默默奋斗着。

"这是一项无法用金钱来吸引人才的事业，能吸引大家的，只有一样东西——理想和信念。"张作义说。

清华核研院现在有一支约300人的科研团队，按照现代重大战略性科研项目的形式运作，就像一支科研野战军一样，有"司令部"，有各种不同专业的"师团"，按照统一的号令开展协同攻关。"知难而进，众志成城"是这里的院训，也是张作义倡导的团队精神。在他看来，研发高温气冷堆是个系统工程，整个团队必须心往一处想、劲儿往一处使，潜心研究、锲而不舍。

一次次奋力攻关背后，是什么力量在默默支撑？

"科研做到这个份儿上，很难说谁比谁更聪明，而是要看谁更耐得住寂寞，谁更能坚持。"作为一个1988年就入党的老党员，张作义始终把共产党员的理想与信念放在心头。如今，在继续向科学高峰攀登的同时，张作义更愿意把这些情怀讲给学生、后辈听："我们扎根于中国这块大地，就要踏踏实实地去帮助解决13亿人过上小康生活所面临的问题和挑战，保持中国第一的水平。当这个国家成功时，我们就肯定是世界一流了。"

记者　曲田
2016年7月1日《新清华》刊发

积极奋进扎沃土　锐意创新溢芬芳

——记优秀共产党员、化工系副教授张强

2011年9月，张强毅然辞去德国马普协会弗里茨—哈伯研究所的职位，回到母校清华大学任教。张强的抉择中，有对中国工业化发展进程的自信，也有对清华工科在世界大学排名中跃升榜首的自豪，更有作为一名青年党员，面对祖国和母校的快速发展而献身献力的责任感和使命感。回校任教后，张强苦思冥想的是如何发挥教师的岗位优势，通过开设新课程、建立新研究方向，使自己的所学所成在清华的土壤上播种结实。

张强，清华大学化工系副教授。

创新教学方式——挑战课堂，活力无限

面对清华本科生这一优秀的学生群体，创新教育模式、激发学术志趣、提高培养质量成为培养拔尖人才的重要着力点。张强经过反复的教学实践和深入的思考琢磨，设计出一种新颖的"问题—解决"式教学模式，应用于他面向本科生开设的挑战性课程"纳米能源"中。他引导学生聚焦于纳米材料与能源科学这一学科交叉领域，针对纳米能源的新兴增长点及国际前沿动态引发思考，并通过课堂教学进行探讨解答。在他的课堂上，能够看到来自化工、材料、化学、机械、高分子等多学科的同学，他们组成研究小组，围绕石墨烯、高分子纳米隔膜、钙钛矿以及纳米原位动态表征等诸多前沿领域开展研究探索。

为激发同学们进行挑战探索性课题研究的志趣，张强还在传统的课堂教学之外，充分利用微信、网络学堂等媒介手段进行"互联网+"教学，丰富和创新教学形式，传播科学兴趣，引导学术志趣，使同学们进行科研探索的主动性和积极性得到了极大调动。

在"纳米能源"课上，同学们围绕各自的兴趣方向，自主设计实验方案，亲手搭建小仪器，对纳米能源领域的前沿问题进行深入探索。这门课也因此受到同学们的广泛欢迎，并在期末的本科教学评估中名列全校理论课的前5%。

在面向研究生开设的"材料化工"课上,不仅有在校的博士生、硕士生,也有具有实际工作经验的企业高管访问学者、企业工程硕士等学员,他们的知识背景和对材料化工的理解都存在较大差异。张强在基本知识点的讲授基础上,将他们交叉分组,围绕企业面临的材料化工实际问题进行探讨。大家或是针对企业遇到的腐蚀问题提出新见解,或是针对北京空气污染设计带有指示功能的过滤$PM_{2.5}$口罩。在这个过程中,缺少实践经验的在校生能够发现实际中的工程问题,进一步校正自己的学术志趣;同时,来自企业一线的学员也能够获得在校生的创造性启发,有助于工作中实际问题的解决。双方相辅相成,各有所得。

听了一学期"纳米能源"课后,化学系基科23班本科生李博权说:"张老师的课让我们不仅收获了知识,而且亲身体验科研,感受科学的魅力,还使我们敢于冲击国际前沿问题,乐于动手去实现自己的想法。"

李博权认为,张强的课不拘泥于形式,充满热情和张力。张强鼓励同学们大胆创新,在不同学科间进行交叉碰撞,而且提供了可以动手实践的平台,使同学们有机会接触到电子显微镜等不常接触的科学仪器,能亲自动手体会化学反应的神奇。张强布置的作业更是有趣,比如他会要求同学们针对科学文献或学术报告写出自己的想法,或拍摄一个纪录短片,或讲述一个科学问题,或介绍一个表征方法。这种放下纸笔、动手动脑的方法,让人收获良多。

引领科研探索——言传身教,知行合一

张强结合化工系在反应传递领域内的科研优势,将目光定位于新能源领域,选择了像锂硫电池这样的下一代储能材料及系统作为研究方向,探索中国未来5~10年需要的新型工业技术原理和方法。

在尝试新方向的起步阶段,面临许多困难,需要深入研究找到关键科学问题。新电池体系的反应机制复杂,问题处于化学、材料、能源、工程、物理的学科边界上;在锂硫电池中,电化学反应与传递过程紧密耦合,电极材料难以实现高效利用;在能源材料这样的前沿交叉领域中,全球相关课题组的竞争也很激烈。面对各种困境,张强迎难而上,通过不懈努力,在能源材料方向取得了突出的研究进展。

回国五年来,张强在《自然通讯》《先进材料》发表了一系列优秀学术成果,ESI高被引论文20余篇。他还受邀为《自然能源》《应用化学》等学术期刊评阅稿件,同时担任英国皇家化学会RSCAdv副主编,以及2016锂硫电池前沿、国际能源材料化学等会议主席或召集人等职。

这几年,他不仅专注于已有的化工学科基础,还在化学、能源等领域钻研新知,进行能源材料领域关键突破原理的探索。他的透射电镜、扫描电镜拍摄技巧代表着系里的顶尖水准,他还能自己动手修复扫描电镜的多种故障。

化工系2013级研究生史家乐说,张强在科研上一直言传身教,身体力行。他常常夜里一两点还在回复同学们的邮件,清晨6点又在邮件中分享最新的学术进展。化工系

2013级研究生唐城回忆，自己跟随张老师参加学术会议的路上，张老师永远在看文献、改论文。等飞机时，他也会拿出提前打印好的文献或是借来的书籍，边等边看，即使再忙也不能错过学术前沿的跟进，毫不松懈给自己充电。在同学们眼中，他永远精力充沛，争分夺秒。

张强还非常重视对学生的科研引导。包容，是张强对待科学研究的态度，也是他引领同学们进行科研探索的态度。包容是能够从多个思维角度理解复杂的科学现象，欣赏前人和同行的科研成就，推动学科和行业的持久发展。在课题组的组会讨论上，他总是鼓励和引导同学们勇于表达观点、进行深入思考。即使对刚刚进组的本科生提出的天马行空的不成熟见解，他也从不轻易否定，而是从同学们的角度出发，鼓励和启发大家发现问题并自己提出解决方案。

唐城说，在对同学们的科研引导上，张强不仅常进行细致入微的细节指点，更善于在宏观方向上进行引领，培养同学们看问题的高度，他的视角总能让人豁然开朗。他还经常和同学们分享自己对科研的感悟、对学术前沿的理解与展望、对产业发展的认识。除了具体的实验指导，张强还特别重视对学生进行展示能力的培养，不厌其烦地点评组会报告，大到逻辑亮点，小到图表的坐标线粗，不放过任何细节。每当同学们在会议上打开经过张强反复指导修改的演示文稿，都会发现张强的良苦用心和自己从中的成长。

这些年，经张强指导的学生元喆、王瀚森获得了"清华大学本科生特等奖学金"，程新兵、唐城获得了"清华大学研究生学术新秀"等奖项，元喆、王岱玮的研究项目"高容量柔性锂硫电池正极材料的开发"还获得了"挑战杯"全国大学生课外学术科技作品竞赛一等奖。

热心公共事务——细致入微，亦师亦友

在肩负教学科研任务的同时，张强还热心公共事务，积极投身党务和行政工作。作为反应工程党支部委员，他总是积极协调和组织支部活动，受到支部成员的衷心认可。作为研究生工作组组长，他经常挤出时间和研究生交流谈心，探讨学习生活中面临的困难。凭借年龄优势，他既能设身处地站在学生的立场考虑问题，又能从教师的角度体察入微，找到解决问题的"最大公约数"。作为实验室安全员，张强借鉴国外优秀实验室的管理经验，积极筹划安全检查，开展安全培训，由他倡议实行了规范实验台明确归属和安全联系人等举措。虽然化工学科的科学研究大多涉及高温、高压、易燃、危险化学品，但他所在的实验平台始终保持着良好的安全记录。

化工系党委副书记王亭杰这样评价张强："他身上具有优秀的团队合作精神，系里安排的公共服务工作，他总是积极投入，出色完成。"化工系党委副书记邱彤认为："张强为人谦虚，待人诚恳，在师生中口碑很好。他具有良好的党性修养，即使教学科研任务繁重，党务工作也从不推脱，总是积极组织和参加学生活动，并力争做到最好。"

在学生心目中，张强不仅是科研导师，更是为人处世的楷模。尊重、包容、沟通、合作是张强一直在课题组内强调的准则，加之他和同学们之间没有代沟，使整个课题组更像

一个大家庭。张强常说，科研不是一份枯燥的工作，而是一群相同志趣者走到一起的理由。史家乐说："张老师就是激发我们热情、带领我们前进的动力。在张老师的课题组里，我们学到了科研，又不只学到了科研。"

从组会讨论到一对一交流，张强从不放过任何与学生坦诚交流的机会。唐城说："张老师和同学们打成了一片，他会记住每个同学的家乡和生日，永远像知心朋友一样关心大家，在每个重要的'成长关'给予关心和指导。我在英国交流期间，张老师恰好也去访学，他就常常叫上我一起散步。有几天我病了，张老师还亲自为我下厨，让我特别感动。"

张强课题组成立五年来，已培养"特等奖学金"获得者2人、学术新秀2人，多项成果被"清华映像"进行亮点报道，并获得了"万人计划"青年拔尖人才支持。张强在科研教学方面的有益探索正在清华园的一方沃土里扎根开花，芬芳渐溢。面对我国工业发展所处的快速成长期，社会对大学教育、专业技术等提出了更多新的需求，为了使化工更加绿色，使新知识更好地共享，张强正在积极奋进、锐意创新的科研道路上不断前行，不断追寻绿色化学工程的中国梦。

记者　王冰冰

2016年7月8日《新清华》刊发

立足中国　网络世界

——记中国工程院院士、计算机科学与技术系教授吴建平

20年前，人们不知道互联网为何物；20年后，我们无法想象没有互联网生活将会怎样。

20年间，从一个点、一条线到一张网，现实与虚拟交错演进，中国，以令人惊叹的速度崛起为互联网大国。

回望中国互联网的发展史，一个人绝不能忽略；展望中国互联网的未来，这个人同样不能忽略。

他就是中国互联网建设和研究的主要开拓者——清华大学计算机系主任，网络

吴建平，清华大学计算机科学与技术系教授，计算机科学与技术系主任、网络科学与网络空间研究院院长、信息化技术中心主任，中国工程院院士。

科学与网络空间研究院院长，下一代互联网核心网国家工程实验室主任、国家973计划新一代互联网体系结构研究首席科学家吴建平。如今，他又新添了一份荣誉——中国工程院院士。

回望吴建平30余年的科研人生，仿佛翻开了中国互联网技术的发展史，在他身上，凝聚了中国一代互联网人的智慧与付出。

探索，走向世界的起点

恢复高考的第二年，吴建平考取了清华计算机系首届研究生，毕业后留校工作。彼时国外的计算机网络研究已经起步多年，年轻的吴建平作为国内该领域最早的一批"网络水手"，搭载着这艘充满未知的小船向着一片崭新海域奋力前行。

那时，吴建平虽然开始了计算机网络研究并参与了一些实验，却并没有摸过真正的网络。

然而搭建一个网络岂是那么容易？当时国外对包括网络技术在内的高科技产品施行禁运，吴建平只能从一些来访的学者手中看到零星的资料，根本没有办法摸到任何实际的网

络产品，进口设备更是天方夜谭。那时他就想，做网络一定不能纸上谈兵，无论如何得做出来一个试试。

20世纪80年代初期，吴建平继续自己的硕士论文研究，在导师的支持下，以极低的科研经费买到了3台单板计算机开始研制网络设备，经过两三年没日没夜的工作，终于开发出了一套能够"转起来"的网络，三台节点机加上六七台微型计算机——网络的雏形诞生了！不久，这台"雏形网络"便被派上了大用场。

当时我国正处于对越自卫反击战刚刚结束的特殊历史时期，广西前线部队急需一套网络改善电报通信系统，吴建平"真刀真枪"做出来的网络技术立即得到了肯定，他也因此获得了学术人生的第一笔科研经费。在已有网络雏形基础上，他根据战区特点，使用电话系统开发出了一套可供广西前线部队传送机密文件的计算机网络系统，满足了军队的迫切要求，并获得了1985年教育部科技进步奖。随后，这套网络系统得到产业化，推广应用到许多领域，包括清华大学校园网、1990年亚运会信息系统等。

1987年，吴建平赴加拿大不列颠哥伦比亚大学进修，温哥华正好是加拿大学术网的总部，在那里，他第一次接触到真正的互联网。"我比较震撼的是它已经有相当大的规模，几乎连接了美国所有大学，这就是第一代互联网的感觉。"身在加拿大的吴建平也得以成为最早一批使用电子邮件的中国人，此后他在学校的支持下，想方设法租到了一个国际线路，通过邮件服务器成功连到国内。1988年，很多清华教师第一次通过这条租用的线路向全球发送电子邮件，实现与世界的对话。

"网络其实是一件工程性很强的研究，我们一开始也谈不上懂理论，就想如何把计算机连起来。现在回头看，当时做的只是不同类型的网络中的一种，并不是完全意义上的互联网，但能通过电子邮件与世界连通，这对于许多老师都是非常大的惊喜。"吴建平在互联网技术的"海洋"中不断摸索，也渐渐品尝到这座富矿带来的丰富馈赠与甜蜜。

奋斗，蓬勃发展的动力

20世纪90年代初的中国，网络还是一个新鲜的词汇。1989年，国家支持清华、北大、中科院三家在中关村地区尝试建设验性网络，当年年底刚刚回国的吴建平便加入到专家组来。此时，对于中国的科学界来说选择哪一种网络技术路线还存在一定的争议。

时间走到1993年，这对于中国的互联网发展来说是关键的一年。这一年，国际巴黎统筹委员会对中国进口互联网设备解禁。也是这一年，国家开始规划建设国家教育网。此时，世界第一代互联网已日渐兴盛，中国互联网建设大计开始提上议事日程。

与此同时，正值四十不惑的吴建平抓紧时间通过一个个稳扎稳打的项目磨炼队伍、提升对互联网技术的认识。这一年夏天，北京市建立期货交易所，亟须一套新的期货交易系统。吴建平带领一群平均年龄只有二十多岁的年轻团队，凭借之前积累的网络实力、对新技术敏锐的洞察力和充满感染力的创新朝气，打败多家大公司，成功中标。初生牛犊的一帮年轻人甩开膀子，仅100天时间便从系统设计到开发、采购、调试，将整个系统建了起来，投入运行工作。1997年，他们便凭借项目的技术突破获评"国家科技进步奖"。

1994年，从实践中摸索出真知的吴建平以前瞻的眼光，正确的技术路线，最终促成后来清华大学牵头组织实施建设全国高校网络。此后，吴建平带领团队，团结10所大学，主持设计和建成了我国第一个覆盖全国范围的计算机互联网——中国教育和科研计算机网（CERNET），而当时中国还没有任何其他网络可以提供如此大规模的互联网服务。

CERNET项目的成功，拉开了中国互联网大发展的序幕，在中国互联网发展历史上产生了重要影响，为开拓和推动我国互联网科技进步和人才培养发挥了重要作用。1997年被评为"国家科技进步奖"，2014年入选"中国互联网20年十大事件"。

如今互联网改变了我们生活的方方面面，而支撑这一改变的，离不开吴建平等一批专家和技术人员的研究成果和辛勤工作。"应该说，我们很幸运，在最后决战阶段，选择了正确的路线，同时有幸见证和参与了中国互联网的所有发展。"吴建平说。

创新，永恒不变的追求

接下来步履不停的吴建平在2000年左右又把目光转向了下一代互联网的发展。国际互联网原来一直采用的是IPv4传输格式，但在此协议下的IP地址，预计将于2011年耗尽。为了解决IPv4协议下的IP地址枯竭等问题，国际互联网技术组织公布了新一版传输格式——IPv6，它所提供的容量几乎不可能穷尽。

此前，国际上发展IPv6下一代互联网的现成模式是在一个网络上同时提供IPv4和IPv6服务，这就像IPv6扶着IPv4的"拐棍"走路，非常不利于IPv6的发展。吴建平团队经过反复研究，大胆选择了建设大规模纯IPv6网络，2004年12月25日，吴建平主持的中国下一代互联网示范工程CNGI核心网CERNT2正式开通，这是全球最大的纯IPv6网络，其中向来被美国垄断的互联网关键技术——IPv6核心路由器便是由吴建平领导的清华大学团队研制的。这两项成果分别在2004年和2007年被评为"国家科技进步奖"。

"如果说搭建CERNET让我们深入掌握了互联网技术，吃透了互联网的机理，那么研制纯IPv6是我们的进一步创新。"吴建平团队所建设的纯IPv6下一代互联网让IPv4过渡到IPv6已成为全球互联网发展的必然趋势。

2010年7月，吴建平荣获国际互联网界最高荣誉"乔纳森·波斯塔尔奖"，成为我国首位获此殊荣的科学家，国际互联网协会主席兼CEOLynnSt.Amour在颁奖大会上评价指出，20年前，吴建平以前瞻的眼光认识到互联网的重要性和未来影响力及其将会在中国的社会改革、技术发展和经济增长中所起到的关键作用。此后，他带领团队持之以恒地努力工作，在推动中国互联网发展方面扮演了重要角色，并对全球互联网产生了重要影响。

然而，吴建平的脚步始终没有停留在当下。"下一代互联网的时代已经来临，我们还有许多需要学习、消化、创新。"他指出，在2005年以前，全球3000多个国际互联网标准中，我国牵头制定的只有一个，还是互联网上中文编码交换标准。这一直是他心中的遗憾。

近年来，吴建平带领团队不断深挖互联网机理，创新成果频出，成功解决了IPv4向IPv6过渡的技术难题以及互联网源地址难以验证等安全问题，并开发出一系列核心技术标准。与国内其他单位一起努力，实现了我国在国际互联网技术标准制定方面的重大突破。现如今，7000多个国际互联网标准里已经有80多个是中国人作为第一作者。

"只有逐渐掌握话语权，才可以改变世界互联网的格局。"面向未来，吴建平说，这是一个崭新的互联网与其他产业深度融合的时代，互联网及其应用迎来了前所未有的大好局面。对于互联网技术的研发工作者而言，未来天地一体化信息网络重大工程和网络空间安全重大科技项目等将是大有可为、克难创新的重大研究方向。

"现如今是这个学科蓬勃发展的最好时期，我们有幸见证了国内外互联网发展的历史，但实际上我们还存在很大的差距。中国是世界上最大的互联网使用国家，但是远远不是世界互联网的强国，掌握未来互联网的话语权还需要科研工作者更加努力，为未来网络空间的疆土安全保驾护航，为推动经济发展、社会进步和国家富强作出贡献。"吴建平说。

记者　高原

2016年9月9日《新清华》刊发

周立柱：花甲之年筚路蓝缕　执着奉献不忘初心

周立柱教授曾任清华大学计算机系主任。多年来，他情系西部计算机教育的发展，为青海大学筹建计算机系尽心尽力。如今虽已年过花甲，退休多年，但他依然难舍西部情怀，仍在积极组织实施西部"五校项目"，千方百计筹划西部五省计算机教育的发展，谱写了一曲为人敬佩的奉献之歌。

立足本地　"授人以渔"

2007年，是青海大学计算机与应用系的创建之年。作为教育部"清华大学-青海大学"对口支援计划的一个部分，该系在教育部、青海省、清华大学和青海大学的大力支持

周立柱，清华大学计算机科学与技术系教授。

下正式挂牌成立，成为青海大学最年轻的系级机构之一。成立伊始，全系即承担起学校计算机学科建设、全校计算机公共基础教学任务等工作。而这一切的发展都与一位六旬的老人紧密相连，他就是清华大学计算机系教授、青海大学计算机技术与应用系首任系主任周立柱。

"支持青海大学建立计算机技术与应用系，是清华大学对口支援青海大学的重要组成部分。在西部高原经济欠发达地区建设信息化人才培养基地，对缩小我国东西部的差距、构建和谐社会具有重要作用，在建设过程中得到了教育部、青海省和清华大学的多方支持。"周老师回忆说。带着为西部信息学科教育做奉献的愿望，周老师与同事们全身心地投入到建立青海大学计算机系的筹备工作中。在当年艰苦的经济和生活条件之下，他带领全系教师立足青海实际、明确发展目标，秉承"面向青海省经济建设主战场，培养应用型的信息化人才，服务于青海省的建设与发展"的办学思路，探索出了"三年基础，一年实践"的培养模式，使得计算机科学与技术专业成为青海大学第一个"一本招生"专业，为当地经济的发展源源不断地提供具有计算机学科基本素养的优质毕业生。

软件硬件　全面扶持

周立柱教授在青海的这些年，从学科建设、培养方案、课程体系制定、师资队伍、实验室建设等方面对青海大学计算机技术与应用系进行了全方位的考虑和规划。"创系之初，我们面临的最大问题并不是生源质量问题，而是教师队伍的建设问题。"周老师说。一方面，青海大学计算机学科的教师数量少、师资力量薄弱，另一方面，有限的师资承担了校内大量的基础课教育，教师精力分散。面对这些问题，周教授在清华大学的大力支持下，积极组织清华教师前往青海授课，为青海计算机系增强"造血"能力。一方面，一些重要的专业课程由清华教师直接授课并手把手协助青海大学教师备课，逐步培养青海大学教师接班骨干课程；同时，部分课程还利用先进的现代教育技术手段，与清华大学实行远程同步授课。这样既保证了学生充分掌握课程知识，也培养了青海大学教师相应课程的教授能力，从长远上保障了青海大学计算机系的可持续发展。另一方面，积极鼓励青年教师通过进修访问、攻读在职博士等方式提升科研、教学的能力和水平。

计算机教育离不开先进的实验教学条件支持，在周立柱教授的争取和清华大学的大力支持下，清华大学计算机系向青海大学捐赠了计算机设备，支持青海大学建立起了大规模计算集群环境，为学生培养提供了条件，也为气象学等研究工作提供了技术支撑。随后，青海大学还基于高性能的计算设备陆续建立了"青海省信息技术应用与工程研究中心""青海大学三江源数据分析中心"等科研机构，利用信息技术服务青海省的经济发展。

如今，经过近十年的努力，青海大学计算机技术与应用系有了长足的发展，师资队伍日益壮大，一批朝气蓬勃的青年学术骨干正在崭露头角，国际交往日益增多，交流水平不断提高。近几年不断地有优秀学生被推荐到清华、浙大等著名高校攻读硕士学位。

携手谷歌　助力西部

除了心系青海大学计算机系，周立柱教授还牵挂着西部地区整体计算机教育的发展。2011年清华百年华诞之际，谷歌公司提出与清华大学计算机系开展教育领域合作，当时已经临近退休的周教授把握时机，在校系领导的支持下，策划并组织实施了"清华携手谷歌助力西部教育"项目。该项目由清华大学牵头，为青海大学、新疆大学、宁夏大学、云南大学、贵州大学五所西部高校提供资源及经费支持，促进五校计算机学科在师资队伍、精品课程、本科生培养等方面的发展。

在周老师看来，计算机学科的发展差异不仅仅体现在东西部的地域差距，即使是西部的五所高校之间也存在着不小的差距。在教学资源投入力度上，清华选择了一视同仁，而五所学校也选择了同舟共济，共同发展的模式，互帮互助取得更大进步。周老师多次亲自到各所学校参与项目活动、听取意见、组织交流，使该项目成为西部五校交流计算机本科教育的重要平台。2011年到2015年，这一项目共投入约数百万元，借助清华大学、上海交通大学等高校以及谷歌公司、中国计算机学会、IBM等单位的支持，西部五校计算机教育在师资、课程和大学生人才培养等方面得到显著增强，也促进了整个西部地区计算机教育的发展。

目前,周立柱教授已年近七旬,却仍然义无反顾地继续为西部计算机学科教育奉献自我,他自始至终都在履行着作为一名清华人、一名计算机教育者的社会责任,不断地迎接挑战、艰难却笃定地为西部计算机学科发展贡献力量。

在采访的结尾,周老师寄语同学们,要勇于为国家奉献自我、做出贡献,要有改变落后地区面貌的社会使命感和担当。在不同的职业选择面前,周教授也希望同学们能够多做有利于社会发展的事情。投身现在不被看好但未来有很大潜力的事业中,尽管可能会有牺牲,但人生也同样可以收获很多、赢得充分的成就感。最后,周教授鼓励学生们趁大好年华,勇于尝试,作出无悔的人生选择。

通讯员 姜伟峰 刘丹
清华新闻网 2016 年 9 月 21 日电

让工程教育成为强大的创新引擎

——访联合国教科文组织国际工程教育中心秘书长王孙禺

王孙禺,清华大学教育研究院教授,长期从事高等工程教育、教育经济与管理领域的教学与科研工作。

近日,全国工程专业学位研究生教育指导委员会在清华大学举办了全国工程伦理教育论坛,工程教育及相关议题再次引发热议。

清华大学文南楼门口,悬挂着联合国教科文组织国际工程教育中心的标牌,满墙的爬山虎为楼里的办公室笼上了葱茏绿意。中心秘书长、清华大学教育研究院学术委员会主任王孙禺教授的办公室就在这座楼里,他已潜心研究工程教育数十个春秋。

从近代工程教育的产生,到中国当代工程教育的发展,作为我国工程教育领域内知名的专家,王孙禺教授对工程教育的历史十分熟稔。研究与思考工程教育的历史与未来已成为他生活的一部分,一个工程教育大国的崛起更是沉心勾画已久的愿景蓝图。

倾心研究中国工程教育历史

王孙禺教授的本科生涯是在清华大学电机系度过的。电机系作为清华开展工程教育的重要学系,在 80 多年发展历程中,学科设置不断完善,师资队伍建设及教学科研取得了显著成就,培养了大批人才。在专业学习中,他逐渐以教育学研究的视角来审视工程教育这一研究领域。

王孙禺认为,要充分理解工程教育的重大价值,需要先从历史的向度去审视工程教育对于国家创新发展发挥的强大影响力。"中国近代工程教育始于晚清洋务运动兴办的各种西式学堂,迄今已经走过了 140 多年的历程,中国工程教育现代化的历史与近代以来国家现代化历程息息相关。目前,我国已经成为世界上工程教育规模最大的国家。在新的历史发展阶段,中国工程教育的发展机遇与挑战并存,思考总结百余年来中国工程教育的发展历史,对思考和把握未来中国工程教育的发展方向,具有十分重要的现实意义。"

新中国成立以来,中国工程教育取得了辉煌成就,清华大学工程教育作为国家工程教育的重要组成部分贡献突出。王孙禹认为，从蒋南翔校长确定"方向"与"质量"并重的办学思路之后，清华大学的工程教育便驶入了发展的快车道，为国家输送了大批政治坚定、业务精湛、"又红又专"的工程科技人才，为国家建设作出了巨大贡献。

纵观世界大国崛起的历史，在众多影响因素中，完备而高水平的工程教育无疑是具有实质性影响的因素之一。立足清华、放眼中国和世界，王孙禹时刻能感受到所瞩目的研究领域是一片值得用一生去耕耘的沃土。清华大学是我国工程教育的重镇，目前学科设置中三分之二与工程教育有关。以张维、张光斗院士为代表的老一辈工程教育专家很早就关注工程教育研究，余寿文等多位教授几十年来也一直在工程教育领域默默耕耘，对中国工程教育研究做了开拓性的贡献。延续老一辈专家学者对于工程教育的研究，王孙禹将其视为自己肩上的重任。

推动建立联合国教科文组织国际工程教育中心

今年6月，联合国教科文组织（UNESCO）国际工程教育中心在京举行签约及揭牌仪式，王孙禹教授在成立大会上当选为中心秘书长。

在联合国教科文组织国际工程教育中心落地清华之前，学校主要依托清华大学工程教育研究中心开展工程教育。该研究中心是由清华大学教育研究院、工业工程系、电机系、机械学院、信息学院、继教学院、训练中心等院系单位共同发起，在教务处、研究生院、科研院、企业集团的大力支持下，形成的"产—学—研"跨学科和跨单位共同合作的研究机构，王孙禹教授担任研究中心副主任。研究中心自2009年成立以来，陆续推出了一系列工程教育研究成果，为清华大学进一步提高工程教育质量，加强工程教育研究，及中国工程教育的改革发展提供了有力的理论支持。

在研究中心工作基础上，清华大学迎来了申办联合国教科文组织国际工程教育中心的历史机遇。王孙禹至今清晰地记得2014年6月召开国际工程科技大会的情景。当时，习近平主席和联合国教科文组织总干事博科娃出席大会并作主旨发言，双方均表示希望在工程科技和教育领域加深合作。中国工程院院长周济与博科娃商议在中国设立联合国教科文组织国际工程教育中心，由中国工程院和清华大学联合申请和建设，得到博科娃的赞赏和中央领导同志的支持。自此，申建工作正式展开。

2014年9月，中国工程院会同清华大学正式提出申请。2015年3月，联合国教科文组织派出专家组来华对中心申办工作进行了实地考察评估。专家组对我国工程教育取得的成就给予了高度评价，认为中国的经验对于发展中国家具有重要借鉴意义，希望中国在国际上发挥更大的作用。2015年11月，联合国教科文组织第38届成员国大会上正式批准中心设立，成为世界上唯一一个以工程教育为主题的联合国教科文组织二类机构，中心秘书处就设在清华大学。

"联合国教科文组织国际工程教育中心的建立，一方面有利于促进中国工程教育的改革与发展、有利于扩大中国工程教育的国际影响力，同时也有利于提高清华大学的国际影响力。中心将围绕促进工程教育发展开展形式多样的教育培训活动、研究咨询活动以及国际交流合作。"中心甫立，在今年7月便召开了第六届国际工程教育学术工作坊，紧扣教师发展和学生胜任力培养这两个工程教育质量提升的关键问题，以及工程伦理与课程整合等问题进行研讨，取得了显著的会议成绩。所以，王孙禺教授对新落成的联合国教科文组织国际工程教育中心充满信心。

"工程教育是国家创新的重要引擎"

王孙禺教授说，工程教育是高等教育的重要组成部分。作为旨在培养工程科技人才的高等教育重要类型，工程教育对于国家经济社会发展将越来越显示出其重要性。纵观人类社会发展的历史进程，正是由于工程科技的持续发展进步，极大地推动着生产力的革命性飞跃，从而使得人类的生产方式和生活方式发生了根本性变革。

"近代百余年来，无论是哪一个历史阶段，工程教育现代化始终被作为国家现代化战略中的重要一环"。谈及中国工程教育发展的历史，他神采奕奕地分析道："就大学办学模式、发展方式而言，我国经历了由19世纪后半叶起步阶段的接受、模仿，到20世纪以来主动选择和积极探索，中国工程教育逐渐呈现出本土化、民族化、现代化的特点。"

面对未来的创新发展，王孙禺教授坚定地说："工程科技人才是中国实现创新发展依靠的中坚力量""工程教育是国家创新的重要引擎，我国未来社会发展的速度与质量在很大程度上取决于工程科技创新能力，取决于工程科技人才这一创新主体的质量，以此提出将加速培养造就创新型科技人才，特别是科技领军人才作为十分紧迫的战略任务，中国工程教育的改革发展任重而道远。"

当前，我国工程教育虽然取得了巨大成绩，但在王孙禺教授看来，当前仍旧存在着人才培养结构体系不够完善、面向实际的工程训练不足、实践教学不足、工科学生综合素质有待提升等问题，工程教育在体制机制改革、继续工程教育、国际合作交流等方面也还有值得改进的空间。

在他看来，研究工程教育需要与时俱进，实施工程教育需要始终服务于改革开放伟大事业的深化发展。《中国制造2025》提出了通过"三步走"实现制造强国的战略目标，并提出坚持"创新驱动、质量为先、绿色发展、结构优化、人才为本"的基本方针，坚持"市场主导、政府引导，立足当前、着眼长远，整体推进、重点突破，自主发展、开放合作"的基本原则，为新时期我国工程教育的改革发展提供了新的指导思想，也是当前工程教育研究中的重点。

展望未来的全球竞争，科技因素发挥的作用越来越显著。新世纪以来面对经济社会中的发展机遇和挑战，世界各国尤其是发达国家都将工程科技进步作为实现未来可持续增长、在全球竞争中保持国家地位的基石和支撑。毫无疑问，工程教育必须适应社会、经济、科技变化的趋势，不断变革创新，才能更好承担起"创新引擎"这一崭新角色。对此，王孙禺认为，清华大学，乃至中国的工程教育事业在发展创新的道路上都是发轫未远，都还有很长的路要走。

学生记者　骆文杰
清华新闻网2016年9月29日电

做教学学术和实践的"先行者"

——"北京市高等学校教学名师奖"获得者、清华大学电机系教授于歆杰

教师的风格有很多种,或如沐春风,或严厉有加,或和蔼可亲。而这位教师,大家提到他,最先想到的一定是"活跃前卫"——没错,正是教育思想活跃、教学方式前卫。

他思维清晰、语速流畅,听他的课如行云流水般享受;可他又在无形中逐步递增课堂难度,让你紧锁眉头的同时直呼"过瘾";他稳扎稳打,堂堂课堪称经典,而且不断结合最新的在线知识传播方式,创新的脚步从未停止。

"时代推着我们不断前进,作为教师,我们不能用永远循环不变的传统教学模式,而应不断思考、不断创新,善于发现问题、专于思考问题、勇于解决问题,一步一个脚印地往前走。这是多年来我一直对自己说的话,也一直在践行。"于歆杰说。

于歆杰,清华大学电机系教授、党委书记,清华大学首门慕课、国家级精品资源共享课和国家级精品在线开放课"电路原理"课程负责人。

今年,于歆杰获得第十二届北京市高等学校教学名师奖。他认为,钻研课堂教学就是开展教学学术研究。一名教师要真正做到传道有术、授业有方、解惑有法,课堂教学就会产生事半功倍的效果。"作为一名清华教师,我觉得要致力于做'大家都认为对,但还不知该如何做到的事情',也就是要成为教学领域勇敢的'先行者'。关于这一点,在教学研究和科学研究这两个方面都是一样的。"于歆杰说。

教学要"以学生为中心"

1991年,于歆杰从贵阳市第一中学保送到清华大学电机系,2001年获博士学位,留校任教至今。"敢做敢拼"的性格使他在教学和科研工作中愿意尝试新事物,勇于不断寻求改变。

2010年,于歆杰成为"电路原理"课程的负责人。"可以说,这是清华电机系最基础、最重要的课程之一,如何将'经典之作'有所创新,成为我面临的第一个难题。"于歆杰说。

2013年,当慕课这种新鲜的教学改革方式进入中国之后,敢于尝试新事物的于歆杰最先站了出来:"不能怕难,必须得有人率先开这个头儿!"

参与国际竞争,让全世界的学生都能上清华的课,进而改善清华的课堂质量,并且促进兄弟院校共同提升课程质量——怀着这样的初衷,于歆杰及其团队开始了摸索和尝试。

"清华以往的教学改革经验往往并不具有很强的普遍性,难以在其他学校落地开花。这是因为,我们最初在考虑教学改革和尝试的时候,往往是从清华的学生群体特点出发的,他们几乎是全国顶尖的学生,对于很多其他学习者来说并不完全适用。这提醒我们——教学必须要'以学生为中心'。"于是,于歆杰率领"电路原理"教学组的老师们将社会学习者作为授课对象,进行慕课建设。两个月后,"电路原理"作为清华首门全球慕课顺利上线,收到了良好的反响和肯定。

"于老师做事情既专注又负责,可谓废寝忘食。"于歆杰的学生、2015级硕士生班瑞说,"做慕课期间有件事儿特别难忘,有次都下半夜了,于老师还在网上发布视频,教大家如何在电脑上画电路图,这种敬业的精神特别令人感动。"

为了让更多的学习者接收到清华良好的教育资源,从2014年开始,清华与南京大学、青海大学、贵州理工学院、扬州大学、厦门理工学院、内蒙古师范大学等院校合作共享清华慕课资源,试行"翻转课堂",同时结合自身情况不断改善,寻求最有效的教学方式。2015年,于歆杰等人合作完成《以学生为中心的教与学》一书,论述了如何将传统的"教师教得明白"的教学目标,转变为"学生学得明白、学得开心"。

给传统课堂来点"猛的"

"你以为这就已经大功告成了吗?不,我们还得继续。"于歆杰说,"虽然有了慕课和完全翻转课堂,但是它们只占到课程的一小部分比例,大班授课如今仍是校园课堂的主导形式,每学期还是会有几百人来听'电路原理',其他高校和学院的多数课程也是如此。"

于歆杰发现,大班授课的一个重要问题就是学生人数众多,老师很难深入了解每位学生的特点和学习情况。"大家听明白了吗?""发给大家的课前资料都看了吧?""等考完就知道大家掌握得怎么样了。"……这些话是教师在课堂上经常会说的,以往多要凭经验或者事后才能判断教学过程和效果。

"我们已经能够通过慕课掌握线上学习者的学习效果和行为数据,可怎样才能掌握线下学习者的数据进行分析,从而进一步改善课堂效果呢?"

今年春天到暑假期间,在与于歆杰等多位清华教师进行深入讨论和调研后,"学堂在线"推出了智慧教学工具——"雨课堂",将手机变成了学习工具,将师生课前、课上、课后的每一个环节都赋予了全新的体验。

从此,基于慕课和"雨课堂",于歆杰和"电路原理"教学组的老师们一起,开始对"电路原理"课程进行完整混合式教学改革,既包括完全翻转课堂,也包括用"雨课堂"工具来实现部分翻转课堂。课程的基础知识点通过课前预习解决,而在课上,于歆杰有计划地给学生来点"猛的",比如出难题让学生进行小组讨论、训练学生的创新能力、设计创新实验等。

"我们的教学目的又一次得到了改进和转变,我们如今是'以学生的学习成效为中心',运用'雨课堂'的教师能够及时了解每个学生对知识点的掌握情况,这就像给整个教学过程装上了一块'精密仪表'。"

有意思的是，教师只要会用幻灯片和微信，就完全能驾驭"雨课堂"。这样一个简易、方便、科学的教学创新实践，能够很好地提升高校大班课堂的效率，活跃课堂气氛。

永不停歇的创新之路

如今，于歆杰又有了一个新的想法——将"雨课堂"挖掘和掌握的学习者的大数据收集起来，他将根据同学们的学习能力，对他们进行分班分类和有针对性的指导。

"比如，前8周同学们共同听课，这期间我们运用'雨课堂'进行课堂分析和数据挖掘，根据得出的结果将学生大致划分为三类，比如学得又快又好的、中等程度以及掌握稍慢些的。后8周则结合学习效果和学生意愿进行分班教学，给予三类不同接受程度的学生不同力度和方式的教学辅导，最终期末时再共同参加考试，也就是'以学生的学习能力'为中心。"于歆杰表示，通过这种方式，传统课程与"雨课堂"实施了更密切的结合，能够更深入地将大班课堂的学生进行分类和提高，从而解决传统大课难以进行小范围、有针对性教学的问题。

"这场新的尝试也许会在明年春天开启。"于歆杰说，"我觉得创新性的教学很有意思，因为讲课并不是简单地重复讲稿，而应根据同学们的需要不断调整和改进，这是教师和学生互动的过程。所以，如果教学方式处理得好，既可以做到科研与教学的双赢，同时也可以做到师生的双赢。"

楼国锋是于歆杰的博士生，导师不断前进的脚步深深影响了他，"跟着于老师学到了很多，他永不停歇、永远创新的精神激励着我不断进步。"楼国锋说，"导师对我们要求很严格，但又十分谦逊和蔼，我们每周一次的组会他都会与我们细致交流，共同'讨论'科研进展而不是听取'汇报'，这让我们收获很大。"

班瑞也一直强调跟随于歆杰学习是自己的"幸运"："在科研方面，于老师给予我们充分的自由。我们想到好的'点子'，会特别想与导师分享，他总是热情鼓励我们并给予指导。于老师是我们的良师益友。"

"我是非常热爱教学的，喜欢和同学们在一起。"于歆杰说，"当你完全抓住了学生的思维，无论是线上还是线下，那一刻他们抬起头，视线正对着你，这种四目相视交流的快乐是难以言表的。当你经过充分准备，激情四射地完成讲授后，你在讲台上接受他们发自内心的称赞和鼓掌，在线上看到他们由衷的肯定，这种快乐不是金钱能够衡量的，也正是我在教学中获得的最大乐趣！"

专注教学，对每一位学生认真负责，是于歆杰教学的基本出发点。当然，他的目光还触及更深远的地方——如今，一场汲取在线教育精髓的混合式教学改革正在清华等高校酝酿发芽，慕课在倒逼传统课堂甚至传统大学教育发生变革，于歆杰正参与其中，以自己的实践为传统教学注入更多生机和活力。

记者　赵姝婧

2016年9月30日《新清华》刊发

岳光溪：在工程一线实践科学

岳光溪，清华大学热能工程系教授，中国工程院院士，我国循环流化床燃烧领域的领军人物。

煤炭埋藏在广袤的中国大地，煤炭燃烧的污染也遍及中国大地。在清华，有这样一支团队，他们数十年如一日，致力于清洁煤技术的研发与攻关，用自己的肩膀扛起了中国循环流化床技术的大旗。

团队的领头人叫岳光溪，一位20世纪40年代出生、有着丰富人生经历的智慧长者。在业内人士看来，岳光溪是国际著名的流化床燃烧工程实力派专家，但他却说，"我只是有一点科学常识的工程师，时刻谨记着站在中国这块土地上，就要说这块土地的话。"

一句话成为终身事业

我国是燃煤大国，一次能源将近70%来自煤炭，而这个局面在相当长的历史阶段无法根本改变。大量燃煤引发的粉尘和气体污染物（主要是二氧化硫和氮氧化物）会对社会环境造成严重影响，因而实现劣质煤燃烧利用和燃煤的污染控制便十分迫切，而循环流化床燃烧恰恰是解决这两个问题的重要出路。

循环流化床技术是洁净煤技术的一种，它把化工里的流态化技术转移到燃烧领域使用，这一技术的煤种适应性特别宽，各种劣质煤都能烧。更重要的是，这一技术在燃烧过程中的氮氧化物排放量非常低，并且可以通过在燃烧室中直接放入石灰石的方式脱去燃烧过程中产生的二氧化硫，与在锅炉后面加一个脱硫塔的湿法脱硫技术相比，相对简单，成本低，还起到了节水的作用。

在岳光溪看来，循环流化床技术对中国有着特别重要的意义，它不仅低成本地解决了燃烧过程中氮氧化物和硫的排放问题，同时可以解决采煤、洗煤过程中排放的固体废物——煤矸石堆积的问题，是符合中国国情的低成本污染控制技术，也与我国市场的长期需求十分相匹。

20世纪90年代初，始于80年代的循环流化床技术已经很快转化成产品，中国虽然也早就开始了这一技术的研究，但由于投入等多方面原因，发展得并不如国外快。当时，原芬兰奥斯龙公司的循环流化床技术比较先进，曾向中国出售了几台循环流化床锅炉，我国一直想引进他们的技术，却被奥斯龙公司一口回绝："我们只卖苹果不卖树。"

这句话，岳光溪记了一辈子。"我就不信我们种不出树来！"于是，岳光溪便开始带领团队埋头钻进了循环流化床技术的研究中。从"七五"到"十二五"，岳光溪始终没有离开过国家循环流化床燃烧攻关的第一线，这一干就是30余年。

漫长的攻坚之旅

"事实上，外国公司对技术进行严密封锁，是为了长期攫取高额利润，但它在中国的实际应用效果并不理想，存在一系列问题。然而这些问题在国外文献中也找不到答案，这就逼得我们不得不去探究技术背后的原理，在搞应用研究的同时进行基础理论的研究。"岳光溪说。

从原有的基本理念开始，到系统性的实验研究和理论探讨，岳光溪和他的团队几十年如一日，把全部精力扑在了发展适合中国煤种条件的循环流化床技术的研发上。最终功夫不负有心人，在2005年，团队针对循环床工程设计的需要，成功建立起一套由我国独创的循环床煤燃烧理论体系。该理论体系的主要创新点全面涵盖了气固两相流、燃烧、炉内传热和污染控制等方面，是国际循环流化床燃烧理论的重要进展，也为建立我国自己的循环流化床设计体系提供了理论支撑。

"国外的循环流化床燃烧设计理论基本上是经验性的，实际上从基础理论到设计方法，他们并没有完全掌握。"岳光溪说，"我们的这套理论体系是完全独立的循环流化床燃烧理论体系，研究清楚了循环流化床锅炉设计背后的道理，揭示了国外技术的缺陷和不适应中国条件的根本原因，使循环流化床锅炉设计从纯经验方式转向了理论指导方式。"

此外，岳光溪团队还在新的设计理论体系指导下，进行了第二代节能型循环流化床技术的研发，突破了循环流化床燃烧原有技术概念，形成了全新的低床压降节能型循环床概念。该项技术2009年在300MW循环流化床锅炉试验成功，厂用电为世界最低4.6%，年节电1000万度，并获得了2009年国家教育部科技进步一等奖、2011荣获国际循环流化床技术贡献奖。该技术被东方锅炉厂部分吸取，所设计运行的山西国锦煤电集团300MW亚临界循环流化床性能优势明显。同时2014年底，由我校研究开发的、具有自主知识产权的世界首台600MW超临界循环流化床锅炉示范工程也通过了中国电机工程学会和中国机械工业联合会联合组织的科技成果鉴定，引发国内外轰动。至今，节能型循环流化床投运已达到数百台，在国内中小热电市场取得了重要地位。

但对于岳光溪来说，这些还远远不够。

"我们中国人不能只在世界上卖裤衩背心，我们应当更多地卖技术产品。"

怀着这样的理想，2002年，岳光溪把他主持完成的循环流化床锅炉设计技术出口到了日本，这是中国循环流化床设计技术的第一次出口。近年来，法国、瑞士、英国、美国等国越来越多的公司找到岳光溪，希望与他的团队进行合作。岳光溪说，他的心愿算是达成了："走到今天，我们种出了自己的树，长出了自己的苹果。我们中国人的研究也可以走在世界前列了。"

产学研是工科的生命线

除了在循环流化床研究领域取得了丰硕成果，岳光溪和他的科研团队还一直在清洁煤领域寻求新的生长点——煤气化技术。该技术从产生最初的想法开始，5年内便推出了工业装置，于2006年初从实验室研究进入工业示范，2×500吨/天示范气化炉在山西成功投运，2007年底通过发改委验收鉴定，被评为世界先进水平，2009年获得了中国石油和化学工业协会科技进步一等奖。

"这项技术之所以能迅速从研究走向工程示范，关键就在于充分利用了20多年来积累下来的产学研结合的经验。"岳光溪表示。

在岳光溪的身后，除了课题组这个科研团队，还有一支超强助力团，那便是由全国许多大小企业组成的产学研队伍。正是在这支产学研团队的支持下，岳光溪的很多想法在经过实验室实验之后，才能迅速地走向工程开发。

"因为我们懂得工程师的语言，懂得企业的难处，所以企业信任我们，愿意和我们共同承担工程开发的风险。这是多年积累下来的经验，不是一天两天就能实现的。"多年的科研攻坚之旅让岳光溪深深地体会到，作为高校的研究人员，必须了解工程实际，否则就不会有工程感觉，不知道工程技术在使用中的问题何在。同时还要善于把问题带回学校进一步研究，运用自己的知识从更深的层次去看问题，掌握问题背后的实质。"在科研工作中，我们要学会尊重企业里的工人和技术人员，从他们身上充分吸收营养，把理论知识与工程实际结合起来，如此才能解决工程实际中的困难问题。"

岳光溪走到哪儿都会留下手机号，经常有一些认识或不认识的单位给他打电话，询问技术问题。他能解答的就马上给出答案，不能解答的就作为科研方向进行研究。"创新是一个长周期的过程，它是实践—理论—实践的反复循环、螺旋上升的过程。从工业实际问题抽取出本质问题，带回实验室进行相关理论与实验研究是应用研究的基本途径。"岳光溪强调，面向应用的科研要抓住市场的需求，找到能够长期做下去的研究领域，这样才能获得持久的支持，使研究者能够形成完整的认识过程，继而去创新。

目前，岳光溪的科研团队获得专利40余项，在循环床关键部件方面得到中国专利12项，含发明专利8项。此外，岳光溪团队与地方企业一直保持着良好的产学研合作传统，他们与太原锅炉集团有限公司和山西阳煤化工机械有限公司长达16年的合作使得两个企业成为山西省的明星企业，这也为山西省政府和清华共建清华大学山西清洁能源研究院起到了良好的推动作用。

虽然成绩赫赫，岳光溪却谦虚地说："我在循环流化床领域干了30多年，直到现在我才敢说，我基本搞懂了，我能做得比别人更好、和别人不一样了。人一生就只有这么一点时间，但需要做的事情却有很多。这个过程是非常不容易的，一定要克服浮躁心态，踏踏实实做事，才能一步步走出成果。"

令岳光溪倍感欣慰的是，如今课题组里的年轻人已经成长起来了，他的科研团队都有一个基本觉悟——为中国的工业发展作贡献，为企业与行业服务。"当达到一定业务水平以后再想干得更出色，不在乎你有多聪明，而在乎你的心胸。心胸有多大，事业就有多大。"对于自己，岳光溪坚定地说："洁净煤技术对我们国家非常重要，我也很喜欢干这个，所以还会在这个领域继续做下去。"

记者　曲田

2016年10月14日《新清华》刊发

点亮身边的读书"种子"

——记"北京市高等学校教学名师奖"获得者、清华大学历史系教授彭刚

彭刚,清华大学教授副校长,曾任人文学院副院长、副教务长、教务处处长。

清华大学历史系教授、人文学院副院长彭刚家中,珍藏着一张寄自美国加州优山美地国家公园的明信片——几位不同专业、不同年级的清华毕业生在一起旅行时,聊天中发现他们竟然都曾选修过彭刚的"西方文化名著导读"课,都还记得他讲的柏拉图、康德,"所以想到一起从这里给您寄张明信片,我们相信会让您很开心。"从明信片上不同笔迹的签名中,彭刚仿佛看到了一张张虽然很难记起却倍感亲切的年轻面庞,他真的很开心。

在清华从教20年,彭刚走上过不同类型的讲台、面对过无数各有特点的学生。投身教学改革,进入学校教学委员会,他心目中最神圣、最重要的事就是教书育人。谈起在清华遇到的那些"读书种子",他总有说不完的话。彭刚给予他们的不仅是心细如发的关心指点,更有从教学体系上为他们拓宽成才之路的不懈努力。

"通过教学和与学生的交流,得到他们的信任,甚至有幸对他们产生较长时间的正面影响,还是一件很让人愉快的事情。总有那么一些学生会让你觉得,为他们花力气,值了!"彭刚笑着说。

"老师天然的本能是看到好学生会很兴奋"

彭刚的办公桌上,摆着一本厚达69页的本科综合论文训练作品——《早期德勒兹的康德阐释:从先验想象力到理念》。说起它的作者,哲学系2012级本科生、2016级硕士生牛子牛,彭刚的钟爱之情溢于言表:"这真是个读书的好苗子!"而他的这位跨专业的"爱徒"、当年的天津高考"状元"也在文末郑重写道:"感谢历史系彭刚老师,从我进入清华大学学习之日起,就在做人与治学的诸多根本处和得力处对我教诲不倦。及至后来专

业方向上有了分野，间或向彭老师请益也始终能令我有最大的收获。"

早在牛子牛还在确定高考志愿时，彭刚就通过本科招生办的介绍见到了这个"好苗子"，并且从那天起就开始提醒他加强英文读写，"看出它的言外之意……看出一个研究者在哪里处理得举重若轻、哪里捉襟见肘。这是个笨办法，但是要提高学术英文的水平，也没有比这个更快的了。"大到读书治学的门道、师人所长的学问，细到如何根据受众范围和时长对报告内容"量体裁衣"，牛子牛的本科四年中始终贯穿着彭刚无微不至的教诲。彭刚曾经把一本购于美国二手书店、但品相如新的《以赛亚·伯林文集》借给牛子牛，一个暑假过去，牛子牛把书读完了，书脊上手捧处的金字却也快磨没了。爱书惜书的牛子牛揣度老师想必会很心疼，忙发短信致歉，彭刚却用简单的六个字打消了他的歉意："书是用来看的。"

牛子牛不是"个案"，对于在园子里遇到的"读书种子"，彭刚总会用妥帖的方式尽心化育。一位跨专业考到历史系的研究生资质很好，但一开始还掌握不好写作方法，彭刚就细细指点他，怎样拆分，怎样修改。学生感慨地说，本科四年交了无数次课程作业，从来没有人像彭老师这样跟他说清楚，到底应该怎么写。

每每于不经意间，这些"读书种子"们也会回馈给彭刚让他惊喜的礼物。近年来，经管学院在教学改革中大大加重了通识课程的分量，彭刚曾应经管学院院长钱颖一之邀，为该院连续开设了四年的"西方文明"课程。某学期最后一节课结束时，经管学院几位学生送给彭刚的礼物，是他们中间一位"学霸"整整一学期清晰完整的听课笔记。以这本笔记为基础，彭刚完成了一部原本不在写作计划内的著作——《西方思想史导论》，并于2015年由北京大学出版社出版。

2015年7月学校教学委员会第一次全体会议上，彭刚代表人文学院，就开办面向全校的中文、历史、哲学学科二学位项目向委员们作说明并接受审议表决。最终，文史哲二学位项目成为当时唯一获得全票通过的二学位项目。谈到开办这个项目的初衷，彭刚表示："基础的人文学科是一个学校的文化底蕴之所在，我们从来就知道，清华的学生中，会有相当一批不仅对文史哲有纯粹的兴趣，而且阅读能力和知识储备都相当强的学生，我们就是要给这样的学生一个机会。"结果不出所料，有个专业的老师就招生名额限制来找彭刚"诉苦"："还有几个同学非常优秀，不招实在太可惜了！"

"教师天然的本能，就是看到优秀的学生会很兴奋。"彭刚欣慰地说。

"一流大学应该为学生发展开拓更大的潜力和空间"

20世纪90年代初，彭刚从人文氛围浓厚的北大来到清华园，跟随何兆武先生读研究生，"那时候清华的文科和今天完全不可同日而语"。步入新百年的清华"人文日新"，而作为人文学院本科教学的重要基地，人文科学实验班10余年来也积累了不少成果、经验、特色和优势。但是通过长期的一线教学和与师生校友的深入交流，彭刚还是敏锐地发现了本科教学体系中的一些问题。

"我经常跟学生说，你们太不自由，也太'自由'了。"彭刚解释说，一方面本科生的学分负担很重，课程选择空间很小；另一方面有些课程通过相对容易，对学生的挑战性不够。这不仅是清华和人文学院的问题，也是中国不少高校中普遍存在的现象。"一流大学应该为学生的发展开拓更大的潜力和空间，提供深入的训练而并非完整的知识结构。真正上过几门'硬邦邦'的课，受过很好的训练以后，进入另一个领域就知道该怎么上手了。事实上，毕业生们评价最高的也正是那些训练量大、受益深的课程，真正尊重的还是那些对他要求严、水平高的老师。"彭刚的这个观点，在人文学院教师中得到了普遍认同，达成了共识。

2013年学校召开的第24次教学工作讨论会，明确了"价值塑造、能力培养、知识传授"三位一体的教育理念，提出优化专业核心课程和增强课程挑战度的要求，这与彭刚和人文学院教师们一直思考的问题不谋而合。所以当教务处找到人文学院，希望他们作为试点单位率先启动本科教学改革时，彭刚非常痛快地答应下来了。

从2013年开始，人文学院组织了一系列深入调研。在此基础上，作为主管教学的副院长和学院教学委员会主任，彭刚先后主持撰写了《清华大学与一流大学本科和研究生培养模式的比较分析》和《人文科学实验班培养模式改革构想》。经过各系、各学科教授会以及与学校教务处的反复讨论、不断完善，人文学院于2015年在全校率先制定完成新的本科培养方案并试点实施。改革方案通过精简专业课程、降低学分要求、增加选修空间，赋予学生专业选择和学习过程中更大的自由度，同时进一步明确了课程要求、增加了课程挑战度和训练量。改革方案实施一年多来，得到了师生们的广泛认可。

除了拟定改革方案的整体框架，一些细节之处也体现了彭刚的用心：对学校要求的13个学分的"文化素质"课程，限定人文学院学生的选课类别，鼓励他们跳出学科范围，更多了解自然科学、工程科学和社会科学的最新进展。为了帮助本科生在外语能力上得到更大提升，彭刚还与外文系协商，面向基础较好的人文实验班学生开放外语专业课程和双学位课程，同时鼓励专业课教师开展外语讲授或加强对学生外语阅读和表达能力的训练。

"我是清华教师，你们可以尽情'耽误'我的时间"

彭刚曾经在南门外的万圣书园偶遇一群清华新生，他们对彭刚说，要耽误他一点时间，调研一下实体书店的情况。彭刚回答说："我是清华教师，你们可以尽情地'耽误'我的时间。"彭刚带着他们看了好几个书架，一一向他们介绍，这是今年95岁的何兆武先生的著作，那是某位年轻教师生平第一本专著——几乎每一架上都有清华老师们的著作或者译作，其中很多都是各个领域中最值得重视的成果。几位同学感慨地说："听老师您这一说，我们对清华更有感情了。"

彭刚是一个很愿意在学生身上花时间的老师——不同的课堂，他会设计不同的教法；不同特点和进度的研究生，他绝不会叫到一起笼统地指导；而对活跃在他身边的"一大波"充满求知欲和各种疑问的本科生来说，彭老师就是他们最可信赖的师长、最有亲和力的忘年交。"课上知其严厉峻峭，课下知其慈祥可爱"是学生们对彭刚的评价。

"彭老师很少会明确告诉你答案，但他会让你觉得，不管你作出什么样的选择，他都会理解你的尝试——是包容的理解，而不是没有重量的一句'永远支持'。你可以跟他聊人生聊理想，同时也可以放心地聊自己荒唐的错误，甚至是聊失恋的感受。在他面前，放下心理包袱是很轻松的事情，他会俏皮、中肯地点评几句，然后说，这都是人生的经历。"中文系2016级研究生侯文晓说。

学生们乐于向心态开放的彭刚"传授"最新网络用语和表情包，甚至暗示要到彭刚家中"蹭饭"，彭刚则会亲自下厨。学校主页的"清华映像"栏目伴着"大学在于变化气质"的标题刊登鲜少曝光的彭刚照片时，学生们纷纷转发刷屏。毕业生们回国探亲，也都愿意来找彭刚聊聊天。

在彭刚看来，要实现"价值塑造、能力培养、知识传授"三位一体的教育理念，最重要的就是高水平教师的言传身教。朱邦芬、钱颖一……这些学科背景迥异却都对教书育人满怀热忱、对教学改革倾注巨大心血的老师，都是彭刚不断汲取思想资源和教学动力的源泉。"清华最可宝贵的一部分传统，就是始终有这么一批人在别人看不见的地方较劲、认真，完全不考虑任何人际因素地讨论并推动具体教学项目和改革措施。如果我们每隔一段时间，不断地能多那么两三门好课、多那么两三个最优秀的教师，他本身是最前沿的学者，又能够把教书和与学生交流看作最重要的事，这对学生的整个成长过程太重要了。"彭刚深有感触地说。

记者　程曦
2016年10月28日《新清华》刊发

史元春：教研路上永远年轻

史元春，清华大学计算机科学与技术系教授。

2016年3月2日，在纪念"三八"国际妇女节106周年暨首都妇女先进典型表彰大会上，计算机系史元春老师荣获2015年北京市"三八"红旗奖章，彰显了计算机系老师的杰出风范。

史元春是国内外知名的人机交互与普适计算学者。在清华大学计算机系获得学士、硕士、博士学位，1993年起留校任教。教研工作方面，史元春每年讲授4门本科和研究生课程，在高水平刊物和会议上发表百余篇学术论文，多篇获最佳论文奖。她主持完成的"普适计算基础软硬件关键技术与应用"研究成果获2015年度国家科技进步二等奖。目前，她还担任着全球创新学院（GIX学院）的中方院长。

万丈高楼平地起

在科研方面，史元春致力于人机交互的研究。人机交互是一个交叉性很强的领域，相比之前计算机研究更多的只是考虑机器本身。人机交互还需要更多地关注计算机与最上层的用户、也就是人的交互界面与接口。这就包含了更多主观和变化的因素，毕竟人的行为相对于计算机具有更大的随机性与独特性，并不是简单的通过计算模型验算就可以得出，还涉及诸如心理、生理等学科。

史元春目前在着力研究的Air Typing（空中文本输入）技术，即通过使用VR（虚拟现实眼镜）眼镜在空中盲打输入，就牵涉到捕捉手指习惯于打字的运动规律等因素。目前，经过练习的使用者已经可以使用Air Typing接近普通键盘的输入速度，可以预见这类的人机交互技术将给人们的生活带来很大的改变。

对于史元春来说，人机交互的研究是一个"万丈高楼平地起"的过程。1999年以前，国内鲜有人机交互方面的研究，清华大学也没有相关研究的实验室。她当时在对多媒体技术的研究中，接触到了人机交互这个领域，并体会到人机交互对计算技术的深刻影响。

凭借学者的观察和自信，她决定投身这个领域的研究。之后的研究过程十分艰辛，只能一切从零开始，一步一个脚印地从无到有地进行工作。从最初拼技术上的"形似"，到能体会人机交互研究的要旨，以致形成一套自己的分析、建模、验证方法，可以想见，在人机交互这个新的领域坚持下去而不放弃，史元春经历了探索者的重重艰辛困苦。

因此，在提到研究工作中遇到最大的困难时，史元春认为最大的困难莫过于"在新的领域坚持下去"。科研工作者的使命是探索与开拓前人未知的领域，能够在前人工作的基础上做出突破性的成果已属不易，而要在前人从未踏上的土地上辛勤耕耘，并最终结出丰硕的果实，就更加值得敬佩。

"有担当"的科研工作者

史元春所取得的成就远远超越了单纯的科技领域。2003年起，她开始担任清华大学计算机系人机交互与媒体集成研究所所长。在这个位置上，她以学者的执着力求使研究所学科方向具有高度的前瞻性，以诚恳合作的能力赢得同事们齐心协力。

在她的组织和带领下，人机交互与媒体集成研究所从计算机系人数最少、比较"偏"的研究方向，逐步成长为一支由两院院士、国家杰出青年科学基金获得者、优秀青年科学基金获得者等杰出人才和优秀青年教师组成的高水平团队，并且在2013年获得了"清华大学年度先进集体"称号，也是2015年获批的国家自然科学基金创新群体的主体。

史元春每年教授4门本科生与研究生课程，计算机系的几乎每一位学生都上过她开设的"计算机科学导论"课。在谈到对她的印象时，同学们的回答惊人的一致："爱笑""思路清晰""有亲和力"。而作为博士生导师，她指导的学生多次获得国际级学术会议的最佳论文奖。她总是说，一个教师，看到学生能够在学术方面取得成就，才是最大的成就。

除此之外，2013年，她开始承担对口支援青海大学的任务，在不减少清华大学本职工作任务的情况下，兼任青海大学计算机系系主任。她在三年时间里多方争取资源、带领青海大学的同事们建成了三个学科方向实验室，获得国家自然科学基金等多项科研项目，建立了教育部批准的计算机专业硕士点并已经开始招生，显著提高了青海大学计算机系的教学、科研和社会服务水平。2015年，根据清华大学国际化战略需要，史元春还被学校选派担任新创立的清华大学—华盛顿大学全球创新学院（GIX学院）的中方院长，许多开创性的工作仍然在紧张进行中。

作为一名科研工作者，史元春没有像大多数人想象的那样"两耳不闻窗外事"，只着眼于实验室内的研究工作，而是积极承担了多项服务工作，以学校、学术、社会为己任。她曾是中国计算机学会普适计算专业委员会的首任主任，并一连担任两届，也是现任人机交互专业委员会的副主任，为我国普适计算和人机交互的研究发展做出了大量开创性的工作。人机交互这一领域好比是在人和计算机之间架起一道沟通的桥梁，史元春的任务就是要让这座桥更平坦、更宽敞。为此，她不仅要对计算机领域有足够的了解，还要对桥的另一头——用户的领域有足够的了解。在教职、学者、服务等多重工作中，她善于与方方面面的人沟通和交流，不但能交流工作和学术成果，并且对他们的思想和生活也有很深的了解。这些工作不仅没有影响她在科研方面的工作，反而对她的研究大有裨益。

年轻人的热情，年轻人的心

从投身人机交互领域至今，史元春承担过许多的科研项目，她对这些研究都有一个共同的态度，那就是都抱以极大的热情和兴趣。比如十多年前进行的Peer-to-Peer（点对点）多媒体传输研究、最近的AR交互和触屏手表全键盘快速输入等。无论最后的产业价值或者带来的影响如何，她对每一项研究都投入了百分之百的热情，而热情恰恰是支撑一个人坚持的动力源泉，也许这就是她取得现在这样杰出成果的一个很重要的因素。因此，史元春还对即将工作或者投入科研的同学们提出三点要素："兴趣、研究能力、自己的心得"。只有具备了这三点要素，才能有动力和能力解决自己遇到的困难，做出属于自己的成绩。

史元春不仅具有年轻人的热情，还拥有一颗年轻的心。初见史元春老师，令人印象最深刻的便是她如午后阳光般的笑容——随和而温暖，那种从内心蔓延到外表的年轻朝气，使周围的人很难不被她感染。她是这样解释自己心态上的年轻与活泼的："我也是四字班，不过是1984年的。这么多年来，我基本没离开过学校，始终和学生在一起。不管是本科和研究生的教学工作，还是和实验室中这些小姑娘、小伙子们共同进行的科学研究，都能感受到他们的那份纯真和活力。正是与这些年轻人在一起，才使我保持如此年轻的心态。"

史元春积极的心态对于她平衡生活和工作之间的关系，以及解决生活中遇到的困难都起到了很大的作用。"困难都是有的，每个人，每个时期都会有各种各样的问题。但是碰到困难，要积极去面对，在家庭中尽到自己的责任；在科研中尽自己的努力，这才是应该做的。人生，不就是解决大大小小的各种困难嘛！"

史老师刚刚获批一项"十三五"国家重点专项计划中的前沿基础类研究项目，主持开展自然人机交互计算原理的研究，致力于探索使机器可以理解人类表达方式的能力。专业一点地说，是在研究面向人的性能的计算优化。看着史老师眼中自信的神采，我们期待她未来取得更丰硕的研究成果。

通讯员　王晨阳　李凌
清华新闻网2016年11月8日电

关肇邺：清华园里，将时光凝固成诗

几十年来主持设计并建成工程项目数十项，创造了一座又一座具有深厚文化内涵和历史价值的优秀建筑。代表性作品包括清华大学图书馆新馆（三期、四期）、清华大学理学院楼群、北京大学图书馆、清华大学医学院、清华大学主楼、西安欧亚学院图书馆等。

从19岁求学来到清华园，关肇邺在这里学习工作生活了将近70年。

70年光阴流转，清华园发生了翻天覆地的变化——在学校西侧，医学院大楼优雅现代，理学院楼群仿佛一双张开的臂膀厚重典雅；在中部，新建的图书馆（三期）红砖古朴与老馆和谐相拥；在学校东区，一体两翼式的主楼楼群忠实地记录着清华历史的印迹，大气磅礴地书写着百年清华的不凡气度……

关肇邺，清华大学建筑学院教授，中国工程院院士。

而它们，皆出自中国工程院院士、清华大学建筑学院教授关肇邺先生的手笔。

他像是一位懂得凝固时间的魔法师，将一生的长度幻化为清华园永恒的故事，为清华园，也为自己，沉淀着时光的优雅与从容。步入人生的夕阳，关肇邺并没有停下脚步，2016年，经由他主持设计的清华大学图书馆四期——图书馆北馆（李文正馆）于日前正式开馆。

李文正馆正门向北开，西侧特别设计的下沉庭院有着斜向45度角的门亭，与对面的明斋（杨廷宝先生建于20世纪30年代）入口相映成趣。红砖墙、坡屋顶的外观延续着前期的建筑风格，拱形门廊呼应着清华建筑的符号，南向大玻璃幕墙与图书馆三期（逸夫馆）相望对话。

这座新落成的图书馆北馆（李文正馆）让清华图书馆总馆集合了四个时期、跨越百年的历史沧桑，从20世纪初老馆的典雅沉静，到20世纪末逸夫馆的端秀谦和，再到21世纪初李文正馆的清丽俊雅……此刻，时光仿佛如此多余，觅一席静读，不知华灯几时初上，馆舍中书香穿行，一晃已是百年，情不自禁叹一声，书生真好！

清华图书馆的百年变迁

《新清华》：日前，清华图书馆北馆（李文正馆）正式开馆，您如何评价北馆的设计和建成效果？

关肇邺：清华园曾被美国《福布斯》杂志评选为全球最美的14所校园之一，上榜的一个重要理由是清华历史建筑和现代建筑的过渡非常和谐。图书馆三期（逸夫馆）、四期（李文正馆）设计建造时，我们也希望能与原有建筑以及周边环境达成和谐统一。

总的来说，图书馆四期虽然得到了大家的肯定，但不能说没有遗憾，还是有一些无奈的地方和不得已。比如三期到四期西侧的连接走廊，不能使三、四期建筑直接相对，稍微歪了一点，但是实在没办法，这就是一个遗憾。还有一个最明显的例子就是外墙。做医学院的时候，我们结合使用了贴面砖和黏土砖，色彩过渡比较自然，做出来的立面效果非常好。现在工程要求不能用黏土砖，只能用贴面砖，所以颜色比较单一，相对来说没那么生动。

《新清华》：特别注意到您为北馆设计了下沉式庭院，不像其他紧挨在路边的建筑那么富有侵略性，反而给人一种宁静安详的氛围，您当时设计的初衷是怎样的？

关肇邺：图书馆北馆并不是我在清华第一次尝试下沉式设计，我先做的是理学院楼群。做的时候，我希望那个地方是个优雅的，大家自发而不是被召集来开会的场所。在这里，师生可以演奏、举办各式活动或是集会，这在国外的校园很普遍。建成之后发现效果和预想的不一样，主要原因是教学区在东边，西区主要是搞理论和实验研究的，人的密度很小，最重要的是建成之后不久就开了西北门，很多车辆进出，和我想象中很安宁的环境不一样了。所以，做建筑设计要考虑很多动态的因素。

其间还有一个小插曲——当时一位清华校友发明了一种中国象棋的下法，他想利用这个下沉广场做一个大棋盘，人们戴着面具作为车马炮下棋，我听了觉得很新颖，但是并没有赞成。这样的想法如果在紫荆学生公寓区还可以考虑，但理学院终究还是一个学术区，引得很多人来围观"走棋"，就冲淡了学术氛围，违背了我们设计的初衷。

第二个下沉广场就是现在的图书馆北馆，做这个下沉广场是有充分理由的。在做图书馆三期时，我曾提出要做下沉式设计，但由于图书馆老馆有地下室，曾经很长一段时间都被浸泡在黄水里，那时北京地下水位也很高，工程处理方法不成熟，所以当时我提出做下沉时被坚决否定了。

现如今，地下室已经是建筑的必备组成。因为我们现在完全可以在技术上实现防水，另外还会在地下做一个蓄水池，如果出现积水可以随时用泵打出去，不影响使用，所以我们为北馆设计了两层地下室。而我最初的想法是把第一层地下室作为24小时图书馆，当图书馆大门关闭之后，同学们可以从小亭子下到地下一层通宵看书。但如果完全是地下室，就没有采光和通风，哪怕是窗井，视觉也显得很拘束。通过下沉式设计，让地下一层和地上采光完全一样，而庭院北侧马路对面便是明斋，杨廷宝先生的作品，在建筑上形成呼应的同时带来视觉上的审美享受。未来，地下室将是建筑的一个重要方向。

《新清华》：清华大学图书馆1919年初建至今，和清华大学一起走过了近百年的流光岁月。您当时主持设计图书馆三期的创作思路和过程是怎样的？有人评价清华图书馆三期是一碗好吃的阳春面，您怎么评价自己的作品？

关肇邺："阳春面"大概是好吃不贵的意思（笑）。

图书馆一期建于 1919 年，由美国人亨利·墨菲设计，包括一个书库、一个厅，还有阅览室。整体平面布局像一架小飞机。

到 1931 年，一期的规模已经不足以满足师生的需求，需要扩建，于是就建了图书馆二期，由杨廷宝先生设计。杨廷宝先生很巧妙地将一期的建筑"复制"了一个，最巧妙的是做了一个斜的连接体将一、二期连接在了一起。二期中间的轴线以 45 度环抱式呼应了大礼堂中心的轴线。大礼堂也是 1919 年建的，面积不大，但是比较高。图书馆一期和二期相隔了 12 年，设计做得非常好，使用的材料也非常讲究，用了很多意大利的大理石。二期建成后不久，抗日战争就开始了，日本人将清华园作为伤病医院，一二期图书馆是当时学校最好的房子，里面的书被撤走，日本人将图书馆作为病房使用。

抗战胜利后，我来到清华建筑系学习并留校任教，时隔 60 年，1983 年图书馆再次需要扩建，我便接受了这个任务，设计了图书馆三期（逸夫馆）。

"和谐"是要"和而不同"

《新清华》：您在设计图书馆三期时，又让它与前两期浑然一体。

关肇邺：这个思想在图书馆一、二期时已经形成了，特别是二期，杨廷宝先生在设计时把建筑做成环抱的感觉。既然他已经考虑到，我更应该考虑到。图书馆所在的区域，建筑主体应该是大礼堂，但现实是，我的三期面积要求做到 20000 平方米，一期和二期加起来是 7700 平方米，而大礼堂只有 1000 多平方米，怎样才能让一个 20000 平方米的建筑不压过大礼堂，也不抢一、二期的风头？我想到的是故意把建筑主体矮的部分放在前面，让建筑整体退在后面。整个三期看起来和一、二期一样，只有两层，但实际上是五层。这也是建筑设计的一个经验，虽然前面的建筑挡不住后面的高大建筑，但是在人的视觉感受上，不会有近距离的压迫感。

《新清华》：作为一名建筑设计师，您是如何看待个人风格的？

关肇邺：这可能和民族特点有关系。我刚上学的时候学马克思列宁主义思想，学集体主义精神，我们很容易接受。这是因为东方是农耕社会，种地吃粮食，而西方属游牧民族，逐水草而居，他们生活在马背上。西方最早的文明在希腊、埃及，既有农耕文明也有游牧文化，但后来相对受游牧文化影响更大，因此相比于东方，西方更欣赏健硕有力的身体，以人体的肌肉线条和力量为美，有英雄主义情结。而我们则不然。如果说文化也有"基因"，那么我们主流的文化基因就包括家庭观念很重，有集体观念等。这样的文化基因体现在建筑上，最典型的是四合院。四合院反映了中国的家族观念，四世同堂一起生活。而文化基因里也有"显性"和"隐性"之分。凡是理性的、合理的、显性的文化基因就会一直传下去，凡是感性的、容易被现实改变的、隐形的文化基因就容易发生改变。我所借用的"基因"一词，也许并不是很准确，但我想要表达的是，回顾中国传统文化的发展，其核心价值观在"和谐"二字。"和谐"反映到建筑设计上,就是建筑并不是独立存在的个体,而是要和周边其他建筑发生着关系,不仅要满足它的使用功能,还有很重要的一点就是能否带来审美感受。

《新清华》:您在设计图书馆三、四期的时候,与一、二期相比各方面外界环境和条件发生了巨大变化,如何实现这种"和而不同"的思想呢?您是如何看待习总书记提到的现在许多"奇奇怪怪"的建筑呢?

关肇邺:和谐不等于对早期建筑的简单模仿,新建筑也应该有自己的特点。孔子说和而不同,和谐但是不要一样,同而不和是小人,和而不同是君子。应该是在和谐之中有你我的特点,而这个特点是什么呢,是时代不同,所以一定要体现时代的精神。例如,图书馆一、二期都有拱窗,但过去了60年,到第三期时再做拱窗就太过时了,而且也不经济。那我们就在入口处做一个拱门,让它有一个和谐的呼应。而现代建筑一个很重要的特点是使用新材料,所以在屋顶做了一个亮顶。此外,在建筑与周边环境上,让三期"躲"在一、二期后面。你从二校门走进来,首先看到的还是大礼堂,而不是体量大得多的图书馆三期。到做四期时,干脆就让它的门朝向北边开。

现在很多建筑都强调自我表现,希望呈现出"你想不到的东西",因为年轻人都想要最新的东西。现在西方已经开始逐渐反对这样的潮流,回到我刚才说的文化基因问题。欧洲中世纪的建筑风格延续了上千年,虽然这和当时技术不发达,不能总是改来改去有关系,但我觉得里面有一个重要因素,就是文化基因的生命力。现在美国至今还在盖哥特式建筑作为国家教堂,他们的国会大厦、国会图书馆、最高法院、美术馆等等都是古典风格。贝聿铭做了一个新的美术馆,大家都认可。这可能跟贝聿铭是华裔有关,他到北京给出的主意就是保存中国特色,这个特色是广义的特色,比如"和谐"。

一条清华最美的路

《新清华》:我们知道,现在清华的校园里有很多您的作品,您能谈一谈对清华建筑规划设计的思路吗?

关肇邺:清华园里最美的路是由西校门走进来,在游泳池向北转,西面都是树,东侧先是小水再是大水,水是最灵活的,近春园的亭台在水中留下倒影,然后是气象台,而且这条路并不是一条笔直的路,是一条弯弯曲曲的路,这一点非常好,让环境充满了变化。再往北就是医学院和理学院,相似的清华建筑风格,但和老的又不完全一样。

我做医学院时也面临很大的挑战。清华古建筑群是国家级重点文物保护单位,医学院恰好就在这个区域,当时要求建筑高度不能高于12米,所以只能建到三层楼。而周边楼群也都是三层楼,缺少韵律感,于是我在转角处做了一个八角形的门厅,让它多一些变化。

清华园很美,一个重要原因是古代建筑和现代建筑分割得很清楚,没有互相干扰。在校园老校区,保留了中国古代皇家园林的风貌,工字厅和有垂花门的古月堂曾经是咸丰皇帝做王爷时的住处。

从西至东，走到学校中心位置，便是以礼堂为中心的四大建筑和周边陆续修建的建筑群，虽然过了百年，但是风格保持统一，既和谐又渐变。其中，有代表性的是1911年所建的仿文艺复兴券柱式大门的新校门，以及清华学堂等。现在并没有考证出清华学堂最早为何人所建，大概是法国人，因为建筑形式是法国文艺复兴后比较简朴的形式。

1914年后，美国设计师墨菲参与了校园的设计，扩建了清华学堂，另外修建了图书馆、科学馆、体育馆和大礼堂，这四座建筑被称为"清华学校四大建筑"。四大建筑均采用了当时美国流行的大学建筑风格，都为红色砖墙。

走到东区，学校主楼建筑群是我1956年开始主持设计的，主要是浅色调、仿苏联式建筑设计。

这样，从西到东，学校西区、中区、东区的建筑风格便有了非常截然不同的鲜明的时代特色，而且都被完整地保留了下来，这是清华园弥足珍贵之处。

《新清华》：您能为我们介绍一下美国这种红砖建筑风格吗？

关肇邺：美国这种红砖建筑风格又叫 Colonial Style，殖民地式，这和美国的移民历史有关，并无褒贬之义。清华建校园时是由美国人设计的，就延续了这种风格。美国后来还出现了现代派以及后现代派风格，到20世纪80年代改建华盛顿国家大教堂时又在复制哥特式风格。可见如果文化的基因是合理的，一定会延续很长时间。

中国古代建筑也处处体现了文化基因的延续性。一次，我带美国人参观故宫，他们问我为什么每座宫殿都有一个匾额，我告诉他们，因为每个房间都有自己的名字。在太和殿，他们问我这个房间叫什么名字，我用英文告诉他们 the Hall of Super Harmony。他们很惊讶，觉得一个房间的名字如此有哲学意味和深刻的内涵。因为在西方，名字都非常直白。比如在白宫，总统办公的地方叫椭圆形办公室，英文名就是 the Oval Office，此外还有蓝房（the Blue Room）、绿房（the Green Room）、红房（the Red Room）。

文化基因代代流传

《新清华》：您是如何看待中国传统文化的延续与割裂呢？

关肇邺：清华建筑学院的创始人是梁思成先生，当年我先考上燕京大学理学院，一次偶然的机会，聆听了清华大学梁思成教授的演讲，他那次讲的是中国古建筑的特点，其实这个跟我学的专业是离得很远的，可是我一听就很有兴趣，深深打动了我，后来我就转到了清华建筑系。

而梁思成的成就与品格也继承自他的父亲梁启超。据说，梁启超晚年左肾患了结核病到协和医院治疗，需要割除，结果医生匆忙之下判断失误，将健康的肾割去了。面对这样重大的医疗事故发生在自己身上，梁启超淡然地叮嘱身边的人不要宣传，他说我们正在引进西方医学，不要让人们因此而误解西方医学。这是多么高尚的人格！

可见，小到个人，大到国家，中国人的核心价值观，特别是显性"基因"会在一代代中国人的骨血里流传下去。

《新清华》：北京按规划要在通州建立副行政中心，很多人都想起了当年梁思成先生提出的"梁陈方案"。

关肇邺：这个一定会有人这么想，不过实际上"梁陈方案"解决不了北京现在的问题。"梁陈方案"是要把中央行政中心放在公主坟，公主坟在西三环和长安街交接处，离城中心很近，那时候没有想到北京会发展得这么大。但是梁先生他们的理念是对的，就是把古城保护起来，不要盖高楼，尽可能保持古城的外貌。当然也不是完全不动，而是不要把这么多的中央机构都搁在里面，那肯定会很乱。不过他们没有想到现在北京发展到2000万人，所以即使他们的思想是对的，可能也无法实现。

《新清华》：梁先生还提到过很多次城墙保护的问题。

关肇邺：城墙在当时是一个敏感的问题。其实最主要的原因是要修地铁，如果现在要修的话就没这个问题。现在有盾构技术，先钻一个洞，然后放一个火车进去，火车前头有一个很大的旋刀，可以把石头泥土全部旋开，还有一个传送带往后传。车往前走，同时带着很多管片，泥土被旋开后马上把管片搭起来，就避免了塌方。我们那时候知道盾构这个技术，但是没有设备，这在当时是一个比较先进、花钱很多的做法。所以，要修地铁，如果不做盾构，就得拆房子，把土全部挖开，地铁修好后再填回去，这种方法看起来很笨，但其实最省钱。而且，当时修地铁也出于一种战备思想，就是地铁要做得深一点才可以防止被炸弹命中。

拆城墙这个问题比较复杂，伦敦、巴黎、柏林都把城墙拆了，比咱们拆城墙早好几百年。那时候人们要建一个城市，把觉得碍事的都给拆了，保护古迹、文物的概念当时外国也没有。我们在当时是犯了一个很大的错误，因为后来西安的城墙就保存下来了，平遥也是，北京如果一定要保存也是可以的。"梁陈方案"有合理的一面，不过并不能做到想象中那么理想，因为北京太大了。所幸西安后来汲取了北京的教训，实现了梁先生的想法，城墙上是一个公园，上面可以看风景。

《新清华》：您87岁的时候把清华图书馆四期建成了，您接下来还有什么计划吗？

关肇邺：我在清华住了60多年，现在87岁。我对清华不仅熟悉，更充满了感情。

我还有很多愿望没有实现，比如清华学堂附近的建筑其实还可以进一步整理，有没有可能在清华学堂和新水利馆之间形成一个围合空间和下沉式的庭院，里面有水池，有倒影，在这样安静而古朴的环境里，打造一个比较安静的小的空间……

当然，我最终的愿望是希望清华变得越来越美好。

记者　高原

学生记者　周诗宇　郭雪岩

清华新闻网 2016 年 11 月 15 日电

薛其坤：投身中国科研的"黄金时代"

11年前，薛其坤在清华理科楼的实验室刚刚打好地基。加盟清华半年后，他被增选为中科院技术科学部年轻的"新科院士"。不过对清华园里的大多数人而言，这位个子不高、带着浓重沂蒙口音的中年人的名字还很陌生。

11年后，薛其坤和他的团队当之无愧地成为清华在基础科学领域的一张"名片"。因为他们的世界级研究成果，很多人试图去理解"量子反常霍尔效应"这个有点拗口的科学名词。

薛其坤，清华大学物理系教授，中国科学院院士，国际著名的实验物理学家。

当薛其坤还是一个蒙山少年的时候，他没有想过自己会成为科学家。

薛其坤庆幸自己遇上了中国科研的"黄金时代"。在这个时代，他可以接触并瞄准最前沿的科学问题，带领团队在最先进的仪器上精益求精地打磨实验技术，耐心而执著地筛选通往目标的最佳路径。

走过万重山，薛其坤质朴依旧："我想告诉年轻人的是，做好每个人在每个年龄段所对应的事情最重要。"

科学的魅力是"第一凝聚力"

《新清华》：11年前初来清华，您是怎样着手组建在清华的实验室的？

薛其坤：来清华工作是我的一个新起点，也是很关键的阶段。在此之前，我是作为年轻教授领导一个小的课题组，做一些当时有限的阅历下能维持正常科研的工作——可能是自己所在的领域发展中碰到的问题，也可能是国际上正在活跃的一些方向，如果有能力介入的话就会尝试去研究。

来到清华以后，我在年龄上相对比较成熟了，有了一定的阅历，对科学发展的情况也有了一定的把握。这时候首先考虑的问题，就是自己的重新定位和再思考——如何区别于以前的研究方向，在科研定位上瞄准更高的目标？围绕自己的长期规划和实验室的长期发展我作了很多思考，这是组建实验室的一个基础。

当时，中科院物理所的贾金锋老师跟随我来到清华——现在他在上海交通大学也组建了一个很好的团队，做出了国际上非常领先的工作；今天的清华物理系主任陈曦老师2006年也正好回国。有了他们的加入，团队不仅更加年轻，而且各有特长、相互补充。

《新清华》：您在清华搭建的第一台机器，结合了分子束外延（MBE）薄膜制备技术、能看到原子的扫描隧道显微镜（STM）以及能够对电子结构进行精确表征的ARPES（角分辨光电子能谱）三种技术，这是否是一项独创？

薛其坤：这三者的结合是我们的独创，不过这并不是什么很奇特、了不起的想法，因为这三种技术都已经出现了很长时间，其中MBE和STM的结合在我读博士的时候国内外也都有了。即使不在同一个空间内使用，大家也可以实现它们的结合。关键是首先要有非常强的实验能力，能够同时掌握和熟练应用这三种非常先进的技术；然后要能找到一个合适的体系，使它们的结合产生"1+1+1>3"的效应。在我们发现量子反常霍尔效应的工作之前，全世界意识到要把它们结合起来的团队不多；直到我们的工作出来后，大家才觉得这真是太重要了。所以，善于发掘并不新奇的实验技术的潜力，发现它更强大的功能，是能做出别人做不出来的东西、实现科学突破非常重要的一点。这需要一定的学术判断，也是我们的优势所在。

《新清华》：这些年来，实验室主要聚焦在哪些更高的科研目标上呢？

薛其坤：我们的实验室搭建完成两三年后，拓扑绝缘体这个领域开始在国际上兴起。拓扑绝缘体的研究，需要合适的实验工具和对前期相关研究领域的熟悉，这两方面我们都做好了准备，所以抓住机会介入了。

2008—2013年这四年多的时间里，我们在拓扑绝缘体这个新的领域持续钻研，不但做一些常规性的基础方面的研究，更多的就是瞄准这个领域最好、最高的科研目标之一——量子反常霍尔效应去"攻"。当然，在当时的情况下，我们既不知道这个理论预言是否正确，也不知道是否能在实验中实现。

无论在理论还是实验方面，我们对拓扑绝缘体的研究都不是最早的，为什么最后我们能做出这个领域实验方面最重要的工作，实现量子反常霍尔效应呢？我觉得很重要的原因是我们在实验技术上有一些很独特的地方。在材料的制备、控制，以及怎么用扫描隧道显微镜这只明亮的"眼睛"去深刻把握对材料的控制等方面，我们都做到了国际最好。这是我们实现量子反常霍尔效应的基础。

另一个我们专注的领域就是高温超导。自从1986年高温超导体被发现以来，全世界最优秀的凝聚态物理学家和实验物理学家几乎都曾涉足过这个领域，据统计先后有十多个诺贝尔物理学奖获得者都做过这一领域的研究。但是30年来高温超导体的物理机制问题一直没有被完美解决，甚至变得越来越不清楚，这可能是凝聚态物理学上的一个世纪性难题。2008年奥运会前后，我产生了把MBE技术用于发现全新的界面高温超导体系的新想法，并且很快作了相关部署。界面超导现在已经成为高温超导领域的一个全新研究热点，引领了国际学术研究方向。目前我们在这一领域的研究已经显示出很好的迹象，实际上如果像我们预期的一样顺利的话,将来有可能产生比量子反常霍尔效应更重要的成果,甚至有可能解决高温超导的机理问题。

这次未来科学大奖——物质科学奖对我的获奖评语是"利用分子束外延技术,在对奇特量子现象的研究中取得了突破性的发现"。对奇特量子现象的研究,指的就是我们首次发现量子反常霍尔效应,以及在钛酸锶衬底上的单层铁硒高温超导现象。这都是我在考虑较高、较大问题的框架下,结合自己的阅历找到的前沿研究方向。

《新清华》:对于研究方向的选择,您有怎样的心得?

薛其坤:作为科研工作者,应该考虑选择研究与自己所处的年龄段和发展阶段相适应的科学问题。无论博士、博士后还是年轻教师,他们都处在从事科研的初级阶段,可能经历、经验还都不够,很难做到对比较大的战略问题的把握。而如果把自己看成一个比较成熟的所谓"战略科学家"的话,就一定要在科学研究的整个战略布局上有非常深刻的思考,这是非常重要的。

在早期的科学研究中,年轻的科学天才可能靠一个简单的想法就造成了重大的科学突破,这种情况到了今天已经不太多见了,或者即便有也比较难实现。以量子力学为例,经过了80多年的发展,这个领域里剩下的要不就是"硬骨头"、科学难题,要不就是分化以后产生的非常具体的方向。科学难题光靠拍脑袋来解决不太现实,解决小问题对于推动科学发展又没有太大作用。在这个研究方向越来越细化、科学重大问题很多已经得到解决的时代,可能很多人会在"畏难"与"瞧不上"的两难中感到迷茫。在这种情况下要能判断出重要的科学问题,并且找到自己的新思路,这是作为一个优秀的学术工作者应该具有的特质。

《新清华》:您集合了一支不同年龄、不同背景甚至来自不同单位的优秀团队,在团队建设方面您有哪些体会?

薛其坤:首先,如果你选择的科学问题让大家都觉得重要并且感兴趣,大家就会自动团结到一起,形成一个有机合作的团队。在关键的"大事情"上合作会很有说服力。比如我们一起去食堂吃饭,我打菜,你打汤,这不感人;但是如果我们一起实现了一个重要的课题,那种感触会很不一样。所以,作为年长的教师和学术带头人,要有好的学术品位,选择有难度、有意思的课题来激发大家的兴趣和团队合作的动力与热情。这也是科学的魅力所在。

第二个原因可能更加重要,那就是作为一个科学家,不但要有非常好的科研能力和学术判断力,还要有非常好的科学人文精神、情商和亲和力,能用自己的所作所为感动大家,让大家愿意在一起愉快地合作,形成良好的氛围。作为一个年长的学术带头人,尤其要花很多精力来考虑如何保持这种良好的氛围,让大家朝着共同的目标一起使劲,形成互相帮助、互相促进的精神。

事实上,现在各行各业都很强调协同的重要性。不论进行科学研究、工程项目还是解决社会问题,只要一件事涉及不同方面的人力,团队协同都是非常重要的。

带研究生也是,同学们都需要毕业,都想成为文章第一作者,都想做容易上手又比较前沿的方向和项目。作为导师和学术带头人,要有足够的情商进行协调,要学会鼓励、培养年轻人的团队意识和合作精神，能够说服甚至感动他们。

《新清华》：在培养学生的团队精神方面，您有哪些具体的方法？

薛其坤：我给他们讲过我自己的两个学生的真实经历。第一个学生当年遇到了一个非常有意思的课题，用不长的时间独立发表了一篇非常好的文章，也很快毕业了。但是他没有经历过跟别人合作以及遇到困难、解决困难的锻炼，现在他的发展比较一般。

第二个学生的研究一直在走"弯路"，直到博士第6年、也就是延期一年多后才开始有结果，但是他所经历的锻炼和在这个过程中得到的训练，要远远多于第一个学生。他在博士后阶段的短短两年中显示出很强的解决问题的能力，而且因为他很善于向别人学习、与别人合作，很快就拿到了名校的教职。

这两个学生的经历实际上反映了我们培养研究生的过程中必须面对的一个基本问题——我们的目的到底是让他尽快顺利做出成果，还是培养他判断、解决问题和进行科学研究的基本能力？如果选择后者，那肯定需要一个过程。

所以我们就可以告诉学生，研究生阶段不仅仅是发表文章、取得成果，更重要的是培养做科研的能力。不要把研究过程中碰到的困难看作失败，恰恰相反，这些困难和不顺利，正是研究生成长过程中应有的经历和体验。最终成果如何很可能要看运气，重要的是学会科研方法。把这个道理说清楚了，学生就会从根本上理解科研训练和合作的重要性，从而化解他们之间竞争的矛盾。

我们跟学生讲团队合作的重要性，不能只靠简单的号召和劝说，而是要回到科学研究和做人的本质，让他从根本上理解团队合作的重要性，即使对个人发展来说也很有好处。如果采取错误的导向，谁发的文章多就表扬谁，肯定不会达到好的目的。

愿意创新求变就应该在中国

《新清华》：您年轻的时候对人生有过什么设想吗？

薛其坤：我的小学阶段是在"文革"期间度过的，1976年"文革"结束后才上初中，整个少年时代读书不多，也没有一个很明确的、我们现在所说的理想。我从上大学到考研究生、读博士、出国，基本上每个阶段都是根据自己有限的认识树立一个小目标，然后努力做得更好一点，这样就走到了今天。

我想告诉年轻人的是，做好每个人在每个年龄段所对应的事情最重要。如果是接受教育的学生，就扎扎实实按照学校提供的教育计划完成你的学业；走上了工作岗位，就要把自己的本职工作做好。个人的目标和理想，很多时候是在社会氛围的影响下自然形成的。如果没有特别明确的好目标，那就做好自己应该做的事，最终都会找到归属，找到并且实现自己的奋斗目标。

《新清华》：在您从事科研的道路上，哪些师长或同行对您的影响比较大？

薛其坤：第一位是我的研究生导师陆华。虽然在学术上他只是一个"引路人"，但他对我的帮助和教育让我深深体会到为人正直、诚恳的重要性，这对我后来的人生影响很大。

第二位就是我在日本东北大学的导师樱井利夫。在他的实验室里，我接受了实验技术方面严格甚至可以说是"粗暴"的训练，使我养成了严谨细致、精益求精的研究习惯。樱井利夫要求我们严格执行"7-11"工作制（早上7点到实验室，晚上11点离开），他对自己的要求更苛刻，一般6点就到实验室了，是"6-11"工作制。

另外，我和张首晟老师的合作对我的影响也很大。我们大概在十三四年前认识，当时张首晟老师已经是斯坦福大学的教授了，在华人物理学家中赫赫有名，我算是他的"粉丝"。我在物理所的时候跟张老师有过一定的合作，但是没有特别理想的结果。后来张老师希望在拓扑绝缘体的理论与实验合作研究方面有所发展，我们团队的能力正好非常适合，加上我们两个人的脾气和对科学的追求都非常相似，可以说是"情投意合"，彼此信任。这次关于量子反常霍尔效应的实验之所以能成功，我和张老师之间的前期交流和互相鼓励是很重要的因素。

与这些师长同行相处的经历让我体会到，做一个正直的、与人为善的人非常重要。如果你为人正直、善意，就会逐渐得到别人的认可，那么你在生活和科研工作中得到的往往都是鼓励和正能量，遇到困难也会有人来协助你。第二点，作为一个实验物理学家，要想用大家都有的实验仪器做出比别人更好的结果，就必须付出更多的时间精力，对自己的要求更加严格，不断追求极致，这样才能非常纯熟地掌握实验技术，并且开拓出别人看不到的功能。最后，科学的探索是无止境的，这个过程很难，一定要打开视野，通过与不同学科学者之间的交流，可能会了解到你远远想象不到的东西。

《新清华》：您在国外学习、工作过相当长的一段时间，在中国、在清华做科研的感受跟在国外有什么不同？

薛其坤：今天的中国高度重视基础研究，政府和民众对科学家给予厚望，国家投入很大，我觉得今天在中国做科研是处在一个黄金时代，比在国外更有动力，更有热情，也更有成就感。

我在国外做科研时，他们的实验条件、国际学术交流条件和生活条件都比咱们国家更先进、更便利，但是节奏相对慢。我感觉如果我在那边继续做下去，可能就是每天按部就班工作，周六周日出去享受人生的另一部分乐趣了。

人保持一种状态太久，就会容易懈怠；而如果处在一个变革的时代、一个发展的阶段，往往会觉得更有意思。这就是为什么很多人才愿意放弃在国外安逸舒适的生活和安定的研究氛围、良好的实验条件，愿意承受交通拥堵、环境污染和烦琐事务等方面的问题，回到中国来。

中国正处在迅速发展、不断创新的阶段，国家在呼唤人才，呼唤科学的突破。我们有各种各样的人才计划和奖励，有全国和各省市区的科技创新大会，对创新和从事科学研究的人来说，这是很好的催化剂和驱动力，是充满正能量的鞭策。我们可以看到，基础前沿科学已经成为中国发展的一支代表力量，这给了科学家们强大的动力。

在高等教育领域，国家正在加快推进"双一流"建设，像清华这样的学校正在全面深化综合改革、深入开展科研体制改革，创新求变的氛围非常浓郁，无形中激发我们每个人都要去努力工作。

作为一个拥有非常庞大人口的发展中国家，我们的发展还面临着很多问题。但是总体来说，目前我觉得没有一个国家像中国这样追求创新、追求进步、追求改善，没有一个国家像中国这样充满动力、挑战性和生动的变化，能够调动人的无穷潜力。在这种让人振奋的氛围里，只要有能力、够努力，就一定能够找到自己的位置。

清华学生要敢于挑战最难的问题

《新清华》：正好在量子反常霍尔效应的成果发表后不久，您就走上了学校的管理岗位。在科研和学校管理这两项都需要投入很大精力的工作中，您是如何平衡的呢？

薛其坤：这既是个问题，也不是个问题。为什么说不是个问题呢？从学校发展的角度来说，清华要建成世界一流的研究型大学，非常重视基础研究和人才培养，我自己在这些方面也有一些体会，如果能够在更大的范围、更高的层面上发挥作用，促进学校的发展，会是一项很有意义的工作。另一方面，我自己的科研团队中已经培养出了一些更年轻的学术带头人，我更多的是在把控方向上多投入精力，这也让我能够从具体细节中抽身出来，去做学校的管理工作。实际上，我在学校层面上接触到不同学科的研究，也可以促进对自己所在学科进一步的认识。

之所以说是个问题，因为节奏的确是更紧张了，必须最大程度地压缩休闲包括锻炼身体的时间。这种情况下对自己判断核心问题、抓重点的能力是个挑战，除了更加努力地工作，自己也要抓紧时间休息一会儿，这样才有足够的能力和精力去处理问题。第一年对我来说确实是个挑战，逐渐地就可以找到一个平衡点。要感谢我们学校有一个团结的领导班子，其他校领导会主动替我参加一些活动，他们对我的帮助很大。

《新清华》：现阶段您在科研和行政方面分别有怎样的目标？

薛其坤：科研方面首要的就是培养人才，我想利用自己在科研上形成的特色，培养更多优秀的年轻科学家和学术带头人。我希望对学生提出更高更严格的要求，让他们能够超过自己的老师，这样一代接一代，不断涌现出一批更优秀的科学家为国家服务、为人类作贡献，这是一个正向放大的过程。现阶段，在高温超导和热电材料等领域，我们希望能够解决几个目前科学界普遍想解决的问题。行政方面，我希望能在自己分管的科研领域帮助学校发展得更加顺利，完成学校的改革和发展目标。

《新清华》：说到科研体制改革，您觉得清华在科研体制机制方面可以朝什么方向努力？

薛其坤：随着网络世界的发展，信息交流更加便捷，整个国际学术界处于一个快速发展的阶段，创新的氛围也日渐浓厚。我觉得清华要想融入世界科研创新的大潮中，而不仅仅是在某个领域"一枝独秀"，就必须尽快建立一个行之有效的创新体系，营造激励创新的良好氛围，吸引最好的人才并且最大限度发挥他们的潜力。

我们的学生在校时间从四年到八九年不等，他们的主要任务是学习科学精神、科学态度和基本的科学技能，所以大学的科研创新主要还是要靠一流的教师队伍来完成。我们需要探索怎样为教师们创造一个流畅的运行机制，让他们在教学科研工作中能够不受干扰，全力以赴。当然，这个机制还需要根据国际学术界的发展情况和国际评估体系等进行调整。

《新清华》：您对有志从事科研的本科生有什么建议？

薛其坤：在高等学校里求学，首先一定要注重对科学精神的认识和对科学原则的学习。科学是人类了解自然和社会的重要活动，同学们可以通过参与科研的机会培养严谨细致、实事求是的科学态度和基本技能，也可以通过广泛听取人文讲座、学术沙龙来培养自己的综合素质，在不断学习的过程中培养自己的兴趣、找到自己的方向。

清华人才培养工作的定位，是要培养在同龄人中敢于挑战最难的自然和社会问题的一批人。尽管同学们学习知识的能力很强，但是发现知识、创造知识的能力还有待培养。

从事科学和其他很多事情一样，不仅需要必备的专业知识和技能，更需要多方面的文化素养。一个优秀的人才不能光有智商，还要有情商、领导力、宏观把握问题的能力等等，这些对同学们未来的科研工作都是非常重要的。希望同学们充分利用学校良好的学术氛围和文化环境，充分吸收各方面的营养，不要做"豆芽菜"，而要健康茁壮成长，让自己变成一个有丰富知识储备和文化底蕴的人。

另外还有两个小建议：一是一定要保持乐观，每天多想些开心的事，不要"钻牛角尖"；二是要有自己独立的想法和思辨，即使是老师的话也不要"照单全收"。

《新清华》：您会如何向年轻人描述您眼中的科学？

薛其坤：从某种角度上看，科学探索跟人生的经历很相似——当你产生一个概念的时候，实现的路径可以有很多。你要通过自己一系列的探索，逐渐把路径集中起来汇聚到一点。这个通过探索逐渐减少可选项数目的过程，实际上就是科研的过程——一次次证明"此路不通"，也就在通向正确的道路上一步步前进。

科研过程中你会面对不同的难题——有时候是选择题，有时候是判断题，有时候是归纳题；还有的时候什么提示也没有，需要你自己创造一条新的道路。其中会有很多模棱两可的关键节点，这就是锻炼你的学术眼光和分析判断能力的时候了。

记者　程曦

学生记者　纪彦康　林文镔　王大地

2016年12月16日《新清华》刊发

薛健：热爱的事业才不会觉得辛苦

薛健，清华大学经管学院会计系长聘副教授，国家优秀青年基金获得者。

2016年12月，被评为清华大学第六届本科生"清韵烛光——我最喜爱的教师"。

她是热爱教学的会计学引路人，亦是经管同学的良师益友。她就是被昵称为"薛女神"的经管学院的薛健。

求学之路：学业之外，还有一同排练的话剧和合唱

当年，薛健从家乡吉林保送至清华大学经济管理学院。在经管学院念了4年本科和2年硕士研究生后，去美国卡耐基梅隆大学攻读会计方向博士学位。回忆起当年在清华经管的时光，薛健的眼神中流露出不一样的光彩。

在经管本科期间，她曾先后担任过团支书、院团委组织组副组长和院学生会副主席。在学生会期间，薛健还和同伴们一起创建了令经管人引以为豪的传统——"冬情"学生节。薛健回忆：创办学生节的初衷是让大家在期末复习中缓解压力、展示自我。"第一届学生节比今天传统许多，主要就是歌舞、短剧。会计班众多女生带来的'模特秀'，曾轰动一时。"而薛健身为合唱队队员，曾组织全班同学编排"民歌联唱"，受到广泛好评。第二年，薛健所在班级还演了话剧《雷雨》，最后一年还表演了配乐诗朗诵。薛健参与创作的项目年年轰动，甚至成为当年的样板。

薛健不仅有文艺特长，开朗活跃的她在学术上也是个优等生。当年申请出国读研时，分别申请了会计和金融专业，拿到若干录取通知书，最终选择了卡耐基梅隆大学。

对于国外学习经历，她坦言，在美国第一年确实很不容易。"博士阶段的学习和本科打基础不一样，很多困难都必须要一个人去面对"。薛健"一一数落"起当年在大洋彼岸的辛苦，"读博士期间，越往后走越顺利，毕业时还拿到了以诺贝尔奖获得者赫伯特·西蒙（Herbert Simon）命名的博士论文奖（dissertation award），自己的名字也永久地贴刻在在学校墙上了"。"在美国的学术训练，对我职业发展有很大帮助。身处陌生的环境、使用不熟悉的语言，挺锻炼人的。"薛健这样总结自己的留学经历。

放不下的经管情："我回来报到啦"

博士毕业后,薛健先在香港科技大学作为助理教授工作了一年。忆及港科大,薛健深有感触:"整个学校像个美丽的大花园,每天早上一拉窗帘就可以看见海,特别开心。"但香港科大的美丽没能留住薛健,她心中一直牵挂着母校。"每年回来'感情丰富'的我都有不少感触,真的很有归属感。"

2006年,在经管学院院长钱颖一的感召下,薛健回到经管学院。"我回来报到啦!"这是薛健看到时任学院党委书记杨斌所说的第一句话。"不管走到哪,感觉自己对学院的发展还是很注重的,走到哪儿都想着清华会怎么样,学院会怎么样。听到清华和学院有了新发展,就会觉得很开心。"回忆起经管学院的成长和变迁,薛健总结了一句——在经管工作不是一个"简简单单的工作"(It's not a job)。"这份工作是有感情的,我会觉得它是我的一部分,我也是它的一部分。我愿意为此多努力一些、多付出一些,也愿意把工作融入自己的圈子中,把自己融入工作圈子中。"

教书育人:会计学的引路人

同学们大都在大二第一学期"会计学原理"课上认识薛健老师。"其实不了解会计学的人往往会对这门课有一些误解,觉得就是摁一摁计算器、算一算账。只有深入学习研究,才会懂得这门学问的重要性",作为会计学的"引路人",薛健深感责任重大。

尽管已经讲授多年,她依旧在每次课程前投入很多准备工作,不断尝试着改变与创新。从2014年秋季开始,为帮助同学尽快掌握会计学知识,课程改用中文讲授。"在国际化背景下用英文讲课是必要的,但用中文打好基础后再引入英文讲学,同学们就更容易接受。"薛健认为,"会计学原理作为一门基础课,重在让同学们理解会计学的趣味和益处。"会计学原理知识繁杂,她尽可能地加入实例,就是为了帮助同学们真正了解会计学的实际应用情况。

如何处理好教学与科研的关系,是每位老师都要面临的问题。薛健表示,在保证授课质量的同时,要尽力兼顾科研学术工作。对于发表论文的硬性要求,她一般都会提前完成,但偶尔也会缺少思路,"像大家一样赶在最后期限前完成"。

"做热爱的事业才不觉得辛苦"是薛健的最大工作感触。薛健的父亲是一名中学特级教师,每年都有考取名校的学生登门拜访。父亲的教师形象曾深深感染和鼓舞着她,如今薛健更是深有体会:"我觉得作为老师最幸福的就是,可以看到学生成长为更有才华、更优秀的人,在同学们成长过程中看见自己的身影,这也是我喜欢和学生在一起的原因。"

"当下的选择太多,更容易浮躁"。毕业多年后,当时排名最好的同学可能不再是最优秀的,曾经各方面都表现平平的同学可能已成就了一番事业。"选择一份和自己兴趣、能力相契合的职业当然幸运,但更重要的,是脚踏实地。"

学生记者 苏湘怡 范琪 王媛
清华新闻网2016年12月19日电

赵蓉：努力提升学生的格局和能力

赵蓉，清华大学外文系副教授，清华大学第六届本科生"清韵烛光——我最喜爱的教师"。

她是勤勤恳恳的党总支副书记，她是带给学生最前沿科研的教育者，她是同学们口中亲切的"赵麻麻"。她说，老师应该是培育学生成材的土壤。

投身教育：思考怎样才能让学生走得更远

当问起赵蓉为何会选择当老师，她的第一反应就是"兴趣"。她直言自己小时候的梦想是当一名医生，中学里学的也是理科，考大学时割舍不下对语言的热爱还是回到了人文专业，并逐渐找到了自己的志趣所在。当时，留在大学里工作在同学们看来多少有些"独辟蹊径"，但她却坚定地选择了这条道路："最开始的想法很朴素，觉得可以多做一些有趣的研究，多带几个好学生。"

南京大学毕业后，赵蓉加入了清华人的行列。她说："来到清华，觉得最幸运也是最满意的事，就是在这里可以做到不忘初心。"悄然之间，她已经走过了15年教学生涯，继续"无缝衔接"着每一天。

上午，她要处理各项事务性工作。中午，是宝贵的交流时间，她会和同事们交流讨论学术活动，她也会找同学聊聊生活情况和心理状态。这些同学中，既有她作为导师指导的学生，也有选上她的日语课的各院系同学。下午，一般会忙着上课、开会。晚上，才有时间沉下心来读书做科研。她却笑言，大学教师都是"自由的夜间工作者"，没时间看电视，也不需要额外的娱乐，因为"科研本身就自带娱乐功能"。

到底何为良师？赵蓉说，在不同的教学阶段，对于教师自身来说"良师"的内涵也不一样。刚刚成为一名教师时，认为一名好教师就是要把课上好、把学生教好。而随着时间推移，她不断思考：怎样才能让学生成为有担当的人才？要怎样围绕这个目标提升自身的教学水平？怎么把教学和国家社会发展结合起来？

如何选好课题、做好研究？赵蓉说："语言学研究最有趣的地方，并不在于语言的用法本身，而是透过语言来研究人的认知、世界和语言的关系。"她是东京大学尾上圭介教授眼中"最善于用创新的视点抓取研究课题"的中国青年语言学者。她指导学生"客观统计分析语言数据、全面而深刻地思考语言现象背后存在的思维方式、社会文化的异和同",要既科学又人文地做好语言研究,扎扎实实地从自己的专业角度读懂世界,由促进文化交融而促进世界和平。今年,她指导的硕士研究生尼倩倩在全国日本学论文大赛中获得语言组一等奖。

一谈到学生,她总是有很多话题。她说:如今我们国家正需提升文化软实力,外文系的学生一方面要有扎根中国、传承中华文明的自觉,另一方面要练就读懂世界、与国际对话的能力。我们要做的,是秉承东西融会、古今贯通、文理渗透的理念,从不同的维度对"人文"做出深层次思考,承担起"由阐述世界以叙述中国"的责任。在她看来,作为一名清华教师,只有真正把"更创新、更国际、更人文"的理念贯彻到学生培养中,才能在科学技术日新月异、全球化发展不断深入的今天,帮助学生飞得更高、走得更远。

学生工作:"细心呵护我们的学生"

赵蓉担任学生工作组组长已有四年了,她说,"学生组基本上要负担起学生学习以外的所有事情,迎新送往、班团活动,都要学生组负责。"在辅导员们看来,赵蓉给人最深刻的印象就是"全身心投入、很好地处理多种事务"。面对学生工作的各类问题,她认为最重要、也是最难应对的便是心理问题——"需要对学生细心观察,作出合理判断"。

除了担任学生工作组组长,赵蓉还是一名优秀的班主任。每年的迎新送往让她感慨良多:"送走毕业生的时候想起来他们军训时候的样子,觉得变化很大啊,有'铁打的营盘流水的兵'的感觉。"然而,还没有从离别中缓过来,新一届学生已经走进校园。在辞旧迎新中她深有感触:"老师应该是一块土壤,给学生提供良好的环境,让他们发现自己、发展自己、做更好的自己。"

赵蓉做班主任时,经常请学生到家里吃饭,红烧肉是她的拿手菜。饭后玩数青蛙游戏,出错的"惩罚"就是吃剩下的红烧肉。有一位张同学常常出错,以至于提出用背诗来代替。赵蓉注意到她总能背出冷门而动人的诗句。毕业季到来,这位张同学对未来颇为迷茫,赵蓉提起背古诗往事,建议她从自己的兴趣出发、做自己真正喜欢的事情,将她推荐给研究古典文学的老师。后来,这位同学果然写出了优秀毕业论文,顺利成了一名文学研究者。

"现在一提起我的名字,更多的人会想到做红烧肉的'赵麻麻'吧。"赵蓉笑着说,"第一次听到有同学这么叫的时候我一头雾水,最初不是很接受这个名字。大概也是在那个瞬间意识到了年龄差的存在,不过到后来觉得'赵麻麻'也挺可爱的。"

对于为什么会有这样一个称呼,她的学生、现已成为学生辅导员的郭心悦说:"赵老师是我们的班主任,我们和她关系很好,经常找她聊天。2015年的时候'麻麻'很流行,大概就是这个原因吧。"郭心悦说:"有一次,有个学生半夜被送到北医三院。赵蓉老师要照顾上幼儿园的孩子,但还是赶到医院陪护学生到后半夜。一声'赵麻麻'反映了她对学生的关心,这也是同学们的真情流露。"

真心总会有回报,赵蓉做班主任时筹办演讲比赛。学生们上来对她说:"没事,有我们在。"每当忆及这些温暖的时刻,赵蓉脸上总是洋溢着幸福的笑容。"就像做红烧肉一样"她说,"'用心'是做好教学和学生工作的关键词。我们希望能用心呵护同学们的四年大学生活。让他们知道,没事,有我们在。"

学生记者　杨继伟
清华新闻网2016年12月22日电

做科学秘境中的女探险家

——记第十三届"中国青年女科学家奖"获得者、清华物理系教授周树云

一张整洁的办公桌，一面写满符号和公式的黑板，两个装满专业书籍的大书柜，周树云的办公室似乎没有一丝多余的杂物。

采访当天，周树云刚从外地参加一个学术会议回来；采访前的半个小时，她刚刚跟学生讨论了下一次到国外做同步辐射光源的实验计划；采访结束后，她要匆匆赶去接孩子放学。科研、教学、家庭，这三项事务让周树云的每一天都过得忙碌而充实。

周树云，清华大学物理系长聘教授，2017获得第十三届"中国青年女科学家奖"。

2017年2月28日，周树云出席第十三届"中国青年女科学家奖"的颁奖典礼。对于此次获奖，周树云很淡然："我感谢同行们对我过去工作的认可，这个奖也是对我继续努力作出更好工作的一个鼓励。从某种意义上来说，'中国青年女科学家奖'让一些女性研究人员进入公众视野，对于提升学生的信心和推动女性在科学领域的发展具有积极作用。"

物理是我一生挚爱的事业

从高中时代起，周树云就对物理很感兴趣，并对力学、电学等看不见、摸不着却又与生活息息相关的东西有着强烈的好奇心；读大学时，毅然选择了物理系，师从朱邦芬院士，由此踏上科研求索之路；毕业后远渡重洋，成为加州大学伯克利分校的博士生；初有建树时，毅然决定回归母校建立研究小组，开始了对新型二维材料和异质结构的电子能谱的研究。15年来，在科研的道路上，周树云走得踏实且坚定。

谈及自己的研究领域，周树云微笑道："我是在跟朱邦芬老师做本科毕业设计的时候开始对凝聚态物理研究产生浓厚兴趣的。"凝聚态物理研究的是材料中的物理，与当今的信息技术发展密切相关。"现在计算机的发展进步得益于对硅半导体的应用开发，我们的研究就是希望能研制出更好的材料去推动信息技术的发展进步。新型二维材料在这方面具

有重大潜力,深入理解其中的基础物理将有助于找到性能更加优异的材料,使其在未来发挥巨大的应用潜力。"

做科研就像是在科学秘境中探险,必然会遇到挑战和挫折,也必定是漫长而艰辛的。"建立独立研究组的前几年是最困难的时候,从一个空白的实验室开始,带着一些年轻的博士生,从搭建仪器设备到带领他们做实验,刚开始的每一步都走得很艰难,但是这个过程也最能激发一个人的潜力。"周树云异常坚定,"无论遇到怎样的困难,我都从未想过放弃,物理学是我挚爱一生的事业和选择!"

"做科研是探索一个完全未知的领域,创新自然是艰难的,但只有这样才会有乐趣!"周树云回忆说,"我的一个学生在做石墨烯/氮化硼范德华异质结构的课题,努力了两年克服了重重困难,最后终于啃下了这块硬骨头,得到了很好的实验结果。我想当时那种喜悦是外人很难体会到的。"科研就是这样,过程曲折漫长,但其中不断出现的一些意外和惊喜会给你无尽的动力,推着你一步步向前探索追求。"做最前沿的研究不可能顺风顺水,挑战总是在所难免。对我而言,做科研很重要的一点就是要去享受探索未知领域的乐趣。"

学生成长道路上的良师和益友

美国加州伯克利是周树云待了十年的地方。获得博士学位之后,她成为美国劳伦兹伯克利国家实验室的同步辐射光源"先进光源"的博士后研究员和材料科学部的项目科学家。前途璀璨的她在2012年选择回归母校物理系做了一名老师。"清华的本科生很优秀,在国际上也备受认可。但是我们博士生的整体研究水准和学术声誉还有不少可以提升的空间。"周树云说,"国内科研的软硬件设施都在提高,如果有更多的人选择回到清华带领我们优秀的学生做科研,未来我们的研究水平一定会人人提高。我希望自己能为这件事做一点微小的贡献。"

周树云从回国后就开始带领博士生做科研,同时肩负着本科生的教学。谈到自己教的本科生课程"基础物理学原理与实验2"时,周树云说,"对于本科生来说,扎扎实实打好基础才能为未来开展科研做准备。清华的学生有很好的基础,但还要有更大的科研自主性。做好科研一是要有兴趣有动力,要真正想去探索一些事情;二是要勤于思考,勇于做别人没做过的事。本科生的培养重点就在于打好基础,让他们体验到做科研的乐趣,激发其做科研的兴趣;而博士生就是要鼓励其独立思考,培养其解决问题的能力。"

"虽然周老师对我们要求很严格,但是她对我们的学习生活特别关心。"周树云研究小组即将毕业的博士生王二印说,"周老师每周都和我们研究小组的同学有一次组会,也会单独和我们每个人交流。"很快就要毕业找博士后工作的他提起周老师时满满的都是感激。"周老师给我提供了很多有关未来方向选择的建议,给了我很多帮助和支持。"

在很多学生眼里,周树云就是朋友兼导师。在科研上给予指导,帮助他们改论文、申请奖学金和出国合作交流的机会,在生活上给予他们无微不至的关心与呵护。"周老师勤奋、有干劲,她很年轻也很优秀,跟着她做研究一定大有收获。"博士二年级学生张红云毫不掩饰她对周老师的敬佩。"周老师跟我们没有'代沟',她会记得我们每个人的项目进展情况,会关心我们生活的点滴、指导我们的学术,也会跟我们吃饭聊天八卦,像普通朋友一样。有一天深夜只有我一个人在实验室做实验,在我觉得很孤独、很害怕的时候,周老师推门进来。见我是一个人在这里便留下来陪我一起做实验。那时候觉得特别温暖,有她在,我就有了无穷的动力。"

"每天不到八点,周老师送完孩子上学后就已经来到系里开始了一天的工作。她对待科研和工作永远那么勤奋、敬业!"张红云说。

提到自己的博士生们,周老师很是自豪,"他们都很优秀、很努力,现在已经能开始独立开展一些科研项目。"对于学生们的喜爱和崇拜,周老师微笑着说,"我希望能拉近跟学生之间的距离,在开放自由的氛围下讨论学术、科研和生活。我也期待他们中的有些人可以做得比我们更好。只有不断超越,才能推动科研一步一步地向前进。"

女性做科研,没有不合适

"我其实很幸运,因为我的博士导师亚历山德拉·兰扎拉(Alessandra Lanzara)就是一名女教授。我在伯克利加州大学读博期间,她从零开始建立研究小组,取得优异的研究成果,同时她也建立了家庭、照顾好孩子,将工作和生活处理得井井有条。所以,女性适不适合从事科研从来都不是我考虑的问题。我只需要问自己喜不喜欢科研,能否从科研中得到一些乐趣和成就感。"周树云这样评价自己所从事的科研事业。而回国做教师,教本科生基础课程也有这方面的考虑。"物理系的女生很少,女教师更少。我希望女同学们在学习、生活上遇到困难时,我能给她们提供一个倾诉和解决问题的机会,想给她们正面的影响,告诉她们女生一样可以兼顾科研与家庭。"

"我觉得做科研享有很大的自由,你的视野、努力和毅力决定你想要达到的高度。"提到如何兼顾工作和家庭,周树云说,孩子小的时候,如何平衡工作和生活确实需要一些智慧。但人生是一场马拉松,每个阶段有不同的侧重点,我们需要做的是,遵从自己的内心,把主要精力放在最重要的事情上。即使在某个时刻我们不得不在某件事情上放慢脚步,只要能一直坚持努力,我们总会有足够的机会可以迎头赶上。

在周树云10个人的研究小组中,一共有两名女生。博二的女生张红云坦言,"很多人认为女生在科研后期会力不从心。所以我选择做科研其实深受周老师的影响。她常常跟我们分享她在科研、家庭、生活上的事情,用她自己的经历告诉我女生应该有事业,做科研的女性一样会有很好的家庭生活,要对自己有信心。周老师是我的榜样。我希望自己以后能与她一样,在科研的道路上找到自己奋斗的方向,坚定地走下去!"

对于未来的发展,周树云目标明晰:"二维材料和异质结构是我感兴趣的新兴前沿研究领域,还有很多我想要继续探索的奥秘,我希望能从中得到更多的乐趣和成就感。"

坚持梦想,永葆初心,在科学的秘境中,周树云一直步伐坚定、孜孜不倦地探索着属于自己的宝藏!

记者 徐静

清华新闻网2017年3月2日电

化作滴水汇江河

——追记我国水利水电工程专家、清华大学水利系教授谷兆祺

谷兆祺（1931—2016），清华大学水利系教授，我国水利水电工程专家。

他是一名最普通的教授，却为中国的水利水电事业作出了无可替代的贡献。

他从不与人争辩，只以学识服人。同行们渴望得到他的指点，却又有些敬畏他直指要害的见解。

他是老专家们最可信赖的"战友"，是中青年教师心目中的"大咖""男神"。

他把名利看得最淡。虽然在他身上没有太多耀眼的光环，但他对女儿说，自己这一辈子做了自己最喜欢做的事情。"那些钢筋混凝土结构摆在那里，证明我干了些什么就足够了。"

临走时，他为母校捐出了高达百万元的励学金，留下了86本记录重要工程资料的笔记，把遗体捐献给医学院用作研究。

终其一生，辛劳却愉悦，简朴却富足。

生命中的每一天应该怎样度过？秉持怎样的信念才能心安无悔？什么才是最宝贵的财富和快乐？清华大学水利系教授谷兆祺用他普通而不平凡的人生作出了自己的回答。

向祖国水利事业许下终身之约

选择从事水利水电事业，对谷兆祺来说，或许是一种偶然，抑或是一种必然。

谷兆祺的父亲谷镜汧是中国人自己创办的第一所高等医科学校——上海医学院（今复旦大学医学院）的创始人之一。抗战爆发后，谷镜汧携全家随校迁往昆明、重庆，并辗转应聘担任中正医学院、广西医学院、同济医学院等校病理教授。虽战乱流离但弦歌不辍，学堂不灭的灯火点亮了少年谷兆祺的心。

在重庆，治军治水并重、致力打造"塞上江南"的绥远省主席傅作义（新中国成立后任水利部部长）曾到南开中学作过有关水利工程的报告，这让谷兆祺对水利造福民生有了

初步的印象。

1946年，谷镜汧代理上海医学院院长职务，并组织该校师生员工分批迁回返沪。随父亲和家人沿嘉陵江东行时，谷兆祺目睹了纤夫拉纤的悲苦——纤夫们衣衫褴褛，弓身曲背，挽着粗粝的纤绳，步履沉重地向前行进。号子声、波涛声相互应和，宛如冬日里低沉的哀鸣，在谷兆祺耳边久久萦绕。15岁的谷兆祺由此立志："不能让他们再这么辛苦下去，我一定要学水利！"1948年，谷兆祺同时考取了清华大学土木系（水利专业）与上海交通大学电机系。当时内战尚未结束，南北交通极为不便，家人希望他留在上海读书。然而谷兆祺却坚持要去清华学水利，尽管这在当时看来是一个无比艰苦的行当。

谷兆祺的夫人陈方说："和那个时代的很多人一样，'国家兴亡，匹夫有责'是谷兆祺的毕生信念。"而水利，就是谷兆祺向祖国许下的终身之约。

在清华学习期间，谷兆祺和同学们自称"洪流"，共同创作了一首名为《洪流》的班歌，还曾一起出过一本叫《回首洪流》的集子。谷兆祺工作后常跟学生们谈起"洪流一代"的故事，他很自豪能为水利事业奋斗终生，教育学生们也要做热爱河流、心胸开阔的水利人。

1952年大学毕业后，谷兆祺一直在清华水利系任教，从事水利水电及岩土工程的教学、科研与生产工作，不仅桃李满天下，还先后参与密云水库工程、引滦入津工程、三峡工程、南水北调工程、黄河三门峡、万家寨、小浪底、二滩、龙滩、东风、新疆石门子等上百个大中型水利水电工程的设计、审查、评估及咨询工作（如果算上小型水利工程，则超过200个），此外还为京、冀、陕、甘、宁、新、藏、云、贵、川、晋、桂、蒙、鄂等省区的水利水电工程做了大量义务工作。

谷兆祺有个特殊的习惯——每到一个工地，就拣一块石头带回清华园。这些被天南海北的江河风雨冲刷过的石头，寄托着他一生的情结和追求。

"做工程就一定要肯吃苦，要多去工地"

八千里路云和月，六十余载江与河。谷兆祺一生奔走在万里江河之间，"真刀真枪"做水利。从1958年参加密云水库建设工程开始，一直到古稀之年，谷兆祺都坚持亲赴施工现场检查指导。爬大坝、钻隧洞、进电厂、攀闸门、睡帐篷、查阅资料、核算结构、取样实验、现场检测……攀上爬下是他的工作常态。他把全部心血都投入工程现场中，甚至将身体健康和生命安全置之度外。

密云水库建成后，清华水利系大队师生撤回学校，设计总工程师张光斗先生考虑到前两年在"大跃进"的情况下，有些设计或施工工作可能有不周到之处，因而嘱咐谷兆祺等几位师生继续留在工地，一方面完成所有的扫尾工程，一方面把已做的工程仔细核查一遍，凡有不妥之处，务必加以补救。

就这样，谷兆祺在密云水库工地一共驻守了6年。送走大部队后，他带领设代组（代表工程设计单位在施工现场的机构）仔细核查每一本计算书、每一张图纸、每一项观测记录，发现隐患10余处。这些加固修补的工作都很重要，若不做好，每一项都可能引发严重的后果。谷兆祺等人反复考虑各项加固方法，花了几年时间才把这些缺陷弥补好。在此后几十年的运行中，这些地方均没有发生任何问题，保证了"放在首都人民头上的一盆清水"（周恩来总理对密云水库的赞誉）安全送入千家万户。

这6年中，最让谷兆祺牵挂的是在疗养院养病的妻子和一双年幼的女儿。工作和家庭的重担压在他一人肩上，聚少离多，但他从未向妻子抱怨过自己的苦和累。三年困难时期，夫人陈方目睹谷兆祺回家后竟然一顿吃下80个饺子，从中大概可以揣想丈夫在工地的艰辛生活。感冒生病对谷兆祺来说是"家常便饭"，不值一提。直到1964年被查出肾炎，组织上安排他返校治疗，谷兆祺才不得不放下心头的坚持，与密云水库暂别。

张光斗的研究生、水利系教授彭守拙回忆说："每当谈到密云水库工程时，（张光斗先生）都会提到谷老师，张先生常常因谷老师常驻水库而无法照顾家庭子女，又难以找人代管而深感不安。"因为谷兆祺的能干、实干、足以独当一面，张光斗先生把他视为自己最得力的助手之一。

现场踏勘是谷兆祺最看重的环节，不管发生什么事也拦不住他。土木系教授王元清在水电部西北勘测设计院担任助理工程师时，曾多次跟随谷兆祺去青海拉西瓦水电站工地踏勘。那里河谷狭窄陡峻，施工中因岩崩等不止一次造成人员伤亡，但哪怕事故刚刚过去，谷兆祺都执意要亲自去现场。王元清回忆说："工地的探测洞大多都在三四百米的高处，每次都要顶着8公斤重的钢盔爬上去，谷老师每次都身先士卒，攀爬时我们追都追不上，钻洞时一下子就钻进去了，在现场非常认真地测试和指导。谷老师对我们说，我们做工程就一定要肯吃苦，要多去工地。"

2004年，已经有一次脑梗发作史的谷兆祺坚持远赴二滩水电站一线踏勘，跟年轻人一起钻隧洞、绘草图。在北京家中的陈方忽然接到谷兆祺打来的电话，让她到首都机场接他。谷兆祺平时出差从不让人接送，身为医生的陈方知道，丈夫一定是出现了严重的身体状况。"那是他第二次脑梗发作。去工地前他就觉得身体不舒服，一直坚持到在文件上签字时，大家才发现他已经拿不住笔了，赶紧把他送到当地医院作了紧急处理，再送上飞机。"回忆起当时的情形，陈方和小女儿谷丹心有余悸。

"活着干，死了算。"这句略带戏谑却质朴有力的"口头禅"，谷兆祺身体力行了一辈子。

"把学问做到大地上"的专家

谷兆祺是典型的"烂笔头"，在任何业务性的场合，他总是拿着笔记本随时作记录。不过谷兆祺的家人、同事还是没有想到，在整理谷兆祺的遗物时，发现他留下的工程笔记竟然有86本之多。他从风华正茂的1957年一直记到年逾古稀的2007年，直到2008年再发脑梗才不得不停下了手中的笔。这些笔记清晰记录了他去过的每一个工地和各项水利水电工程的详细参数，还有当场绘制的工程草图，字迹刚劲方正，绝无潦草之处。谷兆祺一笔一画把这些参数记在了本子上，也一点一滴把这些工程的每个细节记在了心里。从这个涵盖半个世纪间中国各大水利水电工程的手写"数据库"出发，谷兆祺构建了自己扎实而独到的专业体系。

或许得益于记笔记，谷兆祺对数字的记忆力超乎寻常。"若论记得多，记得准，水利系几乎无出其右者。"清华大学水利系教授马吉明说，"谷先生工程经验丰富，常能迅速洞悉问题的本质，这与他记住了国内外很多工程的参数有密切关系"。最让马吉明叹服的，是谷兆祺基于丰富经验练就的敏锐洞察力和快速决断力："在简单浏览了设计图之后，谷先生能很快指出压力隧洞覆盖层厚度是否满足要求、洞线规划是否合理；对于一个水电站，他可以快速估算出各部分的尺寸、规模与造价。"

"文革"后清华水利系首届水工专业的毕业生，曾经担任贵州东风水电站地下厂房设计总工程师的曹普发，回忆谷兆祺曾在水电站实习工地上说过一段使他们终身受益的话："作为一个合格的工程师，三秒钟要对观察的对象有个数字反应，三分钟要有个较准确的数量概念，三小时后要拿出精确的数据结果！"曾任国际岩石力学学会中国国家小组秘书长的清华大学水利系教授李仲奎钦佩地说："（谷老师）是这样说的，也是这样做的，而且做到了极致。在水电工程领域中，从宏观的规划设计，到具体的结构计算分析，甚至到绘图、写字、描图，都达到了理念创新、技术精湛、追求卓越的境界。"

"学识特别渊博，工程经验丰富"，是国务院三峡工程质量检查专家组成员、清华大学水利系教授王光纶对谷兆祺的评价。王光纶清楚地记得，第九届全国政协副主席、曾长期担任水利部部长的钱正英在向时任国务院副总理温家宝汇报中国工程院西北水资源咨询项目时，尽管业界专家院士云集，但钱正英最终只挑选了两位汇报人——一位是国务院三峡工程质量检查专家组组长、南水北调工程建设委员会专家委员会主任潘家铮院士，介绍全国水资源总体情况；另一位就是清华大学水利系教授谷兆祺，专题汇报对社会上关于"大西线"调水建议的讨论。谷兆祺用建筑高度和体量打比方，形象地对比了三峡工程与"大西线"的工程难度。听完汇报后，温家宝特意感谢了谷兆祺的讲解，称赞他这么一讲，过去有些不太清楚的事情一下子就清楚了。

九三学社中央委员、清华大学水利系教授周建军回忆说，谷兆祺也许并不认识和记得他这个晚辈，但是每次因为工程问题请教谷兆祺时，老先生都会认认真真地做计算，亲手写下非常仔细的意见和建议。周建军感慨地说："我们没有一点私交，但是我们做的都是有关国计民生的事，所以他非常在意、上心。我觉得谷老师是少有的能把复杂问题尽量用简单的方式表达出来、并且很好地化作工程实际的人。谷老师是地地道道的水利工程师，一生以建坝为事业，但他也是中国最早认识到生态环境重要性的水利学者之一，他是实实在在地'把学问做到了大地上'。"

享誉世界的 Professor Gu

谷兆祺不仅走遍了祖国的江河湖海，还在改革开放后多次走出国门，带回国外先进的水电工程经验，为亚洲多个国家的水利项目作出了重要贡献。

1984—1985 年，谷兆祺到挪威科技大学研修访问。山国挪威拥有先进的水电科技，全国 99% 以上的电量由水电站产生，而 85% 以上的水电容量存于高水头的地下电站中，可以称得上是"地下水力发电系统的博物馆"。在挪威期间，谷兆祺抓住一切机会跑遍了大大小小的水电工程现场，详细考察挪威水电发展的方方面面。在一年多的时间里，谷兆祺与当时在挪威进修的李新新、郭军合作编写了《挪威水电工程经验介绍》一书，系统总结了挪威水电发展所采用的新技术，具有很高的参考价值。不衬砌压力隧道、气垫式调压室、岩锚吊车梁……这些谷兆祺大力推荐的挪威新技术后来在中国都得到了应用，岩锚吊车梁的应用尤其广泛而普遍。谷兆祺不仅是传播西方水电新技术的"盗火者"，他在岩锚吊车梁的设计理论方面也作出了创造性的贡献。

这本书从编写、审核到最终出版，涉及很多单位和人员，工作量巨大。谷兆祺白天实地调研、记录素材，晚上查阅资料、梳理所见所闻，常常挑灯工作到深夜，第二天又迎着晨曦出门。得知这本书的主题后，有老师曾经提醒他把调研到的技术经验同时写成学术论文发表，为评教授作准备。谷兆祺却干脆地说："我没有时间再去做论文了。评职称只是我个人的事，写这本书对国家更有用。"本着为国家的水利水电事业带回宝贵经验的初衷，谷兆祺呕心沥血完成了这部"引进、吸收、再创新"的著作。目睹了整个成书过程的教研组同事彭守拙既惊叹于谷兆祺的工作效率、组织能力和广泛的人际关系，也深深体会到他的学术思想是"以工程的设计和实践为中心，总结经验，推广有利于国民经济的新型结构"。至于个人利益的得失，则完全不在谷兆祺的考虑范围内。

挪威的水电技术有很多值得借鉴的地方，然而谷兆祺在学习过程中一直不卑不亢，对祖国的热爱与自信更是有增无减。他在挪威科技大学研修访问期间，还专门为相关院系的师生作了一场关于中国水电事业发展成就的报告。谷兆祺的报告深深震动了以水电为傲的挪威人——原来中国在水电方面也有如此不俗的成就！因为这场报告，也因为谷兆祺为中挪两国水电事业交流作出的不懈努力，挪威水电系统中有很多人对"谷教授"（Professor Gu）和他身后蓬勃发展的中国水电事业留下了深刻印象。

从挪威回国后，谷兆祺积极筹办了中挪水电技术研讨班，邀请挪威专家来清华讲课，国内很多设计院所都派代表参加学习，不少总工、总设计师因之受惠。得益于谷兆祺打下的良好基础，清华水利系至今仍与挪威科技大学、挪威工业研究院保持着密切的合作关系。挪威科技大学的教授还曾专门派研究生到谷兆祺门下进修，到中国水电工程工地实习。

挪威为总结本国水电发展的经验，曾出版了一套多达17本的系列丛书，内容涵盖规划、水工结构、水电站、地下工程、水文学、水力学、施工组织、环保等诸多方面。鉴于此套丛书对国内水电发展具有重要参考价值，退休后的谷兆祺组织相关专家翻译了全套丛书，并亲力亲为，笔耕不辍。书籍最终以《挪威水电发展》的中文名称出版。2010年上海世博会期间，挪方在挪威馆内隆重举行了丛书发行仪式（此前在清华水利系也举行了发行仪式），并把这套书作为礼物送给有关代表。

在亚洲，谷兆祺先后参加过尼泊尔库勒卡尼电站、伊朗卡尔赫大型水利枢纽项目、德黑兰Lavarak-Sohanak引水工程、泰国宋卡供水工程、马来西亚里瓦古电站、柬埔寨供水工程、印尼杜迈输水工程等各国水利工程的设计和咨询，常常能在短时间内高水平完成任务，得到外国同行的极高评价。

"不管去到哪个国家，谷兆祺总是说，比不上中国的大好河山，他是真的深爱我们这个国家并为之骄傲。"夫人陈方说。

"革命人永远是年轻"

1993年，谷兆祺退休了。然而他心中始终牢记老校长蒋南翔"争取至少为祖国健康地工作五十年"的教导，他放不下那么多学生、那么多工程、那么多祖国的山山水水。直到耄耋之年，谷兆祺依然满头黑发，他喜欢唱《革命人永远是年轻》，干起活来常常忘了自己的年纪。1993—2008年这15年间，谷兆祺保持着平均每月出差一次的频率，坚持奋战在工程第一线，直到病重卧床，无法再亲临现场。退休后，谷兆祺接手的第一件大事就是密云水库的全面安全检查。曾经参加密云水库设计、建造、维护全过程的他，在1994年密云水库迎来历史最高水位的紧要关头，义不容辞地挑起了守护水库的重担。

密云水库工程项目众多，包括潮河、白河两大枢纽，7座主副坝、7条隧洞、3大溢洪道、电站及各种闸门等，技术涉及结构、土力学、水力学、水文、地质、水环境等水利系的所有专业，情况极其复杂。为了做好这次全面安检，谷兆祺召集了30余位老教师，带领数十位研究生和本科毕业班学生奔赴密云水库。"爬大坝，钻隧洞，进电厂，攀闸门，查阅资料，核算结构，取样实验，现场检测……无论严寒酷暑，谷兆祺都亲赴现场检查和指导。"在他的带领和感召下，这些各自领域的老专家义无反顾地表示："你说做什么，我们就做什么。"数九寒冬，谷兆祺的嘴唇冻紫了，手冻僵了，还是精神抖擞地带领师生，穿着水靴，钻进隧洞一一检查。这感人至深的场景深深印在水利系教师才君眉的脑海里，也烙印在年轻后辈的心里。经过一年半的苦干，师生们对水库进行了全面彻底的检查，编写出70余份专题报告。年事已高的张光斗先生也一直关注和指导安检工作，经常听取谷兆祺的汇报，亲自审查、修改每一份报告。这项成果为水库加固与改建提供了详尽的依据，对首都的防洪安全及供水安全作出了重要贡献。

随着时间的推移，参加密云水库工程建设的老教师们逐渐力不从心。为了做好交接工作，2005年后，谷兆祺陆续为水库管理处安排讲座，向年轻一代的技术员、工程师们全面讲解水库工程的设计、建造、加固、抗震以及安检情况。最集中的一次组织了各专业10余位老教师，进行了历时一周的讲座。对于这次"交底"，老教师们非常重视，纷纷翻出自己多年积累的笔记，认真备课。水库管理处也非常重视，全程做了录音。就这样，谷兆祺为守护密云水库作出了最后的努力，留下了宝贵的技术遗产和精神遗产。

1997—2000年，谷兆祺担任清华水利系承担的新疆昌吉州玛纳斯县石门子水库设计总承包项目的副总工程师。石门子水库工程位于高震高寒地区，基础岩石为较软弱的砾岩，施工条件和生活条件十分艰苦。年近七旬的谷兆祺却经常在最艰苦的时间段，出现在工地上最危险的地方。每次到工地，谷兆祺首先一定会去引水发电隧洞的"掌子面"，亲自查勘是否有地质缺陷和不良构造，对围岩的支护方案提出建议。"为了工程安全，他真是可以将生死置之度外。"当时在石门子水库工地担任清华设代组组长的李仲奎感动地说。

"莫道桑榆晚，为霞尚满天。"退休后的谷兆祺，时刻牵挂着他的水库、电站。他参加了三峡工程、溪洛渡工程、向家坝工程的设计和质检工作；帮助成都勘测设计研究院，四川省水利水电勘测设计研究院，华能集团康定公司、涪江公司等设计环保型水电站，并组织了一支经验丰富的队伍参加南水北调，研究大西北调水、雅鲁藏布江开发以及三门峡第三次改建等重大课题，帮助解决黄河、三门峡水库的泥沙淤积问题。10 多年间，谷兆祺为我国许多大中型水电建设项目做了上百项科研课题，总经费达 1800 余万元；为各项工程提供了上百份的报告，解决了许多"疑难杂症"。

为了把多年积累下来的成功经验和教训及时传承给年轻一代，谷兆祺组织一些有经验的离退休教师共同撰写了《水利水电工程经验及案例分析》一书，以及相关的 100 多篇文章，系统总结了清华水利系 50 多年在科研、设计、生产方面的知识积累。直到病重前夕，谷兆祺一直在为国家的水利事业贡献全部的光和热。"爸爸的记忆是有选择性的，到晚年很多事都不记得了，但是关于水利的记忆从不含糊。像密云水库的库容量、历年降水量这些数据，他一直都记得清清楚楚。"谷兆祺的小女儿、北京四中特级教师谷丹说。

奉献了一切的人生"如愿以偿"

2016 年 7 月，病榻上的谷兆祺委托夫人陈方来到清华校友总会，捐赠多年积蓄 80 万元，设立"清华校友—谷兆祺励学基金"，资助经济困难、学习勤奋的学生完成学业，成材报国。直到身后，按照他的遗愿，家人又把他最后一个月的退休工资和近 20 万元丧葬费悉数捐入励学基金。

走到人生边上，谷兆祺选择了一切都"不留"。

他和孩子们的家庭再普通不过，但家人们觉得他的决定也再正常不过——谷兆祺一生从未大富大贵，却总是无比慷慨。只要遇到需要帮助的人、可以促成的事，他就会毫不犹豫地解囊相赠、倾囊以授。

谷兆祺最关心教育。20 世纪 90 年代初，他经常利用出差间隙，到附近的农村小学看望学生。看到孩子们在简易搭建的教室里，顶着风、淋着雨坐在地上听课的情形，谷兆祺心中很不是滋味。当时正值清华 1946、1947、1948 三届校友发起"希望工程"建设的募捐活动，计划在河北易县建一所希望小学。谷兆祺一次性捐出了 2000 元，这是他好几个月的工资。在学校的落成典礼上，谷兆祺郑重承诺："我会尽我所能帮助学校发展。如果我不在了，就由我的女儿继续来做这件事。"从 1998 年到 2008 年，谷兆祺坚持每学期向易县希望小学捐款，从未间断。

1997 年，谷兆祺在电视上看到一部讲述贫困山区代课教师清贫奉献故事的纪录片，当即按照片中提供的地址给教师们汇款并建立联系，长期向他们提供资助。

其中一位优秀教师因住处离学校很远，又正处于哺乳期，条件艰难到一度想要放弃工作，谷兆祺又及时出资为她购买了一辆汽车，解决了她的后顾之忧。当这名教师得知谷兆祺自己并没有车，每天都骑自行车上下班时，流下了感动的热泪。谷兆祺说："我不图任何回报，只希望她能继续为山区教育作贡献，因为孩子们需要好的教育。"

对他接触到的贫困学生，谷兆祺几乎是"有求必应"——资助他们的学业，关心他们的生活成长，维修配置好系里换下来的二手计算机送给他们，并把当地教师接到清华培训……他像一枚温暖悠长的火种，拨亮贫困山区的红烛，用教育的力量改变了数十位贫寒孩子的命运。

在易县清华希望小学、阜平县同心希望小学，谷兆祺这个名字已经成为一条纽带，将关爱和善意源源不断地传递下去。在谷兆祺的带动下，他的家人和学生们也参与到扶贫助学活动中。有的学生义务为希望小学讲课、为教师作培训；有的已在美国生活工作多年，仍然坚持每年资助希望小学的贫困生。

在亲人、同事、学生和所有得到过他帮助的人的记忆里，来自谷兆祺的那份关爱和温度永远那么自然、及时，甚至无须言语……

年轻同事放假回家探亲，谷兆祺会送上一包特意购买的点心；学生去外地实习，带的现金不多，他二话不说就把自己刚刚领到的工资信封递了出去；考研的外地学生因为关系没办好无处落脚，谷兆祺不仅提供生活费，还帮忙租房子，直到第二年学生顺利入学。

谷兆祺曾经在回京的火车上偶遇一位探亲的军属。老太太专门从外地赶来，只为看一眼在驻地当兵的儿子，儿子却因出差不能来接她。谷兆祺就把老人接到自己家中住了几天，和夫人陈方一起带着她去天安门、颐和园，尽力弥补她没能见到儿子的遗憾，最后买票把老太太送回了家。

第一次脑梗发作住进北医三院，得知同病房的患者经济拮据，谷兆祺嘱咐自己的研究生代他把治病钱送到了病友家人手中。

每到冬天，清华工会俱乐部旁冰封的荷塘都会成为大人小孩嬉戏溜冰的乐园。几乎没有人知道，是谷兆祺和其他几位教授出资雇人每天泼水、扫地，维持冰面的厚度和清洁。

这样的故事还有很多，很多。

谷兆祺的逻辑很简单：他只是觉得自己并没有更多的需要，觉得自己有能力去帮助别人，所以就这么去做了。

女儿们支持他把积蓄悉数捐出的逻辑也很简单："妈妈自己有退休工资，加上我们的供养，后半辈子衣食无忧，就行了。"

谷兆祺的父亲当年未能实现的捐献遗体用于医学研究的心愿，在近半个世纪后由谷兆祺实现了。女儿们说，她们将来很可能也会像父亲一样。

与谷兆祺携手走过七十载风雨的陈方最懂他的性格："谷兆祺一生热爱祖国，所想的就是尽最大能力做好工作，做一个有益于人民的人。最终，他如愿以偿。"

如愿以偿的谷兆祺走得平静、安然。

同事和学生们去家中为他送行，映入眼帘的是老旧的家具和起皮的木地板。就连摆放鲜花和遗像的桌子，都已经非常破旧了。

他们怀念谷兆祺，怀念他精致详尽的图纸、清晰准确的论断、一往无前的身影，怀念他带领他们见识过的山山水水和大小工地，怀念他为他们一一拍摄、冲洗和寄送的照片，怀念他深沉、浑厚而富有感染力的歌声，怀念他永远的乐观、淡泊和精神的富足。

而在大女儿谷承的记忆里，最快乐的是爸爸在夏天傍晚载着她，飞快地骑车到大礼堂前给她买五分钱的冰棍;最感激的是在那个鼓吹读书无用的年代里,爸爸骑车到知青点给她送去两本高中课本,让她在劳动之余不要放弃学习:"中国的未来不能没有知识,中国的未来一定需要知识。"

没有豪言壮语,也没有轰轰烈烈。谷兆祺用一生的学识、坚守和奉献,诠释了做好一名普通教授、一个普通知识分子和一位普通父亲的充实与幸福。

他像一滴晶莹剔透的水珠,汇入江河,渗入泥土,润物无声……

记者 程曦

实习记者 吕婷

2017年4月14日《新清华》刊发

钢铁是怎样炼成的

——记清华大学航天航空学院教授郑钢铁

初夏的阳光缓缓地倾泻进来。郑钢铁坐在窗前，身形修直、坐姿挺拔，浅蓝色衬衫熨得像大理石一般平整。说起航天技术和清华大学的大学生研究训练计划（Students Research Training，SRT 计划），他笑意似潮、话语如瀑。

历经了一场人生的暴风骤雨，郑钢铁看上去没什么变化。

就像钢铁需要在烈火中淬炼出坚韧不拔的品质，在骤冷中激发出攻坚克难的勇

郑钢铁，清华大学航天航空学院教授，飞行器设计研究所首任所长。

气，作为 1988 年就入党的老党员，郑钢铁始终把"党员"的理想与信念放在心头，面对生活既定轨道外的波折和困难，颇有股"泰山崩于前而色不变"的稳劲儿。他说起话来铿锵顿挫，无时无刻不在向周边传递着"正能量"。

乐观面对生活的意外

2016 年夏天，郑钢铁带博士生胡展外出做试验，在回学校的路上突遇车祸，身受重伤。经过清华长庚医院的全力救治，经历数次手术，郑钢铁脱离了生命危险。为了保住生命，家人签下了截肢手术的同意单，无论残缺还是完美，活着比什么都要紧。

回忆起第一次探望郑钢铁的情形，学生胡展记忆犹新："当时来到郑老师的病房，推开门后一眼看到半躺在病床上身体消瘦的郑老师，我差点忍不住流出眼泪。但是他还在关心我，见我说的第一句话是'幸好你没有受重伤！恢复情况如何？'"

两个经历了不幸事故的人在时隔四周后第一次面对面交谈。一切仿如一场噩梦。看到郑钢铁右侧卷缩的裤管里一片空荡荡的区域，胡展一时语塞。

"我们是靠头脑生活的，只要脑袋没坏，日子就都能过下去！"郑钢铁似乎察觉出了胡展的不适，开口安慰他。听到这句话，胡展没忍住，眼泪流了下来。"老师乐观的精神

状态真的深深地触动了我。我想在重症监护室的日子里,老师在心理上一定度过了一个非常艰难的挣扎时期。但是当他说出这句话,说明他已经调整好了心态,能够冷静地接受眼前的现实,乐观地迎接未来的生活。"

术后康复是一个漫长的过程,在重症加强护理病房刚刚恢复知觉、情绪平稳后,郑钢铁便开始与前来探望的学生讨论早前设立的大学生研究训练计划项目。"当时老师刚做完手术,还未脱离危险期,我们去看望他,他一点儿都不谈自己,而是详细询问每个人负责的科研项目进展,嘱咐我们再小的工作也要仔细完成,有问题要及时与他交流。说话时,老师虽然面色憔悴,时而有点吐字不清晰,但是神情一如往常。我们突然意识到,老师虽然身经劫难和伤痛,但他对自己的态度比任何一个人都要积极,都要有信心。"学生祝世杰说。

坚强、乐观、醉心科研,这也是郑钢铁给身边的医生和护士留下的深刻印象。"真是第一次见到心态这么好的截肢患者,他甚至还向我自嘲,说以后可以亲身试验研发的康复器械。很敬佩郑老师的勇气和乐观态度。"清华长庚医院骨科主任医师潘勇卫说。

病床上的科研斗士

躺在病床上两个多月近90个日日夜夜,心心念念的科研项目不仅让郑钢铁忘却了疼痛,更让他一时暗淡的人生天空重现曙光。

"上午做康复训练,下午和学生们讨论,成了郑老师住院期间的常态,病房俨然成了办公室。为了更好地工作,老师还让我们给他带文献、装无线网,等等。"学生祝世杰说。郑钢铁夫人常常提醒他要注意休息,但他每次都说之前已经落下了很多工作,学生们在努力工作,身为师长怎么能随便休息。在学生们看来,郑钢铁就像一位坚守阵地的战士,事故虽然给他带来巨大的创伤,但他坚强面对,毫不退缩。

康复的这段时间里,郑钢铁一点儿也没有闲着,每次学生来探望他,汇报近期学业与科研情况是必做的"功课",谁也别想偷懒。刚被医生允许使用电脑,他便一刻不耽误地批改起了学生的论文。更令人惊喜的是,在平日与大夫交流的过程中,病床上的郑钢铁又酝酿出了一个新的大学生研究训练计划课题——手术机器人。

原来,在治疗过程中,郑钢铁了解到骨科医生在进行某些特定手术过程中需要穿戴铅服,非常不方便,便设想如果能够做一个机器人系统,把骨科大夫从X光辐射中解放出来,岂不是极具价值的创新项目!与学生沟通后,大家立马显现出浓厚的兴趣。就这样,一个新的大学生研究训练计划项目诞生了。

"郑老师并不只是提了一个想法让我们去调研调研这么简单。短短一两周时间内,郑老师为这个课题招兵买马,找了好几个本科生加入进来。其间不仅邀请清华长庚医院的专家和我们探讨了好多次,还联系安排了两次手术观摩。这无疑给我们新项目的开展带来了极大的帮助。"祝世杰说。

出院后,郑钢铁工作之余每天都坚持做康复训练。2016年10月25日,一名学生将郑钢铁穿戴义肢练习行走的视频传到了实验室微信群里,当大家看到郑老师手扶栏杆,稳稳地缓慢行走并掉头返回时,群里炸开了花,同学们纷纷给老师点赞,敬佩他的坚强与乐观。"老师的顺利康复,对我们学生来讲是一件幸事,而老师康复过程中的言传身教,更是使我们终身受益。"一位同学在微信中写道。

甘做SRT苗圃兢兢业业的农夫

生命中多一份经历,人生就多一份解读。郑钢铁说,当经历了人生变故后,会越发珍惜自己曾拥有的东西。这其中,他付出多年心力的清华大学的大学生研究训练计划便是其一。

清华大学的大学生研究训练计划是清华专门为本科生打造的一把开启科研之门的专属"钥匙",旨在提高学生学业挑战度,培养学生的研究能力和自主探索精神,激发他们的学术志趣。作为奋战在大学生研究训练计划上的一位"老兵",郑钢铁坚持指导本科生做科研已有十余年。他将在航天领域科研积累的经验和成果转化为可供本科生研究的项目,实现了将航天科学技术寓于大学生研究训练计划项目,将航天教学和学生科研训练相结合。在这一过程中,郑钢铁始终坚持"三位一体"的育人理念,以激发学生的求知欲和引导他们敢于面对挑战为前提,倾心付出,收获满满。

回忆起自己参与指导大学生研究训练计划项目的初衷,郑钢铁说:"让本科生尽早接受科研训练是培养创新能力的一项重要探索。教好书、育好人是教师的基本职责。我希望能尽己所能为本科生作科研启蒙,尽早开发他们的潜能,让他们知道本科生其实也可以做科研,在科研中提升自己的能力。"

在郑钢铁看来,大学生研究训练计划考验的是学生全方位的能力。"这需要学生智商与情商相互配合,共同发力。"郑钢铁解释说,"学生的智商和情商不只是两个抽象的概念,在科学研究过程中,智商和情商是两种包含具体指向的能力。智商包括知识的综合运用能力、自主学习能力、科研能力和动手能力;而情商则指的是团队合作能力、工作态度和作风、意志和勇气等。这些要素对每一个参与大学生研究训练计划的同学都至关重要。同时这些要素,对于他们今后走好人生路也是不可或缺的。"

正是源于这样的理念,身为教授的郑钢铁,虽然有大量的教学科研工作要完成,但多年来一直乐此不疲地坚持指导本科生做科研。无论是艺术教育与工程教育相结合的跨学科项目——"未来音乐工厂",还是探索未来信息应用项目——"新型自主车"等等,无不倾注着郑钢铁的心血。

在与学生的"无缝"交流中,郑钢铁深切感受到学生在参与大学生研究训练计划过程中发生的变化——"从强调自我到重视团队合作,从浮躁到沉潜力行,从竞争到谦虚互助,这些优良的品质再加上同学们聪明的头脑,不仅能激发出创新的火花,而且使他们有能力把创新的思考落到实处,未来他们将大有可为。"

与此同时,郑钢铁对学术研究严谨沉稳的态度、对技术发展的洞察力也深深地影响着学生们。"和单纯的上课不同,做大学生研究训练计划要和各种具体的事情打交道。从最简单的拧螺丝、焊电路到测试仪器设备再到自学各种理论,这个历程让人渐渐明白要得到好的结果，必须认真地做好每一个环节。郑老师经常跟我们说，别被还没有经历的困难吓倒，要大胆地去尝试，也不要只想着成功，因为在成功后你会发现，最值得回忆的是遭遇失败和挫折的时候。这些对我们来说，都受用终身。"学生陈煜说。

如今，大学生研究训练计划这片葱郁的苗圃已经成为本科生参与学术科技活动、培养创新精神和实践能力的重要平台，根基深广，生机盎然。郑钢铁说，自己愿意继续做这大学生研究训练计划苗圃中一位兢兢业业的"农夫"，看着一棵棵小苗生根发芽、茁壮成长，便是最大的快乐。

记者　曲田

《新清华》2017年6月12日刊发

六十载光阴躬耕讲台

——记"首届清华新百年教学成就奖"获得者钱易

"来了啊，快进来坐吧！"钱易教授打开办公室大门，亲切地招呼着我们。"你看看坐哪比较合适呢？"钱易在办公室来回走动着。

早晨九点，阳光照进整洁干净的办公室，洒在钱先生身后那一排高高的书柜上，里面整齐排列着关于环境、水污染方面的书籍和文献。"你们要记笔记对吧，那我们就坐在桌子旁边吧，方便你们记录。"

钱易，清华大学环境学院教授，中国工程院院士。

一头花白的头发，身着浅素色绸衫，金丝眼镜后一双眼睛充满睿智又满带笑意，在这带着丝丝凉意的初秋里，这笑容让人感到温暖，很难想象眼前这位精神矍铄的老人已值耄耋之年。

一家六院士　半门皆教师

提起广为人知的无锡钱家"一家六院士"，钱老师急忙摆手，"千万别这么说。我从来只说家里是'半门皆教师'"。父亲钱穆是国学大师，母亲是小学教师，两位叔父、两位姨妈和两位舅父都是教师。出身于书香门第、幼承庭训的钱易回忆起儿时生活神采奕奕，"家里兄妹虽多，但大家从父亲书房前走过都要踮着脚，不会发出一丝声响，母亲生怕我们吵到父亲读书、做研究。"因为战乱，父亲钱穆在西南联大教书，与当时身处沦陷区的家人失去了联系，钱易兄妹的少年时期更多是与母亲一起度过的。

家住在有十几户人家的苏州大院里，钱易印象最深刻的就是每日放学的时刻。"邻居们知道母亲是教师，就把放学后无人看管的孩子送到我家上晚自习。每天家里都有十几个孩子，母亲在身边来回走动，给每一个孩子辅导功课。"日子虽然清苦，但母亲教师的形象却在彼时年幼的钱易心中生根发芽。

抗美援朝时期，一些伤兵住在钱易家旁边。身为教师的母亲看着这些20多岁的青年白天无事可做，主动提出帮他们学习文化知识。远离家乡、父母的士兵们在钱易的母亲身上找到了久违的家的温暖，更加激发了对知识的渴求。"我那时看到母亲受到爱戴，感到教师是被需要的一个职业"。

幼年时与父亲长期分离，钱易没有像父亲一样成为国学领域的大师。"说来惭愧，我对父亲所研究的国学并不了解。但父亲生前最后一篇文章讲的是'天人合一论'，而我现在所做的生态环境保护，也信奉人与自然的和谐相处。"钱易谦虚地说道，"能与父亲在这一点上契合，使我得到一点小小的慰藉。而且家里有哥哥们在研究儒学，又有孙辈学习国学相关的专业。父亲的衣钵也算是有人继承了吧。"

仰之弥高　钻之弥坚

《假如没有遇上陶先生》是钱易曾经写过的一篇文章。"陶先生是我研究生时的导师，他教我学问，教我做人，没有陶先生，就没有我的今天。"每每提及恩师陶葆楷，钱易的眼睛里都闪着光，言语中满满的是对恩师的感谢和敬仰。

其实从高中到大学，钱易这一步迈得异常曲折。高中就读于师范院校，没毕业就因为国家人形势去了当地的文联文工团。文工团整编时，钱易离开文工团被分配到出版社。后来因国家建设需要大量人才，钱易被选为调干生，在老师建议下选择了同济大学。1952年入学后，又因为老师的动员进入了卫生工程专业。当年不到16岁的钱易也许不会想到，以后的她竟会因此与环境结下了一生的情缘。

本科毕业答辩时，钱易的论文被答辩委员会主任、著名给排水工程专家陶葆楷先生看中。原本打算去兰州支援国家建设的钱易被老师胡家骏说服，决定挑战一下自我，报考陶葆楷的研究生。1957年2月，钱易第一次来到清华园，成为当年全校仅有的12名研究生新生中的一员。

"学术研究是陶先生领我入门的。我年轻时爱写随笔散文，并把这种手法带进了我的第一篇论文里。"钱易回忆说，"陶先生夸我文笔很好，但论文的科学性不强，论文不是散文，不需要大量的形容词。""'科学需要的是用数据说话、总结规律并下结论。'陶先生的这句话让我终身受益，从那之后我的论文才逐渐走向了科学化。"

"为人师、为人父、为人友"，陶先生对钱易倾注了巨大的关爱。作为编教材的助手，虽然只写了两章并做了画图制表的简单工作，但教材的封面上作者一栏仍有钱易的署名。提交论文，拿回来的是标满红记号的厚厚一沓，大到专业问题、小到标点符号，论文上写满了陶老师的批注。

为了让钱易增长见识，了解真正的社会问题，陶先生每次参加大大小小关于给水排水的会议时都会带上她。"会议上，我听那些专家用实际生活的例子讲解；会议后，陶先生总会和我探讨会议上的内容，询问我的想法和理解。"环境学院和水污染治理与社会紧密结合，这样的会议让尚在象牙塔里的钱易受益匪浅。

1959年，钱易从清华硕士毕业并留校任教。60年前，陶先生给予了钱易学术生活上无微不至的帮助；60年后，一批又一批钱易的学生在回忆起身在"钱门"的日子时，也对钱老师的帮助感激不尽。环境学院现在的陈吕军、汪诚文、席劲瑛、杜鹏飞等教师都师承钱易。60年的光阴，一届又一届的环境人在老师们的严格要求下成长为环境领域的中流砥柱，而踏上教师行业的学生们又以身作则，将严谨踏实的治学精神传递给年轻的学子，也用关心和爱护陪伴学生一路高飞。无论光阴变幻，"热爱我环境，光大我事业"——这十个字总会让环境学子们肃然起敬、坚定前行。

"环境保护与可持续发展"是钱易为普及环保理念于1998年创建的全校选修课，她于1992年有机会旁听了在里约热内卢召开的"环境与发展大会"，觉得可持续发展不应该只是环境人的责任，应该向全社会普及。回清华后，钱易四处宣传，并在学校支持下撰写提纲、编印教材，终于在1998年开出了这门课。

已经毕业的环境学院2013级本科生林楚佩对四年前上过的这门课依旧印象深刻。"这门课是我们学院的必修课，也是带领我们进入这个学科领域的引导课。通过这门课，我才得以了解可持续发展的历史、环境保护的现状与资源利用的情况，才第一次明白了'热爱我环境、光大我事业'这十个字所背负的使命。"提及钱易老师，林楚佩笑着说道，"之前总觉得钱易老师在学术界有很高的地位，应该是一位有距离感的严肃老师。但第一次见到讲台上笑盈盈的她，那些刻板印象一下子烟消云散，她真是一位非常和蔼可亲的老师。"

三尺讲台迎冬夏　一支粉笔写春秋

"当年上课的学生有的年龄比我还大。一年又一年，孩子们从叫我姐姐，再到阿姨，现在都叫我钱奶奶啦！"

从1959年第一次上讲台讲"排水工程"课程，钱易老师将整个人生都无私地奉献给了清华的三尺讲台和莘莘学子，81岁高龄依然坚持在教学科研的第一线。学院担心她的身体，派了三位老师和她一起上"环境保护与可持续发展"这门课。"课程在400人的阶梯教室中，后来因为很多学生受名额限制不能选上课，又改为每学期都开课。"钱易严肃而坚定地说，"有年轻老师与我一起上课，我就放心了。我要保证万一我以后真的讲不动了，这门课也永远不会停开。"

60年来，钱易带过一批又一批的硕士生和博士生。"老师的一些行为会对学生产生很大影响，作为老师要对学生负责"，钱易对此身体力行。在学术上，钱易与陶葆楷先生一样对学生严格要求，修改学生论文、指导学生实验、开全校公选课，对于学生的事总是亲力亲为。在生活上，她没有任何架子，给予学生无私的爱和无微不至的关心，从点点滴滴中帮助大家成长发展。

钱易提到，做老师最大的幸福感在于看到一批批优秀的学生成长起来。钱易的学生们有的跟她一样走上了教书育人的道路；有的扎根环境专业做成了上市公司；也有的深入基层，在环保的最前线默默奉献。"国内的环境问题还是很严峻，作为研究环境专业的人，我没有任何理由停下脚步。"

"其实做老师的这么多年，也不只是我在教学生，他们也教给我很多。教学相长嘛，年轻人的一些活跃和创新的思想让我开拓了思维，也敦促我不断学习最新的科技理论，否则我就没有能力指导他们啦！"钱易老师常说："中国老说'后生可畏'，但这是'敬畏'的'畏'，是肯定年轻人的成绩，但我更愿意说的是'后生可慰'，'欣慰'的'慰'。看到学生们取得了骄人的成绩，一个一个超越了我，就是我最大的幸福。"

提到学生，钱易老师很激动，她站起来，走到书柜边，小心翼翼地从里面翻出一个纪念证书。这是清华2015级启航金奖的获得者，也是钱易和环境学院教师汪诚文合作培养的博士生谢淘。谢淘科研做得很优秀，博士生毕业时，有许多研究机构想要聘请他，钱易更是打算推荐他去美国读博士后。但他却毅然选择了回到江西老家做了一名基层的干部。"他真的让我很意外，也特别感动。"钱易望着证书上的学生，满脸的骄傲和自豪。

在钱易心中，"为人治学其道一也"。"诚实不做坏事，做最真实的人"，这是钱易对学生最基本的要求。"做学生，首先要真诚，能为国为民作贡献，能与周围人合作包容、和谐相处。再其次，才能谈学问。"如果用一句话总结，北宋著名理学家张载的"四为句"——"为天地立心，为生民立命，为往圣继绝学，为万世开太平"，这大概是钱老师对学生最大的期盼了。

多年来，钱易在教育教学方面获得的奖项不计其数：2007年获得教育部授予的第三届高等学校教学名师奖、2015年获得中央电视台和光明日报社"寻找最美教师"大型公益活动"最美教师"称号、2017年获得清华大学新百年教学成就奖、先后三次获得清华大学"良师益友奖"……在9月8日召开的2017年清华大学教师节庆祝大会上，校长邱勇特别提到：今年9月1日，"全国教书育人楷模"推选结果公布，钱易老师从全国64位候选人中脱颖而出，成为11位楷模之一。全国教书育人楷模推选活动是教育部联合中央主要媒体和教育媒体举办的，具有极高的声誉。钱易老师是清华历史上第一个获得此项荣誉的教师。

对于这些荣誉和奖项，钱老师觉得"太多了"，她笑称得到这些奖项实在是有些"压力山大"。可另一方面，她又觉得国家和清华设立这么多教育教学奖项表达了对教书育人的重视，希望在社会营造出尊师重教的氛围，"从这一点来看，我又不忍心拒绝这些奖项。但清华以及全国都有那么多优秀的老师，不应该总是把奖项颁给我，要给那些奉献在教学一线的年轻人们更多的肯定和鼓励！"

临走前，记者与钱易约稿。走到办公桌前，钱易翻开了一个大大的日程安排本，9月的那一页，已写得密密麻麻。"最近要出差、参加会议、还要上课，我尽量写，不要耽误了你们的工作。"钱易看着行程安排，抱歉地笑着，"我没想过退休的事，就这么干着吧，到我实在干不动的那天再说吧！"

记者　徐静
清华新闻网 2017 年 9 月 8 日电

桃李不言　下自成蹊

——记"首届清华新百年教学成就奖"获得者曾攀教授

秋风万里动，暑气当宵尽。庭院多落叶，慨然已知秋。九月的清华园带着些慵懒和惬意，又携着青春的朝气与蓬勃，迎接着新学期的到来。曾攀坐在李兆基科技大楼的八层顶头的房间里，谦谦君子，温润如玉，"你们看，这间屋子里采光很好，透过窗户可以清晰地看到远山和近处的博雅塔。"他指了指窗户，招呼记者坐下来，言谈中大道至简，娓娓道来。

曾攀（1963—2019），清华大学机械工程系教授、博士生导师，国家杰出青年基金获得者。

曾经八次被学生们评选为清华大学"良师益友"，如今获得首届"清华大学新百年教学成就奖"，谈起这些，他的声音不大但是非常坚定："教书，是我热爱的事业"。

乐 于 教 学

"对于教学，我认为有三个层次。第一要勤于教学；第二要精于教学；最后要乐于教学。"在十几年的教书生涯中，曾攀深刻领悟了教学相长的意义，从教授知识再深得其乐，徜徉其间。可谓是"得天下英才而教育之，三乐也。"

说起教学，他侃侃而谈："我一直坚持用粉笔板书，因为我所讲授的课程有大量的数学推演，书写这个推导过程，就是帮助学生们深刻领会学习的过程。"在计算机应用大行其道的今天，黑板上的"吱、吱"粉笔声显得尤为亲切，站在三尺讲台上的曾攀，用板书唤起了学生们的情感共鸣。"粉笔无言写春秋"，三尺讲台，三寸笔，三千桃李。

在他的努力下，机械系为全校本科新生开设了新生研讨课"现代结构的数字化分析与探索"，由他带领教学，十几年来一直深受同学的欢迎。这门课以学生兴趣为主导，鼓励学生们发现生活中的点点滴滴，再尝试实证，将自己的设想科学化，并提供软件平台供大家研究讨论。课程反馈好评如潮，每次都要学生们抢课才有机会选上。"我们鼓励学生们去做自主专题研究",曾攀说,"很多不是机械系的学生来选上这门课,譬如电子系、汽车系等,大家根据自己的学科背景发现问题,我们提供技术支持和理论帮助,共同建模分析得到结论。这个过程是十分有启发性的。"

有限元法是一种为求解偏微分方程边值问题近似解的数值技术,求解时对整个问题区域进行分解,每个子区域是有限元,有限元不仅可以达到所要求的计算精度,而且可以将复杂的问题分解,用于机械工程、土木工程、力学分析等多个工科领域。

曾攀擅长用生活的实例解释深奥的理论难题,为了跟记者这个"门外汉"阐释"有限元",他双手交叉进行演示:"习近平总书记多次在外交场合提及构建'人类命运共同体'的理念,从国与国的命运共同体,区域内命运共同体,到人类命运共同体。这个思想就可以很好解释有限元的'收敛性准则':一是单元内部的完备性准则,即国家首先把自己的事情做好;二是单元边界之间的协调性准则,那就是本国和邻国和谐往来,这样理解是不是更简单一些了?"将理论明了化、生动化,不愤不启,不悱不发。曾攀用这种方式为学生们打通了理论的"任督二脉"、打开了学识的新视野。

"大四开始到研究生阶段,我们开设了有限元领域的系列课,与新生研讨课激发学生兴趣不同,这就是要开始掌握机械系的看家本领了。"曾攀眉毛扬了扬,微微一笑,从兴趣转向应用,是教学侧重点的变化,也是学生学习方式和学习内容的转变与拓展。

"每周我会和学生们进行一次小组研讨会,跟学生们讨论一些科研中遇到的困难或细节,包括实验设备的更换等问题;每个月进行一两次团队会,主要是通过学生们的学术报告来促进师生之间的互动。"曾攀认为,师生间必要的交流和讨论,能够帮助学生们在自主学习的过程中得到有效的提高,而平时通过电话、邮件与学生的沟通与交流,就更是不计其数了。

为什么这么喜欢跟学生在一起?曾攀扶了扶眼镜,想了一会儿,说:"我愿意和学生们在一起讨论问题,这个过程是充满着惊喜的,好奇心是学问之源。看着同学们成长,也是我最开心的事。"

精 于 教 学

"教学是一个需要持续的、均匀投入精力的、长期的过程;而科研则具备了强度高、投入集中的特点。两者并不冲突,甚至互相促进。"曾攀表示,他始终坚持将教学和科研有机结合,避免科研中心化、教学边缘化,特别是教师把最新科研成果跟学生们共享,对学生学习能力、见识见解方面都是显著的提升。"我把我们科研团队对大型液压机有限元分析的案例运用在课程中,让同学们通过学习建模来了解力学背景,通过自己做计算去验证结果是否准确。"曾老师把研究中的问题加工成了教学素材和案例,供学生们学习。在他看来,科研与教学相得益彰。

至今,机械系 2017 级直博生孙其星仍然十分感谢曾攀老师,"曾老师是我在清华五年多时间中遇到的讲课最好、最用心的教授之一。现在我仍然记得当时大作业的选题是分析房屋梁结构受力情况。定好选题了,不知道如何下手去做。曾老师把往年学长的大作业材料发给我,并指导我梳理建模思路、提炼建模要点、建立模型并分析。大一上学期期末考试很多,他知道我们压力大,特意把大作业的截止日期放在第18周周末,好让我们专心进行期末备考。"

在他的研究生中,机械系2012级博士生谢炜给他留下了深刻印象,在一次一起去参加学术论坛的出差路途中,他们共同探讨了关于风力发电变桨的斜轴折叠变桨原理的设想。回到学校后,受到启发的谢炜一下子钻进了这个问题,经过一段时间的集中研究,在国际期刊《能源》和《能源转换与管理》上发表系列论文,完成了《水平轴风机的折叠变桨原理与气动性能研究》的高水平博士论文,并获得了清华大学优秀博士学位论文一等奖。把设想变成现实——这不仅是学生的智慧结晶,也体现了一位老师在启发式教学中的良苦用心。

自清华大学在2014年9月开始线上慕课(MOOC)教学之后,曾攀便将有限元课程的教学从线下发展到了线上,实现了混合式教学,覆盖面也从校园扩大到社会。通过教师提前准备资料、视频录制,学生课前在网上观看的方式,把省下来的课堂讲授时间用来增加对知识掌握程度的提问、增加课内讨论。在曾攀老师开设的一周三学时的3学分课程上,总要专门留出一个学时让学生做有准备的主题发言,"这样的课程更有挑战性,需要学生们在课下做更多的自主学习和研究。"

"最大的感受就是这门课能够让人收获很多,不仅是知识,还有信心。从一开始完全不懂有限元,到期末可以用有限元分析软件对一些典型工程问题进行有限元分析,这种成长与进步真的是看得见摸得着的。这些都得益于曾老师的耐心教学和引导,让我们更深入地理解有限元分析方法。"机械系2017级直博生黄万慧在提到她上过的有限元课程时,十分感慨。

曾攀的有限元慕课课程,不仅登陆了清华大学"学堂在线",还登陆了美国麻省理工学院和哈佛大学合作共建的在线教育平台edX。每学期有四五千全球学生在修这门课程。曾攀说,目前在edX上,这门课是英文字幕、中文解说,即便是这样,语言障碍也无法阻挡很多外国学生的选课热情,很多同学在课下讨论区表示非常期待全英文解说的版本。"我正在筹划中,希望能够尽早录制出来,供同学们观看学习。"曾攀愉快地表示。

勤 于 教 学

曾攀在德国做过一年的洪堡学者,1995年10月归国,1996年初开始在清华执教。教学的21年来,他一直坚持点滴的积累,从日常的灵感、到科研成果的每一点,只要对教学有用就记下来教给学生:"我这个人比较笨,但是我始终相信'好记性不如烂笔头'。"曾攀舒展了一下眉头,除了教学方法,他还始终坚持从源头思考教学问题,"面对学生,我应该具有什么样的态度?"

日积月累的勤奋付出之下,他将自己的教学成果写成了三本厚厚的教材,《有限元分析及应用》《有限元基础教程》以及《工程有限元方法》,涵盖了从本科到研究生,从理论研究到工程应用多个层次。此外,他还翻译了国际著名的有限元优秀教材以及专著。这些书，已经成为国内学生学习有限元的经典书籍。他编写的教材入选教育部"研究生教学用书"、北京市高等教育精品教材、国家级"十二五"规划教材。虽然"有限元"在清华大学还是本科生选修课，但是"很多人最初认识我都是通过这几本书"，曾攀腼腆的笑容中带着些许认真，"面对自己，我希望能够保持一种教学的勤奋；面对学生，我希望能持有一种谦逊的态度。此外，如果能够在传授知识以外对学生的人生发展有所帮助，那就更好了。"

如今，谢炜仍然记得和曾老师在一起的点点滴滴，"在我的博士课题刚开始的时候，每天晚上曾老师都抽出时间，从家里到办公室和我讨论课题，一起讨论研究方案，无论是在周五还是周末，只要是我约他，他都会来，无论风吹雨打，都会准时到办公室，有几次都讨论到凌晨"。"那段时间我很感动，也很有干劲。也正是这样的关心和指导，才有了最后我获得清华大学优秀博士生、优秀博士论文的经历。曾老师获得新百年教学成就奖实至名归。"

黄万慧提及曾老师，非常感慨，"当时曾老师招研究生，我就去面试了。曾老师不仅关心我的学习情况，还从我的平时生活、未来打算等多方面考察。后来我有幸成了曾老师的直博生，本科毕业设计也是在曾老师的指导下完成的。"

1989年诺贝尔生理或医学奖获奖者迈克尔·毕晓普在他的自传《如何获得诺贝尔奖》中提出，只搞学术研究而不尽教学使命，是枯燥无味的。古人学者必有师，"师者，所以传道授业解惑也"。既要教书也要育人——是曾攀面对学生的基本态度，他始终在帮助学生们在科研中做一个成熟的学者，在生活中做一个有智慧的人。

在曾攀办公室左边的立柜上放着一幅他的画像。"这是学生眼中的我，"曾攀禁不住笑了，"他是我的研究生，本科在钱学森力学班就读。这个学生毕业的时候托别的老师转交给我这幅画，因为那会儿我生病住院了。我非常喜欢这幅画，画得很形象，也是学生的一份心意。"说起这个学生，曾攀打开了话匣子，"这个孩子心思很细腻，上学期间非常努力。不仅喜欢科研也喜欢绘画……"展现在记者眼前的是，一位全情投入在教学事业的教师，一位普通教师的眷眷之情，一份沉甸甸的师生情谊。

日新月异的时代引领着学校、院系迈向新的征程，往昔仍然繁星若梦、让人眷恋。拉回思绪，曾攀对未来倍感期盼，"我不是一个保守的人，仍然有种仰望天空的心境，希望在教学和科研上都有所创新。"

在不变中寻找一种变的可能——长路漫漫修远兮，曾攀将带领着自己的学生，上下求索，伴随着清华的新百年，奏响新的凯歌。

学生记者　赵藤子

记者　周襄楠

清华新闻网 2017 年 9 月 15 日电

巧耕心田拨云雾　甘做助擎朝九天

——记清华大学航天航空学院教授、"宝钢优秀教师特等奖"获得者李俊峰

"博雅水木心相依，俊峰归国为人梯。几度绸缪织日月，桃李不言下自蹊。"这首小诗，是清华大学航天航空学院教授、国家级教学名师奖获得者李俊峰的学生为其所作，是为他探索真知、教书育人的一个生动写照。

从北京大学力学系毕业之后，李俊峰到莫斯科大学数学力学系求索四年多，获得博士学位。回到祖国之后，他选择在清华大学工程力学系做博士后，1995年博士

李俊峰，清华大学行健书院院长，航天航空学院教授。

后出站后，留校工作，成为一名教师。岁月流金，从一名青涩的青年教师，到硕果累累的中年骨干，李俊峰在清华讲台坚守了20多年，凭借扎实深厚的学识、诙谐幽默的谈吐、稳健潇洒的台风，讲方法、重实际，深受学生好评。他六次入选清华大学"良师益友"，获选"万人计划"教学名师，以一点一滴的哺育把心奉献给学生，用他的话说就是："教书这件事情，我一直新鲜着呢，乐此不疲！"

课程讲解引人入胜　数学推演丝丝入扣

从"飞镖""愤怒的小鸟"这种人们熟知的游戏，引申出深空飞行轨道动力学概念；从旋转着扔出一枚小树棍能扔得更远，引申出陀螺力学；从深空探测器在月球和地球之间飞行，引申出经典的"三体问题"；从快速转动的大圆盘上的皮带变形和飞机驾驶员的黑晕现象，引出惯性力的概念……

李俊峰主讲的本科生课程"理论力学"是航天航空学院学生进入大学以后第一门专业基础课，在课程体系中起到承上启下的作用，对于此后的专业学习极为重要，但因为课程理论性非常强，要讲好课、帮助同学们扎实掌握专业知识非常不容易。

在李俊峰的课堂上，概念和理论不再艰深。他经常从生活中的现象和例子入手，从形

象的描述引入抽象的概念，一个个"包袱"信手拈来。他在台上眉飞色舞，同学们在台下如痴如醉，甚至经常被逗得开怀大笑。

这轻松活泼的课堂教学氛围背后，凝聚的是李俊峰在教学内容和教学方法上持之以恒的探索——他和教学组的教师们一起，将教学当成科研进行了系统研究。

李俊峰对"理论力学"系列课程做了大刀阔斧的改革。在学校大部分课程授课学时大为减少的背景下，原本两个学期的课程要在一个学期保质保量地完成，挑战不言而喻。李俊峰带领教学组以大学物理为基础，采用高等数学的方法，大胆开拓创新，摒弃繁复，自成体系。

他不拘泥于教材，摒弃"迷人眼"的碎片化知识，将精华部分完整系统地传授给大家，引导同学们在逻辑的美感中轻松掌握知识。他认为，"知识的逻辑就像大树，希望能在学生心中种下树苗，而不是给他们一筐散落的树叶。"

只有让抽象的理论与实际相结合，才能够让理论"活"在学生的脑海里——为了让课程讲解变得"通透"，让学生在授课过程中有豁然开朗的感觉，他结合科研和生活实际，搜集了大量实例，与课程理论概念融会贯通。

在生动活泼的授课模式下，是丝丝入扣、步步为营、如行云流水一般的数学推演，他扎实的数学功底和严谨的逻辑推导，获得了对数理逻辑情有独钟的同学们的青睐。

二十多年来，李俊峰每年都为本科生讲授专业基础课，已累计授课2500多学时，平均每年讲课100多学时。

多年后，回忆起李俊峰老师讲的"理论力学"，同学仍是无比赞叹："李老师讲课生动而又不失难度，非常能激发学生的求知欲望，在课堂上总能带动我们思考，晦涩难懂的理论力学在他的讲解之下变得生动有趣，浅显易懂。"

启迪重构有破有立　探本究源蓄力创新

不断打破同学们的思维惯性、"见招拆招"、有破有立地帮助大家建立理论体系是李俊峰培养学生判断能力的一大法宝。从提出问题开始，逐步意识到问题所在，再解决问题，一般历时几周之久，在这期间，李俊峰带领同学们一步步拨云见日。

比如，在"动力学与控制基础"课堂上，李俊峰抛出问题：做定轴转动的物体，角速度和角动量方向一定平行吗？同学们根据以往经验，答案大多为"是"。但是，这种带着经验和"下意识"的判断，将来走入工程和科研实际，几乎完全行不通。

为了让学生意识到问题所在，李俊峰在第一个有关角速度和角动量的例子中，特意设计了两个质点的简单问题。于是，按照既往经验去演算的大二同学们一做就错了——咦？这是怎么回事？为什么不对呢？在抓耳挠腮的同时，学生既往建立起来的条件极为特殊的经验被怀疑甚至推翻了。

经过三四周不断地铺垫和阐释，李俊峰逐渐帮助同学们从怀疑既有经验走到了重构新的理性认知——对于任意质量分布的定轴转动系统，如果要实现角速度和角动量平行，只能绕中心惯性主轴的转动，只有这样的情况下才符合。

就是这样带着学生掉进"陷阱",然后又带着学生一步步爬上来,让学生完整地经历思辨过程,才能让学生将来走得更远。

李俊峰非常认同课堂教学的五个境界:沉默(silence)、回答(answer)、对话(dialogue)、质疑(question)、争论(debate),并以做到第五重境界"争论"为荣。他说,对于现在的大学生而言,获取知识并不是什么难事,教师应该重点培养学生的判断能力和创新能力,"授之以鱼不如授之以渔"。

善于在课堂上营造宽松开放的氛围,是李俊峰老师培养学生创新能力的又一大法宝,他希望让每一株"好苗子"都长成自己想要的那种样子。

李俊峰并不介意把自己还没有完全成熟的想法拿出来与大家分享,不在乎自己是不是说了'蠢话'。他认为,让学生看到老师也会有错,老师是如何对待错误,如何寻找错误根源并纠正错误,这种科学求实的精神比简单的是与非判断更加重要。

他鼓励学生们独立思考,畅所欲言。在他的课堂上,同学们会大胆站起来直抒己见,与老师辩论;即使下课也有许多同学久久围着争论。

钱学森力学班2015级本科生黄云帆就是最喜欢跟李老师讨论的学生之一。有一次课上讨论到刚体做平面运动,动瞬心轨迹与定瞬心轨迹之间的关系激起了黄云帆浓厚的兴趣。一下课,黄云帆就一头扎进图书馆,推演了一个下午,从大体思路上基本解决了这个问题。看到黄云帆追求真知的激情,李俊峰鼓励他将推演过程写成文章。黄云帆花了几个月时间完善推演思路,并多次与李老师切磋写作思路和成文规范。那段时间,无论在办公室还是在微信上,只要李俊峰有时间,都是师生二人的"讨论态"。现在这篇题为《平面运动刚体两类瞬心轨迹之间关系的探讨》的文章已发表在《力学与实践》期刊2017年第3期上。

"通过这篇文章的撰写,我深刻体会到研究一个学术问题的乐趣,也让我逐渐学会了研究型的思维方式。"黄云帆说。

言传身教春风化雨　全心全意不辞辛劳

2016年7月,李俊峰写给毕业生的寄语是:"我们是运载火箭,你们是未来之星。我们已经把你们助推入轨,即将星箭分离,你们即将远航。祝你们事业有成,一生幸福!"

前几天,航院2013届校友、北京理工大学自动化学院副教授曾祥远给李俊峰老师发去一条微信深表祝福:"李老师,感恩节快乐!感谢您在治学中注重基本概念的言传,感谢您在生活中潜移默化的身教,感谢您在工作中勤于思考的引导,感谢您一直以来全心全意为航天动力学和学生发展的不辞辛劳,感谢您百忙之中以身作则的讨论班和组会,学生受益良多。"

只言片语,体现了李俊峰和同学们之间浓厚的师生情谊。

李俊峰倡导宽松且严格、自由但不随性、充满创意的科研氛围。他充分相信学生们,给予他们充分的发展空间。在他的研究组里,没有强制的学习工作时间,但每个人都自觉自愿认真完成工作;每个人的研究方向都围绕着课题组大方向,可以打破不同导师不同研究方向的局限，根据自己的兴趣自由选择课题，可以根据个人情况跟组内每一位教师探讨；在每周一次的研讨班和组会上，师生们畅所欲言，脑力激荡，时常碰撞出灵感的火光。

他的学生都会注意到这样一个小细节：只要李老师在办公室，房门就只是虚掩着，学生随时可以到他办公室。探讨的问题不只是学术方面的，还包括思想和生活上的——暑期实习见闻，海外游学心得，怎么样让预备党员在思想上入党，怎么度过新婚磨合期……话题内容包罗万象，总离不开他对学生的关爱。

而他对每一位学生的指导，都会根据学生特点和目标而有所区别，因材施教、精耕细作是他的原则方法。

航院 2013 级博士生倪彦硕选择毕业后去航天科技集团工作。因为一直打算毕业后去工程单位，在读研期间，李俊峰注重培养他在科研中的大局观，还特意交给他一些工程项目进行工程思路的训练。有件事情让倪彦硕印象特别深刻：在博士生低年级时，他看到一本航天动力学专著，觉得在航天动力学基础知识和数学推演方面非常好，就萌生了动手翻译的念头。虽然翻译著作似乎是一件费力不讨好的事，但是李俊峰非常支持，并同他一起做起了基础翻译工作，作为两人的共同成果。现在这本《航天动力学的数学方法》译著即将出版。

本科毕业于北京理工大学的曾祥远刚到清华读博时，研究状态进入得比较慢。博士二年级第二学期，第一篇论文被期刊拒稿了。看到同学们都开始陆续发表论文，曾祥远真着急了。李俊峰注意到他的情况，不仅没催促他，反倒叮嘱他不要着急，只要持续努力，慢慢来一定能行！同时，还非常温和地提醒他留意一种叫"太阳帆"的新型飞行器，建议他尝试研究一下。在李老师循循善诱指导下，曾祥远针对太阳帆航天器进行文献调研与阅读，后来很自然地就开始"航天器轨道动力学"的相关研究，并很快有了科研成果。

在学生的心目中，李俊峰既是学术导师，又是人生导师，还是随时通过微信交流心得的"贴心老爸"。他乐于参与"真人图书馆"等活动，热心与素不相识的外系学生分享学术与人生经验。他鼓励自己的优秀博士生担任辅导员，与他们在日常交流中分享经验，为他们答疑解惑。

他热心青年教师培养，经常参与北京市各级机构组织的教师培训，无私地分享自己整套的教学课件资料。为了共同做好教学工作，他带动与课程相关的教师队伍建设、教材建设、教学网站建设，牵头的基础力学教学团队陆续有三人被评为北京市教学名师，主编的教材被评为"十五""十一五""十二五"国家级规划教材。

融会贯通统筹兼顾　教书育人桃李芬芳

曾参与"清华1号"微小卫星研制的李俊峰，在科研方面有着突出成绩。他长期为国家航天部门大型卫星的设计做前期研究，十多年来负责的国家自然科学基金、"863"计划、总装备部等纵向科研20多项，承担多项航天部门课题，为"神七"航天员出舱、"神八"空间交会对接、大型通信卫星设计等重大航天工程作出重要贡献，获得国家科技进步奖、教育部科技进步奖、军队科技进步奖等多项荣誉。

此外,他还是清华大学教学委员会副主任、航天航空学院党委书记、教授、博导。这样一个行政管理和科研学术上的大忙人,是怎么做到在教学上如此投入的呢?

李俊峰说,有兴趣、特别想做的工作,一定总会找到时间,而教书育人就是他既有兴趣又特别想的工作。

为了回答同学提问,每天晚上11点他会把其他一切工作放下,点开微信认真思考同学们的问题并给予回答。

为了翻译力学方面的俄文教材,他可以专门腾出一个暑假来翻译,即使出差也会把"作业"带到飞机上、火车上见缝插针地完成。

为了及时跟踪和指导研究生的研究进展,他雷打不动地参加每周的研究团队讨论,给予每个人针对性的指导和建议。

谈起教学、科研与管理如何做到兼顾,李俊峰说:"教学、科研、管理这三方是可以相互促进的,共同推动我的成长。"

在他看来,先要有科研经验,然后把科研方法和经验迁移到教学上,用科研思路去研究教学问题,把教学问题研究透彻后,就会发现教学跟科研一样,别有一番洞天。摸索到规律并反复验证后,教学就能做到事半功倍。而教学研究中最难的就是研究人的因素,这方面的经验可为管理提供有效支持。

"融会贯通之后,你就会发现,无论是教学、科研还是管理,都在一盘棋里面,这样做事情就会效率比较高。"

在清华大学本科生"清韵烛光——我最喜爱的教师"评选中,学生们在送给李俊峰的贺卡上写道:"忘不了您憨厚可爱的笑容,更忘不了您教给我的思考方法,这已不仅仅是关于力学的思维,而是关于人生的哲理。我现在的学习中经常能用到老师您教过的思维方式,真心地感谢您!"

这样的贺卡,李俊峰每年都会收到很多,他把每一张都悉心收藏,视为对自己最大的肯定和褒奖。

记者　周襄楠
学生记者　赵藤子
清华新闻网 2017 年 12 月 1 日电

思想无边界　追问不停止
——记清华大学首批文科资深教授汪晖

汪晖，清华大学中文系、历史系双聘教授，清华大学首批文科资深教授。

在1977级复试结果公布后重新填报志愿时，18岁的汪晖趁父母不在家，将表格上的理科改为文科。

"这是'世界历史'瓦解的时刻，也是重新思考世界历史的时刻。"2013年10月20日，意大利威尼斯，汪晖在卢卡·帕西奥利奖颁奖仪式上作题为《公理、时势与越界的知识》的演讲，以这句话为结语。

2018年2月，德国洪堡基金会发布消息，宣布把安内莉泽·迈尔奖授予清华大学首批文科资深教授、中文系与历史系双聘教授汪晖。

汪晖成为获得这两项国际奖项的首位中国学者。

"获奖说明部分研究工作获得承认，我当然高兴，但获不获奖不是评价学术工作的唯一标准。"汪晖说，随即他补充道："当然，承认本身是有意义的。西方学术界过去不大关心中国学者，或者只把中国学者的工作看作是资料收集，而不考虑中国学者如何解释自己的历史、怎么看待现在、怎么解释自己在世界中的位置。在这个意义上，承认是一件好事。"

坐在对面的他，身着藏青色中式对襟开衫，鬓角泛白，声音平和，目光深邃而淡然。

从"鲁迅"到《现代中国思想的兴起》：做一名清醒的思考者

汪晖少年时的家坐落在瘦西湖边，是一个由竹篱笆围起、由红瓦灰墙的平房构成的"村落"——扬州师院既是他出生的地方，也是他学问的起点。扬州师院有着重视地方民间传统、崇尚自由的学术氛围。汪晖的母亲正是师院教师，在此氛围中，汪晖很小就具备了一种少有的独立与清醒。1977年恢复高考，父母强烈建议报考理科，他最终还是改填了文科。

上大学之前，汪晖在罐头工厂当过绞肉工、在纺织工厂当过打包工，在无线电元件厂当过装配工。作为"文革"后的第一届大学生，从大学到中国社会科学院念博士，汪晖都是班上年龄最年轻的一员。

汪晖的学术道路始于对鲁迅的研究，扬州师院的章石承先生、中国社科院唐弢先生都对他给予了悉心指导。尽管后来没再专门从事鲁迅研究，但鲁迅一直是他思考中国的重要源泉。从20世纪80年代末期开始，汪晖转向了思想史研究，并与同仁共同创办《学人》丛刊。1997年，发表了《当代中国的思想状况与现代性问题》一文，引发思想领域的巨大争论——这篇文章普遍被视为当代中国思想讨论的一个重要事件。1996—2007年，应邀担任《读书》杂志执行主编，努力推动学术思想和这一时代众多问题的讨论。

在长期的研究思考中，汪晖逐渐对学界主导的话语体系产生了质疑，并敏锐地感觉到，西方现代主义话语，如建立在"帝国—民族国家""市场经济—国家""科学—科学主义"等范畴或框架下的范式，难以直接平移至对中国的研究之中。他从历史研究出发，对相关理论范式本身展开质询并着力构建独树一帜的话语系统。

2004年，汇聚他15年研究心血的《现代中国思想的兴起》出版，在学术界引起极大关注。著名历史社会学家黄宗智评价："在对作为整体的西方现代主义的根本性反思的背景下，它对美国（和日本）中国研究界的一些主导性假设提出了彻底的反思。考虑到他的框架及其议题和所研究文献的广泛性，我们可以说，它是至今为止对美国中国研究界的最为全面的批评性反思。给予汪晖反思以力量和深度的是对作为整体的现代西方文明的主导性叙述——而不仅仅是美国（和日本）的中国研究界的叙述——的质疑。"

从第一稿交给生活·读书·新知三联书店的1996年，到2004年四卷出版，八年时间，汪晖对《现代中国思想的兴起》做了大量修改和补充，体现了他"在不预设前提的情况下做研究"的方式，打破既有理论体系和叙事框架，一针一线、一砖一瓦，每一步都举步维艰，但是每一步都有清晰的足印。

在写作过程中，20世纪中国的图景与背后的勾连在他视野中浮现。但20世纪距离太近，研究者既是这一时代的产儿，又是其观察者，对这一时代的事件、人物和文本的阐释总会引发争议，不独中国如此，放眼全球皆为是。对此，汪晖说："我一直不满意迄今为止各种对于20世纪的中国解释，但真正要做到自成体系的理论体系很难。我写了大量的专论，针对不同的环节作出解释，也引起很多争论，所以我现在想把这方面的思想沉淀下来，写出一个相对完整的论述，但是总体上仍然不完善。"

"确认自己不只是一个心理行为，而且是一个社会行为。重建新的意识结构是和重建新的社会结构同步的。对于近代中国人来说，重新确认自己不是个人成长过程中的自然事件，而是一种集体命运。"在《汪晖自选集·自序》中，汪晖提到了自己学术研究的原动力。

2018年新学期开始，3月1日，汪晖应邀为中国人民大学的"史学前沿"做首场演讲，也将论题聚焦为"20世纪的中国"。他陈述自己的学术工作在贯穿各种事件、人物和文本阐释的背后，就是如何将20世纪的中国建构为思想的对象。思想总是在对话中形成的，思想的对象不是僵死的客观性，而是具有能动性和内在视野的对话者。所谓将20世纪建构为思想的对象，首先意味着将20世纪中国从对象的位置上解放出来，即不再只是作为当代价值观的注释和附庸，而是通过对象的解放，重建我们与20世纪中国的对话关系。事实上，"对象的解放"也是贯穿《现代中国思想的兴起》一书的方法论之一。

汪晖的学术志趣，既包括历史研究，也有历史社会学分析和哲学方面的建构，还涉及民族、区域和宗教领域，无法用既有学科清晰界定。但是一以贯之的脉络就是：怎么理解中国，怎么理解现代，并由此出发理解世界。

汪晖认为，对于学者而言，学科训练是十分必要的，但知识又是不分领域的，学科的边界是人为造出来的，在问题导向中的学习和研究就不可避免地不断穿越这些边界。作为研究者，最重要的是开放性，要"打破这个幻觉，打开这个空间"，既能在自己成长的领域有专门的造诣，又不能在单一领域中故步自封，要敢于质疑和敢于追问，不断追求新的挑战和问题，并勇敢迈出打破既有框架和体系的步伐。所有这一切的前提是持续的学习、训练、对话和作为驱动力的旺盛好奇心。

从柏林到清华：努力营造群贤毕至的学术氛围

2000年，正处于《现代中国思想的兴起》修改增补的关键时刻，处于沉默和思考中的汪晖来到柏林高等研究院。作为受邀从事访问研究的中国学者，汪晖见到了来自世界各地众多领域的顶尖学者，并参与其学术讨论之中。在午餐交谈、在林荫小道散步、在充溢着咖啡香气的闲聊中，跨学科、跨文化、跨区域的交流对话无处不在，畅游学术海洋中，新能量新思想的迸发水到渠成。

恰在柏林期间，清华邀请汪晖加盟人文社会科学学院（现人文学院与社科学院的前身）。回国后不久，2002年，汪晖正式入职清华，并领衔筹建人文与社科高等研究所。先是在学院内建立高等研究中心，最终于2009年成立校级高等研究所，经过他的不懈努力，成功创造了一个跨学科、跨文化、跨区域的研究平台。

"一所大学有些部分可以是有形的，但是大学的灵魂是无形的，因为真正的创新是来源于'你不知道这个创新点在哪里'的创新，最伟大的研究都是从你不知道它在哪里的那个地方开始。我就是想找一个地方，形成一个氛围，创造一种条件，通过一批很有水平的学者的碰撞和交流，能够让这种未知的创新慢慢浮现出来。对于大学而言，这样的高等研究机构与普林斯顿高等研究院或柏林高等研究院相比的独特之处，就在于让年轻的学生们在求学生涯之初，就能与最具学术创造力的心灵交流和碰撞。"汪晖这样表述初衷。

在高等研究所的邀访名单上，可以看到一大批国内外顶尖学者的名字。其中不乏世界著名政治学家、东南亚地区研究家本尼迪克特·安德森（Benedict Anderson），当代著名马克思主义史学家、思想家和活动家佩里·安德森（Perry Anderson），印度"庶民研究"代表性人物查特吉（Pathar Chatterjee），著名华裔历史学家王赓武，日本著名思想家柄谷行人、著名文学批评家小森阳一……

仅2017年秋季，高等研究所就邀请了哈佛大学法学院教授、批判法学奠基人罗伯特·昂格尔，芝加哥大学历史系前系主任、朝鲜半岛史和朝鲜战争史权威布鲁斯·柯明斯（Bruce Cumings），剑桥大学蒙古学专家宝力格教授等世界知名学者前来演讲、上课并与清华师生交流。伦敦大学金匠学院的政治学家和中国学家迈克尔·杜顿（Michael Dutton）教授在高研所担任讲座教授期间，同时给人文学院和美术学院开设了两门研究生课程，并与美院同学一起策划展览；美国威斯康星大学的亚洲研究专家慕唯仁（Viren Murthy）副教授积极参与博士和博士后围绕19—20世纪帝国与帝国主义问题的读书会，让参与读书会的同学获益良多……

也是在这个学期，汪晖同时为新雅书院主持开设"政经哲研讨课"，布鲁斯·柯明斯教授等十余位世界知名学者以独到的论题和观点冲击了同学们既有的视野和认知。汪晖除了让学生直接与这些重要学者对话之外，也引导他们寻找和发现隐含在学者们论题背后的共同关切，帮助他们梳理一些共同话题间的不同分析，以及相互观点的重叠与对立。从学生的汇报讨论和课程论文看，这些讨论打开了学生眼界，起了帮助他们寻找真实的、前沿性问题的作用。

新雅书院院长甘阳说："本科生能直接聆听大师演讲并与他们对话，这种条件在全世界的大学里面都是很少见的。"

此外，汪晖常让博士生近距离接触顶尖学者。2012年，在柄谷行人来访清华时，汪晖让自己的日本籍博士生仓重拓担任翻译，仓重拓由此进入柄谷行人的研究工作，列席聆听相关学术对话，与柄谷行人结下了深厚友谊。

从庙堂之高到江湖之远：当好社会的学生

2017年上半年，汪晖应邀前往哈佛大学做客座教授。隔离了各种行政事务，生活变得单纯起来。"除了教课，就是重新当起了学生"。他的办公室位于东亚图书馆的楼上，距离寓所仅需步行十分钟，但是每每都亮灯到半夜十二点以后。

"每隔一段时期有一个远离日常环境的阶段，对于反思研究状态、进入新的课题很重要。在外做研究时，因为摆脱了日常琐事，有点像重回学生状态，身体会累，但思想和感觉又变得年轻了。"汪晖说。

各种访学经历，给汪晖创造了一种别样的语境。他思考和研究的核心一直是"中国"，但在拉丁美洲、非洲、欧洲、北美，在不同环境中查阅不同文献，与不同背景的人交流，以别样的语境和角度去看待同样的问题，往往会得到意想不到的效果。对此他说："等于对自己的知识范畴提出了挑战，要换一个角度，你就必须花很多力气去学习未知知识，每次都有一个求知的过程。我也得益于很多遇到的人，有的是直接'遇到'，有的是通过书本'遇见'。"

打破学院与社会的高墙，执意去贴近"草根"，寻找基层最真实的部分，是汪晖学术研究的另外一面。

1990年，汪晖在陕西商洛农村生活了一段时间。那段生活并不长，但对他思想影响长远。汪晖发现，商洛农村情况跟北京学者讨论的问题完全是两回事。在1990年代和21世纪初，伴随着他的问题意识的变化和《读书》杂志推动的思想讨论，他先后介入了环保问题、国企改制等问题，做了相关个案调查，并与从事这些工作的人密切合作，力图推动有关问题的讨论。

2017年暑期，汪晖应邀参加在巴西和玻利维亚举办的拉丁美洲社会科学联合会五十周年学术讨论会并发表讲演。在玻利维亚期间，就像在非洲和其他地区去当地中资公司了解情况一样，汪晖到中铁集团分公司考察，和员工们交谈了一整天。他说："非洲、拉美国家非常关注中国，如何解释中国在这些地区的角色，既是一个实践问题，也是一个理论问题。"

汪晖关注的另一个问题是民族区域。他的《东西之间的"西藏问题"》一书不仅在国内产生了很大影响，也被翻译为英文、日文、意大利文、韩文等，参与国际学术界有关中国民族问题的讨论。为深入理解中国的民族、宗教和民族区域问题，他从2010年起，几乎每年都去一次新疆，与当地学者交流，力图接近这些区域不同群体的真实生活状态。"当代中国面临的挑战是多方面的，民族区域问题是其中之一，中国新的国际角色是另一问题。一方面，我们需要深入思考这些问题，探寻求解之道；另一方面又要从现实和历史的正反两面中提炼出理论性的、反思性的分析，以回应国际和国内的各种解说与批评，并与之对话。"

一位学者为何要如此频繁地深入中国和世界的最真实部分？他说："保持与社会实践的关联，是保持学者思想活跃的方式。否则思想就会慢慢僵化，而本人还不自知。"

五湖四海：找到做老师的感觉

汪晖的学生有一个共同的微信群，群的名字是汪晖给起的，叫"五湖四海"。他的学生确实也符合这个称谓：有来自意大利、韩国的女生，有来自美国、日本和非洲的男生，有维吾尔族、回族、满族的兄弟姐妹。如此多元化的构成，就是想给学生创造一个"知道自己永远存在不知道的知识"的环境。

满族博士生王诗扬说："汪老师鼓励我们要了解彼此关注和讨论的问题，打开知识壁垒，强调看到表面不同的问题下共同的宏观背景。"在她眼中，汪晖很强调英语之外的语言学习，鼓励正在从事有关满族民族问题研究的王诗扬学习满语。

汪晖鼓励学生阐述自己的看法并进行争论，鼓励突破原有的叙事框架有自己新见解。他上的几乎都是讨论课，在"文本与意识形态""现代中国思想专题""鲁迅与现代中国思想"等课程中，每学期都会展开新内容，例如晚清思想的文本阅读、辛亥革命的历史解释、宗教与世俗化问题、现代中国文学和历史研究中的上古史，等等。在课前他会要求同学们进行相关文献阅读，在课堂上做分析和讲演，提出自己的观点。等大家讨论完，他会概述大家的观点，并进行补充分析。

意大利籍博士生戈雅说："每次上他的课，都会持续三个小时，有时会从晚上七点上到十点，但我从没有感到累。"

令学生们心怀感激的是汪晖对每一位同学独立思考的尊重。师从汪晖多年、现为高等研究所博士后的袁先欣说，在指导博士生时，汪老师不会直接说学生某个观点是对的还是错的，他会说出他的观点与学生交流。而且，他会在指导过程中尽量保持学生研究的独立性，尊重学生的自我选择。学生刚开始可能会对他的这种方式不适应，但经历了研究阶段之后会发现，自己对于学术的判断力和研究能力都大大提升了。

弟子遍及"五湖四海"的汪晖，除了在国外做研究期间需要查找某些文献之外，通常不找学生做他的研究助手。他一直说，人文学术研究其实是一种"手工"作业，每一步都需要自己从最基础的工作做起，他笑陈自己的这种研究方式是"手艺活"。

"来清华之前，我在社科院工作，不需要教书。来清华16年，我渐渐找到一点做老师的感觉了。在研究过程中，会产生许多想法，但这些想法未必有精力做，这种研究性的状态非常利于育人，通过教书过程可以把这些问题意识传达出来，帮助优秀学生迸发出自己的创造力。"

研究工作什么时候可以做完？"我没有觉得自己能够做得完，从来没有。"汪晖说，"我的研究工作永远处于一个未完成的状态，就像在长长的隧道里寻求光。学者做学术工作总希望尽善尽美，但跨越边界也意味着即便付出极大的努力，也难以把研究做到极致。但，好处是展开出很多新问题，一旦提出了这样的问题，要解决它们，就不是我一个人能够做到的了。"

记者　周襄楠

清华新闻网2018年3月8日电

解密人生

——记中国科学院院士、清华大学高等研究院讲席教授王小云

王小云，清华大学高研院教授，中国科学院院士，著名密码学专家。

王小云的"作战"工具并不复杂，一支笔，一沓纸，一台电脑，方法全在头脑里。她常常手指搭下巴仰头望天花板，很静，几乎没有动。如果不是眼瞳中射出的锐利目光，看起来很像是在发呆。而此刻，王小云正在科学的迷宫里探索方向。

密码学要求绝对专注，需要剔除许多干扰因素才能达成。在旁人眼中或许枯燥的字符，在王小云看来，处处闪动着灵动的色彩。

"那么烦琐复杂的万物运行，就蕴藏在简洁的数与形里。真正沉下心去理解这些符号，层层剥笋由浅入深，由简单到复杂，一层比一层更接近本质，很是奇妙。"尽管在密码学领域里已经"摸爬滚打"20余年，日前成功当选为中国科学院院士，但说起钟爱的密码学，王小云一如初恋。

"设谜"与"猜谜" 乐趣无穷

怀有兴趣、乐于迎接挑战，这是王小云认为学好密码学需要具备的特质。作为一套精准凝练的语言，密码提炼出了事物本质，并以极简字符控制着整个世界的复杂结构。在王小云看来，密码学就像是"设谜"与"猜谜"的过程，具有成熟完备的科学体系，乐趣无穷。

2005年，美国《新科学家》杂志上刊登了一篇文章《崩溃！密码学的危机》，用极富震撼力的语言报道了王小云取得的里程碑式成果。对于学术界来说，这个巨大震撼源自于被王小云破解的、被普遍视为"坚不可摧"的两大算法。

多年来，由美国标准技术局（NIST）颁布的基于Hash（哈希）函数的MD5和SHA-1，是国际上公认最先进、应用范围最广的两大重要算法。这两种算法的厉害之处在于，对于输入信息的任何一次小的篡改都会立刻引起"雪崩效应"，从而保证信息的数字指纹的

唯一性和不可伪造性。因此，按照常规方法，即使调用大型计算机，也需运算100万年才有可能破解。这确保了电子签名在现实中的绝对安全。

MD5和SHA-1的广泛应用源自人们对其安全性的充分信赖。从理论上讲，它们是"不可能破解的"，全世界密码学精英在它们问世后为其"验明正身"，不少密码学家的尝试破解无功而返。然而，王小云"横空出世"，频频拉响警报。2004年8月的世界密码学大会和2005年2月的RSA年会，见证了两大算法在不到半年的时间里相继告破。

我们可以用比较粗糙简化的方式来理解"王氏攻击"的意义：目前，在最快速度下，普通PC机只需几分钟时间就能找到MD5的"碰撞信息对"。这不仅意味着数字签名安全性的降低，也意味着其他一些基于Hash函数的密码应用安全性降低的可能。果真如此的话，所谓的"安全网络站点"、各种基于Hash函数无碰撞特性的一切密码系统及应用都可能面临遭受攻击的威胁。因此美国国家标准与技术研究院宣布，美国政府5年内将不再使用SHA-1，取而代之的是更为先进的新算法，微软、Sun和Atmel等知名公司的专家也发表了他们的应对之策。

王小云本人倒是愿意从另一个角度来看待自己的发现，那就是呼唤更先进的密码算法，使网络信息更加安全。"密码分析科学家和黑客不同。黑客是盗取密码保护的信息以获取利益，而密码分析家从事的是基础理论研究，是为了评估密码算法的安全性，找到其漏洞，以设计出更安全的密码算法。"

"迎接一个又一个挑战，这个过程令我着迷"

当哈希函数的两大支柱算法遭受重创后，2007年，美国国家标准技术研究院向全球密码学者征集新的国际标准密码算法，王小云放弃参与设计新国际标准密码算法，转而设计国内的密码算法标准。时至今日，王小云也为自己的选择而自豪，祖国的需要就是她做科研的重要动力。

2005年，王小云和国内其他专家设计了我国首个哈希函数算法标准SM3。如今，SM3已为我国多个行业保驾护航，审批的密码产品达千余款，多款产品在国内大范围使用，受SM3保护的智能电网用户6亿多，含SM3的USBKey出货量过10亿张，银行卡过亿张。

最令王小云高兴的是国家网络安全体系在行业标准化道路上不断前进。SM3发布之后，30多项密码相关领域的行业标准出炉，国家对网络安全性问题的认识越来越清晰深刻。"密码学是解决现代信息安全问题的核心技术，目前国内从事密码学研究的人越来越多，他们不断完善各行业信息安全上的密码系统，这将进一步压缩黑客的生存空间，因为一般黑客攻击的无非是非标准化的密码系统或者根本没有部署密码技术的网络通信系统。"王小云说。

在密码学领域里硕果累累，王小云当然有她与众不同的天分。然而，无论是是强调灵感一瞬，还是机器般严密精准的理性，都无形中抹杀了研究者数十年的耕耘和挣扎。

对密码学家来说，时间单位是数十年切割成的一个月、一周、一天里的分和秒，可具体到演算纸上的每一步骤，灵感、失败，结果步步临近的欣喜，都是隐秘的个人战斗。尽管这意味着可能会默默无闻，但王小云说她不在乎，只希望能做出真正令自己满意的成果。"密码学可以给你时间慢下来，需要你完全把精神集中在一件事，深入钻到一个思维去，迎接一个又一个挑战，这个过程令我着迷。"

让中国密码学走在世界前列

在知识爆炸的快餐时代，有一个相对纯粹的环境做自己喜欢的事，用自己的头脑、多年的累积来做一些突破性、颠覆性的工作，王小云说，这是密码人的"小幸运"。

从外交和军事领域走向公开，现今，密码学已经发展成为一门综合数学、计算机科学、电子与通信、微电子等技术的交叉学科。密码学是网络信息安全的核心，密码算法又是密码学的理论根基，其重要性不言而喻。"国家对密码学越来越重视，清华良好的交叉学科合作平台、宽松的学术氛围，都为我们解决更加复杂、未知的问题提供了有力保障。"

科研之外，王小云做的最多的就是致力于培养出更多"可以和世界上最顶尖的密码学家对话的学生"。"中国目前还是要做积累，学科发展需要一批批研究者来累积。一个人的研究时间太有限，也就几十年。培养出更多优秀的学生，才可以不断地延续下去，使中国密码学始终走在世界前列。"

在王小云看来，密码分析学家最出色的能力在于发现密码算法中真正反映安全性的数学问题。王小云丰富的经验加上学生的异想天开，常常迸发出奇思妙想。不管多忙，她总会抽出时间与学生集中展开讨论，甚至在大年初一给学生打电话，交流突如其来的思路。

王小云的团队，现有公钥密码、对称密码两个研究小组。做研究时，学生们难免会遇到挫折，毕竟这是一个量变过程漫长又充满挑战的学科。

"兴趣是支撑每个人走下去不可或缺的因素。大家刚进入研究生阶段时，找不准方向在所难免，这时候就需要老师结合每位学生的特点进行引导。"王小云常常鼓励学生，"发现走错了路不必气馁，行不通时就换个思路，换条路走。如果暂时找不到方向，就暂且把它放下，做点别的事，新的方向可能就突然出现在眼前了。"——这也是她个人多年来学术生涯的宝贵心得，"不追求短期目标，不要以论文和成果作为唯一考核标志。我希望我的学生能够有意愿、有动力探索密码学的奥秘，勇于挑战密码数学难题，并在这个过程中得到乐趣。"

虽然在密码界早已名满天下，王小云还是那个王小云——执着科研、热爱生活。在王小云的办公室里，摆了几盆君子兰，碧绿挺秀的剑叶间，几株花蕾正含苞待放——"这是新的起点。"王小云望向窗外，目光灼灼。

记者 曲田

清华新闻网 2018 年 3 月 13 日电

波澄荫群木　永日淇清华

——记 2017 年清华大学"突出贡献奖"获得者、化工系教授金涌院士

"生命不息，折腾不止"，在 2017 年清华大学突出贡献奖颁奖现场，金涌院士这样介绍了自己的座右铭。而这对于如今 83 岁高龄的金涌院士来说是恰当的评价。

在人才辈出的清华园，在天地辽阔的祖国大地，金涌在不停的"折腾"中切换着不同的身份：在成果频出的实验室里，他是掌握课题组基础研究方向的老前辈；在琅琅书声的课堂上，他是清华学子敬仰的老教授；在化工生产一线工程研发产业化和项目评估现场，他是行业德高望重的

金涌，清华大学化学工程系教授，中国工程院院士，国际公认流态化、反应工程领域的领军人物、循环经济领域相关学科发展与实践推动的先驱者之一。

专家；在大中小学的科普讲座中，他是谆谆善诱和蔼可亲的老爷爷。

作为一位在清华园中耕耘一生的"化工人"，金涌于 2017 年获得"清华大学突出贡献奖"，这也是清华大学对于金涌院士在清华园 44 年耕耘的肯定与褒奖。

结缘清华　初露头角

2001 年，在国际纪念碳纳米管被发现 10 周年的学术大会上，清华大学反应工程研究室的魏飞教授代表整个教研室在大会上发言，宣布已经可以成吨制备碳纳米管，解决了碳材料大批量生产的世界性难题时，整个会场为之轰动。批量生产是碳纳米管从实验室走向实际应用的重要一步。几年后，在该成果的基础上，成功建成了碳纳米世界最大生产企业（之一）。这一年，距离金涌院士领衔创建清华大学反应工程研究室已经过去了 25 年。

结缘流化床反应工程研究，对于金涌来说是一次偶然的际遇。1959 年留学苏联回国后，金涌先是被分配到中国科学技术大学任教，之后在"文革"中教学科研工作一度中断。直到 1973 年，由于中科大不再设立放射化学专业，金涌和同系的另外几位教师借助清华与中科大之间的相互调动机会，一起来到了清华，继续教学科研工作。那时，"文化大革

命"尚未结束，他和同组教师，带着18位学生，到一家化工厂开门办学。

当时一台苏联进口的大型流化床反应器，由于长期运行损坏，无法正常稳定生产。厂里召开工程师和技术人员集中讨论如何改造设备，他们教改小分队也应邀参加。由于厂里技术员全在集中学习，学生队长主动申请承担设计的任务，并激动地表示要设计一个新的、世界一流的流化床反应器。

这无疑是一个巨大的挑战。没有设计流化床方面的工程经验，金涌带着师生凭着扎实的基础知识，查询国际上流化工程学术上的最新进展，对于一些拿不准的关键部件尺寸，他们还特意到北京化工研究院（现中石化研究院）借用实验设备测试了数据，作了数周的试验验证。在车间工厂的技术员和操作工人热心支持和帮助下，任务圆满完成。金涌回忆道，"当设备投产运行时一颗悬着的心才落下来，真是特别'给脸'，不但设备采用的先进技术运行正常，大部分技术指标还超过了原来苏联设备。"

"文革"结束后，金涌领衔创建了清华大学反应工程研究室（Fluidization Lab of Tsinghua University，简称FLOTU），实验室在多相反应器尤其是流化床反应器的基础研究和工业应用方面建立了很高的国际声誉。现为"绿色反应工程与工艺北京市重点实验室"与"清洁能源化工技术教育部工程研究中心"。

同时，金涌还开设了"化学反应工程"课程，并逐步把它打造成了精品课。此外，他们还结合此前在流化床设计的经验，成立了第一个实验研究平台，确定了教研组学术方向。1979年，金涌带领课题组成员完成了一篇关于流化床内两相运动规律用荧光示踪的研究论文，这是他们"文革"后的第一篇科学论文。

此后不久，一位澳大利亚籍华人教授梁亮星来清华讲学，金涌向他介绍了课题组的研究，并带他参观了实验室。当时这位教授认为教研室的研究成果在国际上已经有一定水平，故推荐他们参加在美国新罕布什尔州举行的第三次国际流态化会议并选作大会报告。1980年，金涌研究团队的研究成果第一次在国际会议上亮相。据金涌回忆，虽然当时赴美的审查程序烦琐，但是在当时的国际环境下，来自中国科学家的研究成果让世界化工界都感到为之振奋。

百尺竿头　更进一步

从工厂到实验室，再到国际学术会议，金涌的科研一直都与实际生产紧密结合。促使他们的研究更上一层楼的，是第一次将科研成果应用于实际生产的经历。

当时，金涌课题组接的第一个大课题是如何控制不同反应条件的流化反应器中实现从鼓泡流到湍流的转变。他与研究生们一起从不同温度、压力、流体相黏度、表面张力、重度、颗粒大小、粒径分布和两相颗粒速度等多个影响因素出发，分别构建了相应的反应系统，并对每个系统提出了判断气—固两相流化床反应器的操作状态和流型转变判据。后来，他们以此作为指导在生产一线改造化学反应器。从20世纪90年代至今，课题组根据这一研究成果，对于近十多项不同的工艺的大型工业反应器进行了改造，设计了新的反应器装置共数十台，提高了反应转化率、选择性和设备生产能力，在一些产业中该型反应器成为行业标准设备。使课题组在化工产业界有显著的影响。

凭借流态化反应器流型转变和其他研究方面的贡献，金涌带领研究团队获得了国家发明奖二等奖（1987年，第一发明人）和国家科学进步奖二等奖（1996年，第一获奖人），获教育部、石化总公司、石化协会等部级科技进步一等、二等和三等奖十多项。这也使反应工程实验室在国际流化床界享有了较高的声誉，在国际上发表SCI引用的论文也随之增加到数百篇，另还撰写和编写中英专著数册。

不久后，实验室又开始了对催化裂化提升管反应器从并流上行到气固并流下行的改造研究。金涌很快把研究着眼点定在气固并流下行这个方向。在世界上率先全面明了了气—固两相顺重力场运动的特殊规律，并成为这领域研究的领跑者。在济南炼油厂，在厂方的支持下，课题组把一个上行的提升管改成了下行反应器，充分显示其优越性，大大提升了催化管反应的收率和选择性效率。正是由于他们的坚持不懈，这方面的基础研究在国际上一直处于领先地位。

在世界范围内纳米科学兴起的大背景下，金涌将传统流态化技术应用范围从颗粒的尺寸向更小的纳米尺寸延伸。从公认"无法流态化"的微米尺度禁区，推迟到纳米尺度，他们研究了纳米颗粒团聚流态化基础性行为，并对其做了产业化应用研究，这在国际上属首创。课题组的魏飞教授正是以此为基础，合成了世界上最长、最大批量的碳纳米管，并率先建成了世界大型纳米碳管生产基地。

总结自己课题组的科研成果，金涌认为有三项研究达到了世界领先地位，并在生产中取得了突出的应用成果——气固流态化流型转变和工程开发、气固并流下行反应器研究、团聚流态化基础和应用研究。因此，金涌的研究团队获得了2006年美国化学工程师协会（AICHE）颁发的PSRI流态化讲座奖（PSRI Lectureship Award in Fluidization），使课题组在国际上具有了较高的学术声誉。

至今，金涌牵头成立的教研室已历经40多年。经过几代师生的努力，该研究团队研发的气固湍动流化床、气固循环流化床、气固超短接触催化反应器、气—液—固三相流化床、移动床重整反应器、纳米材料制备团聚流化床反应器，大型节能干燥装置等均已成功地应用于生产，在十多个不同生产工艺中，设计应用于数十台大型化学反应器，获得了显著的经济和社会效益。

谈到获得清华大学突出贡献奖时，金涌坚定地说："这个奖不光属于我，更属于和我一起长期合作的师生团队。"

桃李不言　下自成蹊

在金涌眼中，让他从一个学生逐步成长为一名教师得益于在天津大学进修的一段经历。

1960年，金涌在天津大学进修，同时兼任中国早期化学工程学家、教育家丁绪淮老先生的助教。丁绪淮先生是中国化学工程界元老，学术造诣深邃。每周的答疑环节中，无论有没有学生前来提问，老先生始终坚持到下课才离开。金涌利用参与答疑的机会，把自己心中的疑问向丁绪淮老先生请教，丁先生都做了详细耐心的解答，还把他带到家中，让他阅读自己多年搜集、整理的资料。就这样，金涌在天津大学的两年，成了丁先生的"入室弟子"。

从丁绪淮老先生身上，金涌提升了对于化工科学的认识，也感受到老先生坦荡无私、提携后人的风骨。这段经历不仅仅是金涌和丁绪淮先生关系的写照，也成为日后金涌与自己同事和学生亲密关系的注脚。

化工系张立平副教授是金涌接触到的第一批学生，两个人从1974年相识至今40多年，一直是亦师亦友的关系。张立平回忆当年金涌教授40岁出头，说话直白风趣，毫无架子。在金涌的影响下，张立平也渐渐对化工专业产生兴趣，这是对他留校后从事科研工作的决定性一步。

金涌钻研的精神潜移默化地影响着学生们。张立平回忆，当年在天津，每逢周末学生们就会在市里玩，而金涌却在屋子里啃当时难得的英文专著，把其中的心得体会在下周的试验中讲给学生。唐山大地震发生时，天津也受到影响，金涌就和学生们一起住在帐篷中，兴致勃勃地探讨专业知识直到很晚。在张立平眼中这永远是难以磨灭的宝贵回忆。

据金涌的同事和学生回忆，无论是在工厂还是在实验室，金涌都是身先士卒，亲力亲为。拆设备的旧保温包装时，玻璃棉絮飞扬，让全身刺痒难忍。金涌却总是和学生一起动手，从未听他喊过累、嫌过脏。试验取样点在十几米高的反应器顶端，一般人站上去都会头晕目眩。每次取样，金涌都会沿着很陡的钢梯，爬上反应器顶部，亲自指导取样。

金涌的学生在谈及他平时的指导时，都会对他的一项"绝活"赞不绝口，那就是手绘图纸。工作中，金涌在学科定位、科研定位、科研路线选择方面具有超于常人的准确和前瞻性，总能提出创新性设计。这些想法很快他都能手绘草图，并和设备加工人员沟通，亲手调试、观察，直到实验成功。

在生活中，金涌对学生就像自己的亲人一样。化工系程易教授讲到，在他博士二年级时，设计高10米的反应器正赶上自己腰伤发作，每一次拆卸和安装都会疼痛难忍，满头大汗。金涌见状立刻让程易停止实验室的所有工作，送他到医院诊治，并主动承担所有的医疗费用。后来，金涌还引导他自学数学、物理、力学等进行多相计算流体研究，并支持他去荷兰留学深造。

金涌一直强调，清华人要准备做未来五十年的科研工作，一定要有长远视野。正所谓"桃李不言，下自成蹊"。

2011年1月，清华大学成立"金涌奖学金"，金涌将获光华工程科技奖的奖金、几年来为工厂服务所得的咨询费、出去讲学作报告的酬金，共计40多万元，全部捐献给了"金涌奖学金"，奖励优秀学生投身化工研究。该项基金在已毕业学生的襄助下已有数百万元规模。

老骥伏枥　志在千里

耄耋之年的金涌，如今的日程安排依旧十分紧凑。"老骥伏枥，志在千里"这是对他最好的描述。

进入新世纪，金涌先生主动推举年富力强的魏飞教授出任实验室主任，自己则退出了流化床反应器研究的第一线。尽管如此，金涌先生的工作重心依旧还留在化工学科上，有一分光，发一分热。

今天，中国正处于转变发展模式的关键时期。金涌开始将视野放到整个产业经济和环境保护的大方向上，大力提倡和宣传"循环经济"的概念。2002 年，金涌邀请了数位院士专家，申报了在第 198 次香山会议上讨论"生态工业工程与生态产业园区构建"专题。

之后，他们牵头成立了生态工业工程和循环经济协会，走访并支持环保部、发改委推动循环经济发展和企业生态产业园区规划建设的试点项目。该学会每年召开学术年会，研讨教育部新成立的"资源循环科学与工程"专业的课程，进行相关人才培养，为我国循环经济的发展作了重要贡献。此外，金涌全过程参与了循环经济在中国从概念到项目落地并撰写了两本专著，成为我国倡导循环经济、生态文明的先驱者之一。

从青年时代结缘化工开始，金涌就一直为毕生从事化工研究自豪。然而，受种种错误思想的误导，社会上某些人开始妖魔化化学工业。作为化工领域老科学家，金涌深感自己有义务向大众宣传化工知识。2009 年，在金涌院士的倡导和发起下，43 位两院院士联名发表了《振兴化学与化学工程教育，从中学生抓起》的倡议书，号召通过化学化工的科普教育，让更多青年学生了解化学化工专业的前沿进展。从热爱化工到志愿以化学化工作为终生奋斗的事业，是百年育人大业。

金涌还策划用视频短片的形式向公众，特别是中学生展示化工世界的美丽。他邀请来自不同高校、科研机构的数十位院士、专家参与了视频短片制作和配套科普书的编写工作。经过长达 6 年的努力，2016 年 5 月，一套反映化学化工前沿的视频短片集及配套科普书《探索化学化工未来世界》终于面世。

"我们做这个是无偿的，当然也希望把它送到真正需要的人手里。科普是全民的素质提高，科普化学化工的目的，就是希望有更多年轻人将来能投身到化学化工的事业中来。"金涌院士满怀希望地说。在此之后，金涌计划继续推出后面的几部续集，如今也已经找到了合适的接班人来完成后续的编撰工作。

"折腾不止"一直是金涌的座右铭。金涌认为之所以能做出些成绩，是赶上了好时代，有机会全力工作生活。在科研之余，金涌喜好诗词书画，是参加中国工程院院士诗歌协会活动的积极分子。在重大研究成果成功产业化时，他在乘船从长江顺流而下的路上填完一首《念奴娇·游长江·登黄鹤楼》来表达喜悦心情。他还爱好收藏印章，并曾把自己的收藏编录在自编书《美在金石方寸间》，书里藏品的历史背景介绍都是他逐个查阅资料配上说明的。

"四世同堂" 薪火相传

"行动是信仰的肢体。"这是老舍的小说《四世同堂》里瑞宣对比自己和钱先生所做之事的感慨。而对于金涌来说，他所做出的成绩也正是源自他的信仰。

作为一个"老北京",金涌出生于 1935 年,生长在《四世同堂》中描写日军蹂躏下的北平城。他自幼失去父母,在日寇的铁蹄下度过了童年的时光。受到进步思想的影响,他早在 1949 年 10 月就加入新民主主义青年团(中国共青团前身)。

1953 年,金涌高中毕业后参加了大学统一招生考试。由于成绩优异,他被国家委派赴苏联留学。对于这一代中国青年来说,求学之路更多了一份国家的责任和民族的希望。

"面包干",这是苏联学生给中国学生起的绰号,由于他们每天"宿舍—教室—图书馆"的三点一线,生活极为枯燥。早上 7 点起床到学校上课,上完课后去图书馆自习,一直待到夜里图书馆 12 点钟关门才回宿舍,一天只睡六个小时左右。

金涌回忆,当时苏联的大学只有全部成绩都得到 5 分(也就是满分)的学生,才能拿到红色的毕业证。而当时留学苏联的中国学生,绝大部分人的毕业证都是红色的。他们成为日后新中国建设的中坚力量。也给苏联大学师生留下很好印象。

正是这份对于国家的赤诚、对社会的责任,让金涌至今仍然活跃在各项工作之中,44 年在清华工作岁月,从年富力强到须发皓然,他一生无悔。

"窗明几净无尘扬,赏心又悦目,舒心肠,举手之劳莫轻视,勤努力,良习此中藏。"这是 2013 年清华大学特等奖学金获得者张如范写的一首鼓励同学们努力科研的诗词。被他的师弟、另一位特等奖学金获得者唐城抄写在实验室的小黑板上。他们所工作的课题组正是金涌牵头成立的实验室。他们的导师、清华大学"良师益友"获得者魏飞教授,正是金涌的"接班人"之一。

如今,这个课题组中已经走出了 6 位特等奖学金获得者、5 位清华大学"学术新秀",4 名全国优秀博士论文奖获得者,特别是"学术新秀"张强博士留校任教后指导的学生也获得了"学术新秀"。像这样四代传承的课题组,在清华园中并不多见。

"一朵花,长在树上,才有它的美丽。"如今,金涌牵头创建的实验室已经长成了一棵参天大树,枝繁叶茂。在今日的清华园里,金涌迎来了属于新时代的"四世同堂"。

金涌,以"历史亲历者"的身份见证了半个世纪中国翻天覆地的变化,也以"国家建设者"的身份在民族解放、中华崛起的征途上奉献了自己毕生的心血和智慧,今日,当代清华学子的成长环境正是金涌这样老一辈清华人毕其一生所作出的贡献而铸就的。

学生记者　宋亮　阮广春

记者　周襄楠

清华新闻网 2018 年 3 月 14 日电

在国家急需领域做科研的"探矿者"

——记中国工程院院士、清华大学材料学院教授周济

初春的清华园，天高云阔，草木萌发。

走进材料学院系馆，抬头仰望，微微泛黄的墙面上，院士照片一字排开。其中，日前刚刚当选的中国工程院院士、清华大学材料学院教授周济的照片赫然在列。

尽管每天都要在实验室里忙碌，也无数次地从这些照片下走过，周济自己却没有注意到这个改变："当选院士只是对我过去所做工作的一种肯定，我感到非常荣幸。接下来，还有更多的工作要做。"

周济，清华大学材料学院教授，国家杰出青年基金获得者。

不出国不下海："做学术是我一生中最明智的选择"

谈到个人的成功，周济首先提到的是一些客观因素：天时、地利、人和。

"我们这茬人是不幸的一代中最幸运的一部分，不幸的是我们在'文革'中接受的基础教育，几乎没学到什么东西；幸运的是我们中学没有毕业'文革'就结束了，上大学没有被耽误。"1978年，16岁的周济以在校生的身份参加了"文革"后的第一次全国统一高考，进入了吉林大学，开始了他的学术生涯。"没有被耽误"并赶上了好的发展机遇，他认为是"天时"。

大学毕业后，周济先后在中国科学院长春物理所和北京大学完成了硕士和博士学习，博士毕业后来到清华大学工作至今，转瞬26年。"能有幸在不同学术风格的学校和研究所学习和工作，给了我集各家治学之所长的机会"。谈及自己学习和工作过的清华和北大，周济坦言，在精神层面上，他比较欣赏北大的思想自由、兼容并包；但在行为方式上，他跟清华的风格更契合。"在清华可以潜心做学问，不用去炫耀。一分耕耘，一分收获。"他认为，这是"地利"。

在清华，周济认为对他影响最大的人是李龙土院士。"李老师'行胜于言'的工作风格，

宠辱不惊的行为方式，厚德载物的为人态度都对我和我们整个功能陶瓷团队产生了潜移默化的影响，也造就了我们这个研究团队特殊的实验室文化。这是我们能够持续不断地推出高水平成果，在国内外功能陶瓷领域占有重要地位的主要原因"。周济认为，能在一个团结和谐的团队中多年工作，是他取得成绩的"人和"因素。

谈起个人的因素，他只强调了一点："做学术是我一生中最明智的选择"。作为"文革"后的第一批大学生，周济毕业之时正值国家百废待兴、国门刚刚开启之时，人生的道路有多种选择。在当时的潮流下，很多人选择了出国或者下海经商，都能够名利双收，而在国内读博士，因为吃力吃苦一时间又见不到回报，并不被很多人看好。"因为英文不好，就没有出国；因为不是很看重钱，就没有下海，最终选择了最不被看好的道路"。周济认为，当年没有被潮流所裹挟，没有受到利益的诱惑，通过独立思考选择了一条适合个人发展的道路，他谦虚地把这一点看作是取得成功唯一值得一提的个人因素。

谈治学："跨学科的背景让我受益匪浅"

从履历上看，周济的学科背景似乎有些"复杂"：本科学半导体化学，硕士学物理学，博士学化学，现在从事的又是材料科学研究。周济却笑言，正是这种看似"复杂"的跨学科的背景使他的科研生涯受益匪浅。

周济本科学的是半导体化学。"虽然专业的就业目标很窄，但基础课学了很多。"这个五年制的专业令他受益良多：跟物理系一起学数学和物理，跟化学系一起学化学，又完成了电子学和半导体的专业课程。也正是这样一个特殊的专业背景，为他以后在多学科交叉领域的纵横驰骋提供了坚实的根基。

大学毕业后，周济在中国科学院长春物理研究所攻读硕士学位，主修固体物理学，毕业后留所从事两年光电子学的研究。1988年，在学术研究上初试锋芒的周济进入北京大学化学系，在著名固体化学家苏勉曾教授的指导下攻读博士学位。1991年到清华大学材料系做博士后，师从时任清华大学校长张孝文教授和李龙土教授，进入功能陶瓷材料研究领域，出站后留校工作至今。

几次"改行"，都源自内心对前沿科学探索的不懈追求。

"之所以从半导体化学转向物理学，是因为当时觉得所学的半导体在国内缺乏好的条件，太依赖于设备；而后来搞固体物理学，发现研究结果往往与样品的制备关系非常大，为了能够自己制备样品，读博士就选择了化学。博士毕业后，发现自己真正想做的是材料科学，因此转到了现在这个领域。"周济笑着告诉记者，"材料科学是一个理工结合的学科，在这个领域中，可以用理科的思维去解决工程的问题，这是一件令人非常有成就感的事情。"

为了说明材料科学的重要性，周济举了一个例子。20世纪90年代，我国引进了首条片式电感器工艺线，却因国外大公司对关键材料——低温烧结铁氧体的封锁而濒于夭折。针对这一迫切需求，周济及其团队在国家"863"计划重大项目支持下，开展了片式电感器材料的研发。他另辟蹊径，绕开国外专利技术，提出了新的技术路线，发展出高性能片式电感器用铁氧体材料,大幅拓展了片式电感器的感量和频率范围;同时打破了国外企业的封锁和垄断,为我国片式电感器产业的形成和发展赢得了机会。

"我们的初步成果一发表,国外就对中国解禁了相关领域的材料;随着我们工作的一步步推进,他们又把片式电感器材料一步步降价;最终我们做出了比他们更好的材料,使我们国家这个产业掌握了国际竞争的优势。"周济说,这是他承担的第一个较大的科研项目,通过材料研发带动了一个新型电子元件产业的形成和发展,这样的成绩让他备受鼓舞。

做科研:"我不喜欢追随,就喜欢做点和别人不一样的"

在 2016 年度国家科学技术奖励大会上,周济和他的团队凭借"非金属基超常电磁介质的原理与构筑"项目获得国家自然科学奖二等奖。

超常电磁介质的探索最初始于 20 世纪 60 年代苏联科学家韦谢拉戈提出的一个思想实验。韦谢拉戈发现,假如有同时具备负介电常数和负磁导率的物质,即负折射率,电磁波的传播行为将会发生根本性改变。然而,由于自然界中并不存在该材料,这一想法当时并未得到人们的过多关注。直到 20 世纪 90 年代末,一位英国科学家提出利用金属谐振结构阵列实现超常电磁响应的方案,并于世纪之交被实验验证,超常电磁介质才自此诞生。然而,受制于金属基体的固有特性,高损耗、各向异性、难以调控以及光频材料难于制备成为困扰此类材料发展的壁垒。

为了解决这一问题,周济提出了"超材料与自然材料融合"的思想,借助非金属材料中丰富的电磁极化机制,初步创建了非金属基超常介质的原理框架和构筑策略,解决了金属超构材料高损耗等问题,开辟了超材料研究的一个新分支。

谈及过往的荣誉,周济淡然处之。他更关注的,是成果本身带来的效应:"中国正在经历从科学大国向科学强国的转折点上,过去我们做科研总是跟别人的后面,今后这种跟风式的研究已经没有多大意义了。只有在很多领域都做出原创性成果,才能成为真正意义上的科技强国。"

对于研究方向的选择,周济始终坚守的标准——做"顶天立地"的科研。"做科研,我不喜欢追随,就喜欢做点和别人不一样的。但这种'不一样'必须建立在一个结合点上,就是既要能够服务国家重大需求,也要符合自己的兴趣。"

说起来云淡风轻,做起来却备尝艰辛。选择在冷门的科学领域中上下求索,不仅意味着要在空白处拓荒、没有太多前人经验可循,还时常碰到不少从未遇到过的棘手问题,投入大产出少,甚至还经常要冒着"此路不通、前功尽弃"的风险。然而,恰恰是这种"探险"的感觉,成为他不断开拓的动力。

"如果大家都扎在一起,很容易导致低水平重复,也会导致恶性竞争。我觉得我们的研究更应该像是探矿,虽不能像'采矿式科研'那样获得丰硕的产出,但可能更有意义。"周济说,他愿意做一个"探矿者",在国家需要的地方、在一个个陌生而荒芜的领域,去发现、去探求。

当老师："要求学生两件事：敢创新，做有意义的事"

一直以来，相比于众多的学术头衔，周济更珍视的是自己的"教师"身份。他希望，能把自己为人、治学、科研的诸多心得传递给学生，助力他们的成长。

在周济的课题组里，他从不将自己的研究方向和课题任务强加给学生，而是细心观察、提前沟通，按照学生本人的兴趣和知识结构"量体裁衣"，给学生提出适合他们自身特点的课题方向。方向选定之后，他也不会要求学生每天必须待在实验室里，只是不定期地召开组会，让学生汇报工作进展，一起讨论进一步的方向。"总有不尽如人意的时候，但要允许学生犯错。况且，学生自身也是有要求的，有兴趣牵引的研究总不会做得太差。"周济告诉记者。

"为什么要把学生逼得惨兮兮的？我喜欢的是'四两拨千斤'的科研方式。"周济笑言，自己并不是一个严苛的导师。在他看来，做科研不要把弦绷得太紧，而是要充分享受探索与发现的魅力。

比于发论文、出成果，他更希望的，是将科学精神与治学思想传达给学生，"研究生做研究的目的主要是培养创新能力和独立思考的习惯，学生获得的也不应该仅仅是知识。"

近年来，尽管科研任务日益繁忙，但他还是为本科生开设了一门全校性选修课——"科学研究导论"，试图将科学精神的培养，科学方法的评介和创新思维的训练相结合，将科学大师的人生观、价值观、治学理念和思想方法结合自己的科研"心经"一并传授给学生们。

"周济老师始终鼓励我们做两件事，一是敢于创新、不要怕困难；二是做有意义的事。尤其对于基础研究来说，当前可能看不出实用价值，但可能是接下来研究的基础。"学生仇冠乔说，"他性格直爽，对于我们表达的观点，都会给予非常详细的评价和指导。"

而对于自己下一步的工作，周济也有两个期待：一个是扎扎实实地推进现有研究；另一个是多招几个学科背景多元的学生，不同学科背景的人坐在一起脑洞大开，说不定就会碰撞出新的火花，取得重大突破。

特约记者　卓然
清华新闻网 2018 年 4 月 4 日电

玖韵保芳华——贺环境学院许保玖先生百岁华诞

2018年4月29日上午，清华大学迎来第107个校庆日，许保玖先生百岁华诞贺寿会在清华大学环境学院举办。许保玖先生及其家属，原全国政协环资委副主任、原国家环保总局局长、国家气候谈判特别代表解振华，原城建环保部部长叶如棠，生态环境部副部长、九三学社中央副主席黄润秋，清华大学党委常务副书记、副校长姜胜耀，清华大学原党委书记方惠坚，清华大学建筑学院吴良镛院士等清华师生、各界校友，许保玖先生的学生、同事、朋友，环境保护与给排水等领域相关单位代表300余人欢聚一堂，共祝我国环境工程及市政工程领域著名学者、给水排水工程学科奠基人和开拓者之一许保玖先生百岁华诞。

许保玖，我国环境工程及市政工程领域的著名学者，给水排水工程学科的奠基人和开拓者之一。

许保玖先生在我国给水排水工程和环境工程界具有极高的学术声望，在教学岗位上辛勤耕耘近半个世纪，主讲了多门本科生、研究生课程，直至八十高龄还在讲台上亲自为学生授课。

给水排水　先生真有货！

20世纪50年代末，清华给排水专业课堂。

"听说先生是美国回来的。"

"给排水是咱专业的重中之重，可有人说这课听不懂……"

大四的蒋展鹏（现为清华大学环境学院退休教授）和同学们已经有了一些施工劳动的经历：1958年"给0班"参与东单—建国门管道施工劳动和石景山钢铁厂的冷却水泵房—水池施工劳动，他们对城市给排水有了一定的认识，同时也使得他们对这门重中之重的专业课很期待。

许保玖先生就是这门专业课的教师。他是从美国回来的博士，大家都很尊敬他。上课几周后,不少同学觉得许先生的课听不懂;待坚持一段时间之后,同学们的看法变了。"大家慢慢熟悉、习惯了许先生的讲课思路,特别是学期末从头至尾复习一遍笔记(那时没有像样的教材,基本上都靠记笔记),就感到许先生讲的内容真丰富,我们学到的东西多,收获大。大家都说,许先生'肚里有货'(有学问之意)。"

"其实细细想来,许先生的讲课思路是一种跨越式的思路。例如,平常我们习惯听1—2—3—4,一步一步前进;而许先生讲的可能是1—2—4,从2跳到4,中间的环节要自己思索、演绎。这样既节省了时间,提高了效率,又锻炼了学生的思维能力。"

同为许先生弟子的张晓健是清华大学"文革"后招收的第一届研究生。他回忆,"许先生建立了"水三"这门课的课程体系。以反应动力学和反应器理论为理论引导,融合了化学、水力学、生物化学等学科的相关理论,对水处理技术与工艺进行了深入的理论分析。当时许先生讲授用汉语,教材用的是与美国研究生教学同步的原版教材。"

"许先生授课的特点,一是重视实践上升为理论,注重理论上的共性问题;二是重在传授学术思想和学习方法,学习掌握工程技术的理论精髓;三是要学习掌握数学工具,通过建立基本模型和数学推演,获得工艺的微观反应与宏观效果的定量特性;四是培养研究思维方式,形成分析与创新的能力。"

这位"真有货"的许保玖先生生于1918年12月31日。1942年从民国时期的最高学府——国立中央大学土木工程系毕业,而立之年前往美国密歇根大学攻读卫生工程硕士学位,后前往美国威斯康星大学深造,于1951年获得博士学位。许先生在威斯康星大学期间便有了为水处理行业写物理化学教科书的初步想法。他攻读了包括基础化学、分析化学、有机化学、物理化学等在内的所有课程,为"肚里有货"以及后来能够创立课程体系打下了坚实的基础。

1955年初,冲破当时国际反华势力的重重阻力,许先生与夫人毅然回到祖国,成为我国给水排水界的第一名博士,致力于新中国的给排水事业,开始了在清华大学长达半个多世纪的科研和教学生涯,于是也才有了开头所叙述的那一幕。

搅拌机、澄清过滤装置 先生这也行!

1961年,清华大学给水排水教研组。

"没有混凝搅拌机!市面上也买不到。试验怎么办?"

1961年初,蒋展鹏毕业留校当了教师,与许先生同在给水排水教研组工作,有了更多学习和了解许先生的机会。当时实验室没有混凝搅拌机,市面上也买不到,没办法做混凝搅拌方面的试验。许先生主动提出自己设计搅拌机。大家都暗自咋舌,因为这完全是机械专业的事,与给水排水专业相距太远。但许先生一个人在实验室塔楼的二楼设备间空隙里支起了绘图桌,专心工作了好几个月,完成了无级变速搅拌机的全套设计,包括总装图和各零部件图。这种无级变速机械构造当时在机械专业也属先进的技术,而用在混凝搅拌机上则大大地提升了使用性能。

依照许先生的设计,学校的设备加工厂生产了两台机器,满足了当时的教学科研需要。"兄弟院校和研究单位听到这个消息简直如获至宝,都跑来参观学习,购买图纸。可惜那时不讲究知识产权,土木系资料室只收晒图成本费。"

那时,许先生还亲自设计了实验室大厅里的给水澄清和过滤实验系统装置,其中融入了当时的国外新技术水力加速澄清池的概念。这套装置一直作为教学和科研的基础设备之一长期服役沿用,直到后来实验室改造装修才被拆除,完成了它光荣的历史使命。

既精通专业知识,又可做延展设计;推演、归纳兼具动手能力,许先生实力演绎了何为"一专多能"。

"行胜于言"与"思先于行"的统一

1964 年,高浊度水处理研究项目组。
"你在试验中见到'颗粒物'了吗?"
"只有想到的事情才有可能做到,想不到的事情一定做不到。"

1964 年初,程声通(现为清华大学环境学院退休教授)开始了毕业设计。他被分到高浊度水处理研究项目,许保玖先生是指导教师。

那时是"真刀真枪"的毕业设计,题目源自太原钢铁厂水源地汾河高浊度水的沉淀处理。许先生在程声通的报告上写满红色的批改文字。"你在试验中见到'颗粒物'了吗?"他不无严肃地问。程声通仔细一想,是呀!水的浊度那么高,成千上万个颗粒挤在一起,哪还能见到单个的游离颗粒物呀!许先生接着说:"你们年轻人要敢想,不能墨守成规。"又说:"只有想到的事情才有可能做到,想不到的事情一定做不到。"

许先生一个"想"字,让程声通想了很久。"许先生提倡学生'想',对今天的教育来说具有特别的意义。清华的学风是'行胜于言',近一个世纪以来,清华学子都以此作为行为准则。'行胜于言'无疑是必要的,而"'言'作为思想的表达,在某种意义上较之'行'更为重要,对于创新型大学的建设尤其如此。"

"'只有想到的事情才有可能做到,想不到的事情一定做不到。'这句话语言浅显,却富含哲理。有工程学科背景的人都有这样的体会:很多主意往往在自以为不能实现或难以实现的情况下就被自己轻易否定,当这种考虑问题的方法成为思维定式时,它就成了创新思想的杀手……清华的学生天赋好、勤学善学,如果再加上'勤思善辩',就会如虎添翼。清华的未来不仅在于培养'行胜于言'的学生,更在于培养'行胜于言、思先于行'的一代新人。"

许先生不仅提倡学生善思敢想,他自己也身体力行。20 世纪 80 年代,环境工程学科乘势而起,业内为"环境工程"和"给排水"争论不休,有人说"环境工程就是 80 年代的给排水"。许先生却孜孜不倦、默默耕耘,完成了数量巨大的学术著作,为环境和市政工程师提供了丰富的精神食粮;在水处理教学中,他率先采用"反应动力学"方法描述水处理过程,成为水环境和给排水教材改革的先驱;1990 年代,年过古稀的许先生又提出"水工业"的口号,为给排水和市政工程行业的发展提出了新的方向。在学术领域,许先生真正体现了"行胜于言"和"思先于行"的统一。

坚韧顽强　令人敬佩

"文化大革命"中，年逾半百的许先生也和清华多数教师职工一道被送往江西鲤鱼洲农场"劳动锻炼"。不仅是他，连师母甘祯祥博士和未成年的孩子也一并迁到了农场。他们要克服的种种困难可想而知。

有很长一段时间，许先生所在的劳动班的任务是制瓦，就是用手在一台制瓦机上制作水泥瓦。全班共十一二个人既要坐船到鄱阳湖的某一支流去挖沙、运沙，又要每天三班倒不间断地制瓦、晾瓦，劳动强度十分巨大，其中制瓦过程尤甚。

许先生与三十来岁的中青年人一样混编其中。制瓦是三人一小组：一人拌和水泥砂浆；一人往制瓦机上的钢板瓦模供沙浆料，这个人还要负责放上空瓦模和端下已制好成型的实瓦模；另一人则是"主角"，负责靠手劲捣实浆料依模成型，并洒适量纯水泥做表面处理。每过一小时三人工种循环轮换。八小时后换班。

刚开始时，劳动组每小时只能做四五块瓦，后来做到三四十块，四五十块，达到甚至超过了一般制瓦工人的水平。再后来，做到了六七十块，甚至八十多块，也就是说不到一分钟就要做一块，真是创了"奇迹"。大家所付出的艰辛自不必多说，每天换班时手臂都举不起来。尽管周围人都劝许先生"量力而行"，许先生却丝毫不"落后"，照样做到七十来块。他的顽强、韧劲令后辈敬佩。

培养学生　细致入微

"他对学生严格要求，但平易近人。我们这一拨人，学的是繁体字，后来用的是简化字，做作业、记笔记、写读书报告都不拘一格，繁简乱用，有时还夹杂一些错别字、异体字。给我留下深刻印象的第一件事发生在课题组成立不久，许先生将我们召集在一起，谈起读书笔记中的规范用字问题。他没有批评我们，只是提醒大家注意规范用字。接着，他从提包里掏出一沓小册子，人手一册，是国家颁布的《简化字总表》，许先生从新华书店买来的，大家只觉得心头暖乎乎的。"这是程声通对在许先生身边学习时的回忆。

先生的第一名硕士生张晓健（现为清华大学环境学院教授）则对论文指导记忆犹新。"到了第三学期底，该开始论文研究了。许先生说，在河流水污染研究中，污染物在河流中的混合问题国内研究尚为空白，要我以此为选题开展研究。"许先生给了我一张纸，上面列着最近的三四篇英文文献的论文题目及发表期刊的卷期号，要求我首先从这几篇论文开始，全面梳理该领域的发展历史、研究成果、发展现状和存在问题，在此基础上再总结发展成系统的理论和技术。

"从借阅这三四篇论文开始，我把该领域所有能借阅到的美国英国的文献都认真阅读了。许先生要求，重要文献必须看原文，必须对要点作详细的笔记，必须分析论文的成果与问题，必须对每篇论文在整个领域的发展贡献作出评价。"

那时候查阅外文文献还没有电子数据库，都是要查纸质的，老旧的文献是原版的，后来的是影印版的。"我查的文献主要是在清华大学图书馆，包括建工系和水利系分馆，个别在清华找不到的就去中科院图书馆和北京图书馆。经过努力，想查的都查到了。在清华大学图书馆，当我把刊登论文的期刊名及卷期号写在期刊借阅单上，递交后过了一会儿，图书管理员就从书库中把那本硬壳精装的、厚厚的、书顶积有薄薄灰尘的1921年的《伦敦数学学会会刊》拿了出来，太令人惊讶了！清华大学图书馆的馆藏丰富，就是厉害！"经过许先生悉心指导，张晓健出色地完成了他的毕业论文。

逢其时先生奠基"水工业"

许先生在教学岗位上辛勤耕耘半个多世纪，主讲了多门本科生、研究生课程。他率先创立并开出了研究生专业课程"当代给水与废水处理原理"，直至八十高龄还站在讲台上亲自为学生授课。

许先生专业知识丰盈，基础知识深厚，著作内容新颖完善、深刻细致，从中往往可以找到其他同类书中所找不到的内容。比如在他编著的《给水处理》一书中，列载了一些重要的专业性水力学计算公式的详细推导过程；又如对于重要的专业难点，许先生的书里专门画出半透视性的示意图，这样就使得学习者一目了然。

由于许先生的著作有着诸多优点和特点，所以他编著的专业书籍总是备受欢迎。他所著研究生教材《当代给水与废水处理原理》一直是全国绝大部分高校市政工程和环境工程专业研究生的首选教材，1995年获国家教委普通高校优秀教材奖。他笔耕不辍，三十多年来，还先后编著了《给水处理》《给水处理理论与设计》《给水处理理论》《当代给水与废水处理原理》等多本高水平的著作。

从20世纪70—90年代的20年间，我国废水处理率始终停留在5%之下，而从90年代到今天，我国的城镇污水处理率已达90%以上。从5%到90%，许先生和他首倡的"水工业"思想功不可没。

1995年—1997年，许先生在《中国给水排水》《给水排水》《工业水处理》等期刊上先后发表了《议"水工业"的概念内涵与中国水工业的发展》《试论中国水工业》《论水工业》等多篇专论文章，系统阐述了他对我国给排水行业发展的思考。许先生提出：①给水排水是一个具有统一体性的整体；②给水排水是一门工业；③水工业的制造业是水工业的支柱；④水工业表征了给水排水事业的高新技术时期。

"水工业"的提出，澄清了概念，指出了方向。给水排水是一个整体，改变了原有先给水、后排水，结果废水处理被偏废的观点。给排水是一门工业，分析了原有完全靠政府来办、定位成福利性质事业（特别是自来水）的弊端，提出要建立可持续发展的行业发展机制。水工业的制造业是水工业的支柱，提出要建设水工业完整的产业链，从头抓起。高新技术时期则提出了对体系与概念、学科基础理论和高新技术新的发展要求。

"水工业"的学科概念得到了国内学术界、教育界、企业界和政府主管部门的普遍认同，极大地推动了水工业产业和教育的发展。许保玖先生被称为我国水工业学科领域的"无冕之王"，实至名归。

严谨、博学、爱才　先生厚积薄发

20世纪80年代,许保玖先生主编了《英汉给水排水词典》。后来,许先生在耄耋之年又倾注4年心血编著了《新英汉给水排水词典》。编著时,他为了确定某一个词的中文译名,有时要翻遍各类外文词(辞)典,甚至百科全书;当行业网站的总经理拜会他时,先生说尽管自己一条条修改,字典出版后仍有不满意,或许过几年再出修订版时会做得更好。先生治学严谨的风范可见一二。

最近一些年,许先生将潜心研究的目标转向中国历史。他独辟蹊径,从一个理工科学者的角度来分析中国五千年来的浩瀚历史,将"数理化"视作皇帝的开国与治国功力,撰写了一部上下两册共34万字的《中国的皇帝和皇帝的开国与治国——各数理化功力模式说》,展示了先生博学多才的一面。

许先生对后辈的关怀和培养也让人难忘。毕业留校做教师的蒋展鹏说,"1981年我第一次公派去美国进修,许先生向我介绍美国一些学校的情况。我回国后他又让我跟他合带研究生,并教我怎样做好研究生导师的工作。后来在我担任全国给排水专业教学指导委员会副主任委员的十来年时间里,许先生也常常与我探讨专业改革与发展的方向,给我耳提面命的教诲,使我能做好教指委的工作。"

"20世纪80年代后期,许先生作为中国洁净技术学会的创始人之一和首任副理事长,在换届时毅然决定退下而推荐我去担任副理事长。在当时的全国二级以上的学会里,让一个不到五十岁的'中青年'这样任职是不多的。"从这样的让贤中,可以看出许先生的风骨和品格。

"许先生热爱事业、著述等身;教书育人,桃李满园;善思善行,穷之以理;不羁名利,甘于清贫;为人正直,不图虚名。许先生在清华任教超过一个甲子,培养的学生数以千计,有的成了社会名流,有的成了学界翘楚,许先生却依然居陋室、守清贫,孜孜不倦,继续前行,在环境工程和市政工程领域作出了旁人难以企及的贡献。许先生是环境学院的瑰宝,是后辈学子的榜样。"2018年3月,许保玖先生被授予"环境学院终身贡献奖"。

半个多世纪的教学生涯,一个世纪的悠悠岁月,许先生的渊博、贯通、坚韧、严谨、执著……他的大师风范深深影响着他的每一位学生,每一位同事,每一位身边人。

撰文　蒋展鹏　程声通　张晓健　曾卓崑
清华新闻网2018年5月9日电

清华"女神"肖星教授：三尺讲台品人生，私募领域展巾帼

3月22日，清华大学全球私募股权研究院揭牌，45岁的肖星出任副院长一职。为何接受这样的挑战？肖星认真地说，这是自己"45岁后还可以在事业上再做一件有意义事情的好机会"。尽管低调，肖星却在学生中拥有超高人气。对学生来说，这位被评为清华大学"良师益友"的老师，既有天然的少女气质，又因其分量颇重的教学科研而彰显出了十足的"女神"范儿。

肖星，清华大学经济管理学院教授，会计系主任，清华大学全球私募股权研究院常务副院长。

弃"工"从"商"

从小到大，肖星一直都是"别人家的孩子""好学生"的代名词。由于高考发挥失常，她以低于平时至少50分的成绩进入清华大学机械系，成为班上仅有的两名女生之一。

在繁重的课业之余，肖星还选修了管理学双学位。1994年，经管学院首建会计系，并向全校招收20个研究生成立师资班，本可获得机械系直博资格的肖星听从内心的选择，决定弃"工"从"商"，改考经管学院研究生。毕业后留校任教，此后一路读到博士。正是这段读博经历，让肖星感受到了学术研究的魅力，并痴迷于此。

对肖星来说，研究生阶段曾是她人生最迷茫痛苦的时候，"不得不开始为自己的将来打算，但却浑浑噩噩，想不清楚、找不到自己的兴趣所在。"

这种状态终于在读博后发生转变。"我忽然发现那些数学公式、原理定律的背后，有那么完美的逻辑和那么深刻的思想，我知道这就是我想要的。"体验到探索所带来的成就感后，肖星主动地投入其中、享受其中。

"最受欢迎"是这样炼成的

对肖星来说,"教师"一职是她最重要的身份。作为教师,肖星有很多教学理念和原则。"站在学生的立场想问题"就是其一。

由于专业老师紧缺,肖星工作一年便开始给 MBA 学生上课。2002 年,学院首开 EMBA 项目。谁知,从海外特聘的知名教授都难以"镇住"这些富有商场实战经验的学生。最终,当时还是讲师的肖星被"赶鸭子上架"推上了讲台。

笑称"受不了当场被淘汰"的肖星迫使自己开始研究学生想要什么,如何让学生听懂并有收获。她翻译并整理了国外权威书籍的要点,并结合大量丰富生动的中国案例,得到了学生们的充分肯定。在之后十几年的教学中,肖星通过研究实践开发了自己的案例,最终建立了自己的课程体系,赢得了学生的认可,也被评为"最受欢迎的 MBA 教师"。

除了教书,肖星不忘育人。"会计和金融行业有一个很重要的特点,就是犯罪非常容易,动动鼠标就可以犯重罪。"她告诫学生:如果不能坚守职业道德,多聪明都没用。令她欣慰的是,"这一点,我的学生们一直坚持得很好。"

在清华园里,肖星被学生们誉为"能使完全不懂会计的人听明白会计课的老师",这一点通过她开设的两门慕课"财务分析与决策"和"财务分析与估值"得到验证。

2013 年,清华加入麻省理工学院与哈佛大学主导的 edX 慕课联盟,并于当年 10 月推出全球首个中文慕课平台"学堂在线",引领全国范围内的慕课探索。肖星是首批开课教师之一。3 年后,她的"财务分析与决策"在 2016 年清华学堂在线最受欢迎慕课排行榜位列第一,总学习人数超过 40 万。

她的慕课学生中还有像杨明这样的特殊群体。这位因病初中便辍学的河北青年听完肖星的"财务分析与决策",拿到了自己的第一个慕课证书。

当肖星第一次与这个只有七八岁孩子身高、坐在轮椅上的瘦小男生面对面时,她内心触动极大:"是慕课让我重新认识到做教师的意义,那是通过传授知识能助人改变命运的意义。"

为中国私募发展贡献巾帼智慧

一直以来有人说,中国的金融体系在全球范围内来说相对落后。对此肖星解释道:"发达国家企业资金来源主要以股权融资为主。而中国是一个以银行贷款为主的金融体系,企业资金来源主要依靠债务融资。作为民营企业就很难从银行长期贷款,财务费用水平也较高,从而会引发金融体系中的诸多问题。"

如何解决这些问题?"我认为要发展股票市场之外的股权市场融资体系,即私募。"在肖星看来,近年来大众创业万众创新热潮的涌动,为私募市场的迅速发展提供了源源不断的活力,"过去四年,私募市场给企业提供的资本金已达到股票市场二三十年来给企业提供资本金的一半。"但这也是一个全世界都缺乏研究的领域,"如何既让业界认同,又能做出自己的研究特色和水平,挑战很大。"

"过热就容易出现问题。做研究的目的，就是要让这个行业快速而理性地发展。"肖星希望这项研究不仅能帮助优质企业有机会成长起来，也能为越来越多参与到创业创新中的女性提供重要的资金支持。

除了私募研究，肖星还有一个心愿，就是总结多年来进行的行业发展规律研究，出一本专著。她的研究"通过数据分析，追溯过去20多年中国的行业发展历程，定位每个行业所处的发展阶段、未来将向何处去、需要关注的问题是什么"。她希望通过自己的总结，帮助企业家更好地把握行业的脉搏。

根据《中国妇女报》2018年4月27日报道综合整理
清华新闻网2018年5月10日电

清华大学"良师益友"卢麾：可以和他谈理想人生，也可以和他谈笑风生

谦谦君子　温润如玉

卢麾，清华大学地球系统科学系副教授、博士生导师。

在日常的学习和生活中，卢麾给同学们的印象总是笑容可掬、和蔼可亲，不管学生们因为工作中不经意的疏忽，或是因为一些急事耽误了原本应完成的工作进度，你也很难见到他面有愠色的样子。在与学生的邮件交流中，卢麾也总会在邮件的末尾附上对学生努力工作的感谢和肯定。谦谦君子，温润如玉是同学们对他公认的评价。

"撸起袖子加油干"是卢麾常挂在嘴边的一句话，这不仅是他对学生的期待，更是他对自己的要求。作为清华大学地学系党总支委员、教职工党支部书记和工委主席，卢麾带领党支部和党员不断发挥基层党组织的战斗堡垒作用和党员的先锋带头作用，他积极贯彻学校"基层党组织建设提升年"精神，推动落实教职工党员日活动制度化、规范化。

同时，作为一名科研工作者和一位年轻的父亲，卢麾努力做到事业与家庭兼顾。为了能够兼顾课题组的科研进展和孩子的成长教育，组内的同学常在第二天看到邮箱里卢麾凌晨发送和回复的邮件消息。严于律己，宽以待人，卢麾用自己的一言一行阐释着自己立身的准则。

学高为师　教益为友

卢麾自从教以来，勤恳科研，努力教学，在地表参数反演、陆面数据同化系统研发、气候变化影响评估等领域作出了重要贡献。目前为止主持"973"项目课题一项、国家自

然科学基金三项、"863"项目子课题一项;发表SCI/EI论文80余篇。因为在教学和科研上的突出表现,卢麾在执教第三年入选2013年北京高等学校"青年英才计划";之后的几年中,又陆续获得了第四届环境健康遥感诊断国际学术研讨会最佳论文奖、中国水利水电科学研究院2015年度科学技术奖、《中国科学:地球科学》2015年度优秀审稿人、2015年清华大学优秀硕士论文指导教师、2017年升任IEEE高级会员。

卢麾在不断充实自己、砥砺前行的同时也对学生进行毫无保留的指导,他常常不顾休息,彻夜为学生修改论文。他对学生的指导方式常是授之以"渔",在讨论和交流中教授学生科研的思维和方法是他对"博士生导师"一词的理解。学为人师,行为世范,卢麾以切实的行动践行着"良师"一词的含义。

毕业季是卢麾心情最为复杂的季节,像是目送儿女远行的父亲一样,欣喜于孩子的成长而失落于即将到来的分别。他记得每个学生刚进课题组时的向往和迷茫,不忘他们在他面前的淘气,更记得他们科研取得进展时的小小得意。在答辩的现场,最紧张的不是参加毕业答辩的学生,而是"筹划"这场仪式的老师——卢麾。

亦师亦友,如父如兄,毕业参加工作后的学生每每回忆起与卢麾之间的点滴都会有这样的感慨。他们记得生病时卢麾让他们专心休息暂缓科研的叮嘱,也记得生日时老师按时发送的祝福。学高为师,教益为友,卢麾与学生之间的这份深刻感情让每位从师门走出的学生都难以忘怀。

可以和他谈理想人生　也可以谈笑风生

卢麾的教导总能让学生明白一个道理:困难应该使人变得更坚强。卢麾常在组会上说的一句话是"科研就是re-search,不断重复和探索",当组里的学生遇到实验失败、野外采样艰难、科研进展缓慢的情况时,卢麾并不会因为科研进展被影响而去批评他们,他反而认为这种小的困难和失败是一种需要积累的人生财富。所以当学生在科研攻坚遇阻时,每每想起老师的话语总会再次充满信心和斗志。

除了科研方面,卢麾对学生个人的发展也十分关心,他经常通过各种方式和同学们交流。课题组的微信群、学生的朋友圈,卢麾时而恳切时而活泼的话语让你觉得他只是一位年长自己几岁的挚友,可以和他谈理想人生,也可以和他谈笑风生。

立德为先,育人为本,在日常学习生活的点点滴滴都散发着卢麾对学生人生道路的殷切关怀。

根据"清心地学"公众号综合编辑

清华新闻网2018年6月6日电

他去青海做追光者

——记清华大学优秀共产党员、青海大学新能源光伏产业研究中心主任梅生伟

清华教授的西部情结

梅生伟,清华大学电机系教授,2009年入选教育部长江学者特聘教授,2011年当选IET Fellow(英国工程技术学会会士),2013年被评为基金委创新群体学术带头人,2014年当选IEEE Fellow(美国电子电气工程师协会会士)。

"我对西部地区有一种家乡般的情感,当初跟着王光谦校长去青海大学建立新能源学院,我义无反顾,没有任何顾虑!"梅生伟坚定地说。

他是清华大学电机系教授,也是青海大学新能源光伏产业研究中心主任。从2013年隆冬到2018年盛夏,5年时间里,梅生伟先后百余次不辞辛苦地往返于清华大学和青海大学这两个相隔约1680公里的学校间。组织赋予他这样的使命——越是在偏远的地区,越要发挥党员的先锋模范作用。他要带领一批又一批的年轻人,到祖国的西部去,承担真帮实扶的重任,到大美青海播种满园桃李。

他是以青海为家乡的。梅生伟的母校是拥有很强的电气工程研究基础的新疆大学,本科四年的学习生活使他对西部地区产生了深厚的感情。到青海后,他在生活上、工作中都是以最短的时间进入状态。这里的环境他并不陌生,饮食起居都跟在新疆时很相似。每一年,他都要从北京飞去青海将近40次;365天中,近百余天都是在这里度过的。从最初的"光杆司令"到如今组建了近20人的科研团队,从最初的白手起家到如今搭建了全国高校最大的太阳能研究基地,梅生伟视青海为"第二故乡",他在这里切切实实地竭尽所能,为青海大学"输血造血"。

他是以青海为骄傲的。回想起这五年在青海大学的殚精竭虑和硕果累累,梅生伟倍感欣慰。

首先是人才队伍的建设。比起初期在青海大学的孤军奋战,现在的团队在他眼中"是

朝气蓬勃、学科交叉、优势互补的"。梅生伟介绍说，做能源相关领域的工作，要跳出单一学科的牢笼，汇集跨学科的研究成果，真正将概念性的设想落到实处，就要有不同专业背景的研究者来集思广益。如今，梅生伟的研究团队已经覆盖了机械、计算机、热工等六个一级学科研究领域。能把这些愿意吃苦又充满热情的年轻人吸引到西部建设中，共同致力于新能源光伏产业的发展，是梅生伟引以为傲的。

其次是学科建设的成绩。弹指一瞬的五年间，一个新兴的新能源学科诞生在青海，吸收国内外最先进的太阳能前沿技术，建成17000多平方米的实验基地，并且在运行过程中不断为青海大学进行发电和储能等实际工作，令人赞叹不已。"在青海，我们让很多概念性的东西真正'落地'了。比如多功能电站，还有图书馆的微电网，都是实打实为校园离网发电的。"

最后是对西部和国家的贡献。在加快发展国家循环经济、推进能源革命的大背景下，梅生伟带领团队在青海发起了两个新能源项目——回收退役飞机的碳纤维材料、建设能源互联网。这两个项目已经如火如荼地开展起来，就像一台功率强劲的注氧机，为偏远的西部高原实现循环经济和可持续发展注入新生的活力。

青海五年，梅生伟对这片土地充满了感恩。不仅因为这里的阳光雨露、树木水土为新能源研究提供了最宝贵的条件，更因为青海省、青海大学对可再生能源和清洁能源发电的大力支持。"去青海后我特别感慨，很多以前没有条件做的事，在这里反而大有可为。我的工作始终围绕一条红线开展——我们还能继续为西部地区的发展做些什么？"在青海，梅生伟用奉献延续着自己的西部情结。

在青海的清华精神

按照任期制的规定，梅生伟去青海大学对口支援应该以三年为期，但他至今仍然坚守在青海大学新能源光伏产业研究中心，持久地耕耘和致力于新能源研究的前沿发展。"组织和清华交给我的使命，应该是为西部地区的发展作出长远贡献，而不仅仅是一时的支援。"梅生伟不在乎年复一年的奔波，更不在乎艰苦的自然条件，每次和大家一起上高原、进电站，他都乐在其中。在梅生伟看来，只有抓住青海的优势，为青海大学带去更多的资源，为西部地区的科技进步和经济发展带来"双丰收"，才算不辱使命，凯旋而归。

梅生伟不仅秉承"自强不息"的精神，把青海大学的能源科研项目搞得"热火朝天"；还经过坚持不懈地与波音公司磋商，将退役飞机的回收基地建在青海，为青海大学带去了第一个国际合作项目。"这几年学校给了我们很多支持，比如和波音公司合作的这个重大项目，我建议把它搬到青海去会更好，学校就毫不犹豫地表态，坚决支持。我想这也体现了清华以国家发展大局为重的传统。"梅生伟说。

西部偏远地区除了自然、经济条件的限制外，民族问题和社会问题也比较敏感。梅生伟深知，他在青海的一言一行代表了清华，也要体现一名共产党员应有的担当。"在这样的环境中，更要起到党员的先锋模范作用，要有党员的正气和正义感。在具体工作中，要实事求是；在教育学生时，要言传身教。"梅生伟说，他一直将朱镕基学长对清华电机系师生的寄语铭记于心——"为学在严,为人要正"。

不断传承的使命和责任

梅生伟很看重自己在教学中的表现,清华大学"教书育人奖"和研究生"良师益友"称号是他非常珍视的荣誉。"2003年我获得'教书育人奖',这对当时还是一名年轻教师的我来说,影响很大。传道授业的老师有很多,但要真正做到在学习、生活和工作中为学生解惑,并不是一件容易的事。"梅生伟深有感触地说。梅生伟相信"有什么样的老师就有什么样的学生",也因此特别注重对学生的引导。他总是反复对学生强调:"你们来到清华读书,要面对两座山峰:一是学术和知识的山峰,要敢于攀登,不断提升;二是人生和道德的山峰,要踏实做人,实事求是。"在教学相长的过程中,梅生伟也从学生身上得到了宝贵的无形财富。"面对清华这么多优秀的学生,我们做老师的怎能不精益求精、不断提升自己?水涨船高就是这个道理。"

正因如此,虽然科研任务非常繁重,梅生伟仍然非常珍惜在清华教书的时光。有一次,因为一项紧急任务,梅生伟早上4点多就起床,赶最早一班6点的飞机前往青海。惦记着第二天在清华要上的课程,任务一结束梅生伟便匆匆踏上归程,结果遭遇飞机延误。为了按时上课,他先飞到天津滨海机场,次日一早又坐车从天津直接赶回清华。"我相信很多同事都对这样的匆忙感同身受,这背后是清华教师对学生的责任和对教学的热爱。"梅生伟说。

在教学和科研的漫漫长路上,梅生伟就像一位不懈的追光者,照亮身边的每个人。梅生伟时常说,作为一名清华教师,应该着眼未来,为国家做实实在在的事,去解决现实需要的技术和科学问题。做好了这一点,人生的价值就到了最大的实现。

在青海的这五年间,梅生伟正是带着这样的使命感,立志在有限的时间里为西部建设做尽可能多的事。念兹在兹,梅生伟还把这份使命感传递给了他的学生:"年轻人还是要从学校走出来,到大西北看看国家的发展。你们若真有志于在新能源光伏发电领域做出一番事业,无论是为个人还是为国家,青海就是最好的选择!"

记者　樊向宇
《新清华》2018年7月6日刊发

为讲台而赛　为清华而战

——记"第四届全国高校青年教师教学竞赛思政课专项组一等奖"获得者李蕉

咦？这位老师讲的是"中国近代史纲要"这门课吗？很多内容课本上都没有啊！

还真是！不过，角度真的赞，内容真的足，跟许多思政课太不一样了！

有故事，有情怀，有难度，有思想，一堂课下来淋漓尽致，太爽！

在第四届全国高校青年教师教学竞赛决赛现场，清华大学马克思主义学院副教授李蕉完成了讲课，深吸一口气，场下评委已纷纷对她投来了赞许的目光。

李蕉，清华大学马克思主义学院副教授，博士生导师，北京市高校首批思政课特级教师。

而她不知道的是，此刻在观摩室，清华大学参赛团队的成员们纷纷激动地和领队王岩老师击掌相庆，大家眼眶里满是激动的泪水："李蕉太棒了！这课太棒了！"

8月31日，第四届全国高校青年教师教学竞赛决赛成绩公布，李蕉荣获思政课专项组一等奖第一名。

"这份荣誉凝结了我们团队无数个日日夜夜的汗水和心血，我告诉自己一定要不负众望，以最好的状态展现清华大学新时代教师的风采。"

推翻了！重新来！

2011年，李蕉完成了清华博士后的工作，留校任教，成为清华大学马克思主义学院的一名老师。

2012年，李蕉参加了第五届清华大学青年教师教学基本功比赛，但最终却只获得了二等奖。

"一开始我是不服气的。"李蕉说，"可后来我发现了根本原因——一堂真正的好课，绝对不单单是讲得漂亮、引人入胜，而是必须要有实实在在的内容，有反思、有探索，关键还要有科研成果，我输得心服口服。"

2017年，李蕉参加了第九届北京高校思想政治理论课教学基本功大赛，凭借决赛一等奖的好成绩，她加入了备战北京市第十届高校青年教师教学竞赛文科组的"清华战队"。

文科战队由赵洪教授领衔，成员包括多位市赛文科一等奖获得者，如程文浩、梅赐琪、郑晓笛等老师。"'清华战队'里有最好、最负责的指导老师，有一以贯之的清华教学传统和精神，能够加入这个战队，是我一生之幸。"李蕉说。

抱着这样的希冀，李蕉在教练和队友面前完成了第一次试讲。出乎意料的是，讲完后一片沉寂，没人给李蕉提意见。

"太'正'了，没有思考。"大家沉默了一下，给出这样的评价。"你平时给清华学生讲课，肯定不是这样的。历史难道是这么简单的吗？学生难道没有疑问吗？我们要看到的是真实的你，请呈现给我们'不一样'的东西。"

全部推翻？重新来？距离比赛只有不到四周的时间了！

李蕉拿来了自己课堂上真实使用的教案，和教练团队一起推敲了起来。如何在20分钟内客观地讲清楚延安面对的困难？如何真实地呈现共产党人自我革新的勇气？如何让学生自觉地把历史和现实联系起来？

"别人不知道这四周我们经历了什么。"李蕉说。

"李蕉，就这样，很棒！"比赛前的最后一次试讲中，李蕉的主管指导教师、公共管理学院副教授梅赐琪第一次向李蕉竖起了大拇指。

"思政课很特别，大学课程很少有标准教材，但思政课有，这也意味着它的每一个问题都有标准答案。"李蕉说。"因此，要想激发学生的学习兴趣，我们就必须在'解题路径'上多下功夫，在'过程'中融入辩证的思考，让课堂变得更有张力。"

清华人，不赌运气！

获得了北京市教学比赛思政组第一名的李蕉顺利得到了代表北京参加2018年全国第四届高校青年教师教学竞赛决赛的资格。可是，全国决赛的规则跟北京市赛有很大区别。现场需要参赛教师在提前准备好的20讲中随机抽取1讲进行比赛。一些选手会抱着"赌一把"的心态，精心准备其中几讲，"因为全面准备20讲实在是非常'可怕'的工作量。"李蕉说，"但是我们做到了！因为清华的作风不是靠运气，而是靠百分百的绝对努力！"

李蕉的办公室有一个三层架子，上面堆满了厚厚的教案。为了备战，李蕉足足准备了24讲，优中选优挑出了20讲！每一讲她都至少修改了十几个版本，单是试讲就进行了130多次。全部三四百张幻灯片，每张下面的备注都精确到了一个字、一个标点符号……

备战期间，凌晨两点离开办公室已经成为李蕉的常态，日程安排到一分一秒，即使吃饭也塞着耳机倾听自己的讲课录音查找纰漏。这期间李蕉曾两次眼底出血，她好不容易挤出时间去看大夫，大夫要求她必须休息，但李蕉依然继续拼搏……

五个多月来，李蕉几乎"翻烂"了所有的前沿期刊。"思政课不能只单纯的'正'，而是应该正视历史上的所有挫折,辩证地为学生解释历史的复杂性,并进行深入的科研探索。"李蕉说。

决赛中,李蕉抽取的是"全面抗战中的群众动员"一讲,她以征粮为切入口,回溯了中国共产党所领导的敌后根据地如何一步一步地将党、政、军、学、民组织起来、团结抗战的历程,进一步明确了历史与人民选择中国共产党的内在逻辑。比赛中,她讲述了一个个充满"张力"的历史故事,并进行了层层逻辑推演,不断引发学生的互动和思考。这样的讲课方式不仅在比赛现场,同时在网络直播中也得到了广泛好评,以绝对优势获得思政课专项组竞赛一等奖第一名的好成绩。

不花哨,不靠形式,幻灯片只有两种颜色和两种简单动画,无任何视频,这种回归教学本身的讲课方式,正是凭借其扎实的内容、精彩的思辨拿下了实至名归的冠军头衔。

颁奖那天,李蕉和清华另两位获奖教师、指导教师们共同举起奖杯,激动之余,他们在讲台上拉开了清华大学校旗。"为学校争光是我们的荣幸,是学校、学院、教练的鼎力支持才有了今天的成绩,这份荣誉属于清华!"李蕉说。

拧成一股绳,传承不息!

李蕉说,她获奖秘诀有"三宝":教练、学生和学校。

"这绝对不是我个人的荣誉,而是属于大文科团队、属于我的学生、属于清华以及所有帮助过我的人。我只是冲在前面的'现场战士',他们才是真正的英雄。"李蕉说,"我清楚地知道,我不是一个人在战斗,我的身上带着'清华'的印记,我的身后有那么多帮助我的教练和队友,当我被这么多人赋予重望、当我被这么多人给予温暖的时候,我绝对不允许自己有短板,绝不允许自己有失误。"

为了李蕉的国赛,学校专门组建了包括北京市赛一等奖获得者、公管学院副教授梅赐琪、北京市教学名师体育部赵青教授、北京市赛一等奖获得者建筑学院郑晓笛副教授的指导教师团队。"五个月的时间,梅老师、赵老师和郑老师一直陪着我,从课程内容的选取和设计、课件的制作,教案的写作,到备赛中的心理调适都给予了我太多太多的帮助,没有他们就没有我站在领奖台台上的那一刻。"李蕉说,"比赛前一天下午,三位老师还陪着我演练了课堂的全部细节,单是如何进门鞠躬转身就演练了六遍!"

在梅赐琪看来,李蕉的课程史料丰富,既能讲清历史的复杂性,也能充分解答学生的疑问。"李老师是位有教学天赋的老师,更是一位能够把努力和情怀结合起来的老师。"

与李蕉一同作战的还有她的学生团队。由于课程中涉及许多科研内容,学生们也与导师共同经历了一次高质量的专业提升和思想洗礼,"人下线,活儿不下线",同学们办公室的灯常常与李蕉一起亮到凌晨两点。

"这次备赛的过程让我们更深入地了解了教师这一职业,也明白每一堂课的背后都有老师辛苦的付出,更明白了价值观靠'人'来传递的真正内涵。"博士一年级学生任梦磊说。

"李蕉老师很自律、有想法,管理能力强且很有感染力,从她身上总能看到对教学和科研的真诚与热爱。"硕士二年级学生王博伟说。

校工会组成的团队，为李蕉从备赛到比赛全程提供了高效卓越的后勤会务、组织协调、联络沟通的工作。而校领导的亲切关怀，院系领导和教研组的大力支持，以及清华图书馆、档案馆老师的全力配合，都让李蕉感动不已。

"通过比赛从而进一步推进教育教学改革，创新教学理念和方式，这其实是我们最想看到的。"梅赐琪说。对于整个备战团队来说，他们其实不止是为了比赛而战，而是也希望能将这一过程作为集中研讨学校价值塑造、能力培养、知识传授"三位一体"培养模式的宝贵机会与实战练兵。

大赛落下帷幕，李蕉重新回到自己的教学岗位。在经过历练之后，李蕉对课程、对教学、对教师这一身份，都有了重新的认识。"我不希望辜负整个团队的努力，只有未来把课继续上好才能对得起我背后的这些人"。

新学期开始了，清华大学的教学探索依然在持续。而在这个园子里，还有许许多多像李蕉、梅赐琪、赵青、郑晓笛一样爱学生、爱讲台的老师，他们用清华人的勤奋和严谨为他们身前的讲台默默付出，也让清华的教学传统和精神一代代延续……

记者　赵姝婧

学生记者　张睿

清华新闻网 2018 年 9 月 7 日电

对教学永葆敬畏之心

——记第四届全国高校青教赛工科组一等奖获得者李威

生动的演示实验、丰富的工程案例、深入浅出的讲解……在第四届全国高校青年教师教学竞赛决赛中，李威的授课获得了现场评委的一致好评。面对佳绩，他将成果归功于整个团队的艰辛付出；而对于教学，他充满敬畏："这是我的本职工作，未来要投入更多的精力，还有许多地方需要改进。"

李威，清华大学土木工程系副教授。

刚从青教赛的决赛赛场回到清华的李威，终于卸下了比赛的重担和压力，又重新投入紧张的教学科研中。赶在第二天出差之前，他应邀与我们谈起参赛历程的点点滴滴。

教书育人　薪火相传

5个多月的准备、20讲完整的教学设计、49次的集中培训……这些努力终于在青教赛赛场画上了一个完美的句号。而谈到这些数字时李威并不轻松，这背后沉甸甸的付出或许只有他和他的指导教师团队才能深切体会。而李威最想感谢的，也正是他的指导教师团队。

团队有具有丰富青教赛指导经验的航院退休教授薛克宗，以及拥有多年一线教学经验的原化学系系主任薛芳渝两位资深老师"坐镇"。另外，土木系和建筑管理系在促进青年教师提升教学水平和参加教学比赛方面有着优良传统，形成了很好的传帮带和示范机制。参加过北京市青教赛并均获得一等奖的土木系两位教授冯鹏、施刚和两位资深教授一起，共同组成了李威的"教练团"。"在教练团队身上，我真真切切地感受到清华精神的洗礼。"李威说。

全国赛的挑战比想象中的还要大。之前参加学校的和北京市的教学比赛都只需要准备一节课的教案和演示，但全国赛则需要准备20节课的教案和演示，并在比赛时随机抽取一节课作 20 分钟的演示。"在这 20 分钟里，既要完整讲述知识点又要有精练的表达，还要体现现代科学教学理念和课程的总体设计，可以说是难上加难。"李威说。

李威的参赛课程是"现代工程结构抗火"。结构抗火问题学术内容艰深复杂，涵盖学科多，尤其涉及力学和热学的交叉融合，国内直到 20 世纪 90 年代开始才有结构工程抗火方面的系统研究。"国内教材非常少，课程体系也不够完善，所以我这门课也没有固定教材，只有幻灯片和一些参考资料。"李威说。指导教师们发挥各自的专业优势，薛克宗负责指导力学，薛芳渝负责指导热学，冯鹏和施刚则负责专业方面的指导。他们和李威一起把主要精力放在了对课程内容的研讨、改进上，最终选定了能够体现课程要求和学术水平的 20 节课。

备赛期间，从课程设计到幻灯片制作再到演示道具，都经历了"脱胎换骨"的变化。"授课用的幻灯片可以说是焕然一新。平时备课不会花这么多时间去考虑幻灯片的设计，也不会有这么多不同学科的专家帮我一起考虑。哪些内容笔要重一点，哪些环节墨要淡一点，老师们给了很多宝贵的建议。每一节的课程讲稿也是逐字逐句地研究敲定的。"李威说。据薛克宗介绍，参赛课程 70% 的内容都是李威重新搜集材料，在原有课程基础上进行补充拓展，而这只是最后呈现在课堂上的内容，李威准备的所有资料是这些的好几倍。

薛克宗作为指导教师和评委，参加青年教师教学比赛的校赛、市赛、国赛至今已经 21 年，并连续 5 届获得市赛的"优秀指导教师"称号。今年 79 岁的他也全程指导了李威的备赛过程，几乎每一次培训都坚持到最后。培训的强度非常大，一般从早上持续到下午四五点，中间无休。"每次薛老师来，包里除了资料还会备一个血压计。我在修改教学内容时，他就抽空量一下血压。6 月 19 号那天我们培训到很迟，薛老师因为身体实在扛不住而暂停了指导，7 月中旬他恢复后又再次加入了培训。薛老师为了指导比赛真的是呕心沥血。"李威回忆起那段备赛时光充满感动，"不仅是年长教师，教练团队中年轻教师也尽心尽力，例如冯鹏老师无私地分享自己多年的教学经验，给予我很多启发。另外要特别感谢学校工会王岩老师、冀静平老师、杨蕾老师不遗余力的精心组织和院系的大力支持，他们是我们坚强的后盾。"

"教学，你好好做了，就会收获动人的情感，这是一种精神享受。"薛克宗说。教学的种子，就这样在一代代清华教师中播撒、结果、生生不息。

"大学课堂不仅仅是传授知识"

"清华'三位一体'的教学理念之前于我而言，只是一个高屋建瓴的概念，而通过比赛我才有了刻骨铭心的体会，引领性的教学理念有着提纲挈领的作用。我的这门参赛课程正是靠价值塑造、能力培养和知识传授这三者建构起来的，于是我赢了。"李威说起课程的教学理念感触颇深。如何将"三位一体"的理念内化到这门课的具体设计中去，李威及其指导教师团队倾注了大量的心血。

"专业课的讲解容易陷入多讲规范结果而少讲甚至不讲科学道理的误区。李威十分重视实验观察对于解决学生认识盲区中的作用，他用亲自设计、制作的教学实验来引导学生认识结构抗火问题的物理性质。"薛克宗介绍道。例如，关于钢结构在火灾下倒塌的原因，学生一般误认为是大火将钢结构烧化以致坍塌。李威设计了酒精灯加热钢丝的实验，该钢丝在常温下可以承重5kg；接着用酒精灯加热，在不承重时钢丝纹丝不动，当给钢丝加载至500g时钢丝则发生断裂。实验清晰地说明了钢结构在火灾下倒塌是因为钢结构的材料性质在高温下发生变化，巧妙地解决了学生的一个认识盲区。

结构抗火问题涉及多个课程的交叉融合，李威在讲这门专业课的同时也需要带领学生温习巩固基础课的相关理论知识。在打牢基础的前提下，李威注重结合国内外结构抗火设计规范的现状和变迁，引导学生培养国情观念。"有些结构形式常温力学性能和抗火性能都很好，由于人工成本高在国外得不到发展，但很适合我国的国情。课上展示的很多现代工程结构形式，都是扎根国情、前沿创新的案例。"李威说，"我也会在课上追溯一些结构形式的发展历史，比如一位法国园丁制作了包着钢丝的混凝土花盆，目的是使花盆牢固。这个看似和工程不相关的举动，却启发了后来的工程师创造了现代钢筋混凝土结构并得到广泛应用。举这样的例子可以让学生深切体会到科学创新的历程。"

8月29日全国决赛当天，正是造成20人遇难的哈尔滨"8·25"火灾事发第四天，李威及时地将这一惨痛案例引入课程，起到了鲜活的警示作用。"大学的课堂不能仅仅停留在知识传授，还要培养学生的批判性思维、创新精神与能力，以及他们的职业责任感，这就是要将正确的价值观传递给学生。"李威说。他在课上列举了大量火灾损失的实例和损失数据、结构火灾的照片、视频等等，让学生体会到结构抗火设计关系到人民的生命财产安全，学习并应用这些知识任重而道远。

"培训时，薛克宗老师提到了爱因斯坦说过的一句话，也是邱校长在今年本科生开学典礼的讲话中引用的，对我启发很大，那就是'如果你们想使你们一生的工作有益于人类，那么你们只懂得应用科学本身是不够的。关心人的本身，应当始终成为一切技术上奋斗的主要目标。'"李威说，"价值塑造不是空喊口号，只要当它和科技内容以及工程实例有机融合，就可以让学生体会到科技需要人文，科技与人文密不可分。"

以赛促教　练好内功

李威坦言，这门课因为涉及多个学科且技术较为前沿，因此学习的难度较大。而在比赛中，李威并没有为了授课效果而降低课程难度。"我们可以用创新的形式把复杂的原理表达得更通俗，但是课程内容和难度绝对不能为了迎合大众口味而降低。无论是平时教学还是参加比赛，都要用清华的标准去做。"

李威从2013年开始开设全英文的"现代工程结构抗火——原理与实践"。因为专业基础要求较高，这门课选课人数的最高纪录只有8人。而李威却仍然认真对待每一堂课。

"每次上课李老师都会回顾之前的知识，注重教学内容的连贯性。课上经常会提一些小问题与我们互动。课程最后的作业专业性比较强，其他方向的同学或者留学生可能会有困难，课后会找他答疑，他都耐心解答。"李威的学生、土木工程系2017级博士生陈兵说。

李威在平时教学中一直重视理论与实践的结合，通过现场实地调研，深化学生对工程结构火灾安全的理解。李威的学生、土木工程系2018级博士生程玉锋在本科阶段就上过他讲授的"结构火灾安全及其对策"课程。"李老师有一次讲到建筑中的防火分区和防火设施。我们当时在新水利馆上课，李老师特地带我们在新水利馆转了一圈，实地了解相关的设计。"

教学比赛与日常上课毕竟有所不同，平时的每堂课不太可能经历这样反复的打磨。但回首整个历程，李威觉得这是一次非常难得的锻炼机会："通过这次比赛，能够切实感到自己的水平得到提升，也会促使我去反思平时教学中有哪些需要改进的地方。练好内功不光为自己，更为学生和职业操守。"

"没有什么比这更让我兴奋的事了"

在同学们的印象里，不论是教学还是科研，李老师对自己和学生从来都是高标准、严要求。"每次上课他总会提前一些时间到教室准备，比我们到得都早。"程玉峰说，"李老师做科研也非常严谨。为了找到论文对应的原始数据，有时需要在网上查找20世纪50年代甚至是30年代的文献。有一次找到了一个图表，李老师十分开心。"

在李威看来，教学和科研两者相辅相成、缺一不可。"教学的过程也是研究的过程，需要查阅大量的文献和资料，研究能力自然会得到提升；而教学中如果没有最新的研究成果和内容做支撑，效果就会大打折扣。"

将自己和团队的创新成果引入教学内容中，在使教学富有研究性的同时，也是给学生未来的创新做出表率。李威所在的土木系韩林海教授研究团队深耕结构抗火方面的研究，研究成果被多部国家和行业标准采纳，并在多项重大工程中应用。例如2009年央视大楼发生火灾后，课题组就应邀参加了火灾后结构安全评估工作。当时大火燃烧了近6小时，央视大楼虽然还矗立在那里，但是受到了严重内伤，内部结构伤痕累累。该修还是该拆？是当时面临的一个重大难题。最后课题组利用所提出的温度—时间—荷载综合分析方法，精细评估了火灾后结构的承载能力，为大楼的维修决策提供了科学的依据。李威以此为案例，为学生讲授火灾后结构承载力分析的方法，取得了很好的启发创新的效果。

"课题组提供了国际认可的前沿技术和理念，我会将它们融入课程的各个部分。有些结构设计方法本身就是我们发明创造的成果，我可以把它讲得非常清楚，学生也可以获得更多启发。"李威说，"如果没有相关研究成果做基础，可以说我上不好这门课。"

"教学和科研是我的本职工作，一个传授知识，一个创造知识，没有什么比这更让我兴奋的事了"，李威说。

李威接受完采访，又迅速投入到新一轮的教学和科研任务中，步伐轻快而又坚定。

"学高为师，身正为范"，李威像一位朝圣者，将教学作为一生的事业，深耕不辍，虔诚向前。

记者　吕婷
清华新闻网 2018 年 9 月 7 日电

一名体育教师的光荣与梦想

——记"第四届全国高校青年教师教学竞赛文科组一等奖"获得者彭建敏

"体育老师来参加教学竞赛?"人群中有人窃窃私语。

这是第四届全国高校青年教师教学竞赛的决赛现场。39岁的彭建敏抬头挺胸,开始上课。简单有趣的语言,活力激情的律动,短短20分钟的课程,体育之美展现得淋漓尽致。

8月31日比赛结果揭晓,文科组一等奖,彭建敏流下了激动的泪水。这是全国高校青年教师教学竞赛开办以来,第一次有体育教师参赛并获得一等奖。

彭建敏,清华大学体育部副教授,主要研究方向为体育教育训练学。

千言万语,彭建敏最想说的是,作为一名清华大学的体育教师,她很骄傲。

"因为热爱"

备战全国青教赛,不是件容易的事。时间跨度长达5个多月,参赛者需要精心准备20讲授课内容,决赛时随机挑选1讲进行展示,这意味着繁重的工作量与极高的准备成本。

此前,彭建敏曾两次参加过清华大学青年教师教学大赛并获得一等奖,最终有机会参加北京市高校青年教师教学基本功大赛,在一举获得北京市比赛文科组一等奖第一名后,拿到了参加第四届全国高校青年教师教学竞赛决赛的资格。周边人不免好奇:"备赛如此耗费精力,累不累?"

彭建敏说,累,但因为热爱。"我参加比赛不是为了去得奖,就是因为爱!爱教学,爱讲台,爱我的学生。以赛促教,要不断提升自己。"

彭建敏讲授的课程是"大一女生体能训练"。自从开始备战,熬夜就成了常态,她能控制的,是尽量不要熬到天亮。有时设计起课程来,从下午一点不知不觉就琢磨到了深夜十二点，一次次地推翻、改进、重来，在不断摸索中，彭建敏更加深刻地感受到了教学相长，并乐在其中。

"体育教学不仅提高学生的身体素质、掌握运动的知识技能，还着重于培养学生的社会适应能力、创造力和创新思维，使其能勇于表现自我，展现个性，注重能力培养和价值塑造。"彭建敏说。

在体育科学领域，新思想、新方法、新器材日新月异，彭建敏常常会在深刻理解、认真研究后，将其引入课堂，并结合学生的特点，有的放矢地应用。看似复杂的身体训练，彭建敏将其与游戏有机相融，让学生在趣味体验中充分发挥想象力与创造力，带着思想去运动。"体育的魅力无处不在，尤其当你真正爱上它的时候，那种感觉是一种魔力，会让你变得更自信，让你的心态越来越好。"

不抛弃，不放弃

带着对体育科学的一腔赤诚，站在全国青教赛讲台上的彭建敏信心满满。这信心，源于数十载教学"战场"上"真枪实弹"的历练、数月来克服重重困难的备战拼搏，更源于她背后兢兢业业、不离不弃的指导教师团队。

为了彭建敏的国赛，清华体育部给予了大力支持，学校还专门配备了包括北京市高校青年教师教学基本功大赛一等奖获得者、公管学院副教授梅赐琪，北京市教学名师、体育部教授赵青，北京市赛一等奖获得者、建筑学院副教授郑晓笛在内的指导教师团队。

近半年时间里，从课程准备、教案写作到课堂展示，如何带入问题，如何控制节奏，如何把握难度，如何精化语言，指导教师们陪着彭建敏一道，细致打磨，共同走过了一段"脱胎换骨"的成长之旅。

有一次，彭建敏精心准备了一节课，信心满满地去给指导教师们试讲。"结果讲了8遍，一遍遍地被修改，讲到最后我快哭了。"

梅赐琪看出来彭建敏有点着急，端了杯水给她，"润润嗓调整下，咱们再来一遍。"

"当时真心感慨团队的严格与精益求精，如今，却又无比地感激与感恩。"彭建敏含着泪笑言。

备战5个多月，精心准备20讲内容，内部试讲120余次，平均每讲内容修改6次以上，集体讨论记录笔记9万余字，正是经过极其严苛的训练、打破、重构，当彭建敏站在决赛讲台的那一刻，她深刻地意识到，开口时一切都成了自然流露、水到渠成。

"只有帮助青年教师不断发现特点、打磨亮点、突破难点，才能让他们在比赛时占领制高点。"在梅赐琪看来，清华人参加全国赛肯定是奔着最好成绩去的，但最重要的并不是取得一等奖的结果，而是备战中探索和发现教学艺术的过程。"将参赛过程中产生的提升体育教学质量的好方法传递到更多课堂上去，让更多学生受益，这是我们寻求的最大意义。"

这一点，彭建敏十分认同："抓住青教赛比赛年龄的'尾巴'，我有幸参加了一次全国赛，也是一个挖掘和重新发现自己的过程。备战过程中，教练们陪着我奋斗的点点滴滴都是清华精神、团队精神、体育精神的体现。从他们身上我深切地感受到清华人呕心沥血、无私奉献、肩负使命、追求卓越的精神。今后我也会尽自己努力去影响身边年轻的体育教师，在体育教学的路上不断地创新，不断地挑战自己。"彭建敏说。

点燃学生心中的火焰

独行快，众行远。在参加全国赛的过程中，彭建敏切身体会到清华人"传帮带"的互助精神，还有学校对体育教师的爱与关心。"坦白说，当前社会对体育教育存在一定偏见。我非常感谢清华对青年教师的培养和关爱，也是百年清华、百年清华体育成就了这个奖。"

重视体育是清华悠久的传统，从教15年，彭建敏深有体会。"邱勇校长说，体育是发挥育人作用、实现价值引导的最直接最有效手段之一，一流的本科教育离不开一流的体育育人工作。在体育课堂上我要充分体现出清华是一个培养人的地方，体魄与人格并重。我要把体育精神与清华精神交汇融合，育体、育心、育人。提高学生的自信心，这样我们的学生无论走向何方，都会创造出属于自己美轮美奂的世界大舞台"。

彭建敏认为，体育教师给学生的绝不仅仅是一桶水，更重要的是要点燃他心中的那团火，唤醒他心中那个充满激情的灵魂，"让学生在我的体育课上享受美，追求美，让体育成为学生心目中永不熄灭的火焰。"

学生杨佳欣犹记得第一次上彭建敏的健美操课时，自己默默地站在了队伍后面的角落里，低着头，心里盘算着本学期怎么熬过去。"突然听到彭老师说了句'充满自信的缺陷远比没有自信的美来得更富有魅力'，像触电一样，我觉得这句话就是说给我的，这就是我所欠缺的。"从起初的羞涩到慢慢活跃起来，再到热爱，杨佳欣说，如今每周的体育课就像是自己的专属加油站，"跳一支舞昂首挺胸，就觉得人生没有什么战胜不了的困难！"

彭建敏的学生中，有全运会冠军，有学霸体育明星，也有体育超群的各行各业优秀人才。"为祖国健康工作五十年"，他们每个人将之记于心、践于行，而这信念来自于深受敬重的体育教师马约翰。

彭建敏说，马约翰先生在一个岗位上孜孜不倦、勤勤恳恳地工作了52年，为清华乃至中国体育事业贡献了毕生精力，是引领自己努力向前的旗帜。

比赛落幕，新学期即将开始，彭建敏又回到了自己热爱的体育课堂上，在风吹日晒中继续诠释一名体育教师的光荣与梦想……

记者　曲田

学生记者　张北辰

清华新闻网2018年9月10日电

春华秋实

——93 岁的清华教授说，教学"对我是最高的奖赏"

张礼，清华大学物理系教授，理论物理学家、物理教育家。

24 岁第一次登上讲台时，学生的年龄跟自己差不多，而如今，学生们早已是自己孙辈的年龄，张礼却始终没有离开过讲台。拥有超长执教时间的张礼，是清华大学年龄最大的授课教师。

9 月 10 日，第 34 个教师节，在中央电视台 3 套刚刚播出的《春华秋实——2018 年教师节特别节目》中，93 岁的清华教授张礼携他的两位学生——已经退休的清华教授徐湛和刚刚读大二的清华学子韩同航，一起登上了舞台，向大家展现了一段别样的师生情谊。

张礼说："在教的过程里面首先感到物理确实非常美，这里面有很多奥妙，很多抽象的东西。你要能把这些东西看懂了，掌握了，然后教给青年学生听，把他们讲懂了，这对我是最高的奖赏。"

因热爱结缘，为热爱坚持，把热爱延续

"我喜欢物理""我喜欢讲课"，这是张礼总挂在口头的两句话，每当说起"喜欢"这两个字的时候，他的声调都会上扬，嘴角也会跟着上扬。

"我从中学就喜欢物理，到了大学就报考物理系，在学习的过程中越来越喜欢。"张礼回忆说。与现在不同，当时物理系的学生出路不多，能够到高等学校做教师基本是最好的选择了。就这样，因为对物理学的热爱，张礼与"教师"两字结缘，在讲台上一站就是 70 个年头。

张礼先生 1925 年出生于天津，1946 年以理学院第一名的成绩从辅仁大学毕业，1949 年放弃去美国康奈尔大学免费攻读研究生的机会回北洋大学物理系任教，第一次登上了讲

台。1953年，张礼到苏联列宁格勒大学作理论物理研究生，发表的有关"电子—正电子系统的定态及其湮没转变"的论文，被国际公认为是正电子湮没谱学的奠基性文献。1957年，张礼到清华大学工作，参与创建工程物理系，1982年又出任物理系复系后的首位系主任。

"我给学生上课，每当看到他们充满好奇心的目光，或是感觉我讲得比较好，学生们很好地接受了，我的心里就特别高兴。这种感觉多少年来一直如此。"张礼感慨，"教了这么长时间课，教出感情来了。有时候遇到一些问题，情绪不那么高，只要一想到明天还要上课呢，就常想起穆桂英的一段唱词，'猛听得金鼓响画角声震，唤起我破天门壮志凌云'，立刻情绪就不再低沉了。"

从1957年来到清华，张礼讲了各种各样的课程，其中绝大多数课程都不是他曾经学过的，需要他再去学习。"我从这种学习中收获了很多，随着对物理接触面的扩大，我对物理的爱好乃至敬畏也就越多。"张礼说，正是在教与学的不断实践中，他愈发感受到物理学的深奥与有趣，感受到物理学和物理学家们的了不起。

为什么爱教学生？张礼的回答是："我想把我对物理学的热爱传递给学生，让他们能够热爱物理。"在张礼看来，作为教师的责任，是要为国家培养将来担起科学未来的青年学子。"青年学生是国家科学的未来，如果他们能够真正热爱一个专业的话，肯定会努力钻研，将来不管在什么岗位上的工作，都会努力去做好。"张礼希望，通过自己的努力，能够让学生理解物理学的奥妙，充实他们的知识，增强他们的基础和未来的工作能力。

"在清华这么多年，我觉得我的本事没有多大，好在清华的学生很优秀，通过我的教学把他们的积极性发挥出来，他们成长我也尽了一分力量。"谈到学生，张礼总是忍不住激动，他说，"看到这么多年，这么多学生到了国家的各个岗位，很多人成了骨干，这是我最大的安慰，这就是我生活的意义，活着就是为了这个！"

"只要脑子还行，我就不会放下"

如今，93岁的张礼仍然站在清华大学的讲台上，为物理系研究生和高年级本科生讲授"量子力学前沿选题"，每周两次授课。

每次课前，张礼要用至少一个下午加一个晚上备课，课程所用的幻灯片都是他亲手制作的。"即使是我很熟悉的东西，也要再认真考虑怎么讲能够让学生更好地接受。"张礼说，"讲课是很活的东西，不是每堂课都一定能讲好。"于是，哪一堂课讲得好了，下了课后张礼就会感到"说不出的高兴和满足"，而万一某个问题没讲清楚，心里就会"非常别扭"，"我回去就会琢磨，等下次上课前再讲一遍。"对于授课质量，张礼有着自己的执着与坚持。

除了备课，张礼把大量的时间花在了看文献学习上。在张礼的办公室里，柜子里、桌子上全都堆着满满的打印装订好的文献资料，而他的电脑桌面上，也存着密密麻麻的文献资料。"我的这门课叫做"量子力学前沿选题"，前沿当然因时而异，课程就必须不断加入新的内容，所以我也可以活到老、学到老，享受物理学的高超和美丽。"张礼边说边笑着拍拍桌子上的一摞文献。

物理系本科生万周全对张礼老师的学习劲头印象颇深。在一次课堂上，因为电脑的故障，幻灯片无法显示，万周全就和几个同学一起帮助张礼解决了问题。"张老师就问我们是怎么解决的，并且还把方法步骤都记了下来。当时就觉得张老师特别认真，时刻都在不断学习。"万周全说。

尽管周围的师生们都很敬佩张礼老师，但他对自己仍不满意。"我一直努力跟上物理学前沿最新的发展，但我做得并不好，特别是年纪大了，脑子比年轻时要差得多。"看到年轻学生们的成长，张礼除了欣慰，也常有羡慕。"他们的脑子那么快，我真是羡慕啊。可是我现在做不到了，那怎么办呢？还得继续努力做。"张礼坚定地说着，"除非有一天我的脑子糊涂了，看不懂东西了，那我不讲课了，就养老了。只要脑子还行，我就不会放下！"

不仅在讲课上，张礼在科研上也保持了旺盛的热情。2009年，84岁的他还作为第一作者在《物理评论快报》上发表论文，并承担了《清华物理丛书》的编写工作。2013年，他还因提出场论中的旋量演算新方法获得中国物理学会周培源奖。

我的教训，愿学生们不再重复

在70年的教学生涯中，起初张礼希望尽量让学生学懂知识，后来他发现，更重要的是启发学生的兴趣和钻研课程的动力。"物理学中真正有创造的，是会找问题，知道问题在哪里。"张礼说。而在这方面，张礼有过刻骨铭心的教训。

张礼在苏联列宁格勒大学作理论物理研究生时，发表了关于"电子—正电子系统的定态及其湮没转变"的论文，国际知名的多电子原子理论创始人之一福克院士对论文很满意，希望他在这个方向上继续突破。为此还给了他一年相当于博士后的职位。然而当时的张礼并没有意识到自己的工作进一步深入的重要意义，于是只计算了一个最简单的问题交了差。十几年后，一位美国教授在此基础上深入研究了凝聚态的多电子系统，并由此创立了"正电子湮没谱学"。

"而我当时，甚至连这个任务都没有意识到，空把时间浪费掉了，这不是一个科学家的思维。"回忆起这段经历，张礼连连摇头，叹气道："在学生时代，讨论、争辩、质疑的过程我都没有训练过，我可真不希望学生们将来重复我的教训！"

于是，张礼在授课中总是希望能够尽量让学生理解，一种思想的创始者是怎样想到这个问题，又怎么解决问题的。如何做到呢？张礼发现，最好的方法是作案例分析。于是，他去看诺贝尔物理奖获得者的报告，了解他们是怎么工作、怎么获奖的，然后把这些东西讲给学生。

后来，在时任物理系主任陈皓明教授的提醒下，张礼组织了十几位教授一起讲，于是就有了一门叫做"近代物理学进展"的课程。1997年，在讲课的基础上，由张礼主编的《近代物理学进展》一书出版，被评为"九五"国家教委重点教材，张礼也因此获得北京市教学改革一等奖。

在张礼的书柜里，还保存有大量的教学期刊，这些期刊里经常介绍某个问题是怎么提出的，又怎么解决的，哪些人发挥了什么样的作用。在课堂上，关键的时刻，张礼就把这些东西讲给学生，启发学生。

1986年，杨振宁先生在北京以"相位与近代物理"为题作了9次学术报告，内容涉及近代物理中很多重要概念的萌芽、发展和确立。张礼听了全部报告，深受启发。事后，他和南开大学葛墨林教授决定合作写一本《量子力学的前沿问题》，以帮助研究生从课程学习到科研实践的过渡。

"写这本书对我来讲可是不容易，因为我原来是做粒子物理的，凝聚态和统计物理是我的短板，那时候年纪也不小了，不过我对于物理始终是非常热爱的，所以我就从头学。"张礼记得，连学带写他大约花费了五六年的时间，虽然辛苦，但自己的视野也因此得到了扩展。

物理系研究生陈锋在师兄的推荐下选修了张礼老师的"量子力学前沿选题"，他说："我上学期在科研中遇到几个问题，都在这门课里找到了答案，上完这门课确实获益很多，我非常感激张礼老师。"而与张礼一同登上央视舞台的韩同航，是位"蹭课旁听"的同学，却曾和张礼老师从早上8点交流到10点，从对物理的理解聊到人生经历。

"自己知道1、2、3，就教给学生1、2、3，这不是一位好教师。教师必须爱自己的学生，要把对于未知的好奇心和探索求知的科学精神传授给学生。"回顾自己的教学生涯，张礼这样说。

"令公桃李满天下，何用堂前更种花。"活到老、学到老、教到老的张礼先生，生动地演绎了一位教师令人赞叹的精彩人生。

记者　刘蔚如
清华新闻网2018年9月11日电

冷冻电镜下的为师之道

——记2018年北京市师德榜样、清华大学生命科学学院院长王宏伟

王宏伟,清华大学人事处处长、生命科学学院教授、院长。

他喜欢和学生聊天,热爱讲台,热爱学生。

他是王宏伟,清华大学生命科学学院院长、著名的结构生物学家。在日复一日的科研教学服务中,王宏伟用磐石般的坚定与执着,享受着科研和教学的乐趣,诠释着自己独特的为师之道……

好思严谨　言传身教

王宏伟1992年考入清华大学生物科学与技术系。或许当时的他还未意识到,从那刻起他便与生物结下了不解之缘,并将在生命科学领域上下求索。

2009年,在美国深造多年的王宏伟被耶鲁大学聘为分子生物物理与生物化学系Tenure-Track助理教授,但正当在学术界开启独立研究生涯、科研事业处于上升期时,王宏伟做出了一个大胆决定:回国发展。"我一直希望能为祖国和母校作出贡献。这些年,国家对基础研究和交叉学科领域的投入日益增加,也让科研人员更为坚信回国后能发挥更大的作用。"

2010年12月,王宏伟全职回到清华大学生命学院任教,主攻应用冷冻电子显微镜技术研究生物大分子复合体的结构与分子机理。回国后,他所负责的一项主要任务就是建设国家蛋白质科学研究(北京)设施清华大学基地。在短短几年时间里,该基地便成为具有国际一流水平的世界上最大冷冻电镜平台之一,可以为全国乃至全世界的用户提供高端技术服务,并产出了多项具有重要影响的科研成果。

阿基米德曾言:"给我一个支点,我就能撬动地球。"对于王宏伟来说,给他一台冷冻电镜,他愿意用一生的科研生涯去研究生物大分子结构机制,探索生物界的奥秘。王宏伟实验室近年来在冷冻电镜方法学的开发及应用方面做出很多开创性成果,并在核酸—蛋白质复合物的冷冻电镜结构解析与分子机制等方面作出重要贡献,发表了一系列原创性论文。其中多篇发表于《细胞》《自然》等国际知名期刊,获得了国内外学界的广泛关注。

谈及多年科研心得，王宏伟认为，首先要有一丝不苟的精神。"你的对照组结果怎么样？"这是学生耳中出现频率最高的一句王宏伟专属口头禅，"我经常跟学生说，一定要设计好对照组实验，一位好的科学家是能够做好对照组实验设计和分析的科学家。"

具备批判性思维，敢于打破惯性与陈规，敢于在科研同行面前展示自己的观点，在王宏伟看来，也是做好科研不可或缺的品质。"已有的知识框架应该是帮助学生排疑解难，而不是限制束缚学生遐想的可能。"王宏伟珍视学生严谨认真的学习态度，同时积极鼓励大家带着发现的眼睛，时刻保有好奇探索的热情，以及天马行空无拘无束的想象力。

"无论是课题讨论还是日常吃饭聊天，他都会引导我们往更深处思考，到最后如果是连他自己也不知道答案时，王老师就会坦诚地告诉我们，'不知道，这需要大家一起去探索'。"实验室本科生徐洁说。

师生相得　亦师亦友

十年树木，百年树人。教师的一举一动、一言一行、一思一想，都清晰准确地印在学生的眼里、心上。多年来，王宏伟始终牢记师者的职责，再多的SCI、再繁忙的行政事务也无法阻隔他与学生间的距离，反而越走越近。

"教书育人始终是教师的第一职责。"一直以来，王宏伟坚守教学第一线，年平均授课54学时。他还主持建立了清华北大生命科学联合中心研究生课程"现代生物学技术"，针对现代生物学技术的主要研究方法进行模块化教学。课程开设至今，每年听课人数可达150人。作为面向一年级研究生的课程，课程极大地激发了新生对科研的兴趣，加深了大家对生物学的理解。

此外，王宏伟还积极参与生物知识普及等活动，自2014年起分别在大学、中学、小学做过多场科普报告。"人才是第一资源。光有先进的科研设施还不够，必须要有源源不断的人才投身结构生物学领域，才能真正结出好的果实，我想尽己所能多做一些播种的工作。"王宏伟说。

虽然平日里科研、行政事务繁忙，但每周一次与实验室所有研究小组的课题讨论，王宏伟从未缺席。王老师在清华读书期间，曾经担任过辅导员，一直以学生易于接受的方式和学生相处。在小组讨论中，对无论是本科生还是正在轮转的研究生新生，他都会详细询问他们在过去一周内的实验情况，进行讨论指导。

在了解到实验室一位新生家境困难时，王宏伟主动帮其垫付了学费；在遇到学生课题无法取得突破时，他总是保持鼓励和欣赏的态度，帮助他们分析问题，陪着一起完成实验。

"王老师总能快速地把握住问题的根本，并给予我们客观中肯的指导。他还常常嘱咐大家，探索求知要注重其背后的原理，切勿机械地重复和模仿，而要在设计和操作时探寻其更深层次的内涵，知其然也知其所以然。"实验室一年级研究生杨梓说。

除了日常的教学科研工作，王宏伟还利用业余时间，经常带领学生在校园里跑步锻炼，以身作则引导学生健康生活。"聊科研、聊理想、聊人生"，在一次次的接触中，学生们和王宏伟的距离原来越近，感情越来越深，而这正是王宏伟心中"幸福感"的来源。

最令自己兴奋的事？王宏伟老师毫不犹豫地说：一是学生做了一个漂亮的报告；二是学生的科研实验有了新的发现。先学生之忧而忧，后学生之乐而乐，多年来，王宏伟对待学生如同自己的子女一样用心尽力，孜孜不倦……

格物穷理　永不止步

科研探索的道路永远是苦乐相叠，一个"山峰"跨过之后，更严峻的"山峦"便显现于前面。谈及从事学术研究中遇到的种种挫折，王宏伟说："这些都是必经的过程，也是人生的宝贵财富。"

"科学本身是没有止境的，一个人不可能一辈子就抱着一个技术走遍天下无敌手。"王宏伟常常告诫学生们，不要满足于已有的成绩，要不断地去追寻与探索更接近真相的生命密码，一名生物学家要深刻认识到自身肩负的担当与责任。

"我们很少人能真正的超凡脱俗，完全不在意社会的评价。但是我们应该努力在每一条独特的人生道路上全身心投入工作和生活，深入的思考与不懈的奋斗本身就能给人带来快乐。"在一次毕业典礼上，王宏伟如是寄语学生们，台下响起了经久不息的掌声，这股热烈而真挚的掌声也是对王宏伟知行合一、为师育人的崇敬与感激。

如今，已过不惑之年的王宏伟，最喜欢的事莫过于徜徉于讲台和实验室。热爱科研，热爱学生，王宏伟坚定地行走在探寻生命奥秘与教书育人的道路上……

学生记者　张北辰

记者　曲田

清华大学新闻网 2018 年 9 月 19 日电

吕冀蜀：办趣味课堂　燃军旅梦想

军旅生涯结缘清华　心定校园甘为园丁

吕冀蜀是个老兵。

每每提起自己的军旅生涯，他都特别骄傲。当年他从基层连排做起，一路踏实肯干，曾担任过中国人民解放军某炮兵团团长。现在给同学们讲课的时候，他也会经常提起自己当年铁马冰河的岁月。年轻时的吕冀蜀干练有为，治军有方，受到过中央军委领导的嘉奖。其所在部队也多次参加大项任务，受到领导和上级的重视与好评。应学校的要求和原北京军区政治部批准，吕冀蜀留校，负责全校军事理论教学和国防教育工作，从2002年至今已逾16年。

清华人对这个老兵并不陌生：作为每一届新生军训中最常出现的面孔之一，无论何时他总能和学生打成一片，用自己独特的幽默和鼓励点燃学生的激情。但是可能大多数同学并不知道，吕冀蜀还曾担任过国庆50周年、60周

吕冀蜀，2002年至今任教清华大学武装部军事教研室，负责全校军事理论教学和国防教育工作。

年学生游行的教练，他带领几千学生整齐划一、气势昂扬地走过天安门，彰显了清华人自强不息、追求卓越的意志品质。

"早在国庆50周年游行的时候，我就参加过清华的方阵。那时我还是65集团军派驻清华的教学组长。国庆50周年游行的时候还没有国防生，我们就将学生骨干和在校党员集中起来，作为标兵进行训练。"国庆60周年阅兵的时候，55岁的吕冀蜀再次被任命为科技发展方阵教练。在10月1日的长安街上指挥着全方阵2000多人的动作，圆满完成了任务，受到学校表彰，被首都国庆游行指挥部评为"首都国庆60周年群众游行优秀工作者"。

"如果有幸还能参加国庆70周年游行的话，我绝不犹豫！"

时光荏苒，当年的目标早已实现，华发也悄悄爬上耳际。在清华园里度过这么多年，吕冀蜀的嗓音仍然洪亮，仍然在军训中、在课堂上、在射击馆里燃烧着自己的光和热，让

更多的清华人接受国防教育的洗礼。从部队军官到教书育人的转身背后，满载着他对清华和国防教育事业的一腔热忱。

潜移默化以身作则　　教书育人良师益友

当得知自己这次很可能再次入围"清韵烛光·我最喜爱的教师评选"时，是一个周四的下午，吕冀蜀正在空军总医院住院接受腰病的治疗。之前课堂上从来身板挺直气势如虹的他，两周前因突发的腰疼，入院治疗。但即使入院，只要有课，他仍然坚持提前回到学校备课、上课，在课后再赶着查病房的时间赶回医院。而本学期，他一周有四次课。

在部队的时候，吕冀蜀4次荣立三等功。离开部队，他对自己一如既往的严格，承担的工作丝毫不比年轻人少。在历年的军训中，吕冀蜀不但负责全校每年几千名新生的军事理论课，协助组织训练、野营拉练等工作，还在学期内开设"高技术战争""当代国防""当代军官基本素质讲座"和"射击"4门选修课，每年承担300多学时的课程教学任务，选修学生1000余人。他所授的课程深受学生欢迎，"高技术战争"等课程多次被评为清华大学优秀课程，"高技术战争"也是最先开设慕课的军事课程。

在紧张的授课和工作之余，吕冀蜀还主编了《军事理论教程》《大学军事教程》《军事技能训练教程》《清华大学学生国防教育指南》等教材和军事书刊，发表了20多篇论文。

对自己严格的吕冀蜀对学生却非常包容。部队多年的带兵经验，让他更喜欢跟年轻同学们交流。他讲课时激情澎湃，旁征博引，引人入胜。他的射击课兼顾理论与实际，以广泛的军事知识作铺垫，重在对于要领和过程的体验，让许多不喜欢射击的同学对这项运动产生了兴趣，更让许多不关心国防的人开始关注国防建设。授课之外，吕冀蜀也积极参与到同学们的活动中，与同学们多交流，援引自己从军时的例子，帮助大家解决学习和生活中的困难。这位老"团长"用他的坚守感染了一位又一位同学。也正是因为这样，他今年第4次被评为"清韵烛光·我最喜爱的教师"，成为这项评选设立以来，全校获奖次数最多的教师。

老骥伏枥校园征兵　　情系学生大江南北

16年来，虽已离开部队融入校园，吕冀蜀仍默默地关心着国防建设。他每年要参加组织清华大学国防教育周等国防教育活动数十次，也一直为学生中的军事爱好者们提供帮助，为他们申请和争取观看天安门升旗、参观国旗仪仗队部队等近距离接触军旅的机会。

同时，吕冀蜀也一直专注于大学生征兵工作，担任清华大学征兵工作站副站长，为同学们做征兵的政治思想动员等各项事务性工作，办理各种手续，多次被海淀区政府评为征兵工作和人民武装部先进个人。

近几年，每年从清华入伍的同学都超过了20人，累积入伍人数近200人。吕冀蜀探望了大部分入伍同学，不管是西南边陲还是藏区高原，不管是深山险隘还是国境线旁，只要有清华同学的迷彩身影，就会有他的脚印。即便是工作很忙，也要找机会、找时间看望入伍的同学，了解他们在部队过得如何，心系他们的身心健康，也鼓励同学们要为部队作贡献，为学校、为国争光。

在吕冀蜀及武装部教师们的努力推动下，清华园征兵季的校园气氛热烈程度远超周边学校。如愿入伍的同学们在军营中也时刻展现着清华的风采，立功受奖，为校争光，回校之后，也自觉主动参与到学校的国防建设中。

供稿：校学生会

清华新闻网 2018 年 12 月 29 日电

识邓公好比遇美酒
——记清华大学计算机系教授邓俊辉

古人云,"天若不爱酒,酒星不在天;地若不爱酒,地应无酒泉",天地爱酒,人亦如此,有学子言:"识邓公好比路遇美酒:越存越香,越品越醇",好比美酒的"邓公"即是清华大学新百年教学成就奖的获得者,计算机系教授——邓俊辉。

师者匠心 精致的"苦与涩"

邓俊辉,清华大学计算机科学与技术系教授。

邓俊辉常把教学比作一门艺术,一门精致的艺术,"邓公"的精致,是一组可以具象的数字:一门数据结构课程中,包含了230多个代码案例、300多道习题、300多幅彩色插图、上百个教学演示,还配有扩展阅读二维码、经典学术专著、论文推荐等内容,层见叠出,浩如烟海。

精致,也是不止于具象的妙趣横生、旁征博引,是从《红楼梦》的章法入手,讲解二叉树的迭代遍历算法;通过《复活》中伪善法官的步法,引出散列函数,包罗万象,洋洋大观。

精致,更是胜于具象的温良恭谦、敦厚可亲,是"邓公"的"左右互易"——一个出于学生视角作出的手势,使学生不必在脑子里再多做一次翻转,就能直接理解复杂的算法原理与过程;还是使用色障者也能"看出"的红黑树中节点颜色的关怀;更是将同样的幻灯片整理排版为三四个上千张的打印版方便同学使用的细致周全,这其中每一份为学生的量身定做都是这门精致艺术的针线丝缕、横竖撇捺。

"一门优秀课程给你的第一感觉必须是苦与涩,但若干年后你也一定会觉出回甘。"邓俊辉这样对学生说。

书者若水　笔下"清韵烛光"

下棋、书法、古文、礼教……这是学生所看到的邓俊辉的一角，计算机系计31班刘智峰描述对邓俊辉老师的第一印象是一位儒家学者："摇着纸扇，举止谈吐文雅，知识面广，隐藏技能多。"

在学生眼中，他是"师"，也是"士"，是以"士不可以不弘毅，任重而道远"标准要求自己的师者，"我的课程考核比较严苛，编程作业每一题都要求签署'诚信代码'（Honor Code），查重出现的问题严重，不仅不得分，还要扣去100分，这类规则或许不近人情，但多年的实践证明，多数学生能够理解和认同，我感谢我的学生，也为他们自豪。"邓俊辉说。

除却"师"与"士"，他还是"友"，会横穿校园到男生寝室开答疑班，会专门就教学开座谈会听取意见，会与学生分享自己的书法作品，会与新生一同参加军训拉练，冒雨行军，一路高歌，"从军歌唱到情歌，从老歌唱到新歌，代际的距离在歌声中消失了"，正是这份"友"的温和亲近、蔼然可掬，成全了学生口中的"邓公吾师，可敬可爱！"

在某种程度上，"使人知己，使人爱己"是邓俊辉心中业已越过的山丘，他说自己正在尽力"知人，爱人"，去了解、理解和爱自己的学生，继而做到"知者自知，仁者自爱"的最终境界，不放弃自己对责任与担当的选择，永远挚爱自己所选择的事业。

行者不怠　二十余载"师生同游"

30年前的邓俊辉是清华大学计算机系的一名新生，30年后，他是迎接2018级新生报到的班主任，彼时是学子，今日已经是站上三尺讲台21年的教师。

从学生时代的党支部书记、系团委书记，到1997年博士毕业后留校担任计算机系党委副书记、信息学院党委副书记、教务处副处长，邓俊辉始终坚持在第一线"上讲台"，并担任了多年的班主任，按他的话说，"自己一直没有远离过学生"。

在2017级本科生开学典礼上，邓俊辉作为教师代表，发表了主题为"洒扫和事长"的演讲，寄语新生，希望清华学子扫除傲气、习气、躁气、俗气和乖气，同时厚待他人、善待父母长辈，尊重传统文化，用行动和作为去传承清华的基因与价值，做到心中壮志常在，脚下须臾不息。

邓俊辉说"每代人都有其伟大之处，我们的任务就是帮助孩子们去实现他们的伟大"，去"尽最大努力关注每一位学生，倾听其心声，助力其成长"。邓俊辉在军训期间为同学们搬去一箱书，希望通过书籍让同学思考"现在学习计算机科学专业意味着什么，从国计民生的角度来看能贡献什么，以后登顶学术大师又能有什么？"

21年的教学生涯里，邓俊辉曾先后五次被毕业生评为"大学期间心目中的好老师"，是清华大学"我最喜爱的教师"之一，他讲授的"数据结构""计算几何"作为慕课上线之后，成为学堂在线、edX等平台上的热门课程，至今已有来自160多个国家和地区的30

万人选修,并获清华慕课教师突出贡献奖;2017年,邓俊辉因出色的教学工作,荣获清华大学首届"新百年教学成就奖"。

供稿:计算机系

清华新闻网2018年12月27日电

积极忘我，至心为人

——记清华大学第十六届"良师益友"奖获得者张羽

2018年9月20日，在全场掌声中，在同学们"积极忘我，至心为人"的口号声中，张羽接过了"良师益友"奖杯，收获了对她从教7年付出的最高嘉奖。

"积极忘我，至心为人"，是张羽的人生信条，也是她对学生们的殷切期望。张羽曾说，一个优秀的人，要有大格局和广阔的胸襟，心怀社会与国家；要认识到我们不仅在为自己的理想奋斗，更是为了国家和民族的未来在奋斗；要有担当——对自己的工作有担当，对国家和民族有担当。胸怀宽广，心怀大众，我们的工作方有意义；积极忘我，至心为人，我们的理想方能实现。

张羽，清华大学教育研究院副教授。

在学术研究中，张羽亲身示范了何为着眼国家、心怀社会。她曾提到，进行教育评价的目标是改进调整，但有时候政府投入了大量财力却没有看到学生成绩明显提高，学生花费了大量的时间在学校却没有进步，这是学生、家长、老师和研究者都想知道的问题。面对这一对于国家和个人都至关重要的问题，要努力地思考探索。当传统的方法不能很好地回答这一问题时，就要积极学习新的方法，采用新的技术，深入学校，深入课堂，用新的技术手段去探索课堂里真正发生的事情。

张羽乐于与同学们一起学习神经科学、心理学、计算机科学等领域的知识，积极与国内国外师生交流学习，邀请相关领域的专家来为同学们介绍最新的科学发现和技术。在张羽的影响下，同学们学会以开放的态度面对陌生的知识和技术，以坚定的信念克服研究学习中的各种困难。

眼高手却不能低，为了让同学们更好地掌握知识方法，张羽在课堂设计上别出心裁。为了提高"定量研究方法（高级）"课程的教学效果，她将全班同学分成三组，各小组在老师的单独指导下承担两次授课任务。在这样的课堂设计下，每位学生一个学期要与老师会面至少6次，每次至少2~3个小时，再加上正常教学、批改作业等环节，这些时间加起来远远高于一门普通课程的教学时间。

选过张羽课的同学表示，张老师细心耐心的指导让没有相关基础的同学克服了对数学的恐惧与排斥，对学习定量研究方法充满了信心。在本科生辅修课中，面对在教育领域尚且懵懂的学生，张羽针对不同的学习内容设计了丰富的课堂任务，包括画概念图、参与课堂设计等。为了让同学们理解教育测量领域的基本概念，张羽安排同学们以小组为单位自主命题并测试题目的信度和效度。对于同学们"千奇百怪"的问题，张羽总是仔细听取并一针见血地指出问题的关键所在，既回答了同学们的疑问，又将漫无边际的疑问与课堂内容结合起来。

要对国家社会作出贡献，除了高远的志向和丰富的知识，更需要"积极忘我，至心为人"的精神。张羽在治学之外，对自身品德修养有着更高的要求。在博士论文数据采集工作过程中，张羽每天接送几位研究助手往返学校，即使自己已经疲惫至极也要将他们安全送回学校。经过一番努力，不仅数据采集工作进行顺利，博士论文也获得了优秀论文的荣誉。"这种'至心'，不是一蹴而就，而是在每一件工作中培养起来的，直到成为一种受益终身的处事习惯"，张羽说。

在工作学习之余，张羽还格外关心同学们的身体健康，经常嘱咐同学们要早睡早起，加强锻炼。在清华读书期间，张羽曾担任经管学院女篮队长，带领球队拿下了马约翰杯篮球赛甲组的冠军。参加工作后，张羽积极组织同学们参加体育锻炼，在本届马约翰杯的篮球赛中，张羽更是亲自对学院篮球队进行指导。

良师一言，犹书万卷，益友一世，胜朋三千。张羽用悉心的讲授提高了学生的能力，用犀利的洞见启发了学生的思想，用积极的态度培养了学生的信心，身体力行地示范着什么是大格局、大心胸和大责任。积极忘我，至心为人，方能成就理想。

通讯员　刘馨雅
清华新闻网 2019 年 1 月 8 日电

人工智能六十载　耄耋之年仍少年

——记清华大学人工智能研究院院长、计算机系教授张钹院士

1953年夏天填报志愿时，在选择"清华电机"还是"北大物理"之间徘徊的少年，如今已成为陪伴清华共同走过60载光阴的老清华人。这位已到耄耋之年的科学家，就是我国人工智能领域的领军人物之一、清华大学人工智能研究院院长、计算机系教授张钹院士。

求学清华　水木情深

张钹，清华大学人工智能研究院院长、计算机系教授，中国科学院院士。

60多年前，一辆接新生的大卡车在夜色中从西门入清华园，沿着一条笔直的林荫大道径直开到宿舍门口，张钹心中感叹："清华园真大！"那年十月，经过几个昼夜的长途跋涉，张钹离开福建，走进清华园。

张钹至今还记得，当时学生会给大家写了一封公开信《亲爱的新同学——我们的新伙伴们》。信中说，"祖国迫切等待着清华大学培养出各种各样的新型工程师参加祖国伟大的建设。""赶快来吧！新同学们！我们将为做到毛主席对我们的指示：身体好、工作好、学习好，共同努力！"张钹说，这封公开信不仅代表着学校对新生的期望，也道出了所有新生的心中理想。

当时张钹所在自动控制系专业8班只有10名同学，都是作为清华未来师资培养的，1958年，张钹从清华大学计算机系的前身自动控制系毕业，同年留校任教至今。当时国内自动控制专业人才很少，缺乏师资。大学期间，学生们只学了两门与专业有关的课程，一门是计算机系首任系主任钟士模教授讲授的"自动调节原理"；另一门是由苏联专家苏其林讲授的"自动控制系统"。少年张钹在这样的环境下，认真勤勉，求实笃行。

一晃60多年过去，回首往事时，张钹依旧难以忘却与来自全国的优秀同龄人相处的5年时光。他说："与他们相处，让我时刻看到'高标准'在哪里，始终知道自己的不足，激励着我不断向前，不敢有丝毫的懈怠，促使我养成终身学习的习惯。因为不学习就会落

伍，就会赶不上。"

为人师表　桃李满园

从学生转变为教师的 1959 年春天，张钹为自 0 班（即 1960 届）学生开设了"飞行器自动控制系统"课程。这门课程没有教科书，其他参考资料也很少，在难度极大的情况下，这门课不仅按时开了出来，还得到了学生的广泛好评。随后，张钹又和其他教师共同努力，开设出了相关的实验课，老师们围绕飞行模拟台、机电指挥仪和自动驾驶仪等研制任务，带领各届毕业生"真刀真枪地做毕业设计"。在计算机系章燕申老师的领导下，经过自 9（1959 届）到自 6（1966 届）共 7 届学生的实践，逐步形成一个比较完整的"飞行器自动控制系统"专业教学体系，培养了大量国家急需的军工建设人才。

张钹把那段时间形容为"在战斗中成长"的时光，教师们几乎和学生一起"摸爬滚打"，共同克服困难，完成所承担的教学与科研任务。

作为一名教师，如何在高校的学科建设、人才培养中发挥应有的作用？张钹的回答是"行胜于言"，发挥自身的表率作用。"这就需要我们认真地去对待每一件事，比如每一堂课、每一次报告，甚至会议上的发言，我总是经过认真思考和准备，力求做到言之有物，让听众有所收获；还需坚持奋斗在教学与科研的第一线，不断向周围老师和学生学习，这样才有可能跟上时代的步伐，为人师表。"

到现在为止，张钹总共培养了 77 名博士生，他们中的大多数留在国内工作，奋战在高等院校、科研机构以及企业等各个领域的一线，也有少数学生自主创业，为国家的经济发展和社会进步作出重要贡献。这些学生毕业之后，绝大多数一直与张钹保持密切的联系。"每当得知他们在事业上取得了新进步，我都抑制不住内心的激动和快乐，能够为国家和社会培养出优秀的人才，是我人生最大的成功。"张钹说。

人机共舞　未来已来

在谈到与人工智能的渊源时，张钹形容他与人工智能的关系是"先结婚后恋爱"。1978 年，在包括张钹在内的老一代教师的共同努力下，计算机系成立了"人工智能与智能控制"教研组，开启了"人工智能"的新历程。

筚路蓝缕，披星戴月。20 世纪 90 年代"人工智能冬天"的降临，使得这一历程一度十分艰难曲折。但凭借改革开放的良好环境与中国崛起的伟大机遇，经过 40 年的努力，老一代教师们不仅坚持下来，而且取得了可喜成绩，在人工智能领域创造了多项全国第一：1978 年招收第一批硕士生，1983 年成立首个智能机器人实验室，1983 年在国际人工智能大会（IJCAI）上发表我国第一篇学术论文，1984 年获得人工智能领域的第一个国际重要奖项，1987 年第一位人工智能领域的博士生毕业，1990 年成立全国第一个有关人工智能的国家重点实验室——"智能技术与系统"国家重点实验室，最近又成立了交叉研究机构——"清华大学人工智能研究院"。

在人工智能浪潮席卷全球的今天，它的每一项技术创新和突破都将对我们的生活产生巨大的影响。张钹说："任何技术都是为了让人们的生活更美好，实现经济社会的更好发展，这就是我们人工智能追求的终极目标。"

面对大众对人工智能的担忧，张钹表示，在限定领域中，计算机可以达到，甚至超过人类的水平，但"人类最大的优点是，小错不断，大错不犯，我们可能把骡看成驴，但是绝对不会把石头看成驴"。"机器是人类最好的助手，充分利用双方的特点，人工智能的路将会越走越宽"，张钹说。

下一个人工智能的爆点在哪里？张钹说，现在人工智能取得了一些进展，但仍然有很大的局限性，人工智能技术需要进一步向前发展。下一步要与脑科学结合，找出新的模型，将数据驱动与知识驱动结合起来找出新的方法，"智能对我们来讲永远是秘密，而人工智能的魅力就在于我们对它的研究永远在路上。"

供稿：计算机系

清华新闻网 2019 年 1 月 23 日电

中国心脏外科事业的"拓荒者"

——记清华大学第一附属医院首席顾问专家、心脏中心主任吴清玉

吴清玉,清华大学第一附属医院首席顾问专家、心脏中心主任,国务院学科评议组成员,中央保健会诊专家。

在中国医疗卫生领域有这样一位医学专家,他几十年孜孜不倦地奋斗钻研、求索创新,创造了一个个生命奇迹,在心脏外科领域打破了一个个手术禁区;他常年超负荷工作,每天工作十几小时甚至二十几个小时,争分夺秒与死神赛跑,只为挽救更多心脏病患者的生命;他清正廉洁,以身作则,带领医院队伍在各方面取得令人瞩目的成绩。他就是中国心脏外科事业的"拓荒者"——清华大学第一附属医院首席顾问专家,心脏中心主任吴清玉。

追求卓越 一连串"第一"铸就生命奇迹

1990年以来,吴清玉成功解决了许多心脏病手术治疗的重大疑难问题,在国内率先实施了25项高难复杂心脏手术,开创性地完成了心外科领域的多项"第一",全部获得成功。

2018年,国内第一例,为右室双出口合并完全型心内膜垫缺损、单心房、房室瓣关闭不全的患儿成功实施根治手术,患儿顺利出院。

2017年,国内第一例,为双侧心室肥厚性、梗阻性心肌病患儿进行矫治手术,获得成功。

2014年,国内第一例,为出生仅2小时、患完全性大动脉转位新生儿成功实施大动脉调转术,术后恢复良好。

2006年,世界第一例,为罕见的复杂心脏畸形(右旋心、大动脉左转位、单心房、左室双出口、完全性心内膜垫缺损、肺动脉瓣及瓣下狭窄、永存左上腔)合并无脾综合征的患儿成功实施了根治手术。患儿目前生长发育良好。

2005年3月，国内创纪录地使用人工肺（ECMO）长达17天，成功救治了一例左室双出口术后顽固性低氧血症濒死的患者。这是国内应用人工肺时间最长的患者，为中国危重心肺病变患者的治疗提供了成功的经验。

2001年3月，国内第一例，为晚期心衰患者置入体内人工左心辅助装置，25个月后又为其进行了心脏移植。患者生存至今并已正常工作，是我国迄今安装左心辅助装置时间最长并成功进行心脏移植的患者，在亚洲也仅有个别成功的记录。

2001年，成功开展了非常复杂的心房+心室双调转手术，为矫正性大动脉转位的治疗提供了新的方法。

1999年，国内第一例非体外循环下双向格林手术，并获成功。

1998年，国内第一例Ross手术。该手术由于需要主动脉、肺动脉根部的替换和心脏冠状动脉的重新移植，被认为是心血管外科领域的最难手术之一。他借鉴国外经验，对手术方法进行了改进，效果明显优于人工瓣膜替换。

1998年，成功开展了冠状动脉搭桥合并特发性心肌病同期手术。

1997年，在国际上第一次报告了室间隔夹层瘤的手术治疗方法和结果，并对病因进行了探讨。

1997年，改进了传统治疗主动脉弓中断或缩窄合并心内畸形手术方法，使原本需分次手术的疾病一次手术即可治愈，显著提高了手术成功率。

1997年，成功开展了慢性栓塞性肺动脉高压血栓内膜剥脱术，为本病的外科治疗进行了开拓性工作。

1994年，成功开展心肺移植手术。患者为终末期心肺病变，手术异常顺利，但死于意外和感染，手术后存活15天，为当时国内最好纪录。

仁心仁术　开创多项手术技术令世界瞩目

吴清玉从事心血管外科临床和基础研究四十余年，是我国心外科领域的主要开拓者和学科带头人。经吴清玉教授手术的患者逾万例，其中大部分为复杂疑难危重病例，他创新了很多手术方法，使众多濒危患者重获新生。

他在国际上独创性地提出三尖瓣下移（Ebstein畸形）解剖矫治的新概念，使98%以上的该病患者免于人工瓣膜替换，这是治疗该病的重大进展。相关论文发表在美国《胸外科年鉴》，被国际上最负盛名的治疗小儿先心病的专家克利夫兰医学中心小儿心脏外科主任Roger B. B. Mee教授认为是治疗Ebstein畸形的重大进展，美国梅奥诊所（Mayo Clinic）著名心脏外科专家Dearani Joseph. A.（德拉尼）教授率领的手术小组于2004年专程来清华大学一附院学习此项技术。迄今为止，吴清玉是世界上治疗Ebstein畸形患者数量最多、疗效最好的心血管外科专家。

吴清玉还制定了法洛四联症根治手术的技术标准，并被写入心血管外科教科书。该标准扩大了该病手术适应征，使手术死亡率由10%左右降至0.8%以下，保持至今，达国际领先水平。相关论文发表于美国《胸外科年鉴》，世界心外科创始人之一、世界上第一个实施法洛四联症根治术的C.W.Lillehei教授在特邀评论中正式评价：所得出的结论正确，手术结果是英文文献中最好的。吴清玉提出的治疗法洛四联症的原则和手术方法至今还在指导着临床工作。

他在国内率先开展新生儿复杂心脏手术，为出生仅2、5、11、26小时患有大动脉转位的患儿实施了大动脉调转手术，全部获得成功，改写了国内不能治疗此类疾病的历史。完全性大动脉转位是常见的紫绀性先天性心脏病，大动脉调转术（Switch）可以根治，但手术难度大，死亡率高。1997—2018年，吴清玉为数十例完全性大动脉转位患儿（年龄从出生后2小时至12岁）实施了Switch手术，手术死亡2例，死亡率为6.7%，使Switch手术变成常规手术。

他在国内率先解决了冠状动脉搭桥术的关键技术问题，并进行推广。2000年，他首次在网上向全世界直播冠状动脉搭桥手术全过程。他亲自手术治疗各种疑难复杂危重冠心病患者3500余例，冠状动脉搭桥手术成功率99.5%以上。作为第一完成人，他负责的"提高冠心病外科治疗效果的临床与基础研究"获得国务院颁发的2002年国家科学技术进步二等奖。他培养了大批技术骨干，使全国百余家医院都能完成此种手术，通过"十五"攻关，将全国5000多例冠状动脉搭桥手术死亡率降至1.7%（美国为2%~3%）。

他在国内首次为晚期冠心病、心功能衰竭患者置入体内"人工心脏"，25个月后，又成功将其拆除，进行心脏移植，该患者是国内作为Bridge应用该装置时间最长、成功进行心脏移植的唯一患者。1994年成功实施心肺移植术一例，该患者在当时存活时间最长。

厚德精业　领航医院心脏中心飞速发展

2004年3月4日，吴清玉由中国医学科学院阜外心血管病医院调入清华大学，同时开始在清华大学第一附属医院工作。2004年3月担任第一附属医院常务副院长；2006年7月至2017年7月担任院长、党委副书记。2017年7月受聘为医院首席顾问专家。同时，他在清华大学任职医学学科建设领导小组成员、学术委员会副主任，曾任医学院副院长、医学学位评定分委员会主席。2012年参与筹建医学中心工作，医学中心成立后，兼任医学中心主任。

作为心外科专家和学科带头人，吴清玉于2004年3月创建了清华大学第一附属医院心脏中心，由麻醉科、心内科、体外循环组和手术室、ICU医务人员共同组成国内外一流的优秀团队。始终以"再塑生命，从心开始，争为天下先"为宗旨，以国际领先水平为目标，坚持以疑难、危重和复杂畸形及心血管疾病治疗为特色，发挥心脏内外科密切合作的巨大优势，在医疗、教学、科研、学术交流等方面取得了显著成绩。成立了国内第一家内外科密切合作的心律失常诊治中心，救治了40多例重危患者全部成功，包括国内首例新生儿心外起搏器的安装。还成立了中国复杂先心病救助中心。十余年来已完成各类心脏手术6000余例，85%以上为辗转全国各地无法医治慕名而来的疑难、危重症和复杂心脏畸形患者。年龄从出生2小时到80岁以上，体重从1.75公斤的低龄低体重患儿（占10%）到100公斤以上的各种心脏及大血管高难度手术，包括世界上最复杂的三尖瓣下移畸形矫治术、单心室分隔术、室缺合并肺动脉闭锁矫治术、危重冠脉搭桥和复杂瓣膜手术等，其中小儿主动脉瓣成形、巨大左室肿瘤切除、大动脉转位调转术后升主动脉瘤合并主动脉缩窄矫治、改良 Nikaidoh 手术后成功应用人工心脏辅助等手术疗效达世界领先水平。到目前为止，心脏中心各种疑难复杂心脏手术成功率达 95% 以上，治愈率和疗效均达国际先进水平，其中三尖瓣下移畸形矫治、右室双出口、法洛氏四联症根治术等的手术疗效居世界领先水平。

教书育人　鞠躬尽瘁培养高层次医学人才

除手术外，吴清玉还夜以继日地负责科研、教学及医护人员的培训工作，并坚持每周一在疑难病会诊中心出门诊。他带领清华大学第一附属医院心脏中心充分发挥教学职能，坚持开展理论教学与临床教学，组织疑难病例讨论，举办专题讲座授课，组织心内科、心外科及心脏小儿科专业教学查房，接收全国进修医护人员及实习生 300 余人进行专业培训，编写出版了《闪光故事》、编写了《心脏中心成立十周年纪念》和《心脏中心论文选》各一册。

自 2004 年 3 月，吴清玉作为清华大学医学学科领导小组成员、医学院副院长，参与学校医学学科建设的领导工作，制定了医学学科的发展规划。他对临床医师教师的引进、考核与晋升等规章制度的建立，以及学生培养和管理，课程设置、学位授予等做了大量工作。

2014 年，"临床医学专业"硕士获批为清华大学的硕士专业学位授权点。学校医学学科的教学工作扎实，稳步推进，已开设 71 门课程，涉及 13 个专业。在学校研究生院的支持下，医学院和热能系一起，开创性地招收和培养了交叉学科博士研究生。吴清玉目前已培养博士、硕士 59 人。

此外，为加强清华大学医学学科建设，吴清玉牵头组建 5 个临床医学二级学科学系：外科学系（下设心胸外科、普通外科、骨科、泌尿外科、神经外科、麻醉学、整形外科 7 个学组）、内科学系、神经病学系、妇产科学系、儿科学系。并设立医学中心博士后流动站，以吸引、培养和聘用高层次创新型人才，建立有利于人才流动的灵活机制。通过创建高质量创新性教学管理体系，有序推进清华大学临床医学飞速进步，为国家医疗事业的发展添砖加瓦。

吴清玉曾在一次采访中这样说道："衡量大夫的好坏在于是不是能够给病人提供生命安全的保障和得到最好的近期和远期的疗效。"

"自强不息，厚德载物"，他勇攀心脏外科事业一个又一个高峰。

医者仁心，济世救人，他"从心开始"，愿做生命的守护天使。

漫漫长路，上下求索，吴清玉深耕不辍，继续走得严谨而踏实，矫健而自信。

供稿：第一附属医院
清华新闻网 2019 年 1 月 29 日电

从未放弃过对创新和进步的追求
——记清华大学公共安全研究院院长范维澄

从中国科学技术大学本科毕业后,范维澄便投身到高等教育工作中去。从教50余年来,他孜孜不倦、开拓创新,从计算燃烧到火灾科学,再到公共安全,范维澄从未放弃过对创新和进步的追求。

燃烧学里探规律　烈焰之中炼真金

范维澄,清华大学公共安全研究院院长、工程物理系安全科学技术研究所所长,中国工程院院士。

为了揭示火的奥妙,让人类社会能够在人与火的和谐共处中持续发展,范维澄年少求学时便开始钻研燃烧科学。1965年,范维澄从中国科学技术大学毕业留校,1982年,在英国帝国理工学院出色地完成"燃烧过程的理论模型与数值模拟"研究,留学归来。回国后的他,以传统的燃烧科学作为科研和教学的切入点,从燃烧机理的理论研究拓展至可燃物的燃烧及其防治,把关乎国计民生的火灾作为研究对象,寻找火的规律。当时,国内很少有人意识到火灾可以成为一门科学,而范维澄却选择去填补领域空白,去实现从0到1的跨越。

"公共安全高于一切,火灾安全科技的研究,说到底是为了服务于这项公益性事业。"多年后,范维澄回顾自己当初的选择时如是说。1987年,大兴安岭爆发了森林火灾,火舌熊熊,可怜焦土。针对我国火灾形势严峻和火灾研究薄弱的现状,范维澄提笔上书,倡导工程热物理与安全工程的交叉,提议建立研究火灾共性机理和火灾防治共性技术的国家级研究机构。让科研与国计民生紧密一些,再紧密一些,正是范维澄从事科研的初心。

1995年,在范维澄的主持建设下,我国第一个重点研究建筑、森林和工业火灾的国家重点实验室在中国科学技术大学建成,经过20多年的发展,逐渐成为国际知名的将原创性知识创新与技术创新相结合、注重人才培养的国家级优秀研究基地。2001年,范维澄当选为我国火灾科学领域唯一的中国工程院院士。

时逢花甲又从头　　但将吾道付神州

历尽天华成此景，人间万事出艰辛。范维澄一路走来，见证了我国火灾科学领域从国内空白到世界领先。年少起步时，为梦想去奋斗是很多人共同的选择，但功成名就之时，还有多少人会敢于开拓新领域，开启新征程？

《易经》中，天干与地支相配，六十成一周期，循环往复，依序轮转。2003年的"非典"事件，公共安全问题得到了全社会前所未有的重视。这一年，范维澄恰逢花甲，他离开中国科学技术大学，来到北京，任清华大学公共安全研究中心主任，将目光聚焦到公共安全这一综合性科学，致力于技术科学和管理科学的融合。

从2003年到2005年，范维澄带领团队，在全新的领域，为我国公共安全的科技规划和发展呕心沥血。2006年初发布的《国家中长期科学和技术发展规划纲要（2006—2020年）》（国发〔2005〕44号）中，首次将公共安全作为一个重要领域纳入国家经济社会发展规划和国家科技规划。"从火灾研究到公共安全研究，对我而言是把研究的领域拓展了。"范维澄说。

从事公共安全研究，范维澄认为"既要做智库，也要做实践者"。他经常告诫团队，要不满足于出想法、出主意，而是率先进行实践。为提高突发事件处置的有效性和科学性，减少突发事件带来的损失，范维澄带领团队测数据，搭模型，入山区，赴灾区，出差和加班成了家常便饭。终于，经过团队的不懈努力，核心成果"突发事件应急平台体系关键技术与装备研究"从学校实验室进入了政府指挥室。

范维澄创立的"公共安全三角形"理论模型，构建了突发事件应急平台数据库和应急软件系统，提出了"应急一张图"多方实时协同会商技术，研制出成套化现场应急监测预警与指挥装备，在技术上实现了我国应急平台体系的大系统集成创新。该项目成果提升了政府应急管理能力，在抗震救灾等一系列重大事件应对中效果突出，社会效益显著。2010年，范维澄团队获国家科学技术进步奖一等奖。

立德树人为根本　　师道传承育英才

学科建设和人才培养，是高校工作的主旋律，也是范维澄丝毫不敢有所懈怠的本职。范维澄的研究领域——火灾科学和公共安全，都是典型的交叉学科，它们涉及自然科学、技术科学、管理科学甚至人文科学。范维澄作为学科带头人，多年来坚持带领团队走多学科交叉融合之路，重点培养研究生发现、提出、分析和解决问题的能力；大力营造重视人才、爱惜人才的学术氛围。从中国科技大学到清华大学，从火灾科学到公共安全，改变的是岗位和领域，不变的是师者风范。

在火灾科学国家重点实验室工作期间，经过十多年的探索与实践，他带头创建了以火灾机理/安全事故和防治技术为主干和特色的"安全技术及工程"硕士点与博士点，制定了新的教学大纲、课程体系、教学内容与培养模式；建成了火灾安全领域具有知识创新和技术创新条件和氛围的高层次创新人才培养基地；培养出具有现代知识结构和全面素质的我国首批火灾科学博士；摸索出培养高层次创新人才，以及拓展高校国家重点实验室人才培养功能的新途径，并总结出相关的规律性认识。分别获得了国家教学成果一、二等奖。

创立清华大学公共安全研究院后，范维澄坚持国际视野，秉承人才为先。在他的带领下，清华大学公共安全研究院形成了重视人才、关心队伍建设的良好传统。他坚持人才引进与自身培养并重的队伍建设指导思想，重视青年教师队伍建设，为青年教师成长保驾护航。多年来，先后从美国、日本等世界知名大学以及国内知名院校引进国家杰出青年科学基金获得者（"杰青"）等专业人才，同时，自身团队也培养出了"杰青"等优秀人才。

服务社会担重任　安全应急把全局

习近平总书记指出，公共安全建设对于构建和谐社会，推动全面小康建设，乃至于中华民族的伟大复兴都具有非常现实和深远的意义。站在新时代的历史起点，范维澄和他的团队继续以公共安全为己任，毅然投身于健全公共安全体系，全面提升公共安全保障能力，构建安全保障型社会这一重大而紧迫的历史使命中。

范维澄敏锐地意识到，城市安全主要是两大类问题，一类是自然灾害对于城市的影响，即自然灾害和城市原有的脆弱性相互作用，导致灾难发生；另一类是由于城市内在的系统超越自身安全极限所发生的重大事故。因此，他带领团队继续拓展研究领域，实施增强城市安全韧性的"强韧工程"，从技术和管理的双轮驱动到科技、管理和文化的三足鼎立支撑，着力编制全方位、立体化公共安全网，为智慧城市提供强大的公共安全保障。

范维澄领导下的公共安全科技创新团队在城市安全理论、关键技术研发和核心装备研制方面取得了一系列创新成果。在北京等26个省级政府、167个地市县政府，以及公安、安监、环保、消防等十多个部门得到应用。在天津港"8·12"火灾爆炸事故等重大事件应对和杭州G20峰会、厦门金砖国家峰会等重大活动保障中发挥了重要作用。2017年11月至今，建立国家标准5项，技术成果正在合肥、杭州、大连、佛山、徐州、无锡等地积极推广落地。2018年9月17日，在第二届全球公共安全会议中，范维澄获埃蒙斯奖，是获得该奖的首位中国学者。

从燃烧科学到火灾科学再到公共安全，范维澄的研究领域不断扩展，维护的却是始终不变的公共安全利益。范维澄说，自己和团队会始终聚焦核心问题，坚持不懈，久久为功。

供稿：公共安全学院

清华新闻网2019年1月31日电

"如果有来生,还是选择当一名老师"

——记清华大学马克思主义学院教授肖贵清

师者,传道,授业,解惑,道之所存,师之所存。

友者,可抒意气,可寄愁心,同道为朋,岁久情真。

"良师益友"四个字,听来平常,行之不易。在清华大学马克思主义学院,就有这样一位亦师亦友、我们身边的榜样——肖贵清教授。

肖贵清,清华大学习近平新时代中国特色社会主义思想研究院副院长、马克思主义学院副院长。

坚守本分　潜心教学

肖贵清自2009年调入马克思主义学院,每学年开设1~2个大班"毛泽东思想与中国特色社会主义理论体系概论"的本科生思想政治理论课。每学年开设"毛泽东思想研究""中国特色社会主义研究"等研究生专业课程,广受学生喜爱和好评,课堂上常常挤满了从外校慕名而来"蹭课"的学生、老师、访问学者等。其中,"毛泽东思想研究"课程两次进入全校研究生教学质量评估前5%。

教育部长陈宝生在新时代全国高等学校本科教育工作会议上的讲话中指出:"教师的天职就是教书育人,教授就得教书授课,离开了教书授课就不是教授。必须明确,高校教师不管名气多大、荣誉多高,老师是第一身份,教书是第一工作,上课是第一责任。"对这句话,肖贵清深表赞同。

从教36年来,肖贵清每次授课前都要重新备课,"要下功夫,要沉下心来,认真、用心去教书、做学问"。他认为:"研究性教学首先是'备理论';其次要'备教材';还要'备学生',了解学生关注什么问题。"

肖贵清教育学生要先为人、再为学。他不仅把教师当成职业,更是作为一生的事业来做,并且认为"做事业,就要做到极致,追求完美"。在培养学生上,他是"花多少功夫都不觉得累的",在学生眼中他是一位"管科研、管找对象、管毕业"的"全职导师",立德树人,爱生如子,既严且慈。他常嘱咐学生们:"无论是在学业上还是在生活方面,遇到了困难一定告诉我!"他曾在无数个日子里为学生改论文到深夜,也曾多次跑到外地亲自为学生主持婚礼。

潜心科研 育人有方

作为马克思主义理论学科的教授、博士生导师,肖贵清致力于将科研和育人紧密结合。他坚持清华"顶天立地树人"的科研理念,既强调站在马克思主义理论研究的前沿,研究有价值的选题;也强调突出问题意识,力争把文献资料工作做得更扎实,研究做得更深入,以使论证更科学。肖贵清注重在日常的科研活动中教育引导学生,主持完成了5项国家社会科学基金项目和多项省部级科研项目。其中,在国家社科基金重大项目"中国特色社会主义制度研究"的课题中,不仅培养出了研究中国特色社会主义制度的青年群体,还衍生了多个国家社科基金项目和教育部课题。他指导的多位研究生获得了国家奖学金、北京市优秀毕业生、清华大学优秀博士论文一等奖等荣誉。

36年间,肖贵清共培养了52位硕士、24位博士,并指导了多名博士后和访问学者。不管工作多忙,肖贵清坚持每两周定期主持举办师门读书研讨会。近3年,肖贵清指导研究生共发表核心期刊论文21篇,平均每年带学生出京参加学术会议10次左右。他指导的博士、硕士研究生毕业后,大多在全国各大知名高校从事思想政治理论课教学和马克思主义理论研究工作,多名学生已经成长为马克思主义理论学科领域的教授、博士生导师,还有不少学生成为活跃在党政机关、军科院所、主流媒体、国有企业等单位的中青年骨干。在培养众多优秀人才的过程中,肖贵清自身的科研成果也颇为丰富——在《中共党史研究》《马克思主义研究》《马克思主义与现实》《求是》等刊物发表学术论文150余篇,多篇论文被《新华文摘》、中国人民大学复印报刊资料和其他报刊转载,出版《中国化马克思主义整体性研究》《中国特色社会主义制度研究》等10余部学术专著。2017年获评清华大学优秀博士论文指导老师,2018年获清华大学梅贻琦优秀论文奖。

学术阐释 理论宣讲

作为全国马克思主义理论学科的知名学者,除了教学科研之外,肖贵清还承担着党和国家重大事件、重要节点的政治宣讲任务。他总是力求从学理上深入阐释党和国家的重大决策,把党和国家的声音正确地传达到党政军民学各层次、各方位的人群中。

2018年1月,受中国驻旧金山总领事馆邀请,肖贵清赴美进行清华大学习近平新时代中国特色社会主义思想研究院的首场海外十九大精神宣讲活动。宣讲活动引起广泛热议,也得到旧金山总领事馆的好评。

2018年11月,肖贵清受清华大学学生马克思主义学习研究协会(学生TMS总会)的邀请,深入清华学子中,以"改革开放之我见"为主题对改革开放40年来党的政策、方针、路线等进行了阐释，热情回答了学生们的提问，并在现场将自己的专著《道路·理论·制度·文化——中国特色社会主义论》赠予了部分同学。

习近平总书记多次指出，要"坚持把立德树人作为教育的根本任务""把师德师风作为教师评价的第一标准"。在肖贵清看来，新时代的好老师就应该严格要求自己，见贤思齐，以身边优秀的同志为榜样，像总书记要求的那样，做到"有理想信念，有道德情操，有扎实学识，有仁爱之心""做学生锤炼品格的引路人，做学生学习知识的引路人，做学生创新思维的引路人，做学生奉献祖国的引路人""坚持教书和育人相统一，坚持言传和身教相统一，坚持潜心问道和关注社会相统一，坚持学术自由和学术规范相统一"。

"干一行爱一行，如果再有来生，还是选择做一个老师；如果选择一门课程，还是我教的思想政治理论课。因为我爱这三尺讲台，爱善斋前的小小书桌，更爱你们这群有个性有朝气的年轻人。"肖贵清这样对学生们说。

供稿：马克思主义学院

清华新闻网 2019 年 2 月 17 日电

初心不忘　责任在肩
——记清华大学汽车工程系教授帅石金

教学相长：学生们的良师益友

帅石金，清华大学汽车安全与节能国家重点实验室教授、博士生导师。

每周一上午在六教，总能看到帅石金站在讲台前授课的身影。他所教授的"汽车发动机原理"，是清华大学车辆工程专业本科学生的必修核心课和校级精品课。从2000年博士后出站留校至今，18年的教学生涯里，帅石金带领着他的教学团队，不断更新教材、丰富课程内容，《汽车发动机原理》教材（2011年第二版）分别获2013年中国大学出版社图书奖优秀教材二等奖和2014年中国机械工业科学技术三等奖，并推出了首批国家精品在线开放课程"汽车发动机原理"，采用线上线下相结合的混合式教学方式，授课深受学生好评，教学评估多次名列全校前5%。2013年，帅石金参与指导的"车辆工程学科研究生国际化人才培养与课程体系建设"，获第七届北京市高等教育教学成果二等奖和清华大学教学成果一等奖。

研究生眼中的他，既是一位对学术严格要求的导师，也是一位鼓励学生创新的引路人。他指导的一位博士生，按原计划是参加帅石金负责的一个国家"863"课题，从事发动机尾气排放后处理研究工作，并基于该课程完成博士论文。但该同学对一种新的燃烧模式非常感兴趣，主动找到帅石金，希望博士论文能围绕新燃烧模式开展研究。帅石金通过与该同学的深入讨论，发现这种新的高效清洁燃烧模式有可能取代现有的柴油压燃和汽油点燃工作模式，便毫不犹豫地鼓励和支持同学进行自由探索。经过5年的艰苦努力，该同学发表了7篇SCI论文，该研究成果支持了课题组成功获批国家自然科学基金项目，为课题组开辟了一个新的引领学科前沿的发展方向。

课后，羽毛球是帅石金与同学互动的又一载体。"要处理好教学、科研和管理的多项工作任务，必须要有健康的体魄和良好的心态"，帅石金希望每一位同学在校期间，都能热爱一项体育运动并坚持下去。帅石金是校内"师门杯"羽毛球联赛的常客。在近几年的"师门杯"赛场上，帅石金经常带领着他的团队争金夺银。他认为，体育是一个人走向社会取得成功的助推剂，也是快乐生活的添加剂。在帅石金的带动和鼓舞下，课题组的体育氛围浓厚，在清华大学气膜馆和综合体育馆的球场上，经常能看到帅石金课题组师生们打羽毛球的矫健身影。

脚踏实地：以内燃机节能减排为己任

作为汽车动力节能减排领域的著名学者，帅石金在发动机燃料、燃烧和排放后处理等方面的研究颇有建树，累计发表中英文核心期刊论文320余篇，其中SCI检索80余篇，2014—2017年连续4年入选爱思唯尔（Elsevier）车辆工程领域中国高被引学者榜单。获省部级科技进步奖7项，发明专利26项。2012年获中国内燃机学会"突出贡献奖"。

在探索车用动力未来发展道路的过程中，帅石金积极寻找与国内外主流单位的合作机会，主动把握内燃机未来发展的新机遇。2018年11月9日，由清华大学、一汽解放无锡柴油机厂、沙特阿美科技公司和山东京博石油化工有限公司四方联合攻关的合作项目"新一代燃料'零'排放高效内燃机研发"，在2018年世界内燃机大会期间正式签约。帅石金作为项目负责人，期望通过燃料、燃烧和后处理的协同优化，挑战极限，满足美国加州世界最严排放法规要求，实现内燃机对环境无危害的"零"排放，彻底改变人们认为内燃机"脏"的刻板印象。

在车用燃料与润滑油方面，帅石金依托清华大学汽车系与国际知名企业积极开展合作与交流。2017年5月12日，清华大学（汽车系）—壳牌清洁交通能源联合研究中心（Tsinghua University（DAE）- Shell Joint Research Center for Clean Mobility）在清华大学正式成立。作为联合研究中心主任，帅石金带领团队就车用燃料、添加剂、润滑油等的节能减排机理，与壳牌公司开展了深入的合作与交流。同时，积极拓展在能源、交通、机械、动力等学科领域与壳牌的深入合作。

服务行业：搭建汽车与石化的交流平台

2007年5月，帅石金与团队积极策划筹建成立了中国内燃机学会第九个分会"油品与清洁燃料分会"，并担任秘书长。目标是搭建汽车动力与石化的交流平台，让发动机的研究人员懂得燃油的炼制与品质，让石化的研究人员了解车用动力对燃油的需求。2017年7月，分会换届并更名为"燃料与润滑油分会"，帅石金担任新一届分会主任委员。

帅石金把学会作为服务社会的平台和窗口，十年如一日，不忘初心。2016年9月，帅石金与发动机和石化界的同仁，筹备成立了"发动机润滑油中国标准开发创新联盟"，并担任联盟副秘书长和专家组组长。联盟基于大量的发动机台架试验数据，于2020年推出第一个具有自主知识产权的中国润滑油标准——《柴油机油》标准。

为了加强学会与国际同行的学术交流，帅石金把具有国际影响力的国际汽车工程师协会（SAE）在世界各地巡回举办的专题年会引入中国。2017年10月，由SAE主办、清华大学汽车安全与节能国家重点实验室承办的"动力总成、燃油和润滑油大会"暨"未来高效发动机清洁燃料技术研讨会"在北京国家会议中心举行，帅石金担任本次大会主席，带领团队在会议上与国际同行积极交流，共同探讨内燃机燃料与润滑领域的发展方向、技术趋势。

在教学和科研之外，帅石金也经常投身科普公益事业，主动承担一名学者的社会责任。2018年12月，帅石金做客北京电视台"我爱我车"栏目，为大众解读小排量三缸发动机为什么代表了车用动力的未来发展方向，并倡导大众改变观念，使用小排量节能环保小汽车绿色出行。

帅石金不忘教书育人的初心，耐心地为每一位学生传道授业解惑，见证并助力他们的每一步成长；同时他积极承担社会责任，为汽车行业作出力所能及的贡献。帅石金正以这样的不懈追求，在学术道路上笃定前行，并照亮身边的每一个人。

供稿：汽车系

清华新闻2019年2月26日电

摩擦学领域的引路人

——记清华大学机械工程学院院长雒建斌院士

他潜心科研，勇于创新。

他热爱学生，爱国奉献。

他是雒建斌，中国科学院院士，清华大学机械工程学院院长，著名的摩擦学专家。在漫漫求学为师之路上，雒建斌秉持着天道酬勤的信念，践行着求真创新的初心，坚守着春风化雨的精神，诠释着爱国敬业的情怀，在摩擦学领域孜孜前行，不断书写着自己的学术人生。

雒建斌，清华大学机械工程学院院长，机械工程系主任，兼任国际摩擦学理学会副主席、国际机构学与机器科学联合会摩擦学技术委员会主席。

执着坚守　潜心科研

1978年，雒建斌怀揣着对知识的渴望和对大学的憧憬，在恢复高考的第二年以优异成绩考入东北大学材料系。17岁的他背起行囊，只身离开西北老家，不远千里来到东北求学，这亦是他在科学道路上奋力求索的起点。在大学浩瀚的知识海洋里遨游，毕业设计时有了对科研的初步尝试，雒建斌开始感受到科学研究的迷人魅力，同时也燃起了他内心深处投身科学事业的火花。

1982年，雒建斌毕业后被分配到西安电缆厂担任技术员。在生产电缆拉拔铜丝的过程中，雒建斌带领几名技术工人尝试解决铜丝发热的问题，通过钻研，不但改进了润滑效果，还发表了一篇研究论文。由此，雒建斌更加确认了自己对科研的兴趣。或许当时的他还没意识到，从那刻起，他便与摩擦学结下了不解之缘。

1985年，雒建斌考取西安建筑科技大学冶金系硕士研究生，在导师严崇年教授的指导下，从事高速钢丝拉拔过程的固体润滑研究。1988年，雒建斌获得工学硕士学位后，留校任教并继续从事摩擦学问题的研究。但随着对知识渴望的加深和对摩擦学领域探索的不断深入，雒建斌越来越发觉，已有的积淀不足以支撑进一步深入的研究，于是他选择继续深造，走自己看准的路。1991年，雒建斌顺利考取清华大学精密仪器与机械学系博士研究生,进入摩擦学国家重点实验室后,师从我国著名摩擦学专家温诗铸先生,主攻作为当时国际前沿的薄膜润滑领域科学研究。

面对全新的国际前沿领域,经过不断努力,雒建斌等人"摸着石头过河",终于将纳米级薄膜厚度测量仪研制成功,这为后续的薄膜润滑理论研究奠定了基础。由于对我国摩擦学研究作出了贡献,纳米级润滑膜厚度测量仪于1996年获得国家发明奖三等奖;同时基于对薄膜润滑的理论研究,团队于2001年获得国家自然科学奖二等奖。薄膜润滑成为摩擦学国家重点实验室的重要研究方向,其涉及领域也在进一步的研究中不断拓宽。雒建斌曾说:"我觉得自己最适合搞科研,我非常喜欢清华的学术氛围,留在这儿,更能为祖国作出贡献。"本着对摩擦学领域的热爱和对清华严谨求实的学术氛围的认同,博士毕业后雒建斌继续留在实验室工作。雒建斌表示,他愿意用一生的时间去探索摩擦学领域。

在薄膜润滑理论研究不断取得进展的同时,雒建斌和其团队围绕如何将薄膜润滑的研究投入到实际应用中这一问题展开思考,他敏锐地将目光投向了计算机硬盘磁头。雒建斌这样鼓励团队成员:"没做,怎么知道不可以?科学需要跳出框框看问题,大胆假设小心求证,才能有创新成果。"最终,雒建斌及其团队创造性地提出将纳米金刚石颗粒引入磁头表面抛光液中,利用含有超精细金刚石颗粒的抛光液与磁头氧化铝表面相互作用,大幅降低磁头表面的粗糙度。在"针尖"磁头上取得的成功,为雒建斌团队全面进入先进电子制造业树立了信心。2003年,以雒建斌为首席科学家的"973"项目"高性能电子产品设计制造精微化、数字化新原理和新方法"通过科技部立项,成为"973"计划综合交叉学科领域先进制造方向首次批准的项目。2008年,雒建斌领衔的"超精表面抛光、改性和测试技术及其应用研究"项目荣获国家科技进步奖二等奖。

在科研中,雒建斌是个有心人,他总能将工业生产的实际问题与科研相结合,即使生活中的点滴小事也能成为他研究的灵感。在一次宴会上,他喝到一种莼菜做的汤,入口顺滑,突然脑中灵光一闪——说不定莼菜中的某些成分具有超滑效应!超滑即摩擦系数接近于零的润滑状态。从1996年起雒建斌就在该方面开展研究,但一直没有取得重要进展。回到学校后,他便迫不及待与学生们一起开展莼菜的超滑性能研究。目前,该研究正处在进一步深入的阶段。

从17岁上大学伊始到1994年博士毕业,再到如今的中国科学院院士、机械工程学院院长。雒建斌依靠自己对科研执着终不悔的热情和敏锐勇创新的精神,一步步走出了自己的科研创新之路。

春风化雨 润物无声

教书育人始终是教师的天职。一直以来,雒建斌极为重视人才培养工作。他视教学为使命,视育人为己任,在教学实践中不断摸索出自己的一套方法。雒建斌治学以严谨著称,在学生培养上,他也同样从严要求。他时刻告诫学生要以严肃认真的态度对待科学研究。按照他的规定,学生每年发表论文不能超过3篇,目的是保证论文的质量,培养学生严谨的科研精神。雒建斌尊重自己的学生,在许多问题上都会首先征求学生的意见。在他看来，每个学生都是独一无二的个体，让他们做最喜欢、最适合的工作，这才是因材施教。

实验室每月组织所有研究小组共同参与的课题讨论大组会，雒建斌从未缺席。在讨论中，他会仔细聆听各小组的阶段性科研情况，无论对年轻老师还是研究生，他总能敏锐地抓住科研问题的根本，并给予客观中肯的指导意见。

雒建斌的学生一致评价道，老师在学术上要求极为严格，在生活中却像是一位慈父。虽然科研工作极为繁重，雒建斌仍然频繁地抽出时间和学生讨论问题，与学生一起搭实验台、测数据、讨论分析，有时一忙就到了深夜。"没关系，下次注意就好"，雒建斌这句"口头禅"看似不经意，实则饱含了他对学生的理解与包容。

雒建斌曾经的博士生、现为清华大学机械工程系副教授的解国新说："雒老师随和、平易近人，而且身体力行、勤勉学术，营造了良好的氛围，给我们学生带来了深远的影响。""和雒老师相处这么多年，我从没见过他对任何人发脾气，"同样曾是雒建斌博士生的机械工程系副教授马丽然说。

雒建斌在工作中的专注与忘我广为称道。在他的课题组里，常常出现这样的情况——大家聚餐时的闲聊在不知不觉中变成了学术讨论会。学生们不但不觉得有压力，反而更钦佩他这种科学家的真性情。

牢记使命　勇于担当

"先天下之忧而忧，后天下之乐而乐"是中国知识分子世代传承的家国情怀。雒建斌经常告诫学生们，知识分子的前途和命运与国家民族的前途和命运紧密相连，青年科研人才要锐意进取、迎难而上，全身心投入科研事业中，潜心创新创造，为提升我国科技实力作出应有贡献。同时，知识分子要履行"言传身教、提携后学"的责任。

一代人有一代人的奋斗，一个时代有一个时代的担当。谈及自己的人生经历和科研感悟，雒建斌强调："个人应当把自己的理想追求融入波澜壮阔的国家和民族事业中，勇做新时代的奋斗者，为实现'两个一百年'奋斗目标、实现中华民族伟大复兴的中国梦贡献智慧和力量。"

"做科研是我为国家作贡献的最好方式，也是无上光荣。要让中国人在摩擦学领域中做到最好，我们还需要更加努力。"如今，年逾半百的雒建斌仍然秉持着这样的初心与担当，坚毅地行走在倾心育人与探索摩擦学的道路上……

供稿：机械学院

清华新闻网 2019 年 2 月 18 日电

用生命与时间赛跑的人

——深切缅怀清华大学网络科学与网络空间研究院副院长毕军教授

毕军（1972—2019），生前任清华大学网络科学与网络空间研究院副院长、网络体系结构研究室主任。

2018年12月29日，清华大学网络科学与网络空间研究院副院长毕军教授在教室门外一口气吞下了三种止疼药，深吸一口气，带着课件再次走上了他挚爱的讲台。

课堂一如既往地丰富、精彩，酣畅淋漓。一分一秒过去，止疼药效逐渐消失，大颗大颗的汗珠从毕军额头上滚落，疼痛阵阵袭来。他单手捂着腹部，另一只手仍握着粉笔为同学们讲授知识。

看到老师如此辛苦，同学们纷纷说道："毕老师，请您快回去休息，您的嘱托我们都记住了！"

"不，这是本学期最后一堂课，很重要，有好多注意事项我得一一交代。"毕军咬咬牙，继续站在了讲台上。

就这样，整堂课他全程站立，把学期末的每一项课堂要点都作了布置和总结，下课时还跟大家愉快地挥手再见。

没有人知道，这一天，正是医院通知毕军必须住院的日子。事后才得知，这是毕军在清华讲台上的最后一堂课，也是他人生的最后一堂课。

2019年2月18日，毕军因病在北京逝世，终年47岁。"毕老师答应过跟我们一起回学校，可是我们没有等到他……回来的，只有他在住院期间还坚持工作的一台机器。"毕军的学生们几度哽咽，直至痛哭。

那盏常常燃到下半夜的办公室的灯光，再也不会亮起；那位为中国计算机网络教学科研事业奋斗的"拼命三郎"，再也无法见到；那位心胸远大、温厚如玉的良师益友，再也不能陪伴学生左右……他一生与时间赛跑，把所有的精力毫无保留地献给了网络强国的志向、教书育人的理想，唯一忘记的却是自己的身体。

音容宛在，风范永存。"每个人心中都有一位毕老师。他没走，他还在我们身边……"

"他是目前所见对科研最拼命的人"

1990年，毕军凭借优异的成绩从北京八一中学保送至清华大学计算机系学习，1999年博士毕业并同时获工学硕士和博士学位，毕业后赴美国贝尔实验室，先后担任通信科学基础研究中心博士后和先进通信技术中心研究员。2003年他拒绝了美国的高薪职位，怀着报国之志回到清华。"出国不为'镀金'，只为'取经'，我一定要把最前沿的技术带回来！"毕军说。

回国后的毕军，每天都"玩儿命"一样做科研，被大家称为"FIT（信息技术大楼）二楼的传说"。他办公室的灯，永远是大楼里最晚熄灭的一盏；他带领的实验室团队，永远洋溢着无限的激情和灵感。

很快，毕军成长为我国计算机网络领域的主要青年学术带头人，在计算机网络体系结构、路由协议和算法等研究方面作出了重要贡献。多年来，他先后主持或承担了国家重点研发计划、国家"863"计划、国家自然科学基金、国际合作研究基金、国家科技支撑计划、国家发改委下一代互联网示范工程CNGI等20多个科研项目，取得了一系列杰出的科研成果。

针对IPv6源地址验证的技术难题，毕军先后参与和牵头制定了5项国际互联网标准，其中RFC 5210是我国在互联网核心技术上的第一个国际标准，入选了2008年中国高校十大科技进展，其成果获得网络设备厂商的采纳，得到了大规模部署应用，对推进安全可信的IPv6下一代互联网作出了重要贡献。

作为主要完成人，毕军先后获得2004年中国通信学会科技进步一等奖，2005年国家科技进步二等奖，2010年中国通信学会科技进步二等奖，2012年教育部技术发明一等奖等奖项。他也获得北京市委市政府授予的"优秀青年知识分子"称号，入选新世纪优秀人才、清华大学教书育人先进个人。他还获得IEEE颁发的ICCCN杰出领导奖，入选安全领域顶级国际期刊的封面文章，特别是在网络领域排名第一的顶级国际学术会议SIGCOMM上发表了清华大学首篇长文。

"毕军教授可谓是极度负责、极为拼搏的一位同志。"清华大学网络科学与网络空间研究院原副院长李星说，"他立足于国家基础研究，致力于突破多项关键技术，他对我国计算机网络事业可谓全身心、毫无保留地奉献和投入，成果斐然，他的离开是此领域一个非常大的损失。"

"一个幻灯片修改50余次，并准备三五个演讲版本，这是我加入毕军老师课题组所'见识'到的精益求精。""他始终鼓励我们做研究一定不要空泛，要结合工业界的实际问题，作出切实有益于国家和社会的研究成果。"毕军的学生们说。

"他是我目前见过对科研最拼命的人。"清华大学网络科学与网络空间研究院党委副书记杨家海说。

"第一堂课,就叫出了所有学生的名字"

同学们永远记得,在研究生入学后第一次与导师的见面会上,毕军走到大家中来,清楚地叫出了每个人的名字,并笑着指着大家一位一位地说:"你喜欢文学""你是跆拳道队队长"……大家惊讶极了!因为多数人只在复试时与毕军有过一面之缘,"这种感觉太温暖了!毕老师用心记住并深入了解我们每个人的性格爱好,这是家的感觉!"同学们说。

教书育人,这四个沉甸甸的字始终烙印在毕军的心里。"教师的本职首先是教书育人,如果培养学生失败,自己的科研工作做得再好也不能算成功。"毕军生前这样说。

作为清华大学杰出的青年骨干教师,毕军长期工作在清华大学本科和研究生教学第一线。2015年国家增设"网络空间安全"一级学科,毕军作为该学科的知名专家学者及学术带头人,率先新开设了1门必修课、1门专业基础课、1门专业课,为该学科建设作出了重要贡献。

新开课与原来承担的计算机系网络课程加起来,教学工作担子很重,为了与科研工作协调并保证按时上课,毕军出差时常多次改签调整行程,如遇堵车,饿着肚子便直奔课堂。他所讲授的课程,曾在教学评估中所有单项均获得满分,受到学生们的一致好评。

毕军十分重视对学生全面素质的培养,对于学生思想、学业、生活、毕业去向等也十分关注,引导学生健康成长,深受同学们爱戴。无论多忙碌,他每天都抽时间与学生交流,同学们的问题永远是第一优先级。"毕老师答复我们的邮件基本都在阅读后的一小时内,包括凌晨两三点钟。"同学们说。

"他是一位心胸远大、勇于担当的老师,他是一位谆谆教诲、勤勉谦和的老师,他也是一位无微不至的引路人和人生导师。"清华大学网络科学与网络空间研究院党委副书记杨家海说。

工作不止,不停息的发动机

长期的超负荷工作,毕军的身体逐渐开始透支,但他一直无暇顾及,坚持工作,直到2018年11月,病痛的折磨已经开始影响到正常的工作和生活。

一天晚上,毕军因难以忍受的疼痛去了医院急诊,第二天一早家人打来电话询问情况,"他接电话的声音很小,说已离开医院正在开会,且当天还有四个会议和一堂课要上。"毕军的小姨说,"我又气又心疼,世界上哪有永远不停歇的发动机,可他说他的科研项目和学生需要他,那是他一辈子的挚爱……"

去年12月底住院以后,毕军得知自己无法参与单位的年终考核,在病床上认真对自己一年来的工作进行了总结和反思;他牵挂学生的论文,远程通过电话等方式一遍遍认真指导、反复沟通;他怕荒废时间,在医院里列了长长的计划和设想,并对下一步的工作进行了统筹安排;他最放心不下的是清华大学网络空间安全一级学科建设,弥留之际,一再叮嘱,无限牵挂……

3月21日,毕军教授追思会在信息技术大楼举行,师生亲友寄语哀思,沉痛哀悼。

"毕军是中国共产党优秀的儿子,是清华教书育人的好老师,他怀揣理想信念,立志报国,淡泊名利,希望大家继续发扬他的优良作风,共同完成他未竟的事业。"清华大学网络科学与网络空间研究院党委书记陈基和说。

"毕军怀揣着爱国爱党的崇高初心,是一位全面发展的优秀教育工作者,他的科研始终与国家重大需求紧密结合,他正直善良的道德品行、刻苦钻研的学术精神、温厚如玉的学者风范、坚强乐观的人生态度、追求卓越的清华精神值得我们学习,他是师生们的楷模。"清华大学网络科学与网络空间研究院院长、计算机系教授吴建平院士说。

生命不止,工作不息。毕军的一生都在与时间赛跑,在为中国的计算机网络科研事业拼搏努力。他的一生丰富多彩,如夏花之绚烂,他的生命长度虽然短暂,但宽度却无限延长。

毕军离开了,很多人还不习惯。人们在他的办公室门前长久驻足,无限思念。轻轻推开门,仿佛还能见到那温厚单纯的笑容,听到那激情洋溢的演讲,感受到那灵感迸发的思想。

然而,那盏长明的灯已经不再亮起,初春的风拂过书页,淡淡的花香萦绕在夜空,仿佛带来了天堂的讯息。人们永远铭记着"FIT二楼的传说",牢记他的嘱托。更多的清华人像毕军一样拼搏,继续接过与时间赛跑的接力棒……

记者　赵姝婧

清华新闻网 2019 年 3 月 23 日电

人生悟理　物理人生
——记"清华大学突出贡献奖"获得者朱邦芬院士

朱邦芬，清华大学物理系教授、高等研究院教授，中国科学院院士。

行走在清华园，你多半不会注意到这位衣着朴素、笑容温和的先生。但是在中国科学界和教育界，你绝对无法忽视他为推动物理学科发展、营造良好育人环境、端正学术风气所作出的突出贡献。

他是清华大学物理系重新走向辉煌的关键性人物，是"清华学堂人才培养计划"的早期推动人、清华学堂物理班的创办人和成长发展的掌舵人，十多年来一直致力于探索物理学科一流拔尖创新人才的培养模式和成长路径，桃李满天下。

他不以善小而不为，除了为全国高等学校物理学科的发展做了很多指导性工作，还特别关注中国科技期刊的发展战略，积极捍卫学术诚信，为我国基础教育和高考改革提供真知灼见。

从本科、研究生到成为一名教授，他一生"三进清华"。在科学馆、在理科楼，他带领同事和学生们格物致知、诚心正意，热切地激励他们肩负使命、兼济天下。

他，就是清华大学物理系及高等研究院教授，清华大学2019年突出贡献奖获得者朱邦芬院士。

"如果学校真的让我做，我将在物理系做一些改革"

2000年回清华工作时，朱邦芬是高等研究中心除名誉主任杨振宁、主任聂华桐外的第一位教授。后来在2003年接任物理系系主任，朱邦芬认为是因为一个"偶然事件"——他曾在物理系落实国际评估专家意见的小组中提出过一些得到认可的意见和建议，并由此得到了系主任的提名。从研究到管理，朱邦芬也曾有过犹豫、做过思想斗争，但面对复建后亟待改革发展的物理系和老师们的信任，朱邦芬转换了思考问题的角度："如果学校真的让我做，我将在物理系做一些改革；如果学校不支持，那么我做这个系主任毫无意义。"

在学校领导班子的支持下，朱邦芬上任了。他对物理系的体制改革主要涉及两方面：一是实行准聘长聘制度，真正与世界一流大学接轨，保证师资队伍的活力和水准；二是注重各专门委员会的建设，通过一系列制度保障，让教授、教师更多地参与到物理系发展重大问题的决策中来。准聘长聘制度的实施，开启了清华人事制度改革的先河；系里很多决议现场投票、开票，充分调动了教师们的积极性，提升了他们对系里重要事务的参与感和向心力。

而在日常的系务工作中，朱邦芬最看重两点：一是重视人才培育；二是聚焦人才引进"重点战略"。

朱邦芬在全系确立了人才培养是首要任务的认识。在教学方面，物理系原先对工作量的规定是每人每年教64学时的课。朱邦芬提出，为了加强人才培养需要"加一点码"，教研系列教师每人每年的教学工作量应该不少于96学时。这项提议在全系教师大会上以2/3以上多数通过，体现了老师们对教学重要性的一致认同，也是很让朱邦芬高兴的一件事。当时，物理系一批有科研实力的年轻教师补充到教学第一线，完善了基础课教师队伍的配置，优化了教学团队的结构。朱邦芬自己更是以身作则，为本科生和研究生各开设一门基础课程"固体物理（1）"和"高等半导体物理学"，不打折扣地完成全部教学工作量，十多年不曾间断。

当年那批物理系基础科学班（简称"基科班"）的毕业生们，既惊讶于作为系主任的朱邦芬能够叫出全系100多名本科生的名字，也感念系里为他们开出的丰盛课程"大餐"——2005年学校同意将基科班推广为大类模式后，朱邦芬亲任物理课程教学改革小组组长，对于物理学科最基本、最重要的普通物理课程，他提出"因材施教，分层次建设"的要求，即开设四个系列的普通物理课程供学生自由选择，其中"基础物理原理与实验"和"费曼物理学"在国内是一项创举。从实施效果来看，这些课程对提高学生对物理学的兴趣，对培养一流拔尖创新学生都起到了显著作用。2018年，物理基础课分层次建设与教学的理念进一步推广到全校面向理工科的公共课"大学物理"的教学实践中，也取得了很好的初步效果。

关于人才引进，物理系流传着一段佳话：近10年间物理学领域三项获得国家自然科学一等奖的成果团队中，其核心成员都曾在职业生涯早期就被朱邦芬"相中"，并积极争取引进到清华。清华物理系近三届系主任薛其坤、陈曦、王亚愚，也都是经朱邦芬之手来到清华，生根开花结果的。

朱邦芬不仅看人极准，对于学科建设也有着非常明确的规划：他引进的人才分别"落子"于凝聚态物理、原子分子物理与光物理、高能物理与核物理以及天体物理四大领域，成为各专业"挑大梁"的核心人物。

朱邦芬为引进人才考虑得极为周到：王亚愚至今记得当年自己尚在美国时，朱邦芬就已经为他招好了最优秀的学生，并且安排老师先帮助指导。从购置仪器设备到生活上的关照，朱邦芬的无微不至，让当时刚过而立之年的王亚愚深深感受到他对人才的重视和爱护。

引进人才也要关注教学，朱邦芬特别要求申请人在答辩时作30分钟对本领域的普及性综述，以确保他们对学科整体的透彻理解和教学能力。更为难能可贵的是，在朱邦芬着力引进的这一批优秀人才中，没有一位与他本人有过任何学术上的指导和合作关系。他用自己的远见公心，为物理系各学科注入了丰沛的新鲜血液，也种下了未来蓬勃发展的一片种子。

"关键在于营造有利于杰出人才脱颖而出的良好环境"

从基科班到学堂班，朱邦芬一直致力于答好"钱学森之问"，倾心培育中国自己的基础学科拔尖创新人才。

一方面，他亲力亲为，坚持每年上一门64学时的本科生课，担任学堂班学生的导师，关心每位学生的成长，经常一对一谈心，帮助他们解决各种问题；另一方面，他与同事们在实践中不断总结凝练育人的理念和经验，如世界一流基础研究人才主要不是课堂上教出来的，关键是要营造一个有利于杰出人才脱颖而出的良好环境；如因材施教不是常见的"教早一点，教深一点，教难一点"，而是越优秀学生要给越大的自主空间，不要"圈养"，要"放养"；如增强学生自主学习和自主研究的主动性，一要靠学生的兴趣，二要培养学生的使命感等。在总结基科班10年实践经验基础上，朱邦芬主持制定了清华学堂物理班实施方案，其中许多思路、提法、措施和做法后来被国家"基础学科拔尖学生培养试验计划"采纳。

清华学堂物理班实行"学业导师（组）+Seminar导师"的全面导师制。10年来，包括6位院士及一批"杰青"等在内的60多位教授，都曾一对一地在学生成长的每一阶段给予关心、帮助、指导，引领他们"登堂入室"，启航科研。

学堂班邀请多名国际著名学者讲授高水平的物理课程，大力支持学生参加国内外各种高水平交流和学术研修。此外，朱邦芬还与项目主任李师群和学生导师筹划组织了一系列有益于学生成长的活动，如建立"清华学堂物理班科研实践基地"，开设"叶企孙学术沙龙"，发起"寻梦西南联大物理营"，组织与物理学大师面对面交流活动、参观国内大科学工程、出国研修学生汇报交流活动，为每届毕业生编撰纪念册等等。其中每一项，他都亲力亲为、尽量参加。学堂班的"预备生"制度，就诞生于朱邦芬与师生外出参观的火车上。

基科班20年，学堂班10年，对于检验育人成果而言或许为时尚早。不过我们可以看到一些迹象：从2001年到2019年，清华物理系共有17位毕业生（其中15位本科毕业生）获得素有"诺奖风向标"之称的斯隆研究奖，有2位本科毕业生获得"科学突破奖—物理学新视野奖"，在国内高校中名列前茅。在朱邦芬和物理系教师的精心培育下，清华学堂物理班的毕业生绝大多数坚持在物理领域研究，廉骉、顾颖飞、李俊儒等一批毕业生在凝聚态物理、冷原子物理等领域做出了世界一流的研究成果，得到国内外同行普遍称赞。

"相信我们中早晚会有人拿到诺贝尔奖,虽然我可能看不到"

朱邦芬曾用"人生悟理,物理人生"八个字概括自己读书与研究生活的点滴。一生中无论在农场、在矿山,在大师左右还是在学生身边,他总是在思考如何能学到更多,如何能做得更好。一旦认定,终身无悔。

在他身上,可以看到强烈的使命感和文化传承的基因。担任物理系主任期间,他曾以物理系建系80周年为契机梳理系史,系统总结并创造性地发展了叶企孙等前辈的教育思想。他邀请彭桓武、黄祖洽等一批清华毕业的大师与学生面对面,在科学馆加固修缮时重新挖掘整理曾在那里闪光的人和事。在朱邦芬看来,清华理科恢复后能够迅速得到很好的发展,与老清华的"香火"传承是分不开的。

作为中国科协科技期刊编辑学会理事长,朱邦芬对中国科技期刊发展作了一系列战略性思考和实践,他追求"扎扎实实的期刊影响力",认为期刊不仅是科研成果的体现,在科学传播和争取学术话语权方面,也对科研发展有着积极的推动作用。

朱邦芬曾参与多次学术不端重大案例的调查,用两个"史无前例"概括我国科研诚信的现状(学术诚信问题涉及面之广、严重程度史无前例,社会各界对于科研诚信问题的关注史无前例)。围绕学术诚信问题,他每年要到全国各地作10场左右的报告;清华学堂计划6个班级的"学术之道"讲座,他每年都先讲"学术之道始于走正道","要让学生从一开始就知道,做科研要有底线,有些事就是不能做。"

朱邦芬特别关注中国的基础教育和高考改革。当年高中物理的新课程标准、高考改革浙江上海模式相继出台后,他数次亲自到浙江、上海进行调查研究,与中学师生面对面座谈,得到大量第一手材料。朱邦芬指出,高中物理课程中的选修模块受高考"指挥棒"影响以及高考选考物理比例大幅下降,必将导致大多数合格的高中毕业生物理知识严重碎片化,很难形成初步的科学思维能力和科学精神,同时也会影响国民整体的科学素质。为此,朱邦芬组织专家讨论并积极建言献策,其中一些建议已得到教育部的认同并开始实施。

谈到朱邦芬在系里系外、校内校外坚持推进的一系列工作,王亚愚深有感触地说:"这些事并不是一开始就能顺利进行的,或多或少都遇到了阻力甚至压力。但是随着工作的展开,朱老师的意见、做法总是越来越多地得到重视和认可。"

有这样的信念和坚持,是因为朱邦芬担当起了对科学、对国家、对社会的使命。"对很多人来说,'使命'二字可能有些太过沉重,不敢也不愿承担。但在朱老师身上,的的确确就是闪耀着这样的使命感。"王亚愚钦佩地说。

学堂班成立10周年时,20多位毕业生写下自己的"成长心路",其中不止一个人提到朱邦芬传递给他们的使命。

学堂班首批成员廉骉说:"朱邦芬院士在学堂班成立典礼上致辞讲到'相信我们中早晚会有人拿到诺贝尔奖,虽然我可能看不到',这让我感到自己肩负的沉甸甸的希望和使命。或许某一天我们彷徨于自己的选择时,这就是我们坚持下去的力量。"

读到朱邦芬"王师北定中原日,家祭无忘告乃翁"的毕业寄语,清华大学特等奖学金获得者胡耀文说:"这就是清华物理系本来的样子——清华人自有清华人的眼界和胸怀,未来的中国可以由我们去改变。"

朱邦芬期待学堂班成为"理想主义者的大本营"。如今,理想正在变成现实。

记者　程曦

清华新闻网2019年9月11日电

驰骋在智能汽车科技创新的广阔征途中

——对话中国工程院院士、清华大学车辆与运载学院教授李骏

当清晨的第一缕阳光洒遍城市的每个角落，无人驾驶汽车正安全便捷地穿梭其中，云端信号即刻通达，通勤之路不再拥堵，道路交通秩序井然，交通事故大大减少……这是若干年后的场景，也是李骏智能汽车强国梦的一个缩影。

这位认为科学研究是靠兴趣驱动的汽车专家，从大学起便点燃了研究汽车的浓厚志趣，一钻研就是一辈子；

李骏，清华大学车辆与运载学院教授，中国工程院院士，中国汽车工程学会理事长。

这位汽车动力总成领域的领军人物，转而抓住了智能汽车科技研发的创新趋势，立志打造中国标准的智能网联汽车；

这位长期主持大型车企技术研发的技术领导人，选择来到清华，只为探索业界与学界的黄金连接点，汇聚起更大的前行动能。

正如他的名字所蕴含的奔腾般的气势，61岁的李骏在智能汽车科技创新的广阔征途中仍在疾速驰骋，未曾停歇……

来清华只为求解新型科技创新模式的答案

记者：您长期主持我国大型车企的产品研发与科技创新，为什么选择来到清华工作，有着怎样的心路历程？

李骏：我在中国一汽做了近三十年技术研发，2018年3月正式来到清华工作。在长期的研发工作中我一直在思考一个问题，那就是自主品牌汽车企业如何加强前瞻性研究？因为只有具备前瞻技术才能实现国际领先。汽车是工程科技，这里包含"科"和"技"两部分，"科"就是我们所说的research，"技"就是engineering，将两者连接起来的东西是什么呢？我想应该是advance，也就是前瞻性创新。我来到清华，就是为了探索如何建立两者间的连接点——advance。

国际上很多大型车企的架构都是按照 R-A-E（Research-Advance-Engineering）的链条去设计的。我在一汽工作期间也努力将自主研发架构往 R-A-E 的方向打造，但是在这一过程中我注意到很多问题。这种链条的实现可以有两种模式，一种模式是靠大型企业自己培育前瞻性技术创新业务，例如福特公司就有自己的科学研究院（Science Lab），但是我们国内车企很少会做基础科学和前瞻技术研究。另一种模式是由教育界打造前瞻技术研究中心，例如德国亚琛工业大学汽车研究所完全采用汽车产品工程化的架构，聘有总工程师、副总工程师、技术总监等 200 多人，与产业结合非常密切，技术研究非常前瞻。国内教育界理论性研究普遍很强，但是理论如何转化为成果缺乏有效的解决方案，与企业的结合也没有找到固定的业务模式。

我来清华的初心就是探索建立高校和自主车企之间的连接点，寻找并构建起汽车产业前瞻性科技创新发展的关键环节。当然我知道这种探索并非任何个人所能及，需要高校和社会的共同努力。

记者：针对汽车产业，您认为应该怎样发掘高校与自主车企的连接点？

李骏：这个连接点要从汽车产业的三个重大特征去思考和构建。第一，汽车是关联度高、产业链条长、分工明确的制造业，必须从需求出发，强调问题导向；第二，汽车是高科技的应用场所，它应用了大量前沿的高科技，同时会反作用于科技，推动科技创新；第三，汽车有自己的产品生命周期，一般几年就会更新换代，这就要求企业必须拼命往前走，导致企业忙着眼前的产品研发与生产，没有太多精力同时投入下一代产品的前瞻性技术研究。另一方面，高校做了很多研究，却等待着被转化，或者"隔着墙"去做工程，没有形成自身优势，所以中间的连接点 advance 就没有人去做了。

这个 advance 应该是高度工业化组织的，与产业高度结合，同时要瞄准下一代前瞻性技术的发展需求，并且要进行提前创新，甚至是颠覆性创新，否则就会滞后于产业发展的步伐，或者所做的东西是企业自己就能够解决的甚至并不是企业真正需求的。我认为这个连接点应该具备三个"新"，即新概念、新技术、新车型。

记者：围绕来清华时的初心，您在清华已经作出了怎样的探索？

李骏：我们的第一步已经迈出去了，那就是成立清华大学智能汽车设计与安全性技术研究中心。所有的创新不能仅仅停留在论文上，必须要落地，首先要落到工程化的设计上。智能汽车的设计和传统汽车截然不同，传统汽车是基于路谱、载荷谱、驾驶舒适性、安全性以及汽车品质与寿命等要素来设计的，智能汽车更多的是基于交通场景、交通参与物、大数据容量、信息物理融合程度等要素来设计。同时，智能汽车设计还要面向新型整车架构，所以我们又成立了清华大学新技术概念汽车研究院，基于智能汽车设计与安全性技术研究中心的最新技术，与其他院系交叉合作，打造前瞻性智能汽车产品原型，也就是让具备"新概念、新技术、新车型"的整车真正"落地"。

志在打造中国标准的智能网联汽车

记者：您最早聚焦的是汽车动力总成领域，并深耕这一领域多年，那么您是如何抓住智能汽车设计与研发这一机遇的?

李骏: 关注智能汽车设计与研发并不是一时兴起,我较早地接触到了自动驾驶这一领域。早年我研究汽车发动机,其中一个重要方面就是追求节油。节油不仅与发动机本身的燃烧效率有关,还与传动系统的设计有很大关系,特别是与汽车行驶因素密切相关,也就是说节能要靠汽车智能化、信息化的使能、赋能技术实现。与此同时,我一直在组织汽车驾驶安全性研究,驾驶必须要做到有预见性的防御驾驶,"眼观六路耳听八方"光靠驾驶者一个人是不行的,我们想借助于特殊的传感器,这也就是智能汽车的雏形特征。另外,我主持过高机动战术越野车相关研发项目,高机动战术越野车要靠强大的信息化和电控技术才能实现,需要运用信息物理融合技术,其实这与现在的网联车技术没有本质差别。这些前期研究都给我"充了电",而不是因为智能网联车很"时髦",突然想跟一下潮流。

2018年来到清华后,我给自己制定了一个十年规划,我给这个规划起名叫"蓝水工程","蓝"的寓意为最和谐的环境,"水"的寓意为"上善若水"的智慧,也就是要做蓝色动力的智能汽车前瞻性和颠覆性技术创新系统工程研究。

记者: 您已经开始实施您的十年规划——"蓝水工程"了吗?有没有分阶段的计划?

李骏: 我目前聚焦的方向之一是研究"基于智慧城市智能交通智能汽车(SCSTSV)融合一体化技术的城市高级智能共享汽车"。我们现在有个新的创意,就是"车找人""人驾车""车找位"的全过程智能共享出行模式。

到目前为止,人类使用汽车的所有行为都是"人找车",比如最早期我们要到大街上去拦出租车,后来有了手机叫车,现在可以去停车场找共享汽车等等都属于"人找车"行为。"基于智慧城市智能交通智能汽车(SCSTSV)融合一体化技术的城市高级智能共享汽车"的应用场景可以让车自己开到你需求的位置,我们将其称为无人驾驶的"车找人";然后你可以开这个车,也即"人驾车",人类驾驶汽车是有乐趣的,特别是在复杂路况的城市,相当长的时期内有人驾驶汽车还是比无人驾驶汽车行驶效率要高;当你到达目的地后可以随时随地弃车,车可以无人自动驾驶去找停车位或找下一个用户,也即"车找位"。我们将这种城市高级智能共享汽车起名叫"Car 2 Share"。我们计划用三年时间做出具备这样功能的高级自动驾驶原型车。

另外,在研发过程中,我们还探索实现了"超视距的自动测距驾驶技术",该技术也是我们的一个阶段性成果,这一技术可以使汽车在行驶过程中对车身与障碍物之间进行全方位的测算,并自动设定方向转角和车速等驾驶控制要素。

更长远的计划就是研究基于SCSTSV理念的中国标准智能网联汽车自主创新系统工程技术。

记者: 您的个人规划与国家的发展规划也是紧密结合的。

李骏: 是的,会更多地考虑到国家和社会发展的需求。为什么人们想让汽车实现无人自动驾驶?一是希望机器自动驾驶比人类开车更安全;二是希望在枯燥的驾驶过程中能够做一些除驾驶之外的其他事情;第三点也是最重要的一点,随着社会老龄化的加剧和社会劳动力成本的提高,机器驾驶更能满足老龄社会的需求。科学研究只有和社会经济发展需求相结合，才可能给社会带来真正意义上的贡献。

记者： 您来清华后提出要研发基于SCSTSV理念的中国标准智能网联汽车这一概念，什么是SCSTSV理念？

李骏： 这是一个完全不同于传统的技术路线。SC、ST、SV分别指Smart City（智慧城市）、Smart Traffic（智能交通）、Smart Vehicle（智能车辆）。SCSTSV理念是一个融合一体化系统工程的理念，而不仅仅依靠单车智能，搞"聪明的车，傻瓜的路"是行不通的。汽车的三个能力一定要用好：底盘、发动机、车身等装置是汽车的"内能"技术；现在的新能源技术、传感器、人工智能、电子控制等是汽车的"使能"技术；还有一个非常重要的就是汽车的"赋能"技术，即由5G、路边云、中心云、V2X等构成信息系统，为汽车提供自动驾驶所必须的场景信息，特别是复杂、动态、随机的交通参与物信息。我们不可能在每个汽车上都装上复杂的雷达和超级计算机，所以要抓住汽车的"赋能"技术，走SCSTSV融合一体化的技术路线。因此，智能汽车下一步的创新就在于对其内能、使能和赋能进行最佳的识别、交叉以及融合，从而研发出真正经济实用的智能汽车商品。

记者： 您出于怎样的考虑提出SCSTSV理念？

李骏： 无论做什么样的技术研发，我都会问自己三个问题：什么是正确的技术路线？这一技术以及基于这一技术的产品有没有竞争力和创新力？该技术能不能创造出超高价值的商品？深入考虑这三个要素可以说是烙印在很多企业技术领导人身上的"基因"。来到清华成为教授，我认为这样的指导思想不应该变，只有这样才能更好地把"科"和"技"相结合。

从科技的发展趋势来看，这种融合一体化的理念非常重要。智能汽车是SCSTSV系统工程落地的一个载体，把SCSTSV系统工程构思好之后，就应该在各个层面同步去实施。现在我参与到雄安、嘉善等地智慧城市的交通规划设计中，希望从实践中不断总结经验。

记者： 怎样理解智能网联汽车的"中国标准"？我国汽车产业应该如何发力？

李骏： "中国标准"也是中国智能汽车技术的机遇。每个国家在城市和道路结构、地理环境、通讯技术标准、交通规则、国家法律等方面都是不一样的，这就注定了基于场景的自动驾驶汽车技术在不同国家是不一样的，而这些最后都会通过全球标准和各个国家的标准来规范化，所以中国标准智能汽车是客观存在的，就看怎么用最创新的技术把这些特殊性通过使能、赋能施加到智能汽车上，使中国标准智能汽车更有竞争力。

目前来看，我国在大数据、人工智能、5G等智能汽车所需的赋能技术方面有自己的优势，在汽车使能技术方面正在展开前瞻研究。只要技术路线正确，并且这种技术路线能够反映自主创新的魅力与价值，而不是跟在外国企业后面亦步亦趋，中国标准智能汽车就有巨大的竞争力。

记者： 您主持成立了清华大学智能汽车设计与安全性技术研究中心，我们也注意到您特别强调其中的安全性，您为什么如此关注智能汽车的自动驾驶安全性？其中又会遇到哪些挑战？

李骏：研发智能汽车的初衷就是降低汽车引发的交通事故发生率，智能汽车的自动驾驶安全性就像电动汽车不能着火一样重要。智能汽车的自动驾驶安全性主要难在对场景识别的精准性、充分性、稳定性和完整性上。而智能汽车遇到的场景又具有随机性、组合性和不确定性，这就需要智能汽车有一个"安全驾驶脑"发挥安全驾驶的指挥作用。人在走路的时候大脑不但控制行动，而且提醒你是否安全。现在我们只重视机器的"驾驶脑"，实现感知、规划、驾驶操控，但只有这个是不完善的，必须要有一个"汽车自动驾驶安全脑"。

这里面的挑战，大到法律、道德领域的风险，具体到是否有充分识别随机场景的传感技术、数字化计算分析技术、超级芯片等，特别是如何把复杂随机场景的感知系统分解到位，其实又回到了SCSTSV融合一体化技术的系统工程架构上。我计划建立相关实验室专门做这方面研究，团队也在逐步搭建中。

"创新是面向未来的事业，而年轻人正是事业的未来"

记者：之前采访了您今年新入学的博士生，他们说还没入学您就开始布置书单了，而且都是前瞻性的、综合性的书籍，还包括欧盟最新的汽车研发项目技术报告。您在人才培养方面有什么样的规划？

李骏：我常跟我的博士生们说，希望我每一届培养的博士里未来有人能够成为总工程师。培养汽车工程领域的全才非常重要，博士生不宜只钻研一个比较狭窄的方向，而要对汽车产业的总体发展有全局性的把握，更不宜扎堆于新鲜时髦、容易产出论文的领域。汽车产业发展的挑战要求我们必须要有强烈的使命感和宽广的知识面。我要求团队每个月都进行一次规模较大的对话研讨，每个人都参与讨论，集思广益，在交流中碰撞思维火花。

培养人才的创造性也非常重要。之前我专门为进入一汽集团工作的博士毕业生制定了具体的培养目标，那就是研究一个新领域，给他一个新平台，用三年时间出一个新成绩，我看中的正是他们的创造性。

在前瞻性研究中探索得越深入，就越体会到创新要从年轻人开始培养，因为创新是面向未来的事业，而年轻人正是事业的未来。

记者：由您团队的学生组成的清华大学猛狮无人驾驶团队，在2019i-VISTA自动驾驶汽车挑战赛中斩获多项大奖，这也是他们学术道路上的重要激励。您会如何向想要进入汽车学科学习研究的学生或年轻学者描述当下的汽车学科？

李骏：汽车最早是人类幸福和社会发展的动力；中间有一段时间汽车成了污染、噪声、事故和能源消耗的载体，与社会发展有一些背道而驰；我相信，新一轮汽车科技革命会使汽车成为社会发展新的和谐动力。因此，对于进入车辆与运载这一领域的学生或年轻学者来说，要思考在掌握什么样技术的情况下，能够使汽车成为社会经济发展的和谐动力。只有看到做这件事情对人类社会发展的价值，才会激发真正的兴趣，而科学研究正是由科研人员永恒的兴趣与不竭的探索驱动的。

记者： 作为清华教师的一员，您对清华的同学们有哪些嘱托或者希望？

李骏： 清华学生很聪明，无须我的特别嘱托。如果你非要问我个人的想法，我认为清华学生不管未来从事什么职业，首先必须具备洞察力。要想具备洞察力，需要有宽广的视野和把握科技前沿的能力，始终要把目光聚焦在最前沿的科技领域去洞察世界。同时，要有发现问题的能力，找出属于自己的创新点，还要有严密的逻辑思维和高效的工作方法。我想，在大学期间形成这样的能力会使每一位清华学子受益终身。

记者　吕婷

清华新闻网 2019 年 10 月 31 日电

让未来更好,就是让一切更好

——对话未来实验室首席研究员郑址洪

推了推伍迪·艾伦式的圆框眼镜,郑址洪欣然谈起最珍爱的研究。

采访近一个小时,他一直保持身体前倾、后背挺直的姿态。聊到兴奋点,肢体语言也丰富起来。正如学生点评,郑老师永远"在春天里"。

1985年大学毕业的他,是韩国最早一批专门研究人机交互的设计师,曾任韩国人机交互协会主席、三星电子集团无线业务部副总裁。30余年的业界经历,郑址洪所从事的研究是这个时代最前沿和时尚的谈资之一。

郑址洪(Jihong Jeung),清华大学未来实验室首席研究员,从事人机交互和数字媒体设计相关领域研究30余年,是韩国最早一批研究人机交互的专家。

如果要从技术层面来解释人机交互设计,其实并不难,但问题的关键在于如何让设备更好地知道人的需求。正如电影《大佛普拉斯》里的旁白:现在已经是太空时代了,人类可以登上月球,却永远无法探索彼此内心的宇宙。

郑址洪说,他致力于解决的,正是如何让设计更好地造福于人类。

2019年初,郑址洪全职加入清华大学未来实验室,担任Aging+eXperience实验室主任,致力于开发及优化适老设备以提升老年人的生活质量。"每个人都值得拥有更好的生活,残疾人如是,老年人如是。用余生去帮助更多需要帮助的人,这是我的最大心愿。"

从韩国到中国,郑址洪的设计初心从未改变。他所从事的事业,炫酷,亦是温暖的。

记者: 什么机缘让您选择到中国,到清华任教?

郑址洪: 1985年我在美国读硕士,读书期间花了大量时间去旅行和探索,感受不一样的东西文化。后来做人机交互,在工作中逐渐发现,其实同属东方,亚洲各国的文化差异也很大,而我却知之甚少。

以筷子为例,日本的筷子一般为木质,长度较短,筷尖尖锐;韩国筷子的材质主要是金属;而中国的筷子长度最长,尖端比较钝,材料也不局限于木质。三个国家筷子的差异源于饮食文化的不同，那么在这背后，人们的生活又有怎样的不同？好奇与探索，我想这是一位设计师的必修课。

所以当未来实验室主任徐迎庆教授提出邀请时，我很快便答应了。清华是亚洲最好的大学之一，30年前我就来过这里，对校园的摩登建筑印象深刻。清华的学生都很聪明，富有创造力，让我感到自己也充满能量。此外，我很赞赏未来实验室产学研结合的理念，想把更多交互设计的经验分享给下一代，在自在的环境中专注地从事热爱的事业，这是我所看重的，于是就来了！

记者：当前研究方向的选择，有怎样的心得？

郑址洪：过去几十年，我都在从事人机交互领域的用户体验设计，通过科技手段帮助人们把生活变得更好。当今，随着人类寿命延长，人口出生率降低，老龄化已成为世界性难题，也很可能会成为未来世界恒久的常态。关注这个日渐庞大的群体，用科技手段和设计方法帮助他们更好地跟上时代的脚步，拥有高质量的晚年生活，这是我正在做的。

在清华大学未来实验室中，研究团队来自交叉学科的多个领域，设计学、计算机科学、材料学、心理学、甚至有科普作家身份的青年科学家，研究会更加人性化与特别，对此我充满期待。

记者：您会如何向年轻人描述您眼中的"设计"？

郑址洪：我在工作中曾接触过一位7岁的小男孩，他先天残疾，没有四肢，但渴望像同龄人一样使用电子产品。于是，我和团队为他设计了一个特制的触摸屏，可以让男孩通过嘴含触控笔的方式来使用。但是他无法站立和坐立，我们又为他设计了一个四周将其正好围绕的椅子，防止他摔倒。在男孩开始使用设备的那一刻，他脸上的惊奇和欣喜令我至今难忘。

设计要专注于为人类服务，我们要关注人性化设计，这是我一直强调的。小男孩会长大，椅子容纳不下他了怎么办？这个世界上很多像他一样的残障人士如何更好地生活？利用设计亟待解决的问题有很多很多，我们需要发现问题然后利用设计手段解决问题。

有一点我始终坚信——设计绝不是为了取悦于人，而是造福于人类。

记者：如何看待人工智能（AI）？

郑址洪：AI技术的出现给交互设计带来了改变，但AI不是一种新型技术，它更像是一个新的载体，就如同眼镜的作用是使人看得更清楚一般，借助AI这个新的载体，我们对身体的认知可以更加深入，随之从多个层面为生活带来便利。

本质上AI就是一个工具，关键在于我们怎么用它。我们需要让AI学习人的差异性以更好服务于人，而不是用隐私数据去给人类带来伤害。希望整个亚洲从事AI方面研究的科学家可以合作起来，如果有一天大家可以像筷子一样合拢起来，相信亚洲的AI研究发展会比现在更快。

记者：在培养学生上，您最看重什么能力？

郑址洪：可持续发展性。世间万物每时每刻都处在变化之中，没有任何事情逃得过时间。在设计领域，大环境时刻变幻，用户和相应的技术也处在不断变化之中，因此设计师需要不断更新、挑战、重新设计。

希望我的学生可以不断学习、不断尝试，并学会接受失败。我发现，中国学生大多不太喜欢失败，他们喜欢正确的结果，持续正确的确会让人快速进步，但从跌倒了、碰到困难中学习也是难得的成长，从这个里面可以学到更多的东西。

记者： 未来实验室致力于探索人类的未来，在您的构想中，未来社会是怎样的？

郑址洪： 科技加速了社会进步，但不可忽视的是，也会让社会产生分野。到北京工作后，我时常会看到这样的情景：寒风瑟瑟中，一位老太太站在马路边不停挥手，但是打不到车，出租车都被年轻人轻轻松松打走了，因为他们手机中有打车软件。我站一旁很着急，很想帮助她，但是我不会讲中文。

未来社会毫无疑问，科技会很发达，为人们的生活创造无限可能。但是，对于懂科技的人来说，那可能是"天堂"，对于那些不懂的人来说，或许就是"地狱"。我们需要为未来去做准备，为每一个人，打破年龄、阶层的界限，一方面让更多人学会用新技术；另一方面要让技术更容易地为人所接受。我想，让未来更好，就是让一切更好吧。

记者　曲田

清华新闻网 2019 年 11 月 20 日电

把设计融入生活　用建筑承载使命

——记中国工程院院士、建筑学院院长、清华建筑设计研究院院长庄惟敏

庄惟敏，清华大学建筑学院院长、教授，建筑设计研究院院长、总建筑师，全国工程勘察设计大师，国家一级注册建筑师，国际建协（UIA）职业实践委员会联席主席。

"一个简简单单的空间，怎么能够看起来那么有美感，除了满足功能之外，为何还让人感到如此激动？"

"我们教不出大师，大师不是教出来的。但要教出一个合格的职业建筑师，这是我们的职责。"

"有自觉性的建筑师心里清楚，不是所有的项目都可以成为自己的纪念碑。"

"当为了人类生活更美好来进行创造时，这件事就变得有意义了。"

虽已步入仲冬，清华园仍带着金秋的喜气。建筑馆与建筑设计研究中心伍舜德楼在层层叠叠的黄叶掩映中比肩而立，中国工程院新当选院士、建筑学院院长、清华建筑设计研究院院长庄惟敏大步流星地来往于两栋古朴典雅的建筑之间，自 1980 年考入清华大学建筑系，如今已经是第 40 个年头。

40 年间，改革开放推动中国当代建筑进入创作繁荣期，一片片城镇建立，一座座大楼拔起，超大型工程、标志性建筑，始于乡土，走向世界，一代代建筑师和建筑教育工作者付出了他们的智慧与心血。

40 年间，庄惟敏从一个热爱画画的建筑系学生成长为知名设计大师，在国家建设发展的大潮中打磨成长，接过了中国建筑走向世界的历史火炬，将自己的建筑热情与国家发展紧密相连。

穿梭在设计的"王国"里，他用手中的笔和图纸，勾勒出学生未来的蓝图，也为中国建筑发展留下举足轻重的一笔。

这就是空间的力量

今年九月，庄惟敏获得中国建筑界最高荣誉——梁思成建筑奖。在颁奖典礼上，他深情感谢母校清华大学和吴良镛先生、关肇邺先生、李道增先生等前辈们的谆谆教诲。前辈的言传身教将梁思成先生的思想一点一滴地传承下去，引领他深入学习并热爱上建筑事业。

从小生活在设计大院里，面对一张张建筑设计图纸，庄惟敏常常惊异于绘画的奇妙，并被空间的力量所震撼："一个简简单单的空间，怎么能够看起来那么有美感，除了满足功能之外，为何还让人感到如此激动？"

从最开始知道如何满足功能，到发现蕴含其中的美学，并将建筑融入环境、肩负起历史文化的传承……庄惟敏对于建筑的认知，通过一砖一瓦渐渐搭建起来。从学生到建筑师，从从业者到设计大师，他将功能和精神两个层面结合在一起，赋予空间更多的意义。

对于庄惟敏来说，建筑始终是生活的一部分。在繁忙工作之余，他的兴趣爱好也是画画。随手拿起一支笔，勾草图、做速写，把眼中的人间场景置于纸上，"上班是设计，下班还是设计，连出去旅游都是在看房子的设计。"他笑着说。

教书这件事多么有趣但很不简单

1992年完成博士学位后，庄惟敏选择留校工作，加入光荣的教育工作者行列。在他看来，教书是一件"很有趣、又不简单"的工作，有趣在于把一个单纯无知、懵懵懂懂的年轻人领进门，培养成为有专业志向、激情投入的职业建筑师；困难在于怎样让年轻人真正爱上这个专业，理解这个专业，可以一辈子从事这个专业。

作为教师，庄惟敏始终站在教学第一线，坚持每学年为本科生和研究生主讲2门专业理论课和4门专业设计课，至今已累计培养博士23人、硕士48人。其中，多名学生获北京市和清华大学优秀毕业生、清华大学毕业生启航奖金奖、校级优秀学位论文等，已毕业学生中有5人获得中国建筑学会青年建筑师奖。

庄惟敏喜欢抽出时间参与新生专业引导、主题党团日、开放交流时间、毕业生座谈等活动，倾听学生们的心声，分享自己的经验与感悟，鼓励学生们大胆探索创新、培养学术志趣。采访当天，穿过专业教室走廊，庄惟敏主动与每一位在工位上做设计的学生打招呼，对他们的作品进行简评，话语中透露着赞扬与自豪。他认为老师在评图时，最重要的是激发同学们设计的热情与创意，"老师对每一位同学的授课都是一个教案。"

除了培养学生独立思考的能力，庄惟敏还特别重视在价值观上潜移默化地影响学生。"我一直认为建筑师的培养不仅是技法的培养，只教会学生们盖一个房子，满足某些功能是不够的，一定要让他们有人文情怀。因为我们所从事的工作是在创造人居环境，这种人居环境不仅仅满足人们的使用，更重要的是给人带来有文脉特征的人文关怀。"

作为院长，庄惟敏思想简单而纯粹，他曾经提到，建筑学院的老师能教授给学生的，是作为建筑师的职业精神和职业技能，"我们教不出大师，大师不是教出来的。但要教出一个合格的职业建筑师,这是我们的职责。"

院长办公室的桌子上,厚厚的资料几乎挡住了坐在其中办公者的身影。如此繁忙的工作,庄惟敏仍坚持抽出周末时间和学生共同度过。桃李不言,下自成蹊,他以身作则、言传身教,让建筑理念在学生的心中生根发芽。

不是所有的项目都可以成为自己的纪念碑

在庄惟敏主持的设计中,令他印象深刻的是2009年建设的一座变电站。

为减少燃煤排放,北京市政府拟在西城区菜市口大街建设一座220kV变电站,作为北京"煤改电"的重点工程。这一项目的启动并非一帆风顺。社区空间新增变电站在一定程度上可能面临缺乏混合利用、邻避效应明显、自我封闭与城市环境不协调的问题。

庄惟敏带领设计团队以策划介入,通过多方多次协调拟定设计任务书,最终完成了世界上第一个地下运行可参观的220kV智能输变电站高层综合体,在菜市口闹市之下静默地为城市输送电力,而地上部分的公共空间也为城市注入了新的活力。此外,使用后的评估检测发现其电磁辐射强度远远低于国家标准值。这是庄惟敏在新型城镇化背景下将电力设施、教育功能、公众服务等融为市政综合体的一次探索,也是建筑策划与后评估理论的一次重要实践。

从业至今,庄惟敏将一张张图纸变成一栋栋高楼:中国国际展览中心、北京奥运会射击馆、中国美术馆改造、北京科技大学体育馆、北川抗震纪念园幸福园展览馆……正如人们常说的那样,建筑是遗憾的艺术,这些在人们眼中已经很精巧的设计,在他看来只是努力接近完美。

"有自觉性的建筑师心里清楚,不是所有的项目都可以成为自己的纪念碑。"庄惟敏在一次接受媒体采访时提到。对于他来说,最完美的作品或许永远是下一件。

为人类生活更美好进行创造

87年前,梁思成曾深刻发问:"建筑师的业是什么?"在梁思成看来,直接地说,是建筑物之创造,为社会解决衣食住行三者中住的问题;间接地说,是文化的记录者,是历史之反照镜。

对于庄惟敏来说,"设计是一个再创造的过程",他希望通过自己的创作回馈他人、回馈社会。"当为了人类生活更美好来进行创造时,这件事就变得有意义了。"

这种社会责任感,源于对国家、对民族的认同感,更源于一种传承。一直以来,清华建筑学院秉承梁思成、吴良镛等前辈的思想,结合国际建筑协会和堪培拉协议相关规定,对建筑师的培养提出更高更严格的标准。庄惟敏认为,成为一个合格的建筑师需要方方面面的努力,除了理性思维、逻辑思维的培养,以及结构知识等相关技能的学习,最关键的是对人们的行为、对环境有深刻的理解,这种理解要根植于人文、艺术与文化中,这样才能真正将生活融入建筑中。

自担任国际建协理事、国际建协职业实践委员会联席主席以来，庄惟敏开始更多地去思考中国建筑教育与世界前沿水平的差距。他认为，今天中国建筑师在技术和创意层面都不输国外建筑师，而最大的差别在于我们的设计面对的是一个更庞大的群体，多样化的民族文化背景和区域发展不均衡导致需求层次的差异化。一个优秀建筑师既要能设计豪华的殿堂、酒店、剧院，同时也可以为平民设计经济实用的住宅；此外，中国建筑面临着较大的环境挑战，在追求可持续发展的层面上，如何更多地建造人工环境、减少对自然环境的干预，这一代人任重道远。

行走在建筑学院和建筑设计研究院间，一草一木，每一处设计，庄惟敏都如数家珍。他感恩自己有幸见证清华建筑教育和中国建筑事业的蓬勃发展，并将继续为热爱的建筑事业奋斗下去……

学生记者　韩瑞瑞　彭松超
记者　李晨晖
清华新闻网 2019 年 12 月 2 日电

周礼杲：从清华教授到澳门"双料"校长

周礼杲，清华大学电机系教授、博士生导师，1991年到澳门大学任教后，历任澳门大学副校长、校长，澳门科技大学创始校长、校董会主席。

时隔28年，他回来了！

正值北京仲秋，刚刚庆祝过中华人民共和国成立70周年的清华园，依然沉浸在欢庆喜悦的氛围中。五星红旗迎风飘扬，清华路两侧的银杏叶沉甸甸地挂满枝头，风一吹，犹如黄金雨落，铺在道路两侧，被赶去上课来来往往的自行车压出一道道金色的车辙。

那无数次梦中出现的清华园啊！28年风雨兼程，只为履行当年对祖国的承诺，如今得偿所愿，候鸟迟归。

从清华大学到澳门大学再到澳门科技大学，他将全部心血投入澳门高等教育的发展，桃李天下，灼灼芳华。在他的努力下，一批批优秀青年犹如雨后青苗，为澳门回归祖国后的经济社会发展作出了重要贡献，他本人也相继荣获澳门总督韦奇立颁发的"专业功绩勋章"、澳门特首何厚铧颁发的"荣誉奖状"。

回到当年出发的地方，岁月爬上了他的额头、眼角，头发渐染风霜，他依旧清瘦、文雅，思路清晰，金色拉丝眼镜后的眸子清亮坚定。

清华、澳门，两个地点，28载悠悠时光，勾勒出清华大学电机系教授周礼杲的澳门岁月。

出发：说走就走，拎着箱子就去了！

1991年的秋天，北京驶向广州的火车，不到60岁的周礼杲倚窗而坐，窗外一片漆黑，有几处摇曳着的星星点点，映着他温和宁静的脸庞，身旁的箱子里静静地躺着几本书和几件日常的衣物。

经过一天一夜的火车抵达广州，再从珠海转乘汽车抵达澳门。一路思绪纷飞。他从未去过澳门，对澳门大学几乎一无所知。

临出发前他了解到，澳门大学的前身是东亚大学，是几位香港人士在1981年来澳门创立的私立大学，也是澳门几百年来历史上第一所现代化大学。1987年4月，中葡两国政府签订《中葡关于澳门问题的联合声明》，确定在1999年12月20日中国政府将恢复行使主权，澳门届时将回到祖国的怀抱，与此同时澳葡政府也开始筹备将东亚大学转为公立大学。1991年，东亚大学正式改名为澳门大学，急需高水平的教授。澳门大学向国家教育部提请支持，要从内地知名大学聘请一名搞科技工程的资深教授，同时要有一定的大学管理经验，教育部首先考虑从清华选人。

周礼杲便是那个被选中的人。他1933年7月出生于江苏省嘉定县（现属上海市）；1950年从江苏省立上海中学（后改名上海市上海中学）高中毕业后考入清华大学电机系；1953年7月毕业后留校任教，从教授、博士生导师到电机系副主任，在教学和科研上硕果累累，获英国剑桥国际传记中心授予的"二十世纪成就奖"等。无论是专业水平、管理能力、创新能力，他都是再合适不过的人选。

这不是他第一次长时间离家远行，上次长时间的离开是20世纪80年代初去德国做访问教授，还记得当时不习惯西餐，想念极了家乡的酱油，他的夫人、同在清华大学任教的范鸣玉老师善解人意地从国内给他邮寄固体酱油。还有一次，一位学生从国内购买一个榨菜罐头，他和几位同在德国的伙伴分了几片，就着白粥，美味极了。他对这些场景至今记忆犹新。

"但这次走得太快了，甚至来不及好好与老伴儿、子女告别。"他心里禁不住感慨道。从得知被推荐赴澳门任教，到澳门大学葡萄牙籍院长教授来清华实验室"interview"他所做的工作后竖起大拇指："It's OK！"并表示澳门大学的学生已经在迫切期待清华教授的到来，再到办理签证手续，前后不过一个月。

临行前，杨家庆、倪维斗两位副校长为他送行，期望他到澳门后代表清华把澳门大学规定的任务完成好，同时要注重发展清华与澳门的合作。由此，周礼杲感受到学校的重视，感到肩头沉甸甸的分量。

所有的压力在使命驱动面前，都无足轻重。"当时我只知道要我去澳门大学授课，并担任澳门大学科技学院副院长。既然国家需要我，就顾不得那么多了！"

祖国需要，对清华人来说，只有一个答案：全力以赴。"没有犹豫，说走就走，办完手续拎着箱子就去了！"原本想再过几年就按部就班准备退休的周礼杲，58岁再次出发，这一走就是28年。

耕耘：八年一役，三千人才

来到澳门大学任教后不久的春节，时任新华社澳门分社社长郭东坡与在澳门工作的几位教授吃饭。通过这次推心置腹的谈话，周礼杲这才真正意识到国家公派他们前来澳门大学协助工作深层次的意义与责任。

在澳门离开祖国的400多年间，澳门政府部门的公务员特别是高层几乎都是葡萄牙人，华人很少。1999年澳门回归祖国后，要想贯彻好澳门基本法的"一国两制""澳人治澳"，三大问题是当务之急：公务员本地化、法律本地化、中文官式语言话。而这三大问题的核心是"人才"，特别是澳门本地人才的培养。对此，澳门大学无疑肩负着重要的使命。

周礼杲直到今天仍然清晰地记得，当时的国务院港澳事务办公室副主任王启人语重心长地说："从现在起离回归还有八年，同志们咬紧牙关，共同努力，用这八年把澳门的人才培养好，等澳门回归后，要真正实现'澳人治澳'，要中国人自己管理自己。"

"好！保证完成任务！"从此，他在心里向祖国许下了庄严的承诺。

这是一项具有历史性的任务，意义非凡，然而要在短短八年的时间里为澳门回归培养所急需的人才，并非易事。

来到澳门的第二年，周礼杲被任命为澳门大学科技学院院长。当时科技学院还在建设阶段，本科生正进入大三、大四年级专业课学习的关键时期。凭借多年在清华任教的经验，他着手聘请教授，建设实验室，设计专业课程，指导四年级学生进行毕业设计、撰写毕业论文，这对刚走向正轨的澳门大学来说都是前所未有。

"压力固然有，但我知道自己的身后还有清华和其他兄弟院校。"为了建设好实验室，清华电机系全力支持，不仅积极帮助落实实验室设备，更为澳门大学的学生"开后门儿"，由于澳门大学的实验设备还不完善，澳门大学学生设计的实验有部分无法实现，清华的学生便在北京帮忙做，有时实验安排到周日休息的时间，听到是给澳门大学做实验，实验员二话不说，毫无怨言，积极安排。

周礼杲善于审时度势、谋篇布局，立意高、看得远，是周围人对他一致的评价。在科技学院期间，他主持制定了澳门大学科技学院发展五年规划，不久即被澳门特区政府批准；他将目光从本科教育投向研究生培养，在他的建议下，1993年秋天，澳门大学开始招收硕士研究生；他同时强调，澳门大学不仅要开展科学研究工作，更要与澳门本土的实际需求紧密结合。

1994年，周礼杲被委任澳门大学副校长，1997年被提任澳门大学校长。他的眼光放得更加长远、脚步更加务实，他大力鼓励教师开展科研工作，澳门大学独具特色的"澳门经济与发展的策略研究""澳门的海洋和空气污染""计算机翻译系统"等课题项目都取得了可喜成果。此外，他积极推进教师职称提升评审制度，亲自抓教师队伍建设，历时一年，一批教授、副教授被提升，评审制度与国际接轨，为澳门大学的国际化发展奠定了坚实基础。

1997年，香港《亚洲周刊》首次发布"亚洲和澳洲五十所最佳大学"排名，澳门大学列为第30位。这对于刚刚起步的澳门大学来说，无疑是一剂"强心针"，全校为之振奋。

八年一役，澳门回归前夕，澳门大学累计培养出各专业本科毕业生近3000人，硕士生培养也已初具规模，可基本满足澳门回归后各个部门所急需的人才。"八年战役告捷"，得到了国务院港澳办的肯定和赞扬。

1998年5月，全国人民代表大会委员长李鹏向周礼杲颁授澳门特别行政区筹备委员会委员任命书，此后，周礼杲积极参加筹委会的工作和活动，进一步拓展了视野，为特区筹备作出了贡献。

新篇：从无到有，飞速发展

澳门回归发展急需大量综合人才，澳门特别行政区政府和民间企业精英都感受到高等教育的重要性，时任澳门特别行政区行政长官何厚铧、澳门特别行政区社会文化司司长崔世安、澳门知名企业家廖泽云以及一些澳门有远见的重视教育的精英人士不谋而合，产生在澳门回归后创办一所完全属于中国人办的新大学的念头。不同于公立学校的方式，他们想采用创新形式，利用自己的优势来办学。对于首任校长，他们第一个想到的便是办学治校经验十分丰富的周礼杲！

"当时第一个感受是时间太短，只有四个月的时间筹备；第二个感受是很有必要，澳门虽不大，但是在澳门发展多元的高等教育事业具有深远的意义，对于澳门经济社会的全面发展也具有重要价值。"周礼杲再次临危受命。

1999 年，澳门回归后特区政府的第一个工作日，廖泽云便将申请新大学的报告书和相关文件递交给特区政府，刚刚从澳门大学退休的周礼杲被聘为澳门科技大学首任校长走马上任。

没有校园，没有教授，没有学生，一切从零开始。

作为创校校长，周礼杲开始思考，对于一所大学而言，什么才是最重要的？他立即想到了清华老校长梅贻琦那句著名的话："所谓大学者，非谓有大楼之谓也，有大师之谓也。"

瞬间，思路大开！就这么办，找名师！

很快，校董会确定了要首先建立 4 个学院：资讯科技学院、行政与管理学院、法学院、中医药学院。周礼杲也开始绘就自己全国"路演"的地图。

"每次遇到难题，我总会首先想到清华。"这一次，他顺利邀请到时任清华计算机系主任、中国计算机学会理事长唐泽圣教授担任资讯科技学院院长，在唐泽圣的带领下，清华大学计算机系教师王尔乾、施妙根、卢开澄等"应援而来"，纷纷前往澳门任教，大家奋力支持新大学新学院的建设。

此外，周礼杲又从北京大学、复旦大学、南京中医药大学聘请到资深教授担任院长。那段时间，他往往刚从内地回到澳门的办公桌前椅子还没坐热，就开始酝酿下一次会面的时间地点。正值年底，内地好多地方还是寒冬，而澳门温暖如春。来回不断往返奔波，再加上气温差异明显，在南京机场准备返回澳门候机时，南京中医药大学领导前来送行，看到他面色红润异常，关心地问他："您是不是发烧了啊？""没有啊！"周礼杲斩钉截铁回答道。可一走进家门，他便累倒了，一量体温：39.7℃。周边的人恍然反省，他其实已经是将近 70 岁的老人了。

2000 年 3 月 31 日，澳门科技大学举行成立新闻发布会，并首次公布 4 个学院院长的简历。特首何厚铧任澳门科技大学荣誉校监，4 个新成立的学院院长皆为行业极具分量的名师大家，一时间报名学生纷纷慕名而来，在社会上引起热烈反响，是年 9 月，澳门科技大学便如期开课了。

周礼杲作为创校校长，以一流学者开阔的视野和教育家的远见卓识将这所备受世人瞩目的大学定位在"三高":高教学质量、高科研水平、高速度建校。在他的带领下,澳门科技大学与时代同行,飞速前进。2009年,已退居二线的周礼杲被委任为澳门科技大学校董会主席,继续为学校把握方向和出谋划策,在学术科研、人才培养、对外合作等方面持续发力。短短不到20年间,澳门科技大学从仅仅4个学院的学校发展成为拥有9个学院、1个通识教育部在内,涵盖文、理、法、管、商、医、药、旅游、艺术、传播、语言等学科门类的澳门规模最大的综合大学,在校师生逾万人,成立中药质量研究、月球与行星科学两个国家重点实验室,以及多个重大研究院所和研究中心,2019年跻身《泰晤士高等教育》世界大学排名三百强。

收获:耕耘不辍,情深不止

在很多人的心中,"周礼杲"三个字意味深长。在他之后,电机系韩英铎院士、计算机系唐泽圣教授、环境学院王志石教授等一批清华教师纷纷来到澳门耕耘不辍,在科学研究、人才培养、公共政策研究等方面取得了丰硕的成果。

自1995年起,韩英铎先后任澳门大学访问教授、澳门电脑与系统工程研究所执行主席、澳门计算机与系统工程研究中心主任等职。唐泽圣2000年正式出任澳门科技大学资讯科技学院院长,2002年任副校长,并荣获澳门特首何厚铧颁发的"荣誉奖状"。王志石在助力澳门环境工程领域科学研究的同时,担任澳门特区政府环境委员会委员等工作,并与周礼杲一样,荣获澳门总督韦奇立颁发的"专业功绩勋章"、澳门特首何厚铧颁发的"荣誉奖状"。

此外,周礼杲也不断为澳门年轻教师的成长倾注心力。澳门大学博彩研究所所长、澳门特区议员冯家超是土生土长的澳门人,1994年澳门大学毕业后留校任教,在校期间正是周礼杲担任澳门大学校长时期。"我们校园不大,路上碰到周老师,他总是非常随和亲切。"特别是冯家超留校任教有了更多接触之后,周礼杲每次遇见他总是会悉心地询问他研究领域的进展,也正有感于周礼杲和校园里一批清华人共同展现的"自强不息、厚德载物"的独特气质,冯家超最终选择报考清华经管学院的博士研究生,真正成为清华的一员。

从清华大学到澳门大学、澳门科技大学,周礼杲肩负起为澳门培养本土人才的历史使命,以清华人始终与国家民族命运紧密相连的使命担当,不负承诺,以扎实的学术、渊博的知识、创新的精神、丰富的经验、务实的作风、真诚的态度,为澳门的高等教育事业书写了浓墨重彩的华美乐章。

今年教师节、中秋节前夕,清华大学党委书记、校务委员会主任陈旭率团赴澳门,专程到周礼杲家中看望,并代表学校感谢他与一批志同道合的清华同仁听从祖国召唤远赴澳门,筚路蓝缕、锐意开拓,促进了澳门高等教育事业的大力发展。

今年,澳门科技大学的师生为周礼杲举行了隆重的荣休晚宴。周礼杲说,晚宴的某一刻,他的脑海里突然闪回他第一天来到清华园时的情形——那一年抗美援朝战争打响不久,他从温暖湿润的上海来到清华报到,漫步校园,不知不觉走到西操附近,人潮涌动,他好奇地凑上前去，看到有一名学生站在体育馆的讲台上慷慨激昂地发表爱国演讲，他听得如痴如醉、热血沸腾，后来他得知，那个人便是同在电机系读书的朱镕基学长。也许从那一刻起，清华的使命与精神，便与他的人生选择不可分割。晚宴结束后，当年对祖国许下的承诺，28年后终于在他的心里画上了圆。

"澳门是一个文化、地域都非常有特点的地方，我们在建设澳门的同时，也被澳门人踏实、乐观的态度感动着，这是一个充满创新力的城市。"

"澳门的高等教育事业在回归之后站在了全新的起点，二十年来成果斐然，特别是一些专业领域取得了世人瞩目的成就。面向未来，澳门的高等教育事业仍然要紧密适应国家的发展形势，发挥大学在经济社会发展中的重要作用。"这是周礼㮋的心声。

回到北京的周礼㮋，就像当年无数次梦见清华园一样，想念澳门的一草一木，特别是他的学生们。澳门大学科技学院首批学生毕业后，每年农历正月初三，学生们都坚持来周礼㮋家中拜年。由于学生们陆续成家，每年拜年的人数也逐年递增，这也成为每年过年时周礼㮋最为期盼的日子，至今他们仍然保持着亲密的师生关系。提起学生们，周礼㮋坚持在纸上写下他们的名字，在他心中，学生的分量可见一斑。

"自强不息、鹏程万里"，周礼㮋说，这句话是曾经澳门大学学生会的同学们送给他的，他觉得这句话很好："没有自强不息，达不到鹏程万里的目标；有了鹏程万里的目标，也离不开自强不息的奋斗。这才是人生最佳的状态。"周礼㮋说。

记者　高原

清华新闻网 2019 年 12 月 20 日电

李景虹院士：当好科研"领路羊"

李景虹，清华大学化学系教授，中国科学院院士，英国皇家化学会会士。

他把自己和学生比作羊群，而他则是队伍中的"领路羊"，为学生指引方向，带领大家一起向着科学高地努力奔跑。

他最熟悉的地方是位于何添楼的办公室和实验室，无论工作日还是周末，总会出现在这里。

他认为当选中国科学院院士只是科研过程中的一个阶段，没有带来任何特殊改变，仍忙碌穿梭于办公室与实验室之间。

"对于我而言，这意味着更多的责任和更高的要求，今后的科学研究不仅要有'高原'，更要出'高峰'。"

他就是李景虹。

"化学是培养高端人才的'高地'"

20世纪80年代，在"学好数理化，走遍全天下"理念的影响下，李景虹对自然科学的兴趣愈发浓厚，从事科学研究的志向也愈发坚定。

李景虹最感兴趣的是化学实验，于是他报考了中国科学技术大学近代化学系的化学物理专业："夯实学科基础，以国家需求为导向，以科学发展为己任的精神始终鞭策着我。"

在李景虹看来，化学首先是一门基础学科——在近代科学发源中的作用不可磨灭，也是解决中国国家战略需求的重要学科。"我们常说，中国进口芯片的外汇花费最高，但其实高端化学品的外汇花费更多，自主化学品的生产仍然无法满足国家发展的需求。"

在清华大学的素质教育通选课程中，李景虹开设的"化学与社会"课程为不同院系、不同年级的本科生提供了认识化学的一种方式，强调培养多学科交叉视野，培养同学们的化学思维以及对于科学素养的认知。

"化学学科不仅对于科学研究有用，对丰富知识结构、完善思维方式、提升创新能力都大有裨益。"李景虹说，"化学学科所具有的基础性、前瞻性、多样性和包容性等特征，不仅能让大家了解未来科学发展前沿、夯实学生的坚实基础，还能培养学生踏实的科学精神和勇于克服困难的意志品质。"

他始终强调，基础学科就要有基础学科的地位。在2018年12月份召开的全国政协双周协商座谈会上，作为第十二、十三届全国政协委员、九三学社北京市委科技委员会主任、九三学社清华大学委员会主委，李景虹在发言中围绕某些省份高考改革中出现的理科选考人数少、高中课程教学难度大幅降低的现象提出了两个问题：

"如何避免学生对物理、化学等基础学科不愿意学、不愿意考？在高考改革中有没有这方面制度设计？"

"面对'卡脖子'技术瓶颈，怎样强调基础课程和基础学科的重要位置，才能避免人才培养和储备的空心化现象？"

李景虹认为，基础学科的长远发展，离不开高素质的理工科人才和全民科学素质的提高。清华的化学学科发展更为重要，他倡导加强本科生的基础学科培养，既要让学生夯实基础知识，又要有现代学科的交叉视野，才能让学生更好地迎接未来的科研挑战。他还强调："授课深度要更加坚持，尽管满足学生意愿是很重要的，但这并不是唯一标准，更要以课程需要和科学发展为前提。只有这样，才是对学生的未来负责。"

用"盲人摸象"的态度进行科研创新

治学严谨，是学生们对于李景虹最深刻的印象。

每次开小组会，李景虹都要拿出一整天的时间，按照课题和学生的不同特点分为4个小组，连续开4次小组会进行深入讨论。"发给学生的每一篇文献，我都读过。"他以严谨的科研态度身体力行地引导同学们。

他注重培养学生踏实向学的精神。对于新加入课题组的学生，李景虹要求在前两年内完整掌握"熟悉研究方向—阅读文献—设计实验方案—实验数据的获取与分析—撰写数据报告—发表文章—学术报告"的全部过程，在全链条式的过程中养成科学规范。

他讲究因材施教。"学生的多元化发展与阶段性成长是教育的关键。"李景虹说，"对不同的学生来说，A学生的优点可能就是B学生的缺点，培养人才要区别对待；对同一名学生来说，昨天的优点可能会变成未来登高的制约点，要在学生不同发展阶段，及时提出不同要求并给予相应的帮助和支持。"

他还强调创新性思维的培养，"这是人才培养最难的地方，也是最关键的所在，科学最重要的价值在于创新、在于发现，而创新思维的培养则是一个长期的过程。"李景虹说，"我愿意在创新的道路上永远陪伴着学生。"

他常常用"盲人摸象"和"田忌赛马"的故事鼓励大家打破思维定式，对客观现象进行再思考。"我们接受的教育一直都是对'盲人摸象'的批评和对'田忌赛马'的认可，但我认为恰恰相反。"他进一步解释说，"盲人摸象"是探索科学规律、认识客观存在的必然方式，体现出实事求是的精神，从不同角度一点点探索才能画出"大象"。因此，科学研究具有探索性、片面性和阶段性的特点，具有多视野、长期坚持以及团队合作的特点。

而"田忌赛马"看起来是聪明的，但是不具有持续性，如果大家都效仿田忌的做法，就会导致信誉缺失、规则不被遵守、能力无法提高等后果，长此以往，最终失败的将会是自己。通过这样的故事，李景虹希望同学们能够去伪存真，从经典故事中汲取力量，踏踏实实做科研。

"学生毕业离开课题组时，希望他们能带走两样东西：一份是光鲜的简历，一份是思考问题和解决问题的能力。"李景虹认为，传授知识是最低级的要求，而高级教育要能引起思考——对自己、对知识、对社会、对创造的思考，高等教育的核心就是思考问题和解决问题的能力，这一直都是李景虹培养学生的核心准则。

李景虹还十分关心学生的生活和成长，他提出的"建议研究生生活补助全面免征个人所得税"全国政协提案已经得到国家政府部门的高度重视，并予以落实。能够为全国研究生做一件实事，他感到很欣慰。

"最希望看到的，是学生超越我"

"一辆自行车，如果刹车坏了仍然可以骑；一辆汽车，如果刹车出问题了就不敢上路；一列高铁，若有一个零件坏了都不敢用；一艘宇宙飞船，一个小小的螺丝帽没拧紧都不行。越到科学前沿，越要有严格的要求。"李景虹经常勉励学生说，"现阶段的中国不需要我们做一个哐哐响的'自行车'，而是需要一艘能够安全起航并返程的'宇宙飞船'。"

李景虹认为，在正态分布的客观规律下，能做的事情就是把峰值提高。他把自己的课题组比作羊群，他扮演的角色并非"牧羊人"，而是"领路羊"——如果一味拿着着鞭子往前赶，前面的好学生就跑不动了；只有他跑在前面，带着学生一起往前冲，伸手拉一把掉队的同学，好学生才能跑得更快，所有人都不掉队。

他一直坚信，清华需要培养顶尖的学生，要在培养高端人才上重点发力。因此，李景虹十分重视研究生培养过程中的实验教学，以及科学素养的长期培养。同时，他也感到十分欣慰："在清华工作非常有干劲，因为我和同学们互相学习、教学相长。科学研究需要讨论，需要质疑，更需要交流与合作。"

当选中国科学院院士后，"这一称号对我提出了更高的要求，意味着更多的责任。"李景虹希望自己能够成为学生们的榜样，通过自己的不断努力和追求，激励同学们不断进取。

对于李景虹而言，科研探索永无止境。他始终以国家需求为方向，以一流学术价值为要求，带领着同学们一路向前。"作为一名教师，我最希望看到的是学生能够超越我，最期待的是学生的美好未来。"

"清华园是人才的聚集地，也是科学创新的发源地，更是一个能产生长远烙印的精神家园。身为清华教师，我将贡献自己所有的力量，在高原之上再建高峰。"面对未来，李景虹心中充满憧憬和期待，还有一如既往的踏实与坚定。

学生记者　万宁宁

清华新闻网 2019 年 12 月 23 日电

微观生物　止于至善

——记中国科学院院士、清华大学生命学院教授隋森芳

静谧古朴的生命科学馆，一代又一代科学家在这里传承科学精神，探索生命奥秘。作为这里的一名教师，他引领年轻学者在科研上开拓创新，全力以赴践行使命与担当。

他人淡如菊、静水流深，心怀爱国情怀，凭借深厚的学术造诣、宽广的科学视角，追求卓越，是我国生命科学快速发展的贡献者。

隋森芳，清华大学生命科学学院教授，生物物理学家，中国科学院院士。

他坚毅执着，钻坚仰高，瞄准世界科技前沿，一如既往深耕在生物学领域，是纵横驰骋在生物物理学领域里的探索者。

他春风化雨，润物无声，在教育这片净土上辛勤耕耘，是传播真理、传播真知，提携后学、甘当人梯的引领者。

他就是中国科学院院士、生命科学学院教授隋森芳。

爱上美妙的微观世界

1964年，风华正茂的隋森芳怀着人生梦想，走进了让无数学子心驰神往的清华园，开启人生追梦之旅——从清华精密仪器系到固体物理研究生班，再到德国慕尼黑工业大学攻读博士，其间经历十年"文革"，求学经历跌宕起伏。

当时由于"文革"影响，隋森芳在精密仪器系只学习两年，就被分配到校办工厂，当了三年工人。1973年，在国家提出加强基础研究的背景下，学校成立固体物理、物质结构、激光和催化四个研究生班，培养了清华第一批理学硕士，为日后清华理科复兴储备了宝贵人才。固体物理班有十二三位同学都是来自学校各系的"新工人"，隋森芳便是其中一员，并担任班长。从机械厂到固体物理研究生班，这是他在学术生涯上的一个重要转折。

"我本科学的是精密仪器，比较宏观，而固体物理班的主要课程描述的是微观世界，所以刚开始时感到很不适应，但很快就爱上了这个美妙的微观世界，这主要得益于固体物理班的老师们。比如张礼老师，他用英语给我们讲量子力学，把微观世界描述得惟妙惟肖，他在讲台上的一举一动，直到现在还历历在目。"隋森芳说。

1983年，美国耶鲁大学教授蒲慕明来清华讲学，对隋森芳影响非常大，使他对生物物理产生了浓厚兴趣，并进一步感受到生物学研究在未来发展中有着更多创新前景与发展空间。1984年清华大学恢复生物系，隋森芳作出了人生中的重要选择——转入生物物理研究室。"生物在当时是前沿学科，而且我也感兴趣，所以转变了方向，开始了在生物学领域研究的生涯。"

20世纪80年代中期，隋森芳被公派到德国留学，师从当时欧洲生物物理学会主席萨克曼（ErichSackmann）教授。在德国三年半的求学时光，隋森芳几乎都是在实验室中度过的。"萨克曼教授的言传身教，让我感受到了'学无止境'的真谛，激发起为梦想奋斗的澎湃力量。我开始不断思考如何学习借鉴国外的经验，结合我们国家的国情，取其精华来创新生物科学的研究思路。同时我也深深体会到，要成为具有国际竞争力的未来学者，就一定要重视和培养学术志趣、学术视野、学术品位。特别是学术志趣，它是一种内生的动力，是一种对创造新知识的原生渴望，能够使我们在专业研究领域看得更广、看得更远。"隋森芳的努力得到了回报，通常需要四年才能拿到的博士学位，他只用了三年半就毕业了。

德国之行拓宽了学术视野，夯实了学术功底和技术积累，为后来隋森芳的独立研究打下坚实基础，并使他对生物学交叉边缘学科的发展方向以及研究的前沿问题有了全新认识："生物是一门包容性很强的学科，我就是被'包容'进来的。随着时代的发展，学科之间的界限越来越不明显，很多时候是相互关联与促进的，一个人要在生物研究领域取得成功，学科素质面一定要宽。"隋森芳说。

把握蛋白质研究的趋势

1988年底隋森芳回国，来到清华生物系任教。一间空屋子、一台萨克曼教授赠送的价值10万美元的仪器、一笔7万元教育部优秀青年教师基金，这是他的全部启动"家当"。"我很坚信自己的直觉，也相信随着学科的发展，我所坚持的领域一定会受到重视。"

正是心中有一份为了理想不懈追求的信念，正是对科学探索保持"雄关漫道真如铁，而今迈步从头越"的豪迈情怀和不断进取的科学态度，让隋森芳克服重重困难，带领学生在有限的条件下，建立了国内首个蛋白质电镜三维重构实验室。

隋森芳低调谦和、不事张扬，不过一说起研究，就变得神采奕奕。"生命活动中，任何单个分子都不会独立行动，而是与其他分子协同开展某项活动，这是群体性行为。我喜欢观察它们是如何分工协作的，即一组蛋白质在实现一个功能的时候如何相互配合而组装在一起。"从简单到复杂是蛋白质科学研究的趋势。对于复杂的蛋白质系统，传统研究方式遇到很大困难，而电镜则越来越显示出其独特的优势。隋森芳团队主要通过急速降温把蛋白质复合体、细胞器、甚至整个细胞快速冷冻起来，然后利用电镜的高清晰的成像技术，从各个角度对样品进行拍照，复原成三维空间的图像。"这样就能对这组蛋白质在实现功能过程中的组装、结构和变化一目了然。"隋森芳说。

如今，三维电镜研究蛋白质这种研究方法已经得到学术界的广泛重视，利用该方法，隋森芳和学生们解决了一个又一个生物学难题。"寡聚结构转变与 DegP/HtrA 的蛋白酶和分子伴侣活性的调节机制""突触囊泡结合蛋白 Syt I 在钙和膜脂作用下的寡聚结构转变"等与细胞膜相关的问题都在他们的探索下迎刃而解，隋森芳也因此当选为中国科学院院士。

实现梦想最好的地方

为了方便学生讨论，隋森芳在办公室墙上安装了一块白板。"每次学生来我这里讨论，就将问题写在这块白板上，如果没有解决，就一直留在上面，直到找出解决方法再擦掉。这也是提醒他们不断思考的一种方式。"隋森芳特别注重引导和启发学生独立思考，深入浅出，培养学生的创新能力，让他们在知识的海洋里畅游。

多年来，隋森芳培养出一批优秀的科研人才，在我国冷冻电镜研究的早期发展阶段发挥了关键作用，如今他们已经成为国内外结构生物学研究领域的中坚骨干。隋森芳参与建立的清华大学冷冻电镜平台已经成为世界上水平最高的冷冻电镜平台之一，取得了一系列世界领先成果。

凭借严谨的求学精神、开拓性的创新能力和突出的科研成果，隋森芳为清华大学在国际学术界赢得了声誉。

春夏秋冬，光阴如梭。回首成长路，隋森芳满怀感激："我是在清华这片沃土中成长起来的，没有清华行胜于言和锲而不舍精神的激励，我很难取得现在的成绩，清华仍然是我实现梦想最好的地方"。

"严谨、勤奋、求是、热情"，这是学生眼中的隋森芳，一位令人尊敬的学者和师长。

记者　段鸿杰

《新清华》2019 年 12 月 27 日刊发

中国存储系统的先行者

——记中国工程院院士、清华大学计算机系教授郑纬民

郑纬民,清华大学计算机系教授,中国工程院院士。

走起路来健步如飞,上起课来激情澎湃,谈起研究来妙语连珠……你或许不太相信,年过七旬、白发苍苍的郑纬民现在仍是课题组里每天最早到达实验室的那个人。组里的师生笑称郑老师是位"模范生",每次见他不是在实验室就是在会议现场,研讨、讲课、debug、攻克技术难关……在过去的几十年里,郑纬民唯一的爱好就是搞研发、带学生。

1965年,郑纬民考入清华大学自动控制系时,计算机还只是自动控制系的一个专业,算法、存储、系统等基础理论的研究,国内还比较落后,没有人能准确判断中国的计算机事业将有怎样的未来。

改革开放后,郑纬民先后前往美国、英国从事分布操作系统与函数语言编译研究。回国后聚焦计算机并行/分布处理研究,并率先在高性能存储领域深耕发力。

2016年,郑纬民及其团队参与的项目斩获有着世界超级计算应用领域"诺贝尔奖"之称的"戈登·贝尔奖",实现了我国高性能计算应用成果在该奖项上零的突破。

在存储系统领域,从一张白纸到世界领先,中国花了不到半个世纪,这一近乎奇迹的"逆袭",郑纬民功不可没。

存储系统背后的团队

在足球场大小的机房里,密密麻麻存放着高速运转的设备,一台台超级计算机正在执行快速计算任务。"超级计算机",顾名思义,拥有超大的数据存储容量和超快速的数据处理速度,其中所涉及的技术远比目之所及的庞大机器更为复杂。绕不过去的核心技术就有集群计算机设计、CPU设计、网格计算、高性能存储,等等,层出不穷的难题摆在计算机系高性能计算研究所时任所长郑纬民面前,作为计算机系统结构学科带头人的他,毫不犹

豫地将这些技术难题作为研究所的主攻方向，带领团队"啃最难啃的骨头"。

当整个行业醉心于研究各类复杂精巧的算法时，郑纬民敏锐地意识到数据存储技术将面临巨大挑战。20世纪90年代起，他在国内率先开展网格存储系统关键技术研究，并一再打破国际存储公司的技术垄断。"计算、互联、存储三大部件组成一个大信息系统，存储越来越成为其中的核心问题。当下，存储已成为关系到国计民生和国家战略安全的关键信息基础设施之一。"郑纬民说。怎样才能迅速、完整且长久地保留数据？怎样才能在即使部分硬盘被损坏的情况下确保数据安全完整？郑纬民带领整个团队，逐一攻破存储系统的可扩展性、可靠性等一道道难关。

但他们并没有止步于此。在此基础上，能否用更少的空间储存更多的数据？有别于通过降低分辨率等直接"打包"压缩的方法，郑纬民及其团队提出了新的思路。"通常而言，备份越多，数据越不容易灭失，但需占用大量存储空间。比如一部电影，拷贝三份分别存储，那就多花费了200%的空间。但如果把电影切割成若干段进行存储，例如存储32段电影内容，并同时生成16段校验码，当任何一个部分出错时，可以根据校验码进行纠正，则只需要多花费存储校验码的空间，也就是多增加33%左右的空间。"郑纬民说。

这一思路为节约硬盘存储空间打开了新的大门，然而最困难的是要实现数据存储和校验的实时同步。数据受网络环境的影响很可能产生错误，对原数据进行校验非常重要，使得再次使用这部分数据时，可以重新计算校验码并与之前的进行对比验证。郑纬民说："在将数据写入硬盘时，要对原数据计算校验码并一同传输，在很长一段时间内，国际上认为这两者是不可能实时完成的。"而郑纬民完成了这一创举。他研制的自维护存储系统，实现了数据存储和校验的实时同步，整体技术达到国际领先水平，目前已被成功应用到审计、公安、油田、电信、教育等行业及部门。

郑纬民还创造性地提出了另一思路——社区共享。如果能够实现社区共享，则不需要重复存储，这就是现在流行的云盘技术的基本原理。这一技术的多种应用现在已"飞入寻常百姓家"，而在21世纪初，仍处于"摸着石头过河"的探索状态。郑纬民承担的项目通过网格技术将各高校的资源串联，存储一份，即可全网下载。依托基于社区概念的网络数据共享和存储技术，郑纬民主持研制了国内首个云计算平台"Tsinghua Cloud"，并对外提供服务。

凭借这些积累和突破，郑纬民拿下了国家科技进步奖一等奖1次、二等奖2次，国家发明奖二等奖1次，2016年获何梁何利基金科学与技术进步奖，2016年、2017年他的团队连续两次获得"戈登·贝尔奖"。2018年，郑纬民成为首位中国存储终身成就奖获得者。

铺就迈向世界一流之路

当地时间2016年11月17日，在美国盐湖城召开的全球超级计算大会（SC2016）上，"千万核可扩展大气动力学全隐式模拟"联合成果获得"戈登·贝尔"奖，实现了该奖创办30年来我国在此大奖上零的突破。2017年清华团队再次借助"神威·太湖之光"超级计算机，成功设计实现了高可扩展性的非线性地震模拟工具，实现了对唐山大地震发生过程的高分辨率精确模拟，再次斩获"戈登·贝尔"奖。两次"捧杯"，郑纬民及其团队作出了突出贡献。

迈向世界一流并非一日之功。时间回到改革开放之初，一切从零起步。那时的郑纬民如饥似渴地阅读国外前沿论文，参加各类同行会议，到美国、英国访学，在各地合作开展科研项目，满脑子想着怎样才能跟上世界的步伐。开始培养学生后，他经常创造各种机会让学生外出交流、参会，想方设法让学生能接触到最前沿的技术、与一线"大咖"交流切磋。

郑纬民鼓励学生"走出去"，也不断邀请顶尖学者"走进来"。现任清华大学计算机系副系主任武永卫教授初到郑纬民的项目组时，便参与到"中国教育科研网格"的项目研发中。他清楚记得，项目完成后，郑纬民特地邀请当时这一领域富有声誉的美国团队来校交流，逐一将成果演示给对方看。"郑老师不仅把项目做出来，还要演示、证明给别人看，这种开放的心态实属难得。"武永卫说。

渐渐地，清华计算机系凭借不断提升的综合实力和积极开放的交流合作在国际上崭露头角，开始真正进入世界网格存储和高性能计算的核心圈子。

2007年，郑纬民第一次在国际高性能计算领域顶级会议FAST（USENIX Conference on File and Storage Technologies）上发表文章，这是中国大陆学者独立完成的首篇FAST论文。而今，FAST会议每年甄选的二十篇文章中几乎都有中国学者的身影，郑纬民团队也已在FAST会议上发表多篇论文。

而在不久前落幕的2019国际大学生超级计算机竞赛（SC19）上，由清华大学计算机系组建的清华大学学生超算团队再次夺得总决赛总冠军，这是清华大学在三大国际大学生超算竞赛中获得的第12个冠军。

在高性能计算和网格存储领域，从"开眼看世界"到国际领先，一条迈向世界一流的道路在郑纬民的努力下已渐次铺成。

"做事，就要做有用的事"

"郑老师常对我们说，在论文摘要里就得把你要研究的问题写清楚，要点出这个问题的研究意义在哪里。"清华大学计算机系副教授翟季冬曾是郑纬民的博士生，翟季冬至今记得，郑老师在指导他做本科毕业设计时，就一直强调"问题意识"。

武永卫回忆起博士后阶段跟着郑老师做项目的日子时，他听的最多的就是"要做有用的事，要想明白对谁有用，能解决什么问题"。

"做事，就要做有用的事"，郑纬民团队的每位成员始终遵循这一要求，写论文、做项目都以问题为导向，做出来的产品也要切实服务于现实需求。近期，郑纬民带领团队多次赴内蒙古调研，发掘网格存储和高性能计算在各类现实场景中的应用。

"做对国民经济有用的事"，郑纬民用实实在在的技术突破践行着他的承诺。"现在很多人觉得多发论文最重要，不是说这些没有价值，而是真正做研究，要能让理论落地，不能在纸上空比画。做事，还是得务实一些。"郑纬民说。

"我最自豪的，是培养出了优秀的年轻人"

每年的院士资格评定都设有材料展示环节，每位候选人要在有限的时间里阐述自己在该领域的成就。"郑老师在展示的幻灯片里列出了七八项成就，他专门把讲授的国家精品课程"计算机系统结构"列了上去，他一直觉得把课讲好是非常重要的事。"武永卫说。

"计算机系统结构"这门课贯穿了郑纬民的整个教学生涯，直到退休前，郑纬民都在给学生上这门必修课。课程的课件和教案每年都在更新，讲授的内容始终走在领域前沿。截至目前，郑纬民已编写和出版计算机系统结构领域的教材近10本。

"郑老师上课非常有激情，也很幽默，他总能把复杂的知识点讲得清楚明白，让学生都听得懂、感兴趣。"从本科起就跟着郑纬民做科研的计算机系教授陈文光，至今还记得近20年前上课时老师打过的比方："郑老师将初期的大型向量计算机比作'象群'，将集群计算机中的小芯片群比作'蚁群'，非常形象。"当时慕名来上课的还有许多外系的学生，因为郑纬民深入浅出的讲述，他们对计算机系统产生了强烈的探索兴趣。

如今，郑纬民培养的很多学生也站在了大学的讲台上，或幽默或通俗地为同学们讲授计算机的基础理论和前沿知识。"不自觉中，我平时上课也会跟郑老师一样，多举一些通俗易懂的例子，课堂氛围也相对轻松活跃。"陈文光说。

"我们给学生讲课，至少在课堂上要让他明白70%，剩下30%有兴趣的可以再去学习研究。学生连课都听不懂，怎么可能对科研感兴趣？"郑纬民说。郑纬民至今还在全国各地讲课，从计算机系统结构讲到并行计算，再到区块链技术，一如既往地深入浅出。但凡开课，一座难求。

郑纬民向来鼓励学生做交叉研究。搜狗公司CEO王小川是郑纬民的硕士生，在读期间他突发奇想，提出想借助计算机做基因拼接计算。当时整个团队仍以并行处理的研究为主，这一想法看起来有些格格不入，但郑纬民却非常鼓励，他说："基因很复杂，如果你要做这个题，你得先去把生物专业的基础书读透。"在郑纬民的鼓励和指导下，王小川立即做起了自己当时最感兴趣的研究。

郑纬民看人很准，且极为信任学生。高性能计算研究所现任所长薛巍副教授本是清华电机系的学生，常来计算机系实验室做运算处理。"我看这个小伙子很勤奋，周末都没日没夜在做研究，就跟他说可以来我们组做科研，于是他就来了。"郑纬民说。恰逢计算机系与地学系合作天气预报研究项目，郑纬民便督促他"把气象学本科生教材全部学一遍"。一边做一边学，而今的薛巍已然是天气预报领域的专家了。

当记者问起迄今为止最自豪的成就时，郑纬民没有丝毫犹豫，他的答案既不是评上院士，也不是拿下什么奖项，而是，"我培养的学生们都很优秀。"

为祖国健康工作五十年

郑纬民在清华读书时，时任校长蒋南翔先生提出的口号"为祖国健康工作五十年"响彻校园的各个角落，至今仍是清华人对国家的承诺。

郑纬民始终记得这个承诺。退休后的他仍然铆足干劲，为祖国的计算机事业奋力工作。在团队师生的印象里，郑纬民永远精力充沛，早上八点就来到实验室，中午吃完饭接着工作，项目组的进展他了如指掌，时不时还要各地出差、参加会议、主持讲座。翟季冬看着郑老师退休后工作还这么拼，直言道："老师比我们还拼，做学生的哪敢不努力！"

郑纬民总跟学生说："做计算机系统结构方面的研究，要做好吃苦的准备。"每天工作十几小时是组里师生的常态，短期内论文产出也不高，急功近利者几乎不敢踏入这个领域。郑纬民一直鼓励学生沉下心去做研究。"我们要做实事，才能成事业。"郑纬民说。

郑纬民还是个热心肠，计算机系大大小小的事都放在心上。无论是给学生指点科研方向，还是帮年轻教师一起打磨论文，甚至是帮助系里师生处理家庭琐事，但凡找他帮忙，他都竭尽所能。可以说，郑纬民的大半生都与清华计算机系紧紧相连。中国网格存储"从零到一，再到无穷大"，郑纬民是见证者，更是领航者。正如武永卫所言："计算机系像是他的孩子。"他给予了这个"孩子"充足的养分，又慈爱地陪伴她每一步的成长。

2020年是郑纬民为祖国健康工作的第五十个年头，但他还有忙不完的工作。随着人工智能、区块链等新技术的兴起，作为基础支撑的高性能计算、并行处理、存储系统等核心技术愈发重要，以计算机为运算工具的跨学科研究不断涌现。与此同时，国际竞争进一步加剧，破除技术壁垒任重道远。"我们要做的还有很多。"郑纬民说。

每次学生提出新设想、开发新项目的时候，郑纬民总说的一句话是"我看行"。关于中国高性能计算的未来，他也不假思索地说了句："我看行！"

学生记者　何思萌
记者　吕婷
清华新闻网 2020 年 1 月 6 日电

燃赤心以奉献　恒兀兀以穷年
——记中国科学院院士、清华大学生命学院教授谢道昕

在清华园人环楼四层的一间办公室里，房间窗明几净，阳光懒懒地散在墙上。不大的屋子里，悬挂着一个投影仪和一块白色幕布，幕布轻轻往下一拉，学生们就可以在这里观看实验结果、讨论研究计划。

这是中国科学院新当选院士、清华生命学院教授谢道昕的办公室。摆满了书本和实验报告的窗台上放置着几盆绿植、一幅国画和学生送的鲜花。

谢道昕，清华大学生命学院教授，中国科学院院士。

这或许就是谢道昕生活的映照——勤勉、朴实，且包容。

"我属于'笨鸟先飞'"

1979年，谢道昕参加高考，成为所在高中唯一考上大学的人，进入湖南农学院植物保护专业学习。1983年毕业后，他分配到湖南棉花研究所工作。1984年，谢道昕进入中国农业科学院深造。1990年至2006年先后在英国和新加坡从事科研工作。2006年回国在清华大学任教至今。

谢道昕用"笨鸟先飞"来形容自己的学术生涯。在他看来，勤勉是高于天赋的素质。读书时期，谢道昕总是每天很早到达实验室，很晚才离开，周六周日也基本如此，几乎没有节假日。"当年和女朋友约会基本上都在实验室，我做实验，她或在一旁观看，或在学生自习室看书。现在想想，与这样的男孩约会多boring（无趣）啊！"谢道昕笑言。

谈起最珍爱的事业，谢道昕目光灼灼。谢道昕团队主要从事植物激素的研究，植物激素调控植物的繁衍生息，与生态环境和农业生产密切相关；阐明植物激素的受体感知机制，对于揭示植物生命活动的本质、改善生态环境和保障粮食安全具有重要意义。在九大类经典植物激素中，谢道昕和合作团队发现其中两类重要激素的受体感知机制，其中，茉莉素作为抗性激素主要调控植物抗性和育性以及衰老，而独脚金内酯则主要调控植物分

枝。"植物激素领域有非常多亟待解决的问题，需要许多科研工作者的共同努力。"谢道昕表示。

"尽己所能回报祖国"

"是什么契机选择从国外回到清华任教？"

回到青年时代，谢道昕找到根源。

"我来自于湖南新邵县一个贫困山沟，上学时家里非常穷，当时中小学学费是由人民公社免除的，一两元的书本费是家乡亲友资助的，大学学费也是国家免除，大学期间的生活费则完全靠国家助学金。可以说，我能够上大学得益于祖国的改革开放，能够大学毕业并完成硕士和博士研究生学业，得益于老师们的辛勤培养。'感恩'两个字一直铭刻在我的心灵深处。"在谢道昕看来，是国家培养了自己，学成之后也理应尽己所能回报祖国。

1999年，谢道昕完成博士后研究来到新加坡国立大学，成立了自己的实验室。身居异乡，他时刻关注祖国生命科学学科的发展。"一次遇到饶子和老师，他做了一个形象的比喻：清华生物系会议室只有20多把椅子，指的是当时系里召开教授会，一间小小的会议室里所有教授加起来只有二十几人。后来遇到周海梦和张荣庆老师，又结识了清华生物系陈应华主任和吴庆余书记以及孟安明、陈晔光和罗永章等老师，他们向我介绍了尚处于起步阶段的清华生命学科，以及学校对于生命科学的重视和宏远规划蓝图。"学者们的严谨务实和坦率真诚深深感染了谢道昕，也让作为科研人员的他更加坚信，来到清华能够为祖国生命科学的发展发挥自己的作用。

2006年，谢道昕来到清华任教。他喜欢用做好一颗"螺丝钉"来形容自己做科研的初心："我所接触的老一辈科学家都具有深厚的爱国奉献的情怀，只要能发挥专业特长，无论戈壁大漠或深山峻岭，只要在祖国广袤的大地上，哪里需要他们就扎根在哪里。"爱国奉献的情怀，深深灌注在他们这代人的灵魂里。"前辈科学家是我们的楷模、是我的榜样。做好一颗'螺丝钉'，为祖国科学事业的发展和人才培养尽微薄之力，是自己的责任、义务和荣耀！"谢道昕说。

"希望学生有理想有情怀"

汪姣姣2013年师从谢道昕攻读博士学位、2017年从事博士后研究。"热爱祖国、爱护学生、严谨求实"，汪姣姣用三个关键词来形容谢道昕。"谢老师培养学生非常开明。他的办公室对所有学生都是开放的，我们有他办公室的钥匙。他让我们感觉到学生是实验室的主人、是课题第一负责人。而他一直在背后默默为我们提供好的平台和条件，帮助我们解决问题。"

"看学生论文时，谢老师会逐一跟我们讨论，甚至写出十几页的意见回复。接连几天晚上11点给我们发一版修改意见，凌晨三四点又有一版。"与谢老师相处，同学们总感到很惭愧。"老师真的很拼，这也激励我们不能止步于此，要好好珍惜现在的环境，做一些真正有用的事。"汪姣姣说。

如今谢道昕开设了三门课程——"科学写作基本要素""植物科学导论"和"植物分子遗传研讨课"。在讲台上，他接触到更多的清华学生。"我很希望学生们能有为国家、为社会做一番事业的情怀和理想。现在的学生面对的诱惑很多，如果失去了这种情怀，即使暂时取得一点成绩，在人生道路的某个节点上也容易迷失。"

谢道昕不喜欢夸大其词，亦不喜欢自我夸耀。他始终认为自己是一个愚钝的人，只能以勤补拙。面对清华"一点就透"的聪明学生，他很希望同学们既有远大抱负、又能脚踏实地。"在清华这样高水平的平台，刚进入实验室的研究生就考虑将来找工作是没有意义的。几年后的工作去向取决于这些年你综合能力的培养、学术水平的提高、工作成就的产出，现在在担心也没用，只有脚踏实地把能力提高、把工作做好，后面的路自然水到渠成。"

采访近两个小时，谢道昕总是面带微笑，真诚恳切。时而有人过来询问事宜，离开时，他都会起身为大家开门："好的，谢谢你们。好的，再见。"这栋待了十几年的小楼，春秋共度，日夜相伴，他早已把这里当成了自己的家。

学生记者　彭欣怡
记者　　曲田
清华新闻网2020年1月9日电

从精深学习、到学术追梦、到创新教育
——记中国科学院院士、清华钱学森力学班首席教授郑泉水

郑泉水，清华大学工程力学系教授、"清华学堂人才培养计划"钱学森力学班首席教授、微纳米力学与多学科交叉研究中心主任、深圳清华大学研究院超滑技术研究所所长，中国科学院院士。

2019年11月，清华大学航天航空学院工程力学系教授郑泉水当选为中国科学院院士。

儒雅、健谈、幽默、风趣。

作为学者，他把科研推到巅峰；作为师者，他把育人做到极致。

成功者都有惊人的相似之处，又有与众不同的特质。郑泉水的相同与不同从这里开始……

求学：精深学习，一学期突破一门课

郑泉水出生在江西抚州金溪县的一个小镇，家傍江西第二大河——抚河，由于交通闭塞，物资缺乏，郑泉水最大的梦想就是长大了能为家乡修一座桥。

1977年恢复高考给郑泉水燃起了希望。虽然缺少复习材料，化学、英语这些科目基本没怎么学习过，数学也只复习了几何，但凭着总成绩，郑泉水还是幸运地被江西工学院（现南昌大学）录取，攻读土建专业。

入学不久，郑泉水就得知自己入学成绩很差，不少同学是从老三届上来的，基础非常扎实。一次机缘巧合下他阅读到《爱因斯坦传》，爱因斯坦首次大学入学考试失败，但大学期间把还没有列入物理课程体系的Maxwell电磁场论搞得很透，理解甚至超过了老师，大学就发表论文等经历，极大地激发了郑泉水，并影响了他数十年的选择和坚持。郑泉水心想，所有科目一起追肯定不行，毕竟能力精力有限，一学期主攻一门课，一门一门地把基础补上来，这种方法是最可行的吧？

就这样，大一数学、大二物理、大三力学，郑泉水按照一学期精深学习（大部分为自学高难度内容）一门课的节奏，在目标引导下长驱直入，通过自学提前考试或老师特许免除考试的方式，完成了大部分与数学、物理和力学相关的主干课程。

当时未加多想，郑泉水后来发觉，其实这就是精深学习的方法。郑泉水表示，一段时间的精深学习下来，受爱因斯坦经历激励，他把兴趣点放在了以建立力学公理化体系为宗旨的"理性力学"上，大三便自学完成了研究生都认为高难度的"张量分析"和北大郭仲衡先生的"非线性弹性理论"。1981年，读大三的郑泉水在《江西工学院学报》上发表了一篇研究论文，而当时整个工学院发表过论文的老师也是寥寥可数。

科研：先做到极致、再开创一个方向

郑泉水从1982年大学毕业留江西工学院任教，到1993年调入清华大学担任教授至今，在科研道路上，已经走过了近40年时间。这近40年，郑泉水把它分成前后各20年两个阶段。"第一阶段创建了一个理论体系；第二阶段开辟了一个技术领域。"郑泉水说。

大学毕业后，郑泉水依旧选择继续在"张量理论"上深挖。他报考了北京大学应用数学专业的研究生，但因政治不及格没有考上。幸运的是，北大的郭仲衡院士很欣赏他，破格录取，让他以在职硕士进修的方式继续深造。1989年，他直接申请了清华大学固体力学专业博士学位，师从黄克智院士。1990—1993年，他前往英国、法国和德国做访问研究。郑泉水回忆，2000年前他创建了研究各向异性和非线性力学的关键基础，即现代张量表示理论的完整体系，得到了广泛的应用。他本人则利用对张量尤其是高阶张量的独特技能，解决了若干长期困惑学术界的难题，如140多年没解决的连续介质力学Cauchy平均转动难题和困惑细观力学40年的基石性难题——非椭球夹杂Eshelby问题等。2004年，郑泉水作为第一获奖人以《张量函数表示理论与材料本构方程不变性研究》获得国家自然科学奖二等奖。

"选择一个感兴趣的方向把它做到极致，站在高处，你就会有不同的视野。"郑泉水表示，对"张量"的研究他已经达到国际顶端，当你站在顶端时不仅能接触到这个领域最优质的资源，还能获得勇气和自信，给你的继续研究奠定基础。

如果说郑泉水的前20年是围绕着"张量"，那么后20年，他的方向就转到了结构超滑。当他还沉迷在对"张量"顶峰的修修补补时，他的师友、英国皇家学会会员A.J.M Spencer的一席话唤醒了他："泉水，'张量'已经被你做封闭了，你为什么还做？"从1998年起，郑泉水开始思考下一个研究方向的问题。这个转折具有巨大的挑战和风险，是从理论研究到实验研究，是从解决已知难题、创建系统性理论，到进入未知"不可能"，开辟和定义技术新领域。

2000年郑泉水闯入了当时还不存在的纳米力学；两年后，郑泉水终于逐渐找到并聚焦到了他真正的长期研究激情：结构超滑（即固体接触"零"摩擦、零磨损）技术。这是一个具有巨大应用潜力的技术，据统计，全球约1/4的一次性能源因摩擦而损耗，约80%的器件失效由磨损而引起，摩擦磨损可能导致无法发明创造出很多微纳器；结构超滑为革命性地帮助解决这些问题提供了可能。

在郑泉水之前，人们认为不可能实现微米尺度及以上尺度的结构超滑。2008年，郑泉水团队在世界上首次实验观察到了微米尺度结构超滑；2012—2013年，郑泉水团队证实了微米至厘米结构超滑的存在,从而完全颠覆了人们的有关认识。2017年,郑泉水作为第一获奖人以《范德华层状介质的滑移行为和力学模型》获得国家自然科学二等奖。2018年,郑泉水等教授在《自然》(Nature)上发表了题为"跨尺度的结构超滑和超低摩擦"的展望综述,再一次表明了其在结构超滑的引领地位。2019年,深圳市和清华大学设立了全世界第一个结构超滑技术研究所,致力于催生基于结构超滑技术的革命性产品,尤其是应用极其广泛的超滑微开关、微发电机、微机电系统、微传感器、下一代存储器等等。

育人:"钱班"十年,把学研方法传下去

师者,所以传道受业解惑也。整个1980年代,郑泉水受到了杨德品(南昌大学)和黄克智(清华大学)等多位老师极大的鼓励和帮助,从此许下了重视人才培养的一生心念。进入新世纪后,作为清华老师,最让郑泉水魂牵梦绕的是育人,尤其是他耕耘了十年的"钱学森力学班"。

郑泉水表示,因为爱因斯坦,他学习和了解到犹太人的教育,发现自己的学习和科研方法与犹太人的教育十分相似——帮助小孩发现他最喜欢的东西,然后给他最好的资源,找最好的老师。

1993年调入清华任教后,郑泉水发现一个问题,清华的学生极聪明,却不够主动,缺少研究的激情。

对科研没有兴趣,肯定出不了好成果。为了改变这种情况,2002年,从未想过从事管理工作的郑泉水主动请缨当了固体力学研究所所长,想通过研究所的教学科研实践,探索出一条激发学生科研兴趣和创新学习的路子。

2009年,在研究所教学实验的基础上,他找教授们商讨,向校领导建议进行一次改革,在学校的层面建立一种独特的教育模式。恰巧清华正在酝酿以培养拔尖创新人才为目的的"清华学堂人才培养计划","钱学森力学班"(以下简称"钱班")就在这样的背景下诞生了。

作为"钱班"首席教授,郑泉水担负着制定"钱班"培养方案、组织协调项目实施的重任。郑泉水希望,"钱班"的学生能用大一、大二两年的时间,矫正原有的应试思维,学精学深学专基础课;大三开始能用问题带入的方式展开通过研究学习;大四能在全球性平台上得到交流和锻炼。

经过6年的实践,"钱班"实现了对课时的大刀阔斧的改革。"我们的课程设置是6个学期18门核心课程,也就是一个学期三门核心课。但是,我一直鼓励学生每学期精学一门。"郑泉水认为,学好一门课不仅要把书从厚学薄,要学成几页纸,甚至学成一张图。

当然,找到好导师也非常重要。郑泉水认为,一个不好的老师,会扼杀一个学生的创造力。所以,"钱班"的导师在全球精挑细选,邀请那些有教育理想、能够呵护学生创新思维、真正想帮学生找到自己兴趣和学习科研方法的大师。

2019年已是"钱班"十年。让郑泉水很欣慰的是,在"钱班"上百位来自全校、全球的志同道合老师共同努力下,"钱班"培养了一批在力学和工程前沿交叉领域极富创造

力、极富创新潜力的学术英才，基本形成了一整套突破性、卓有成效的大工科拔尖人才培养模式，在国内外获得了高度声誉，于2018年获得国家级教学成果一等奖。

"我对2013级学生胡脊梁印象深刻，他专攻于细胞力学，为了完成一篇论文，他一年时间学了20门研究生的课程。这个学生在'钱班'成绩一般，但是他用论文一样可以证明自己，最后，MIT、斯坦福，加州理工都给他发来了Offer。"郑泉水说，这是他潜心"钱班"培养最受启发的案例之一。

未来：做最懂创新人才培养的科学家

"钱班"的教育实验对郑泉水来说只是开始，几年前，"钱班+"的概念在他脑海里酝酿而生。

郑泉水非常推崇卢瑟福教授所领导的英国剑桥大学卡文迪什实验室。成立于1871年的卡文迪什实验室，是迄今全球培养出诺贝尔奖获得者最多（30多位）的实验室。

郑泉水的想法是，"钱班"的生源全部来自清华，但未来的"爱因斯坦""乔布斯""任正非"们在现在的高考体系下，很难进到清华。他的设想是，未来建立一个开放创新学院，真正聚"天下英才"而育之。现在，他已经开始和一些教授探讨这个想法，争取清华大学和深圳市一起做这个事情，构建一个依托多个大学组成的网络，吸引这么一批极富创新潜质的学生，由各高校和开放创新学院共同培养，打造中国的"卡文迪什实验室"。

在获得院士的荣誉不久，另一荣誉"宝钢优秀教师特等奖"随后而至。作为学者和师者，这些荣誉，不仅代表了郑泉水潜心科研和教学的从前，也代表了他科研和教学的新起点。

学生记者　张同顺
清华新闻网2020年1月21日电

"中国青年五四奖章"获得者付昊桓：
计算无极限，挑战无止境

付昊桓，清华大学地球系统科学系教授，国家超级计算无锡中心副主任。

科幻小说家刘慈欣在小说《三体》里描述的超级计算机，每秒的计算速度高达500万亿次，这可能是很多人无法想象的计算速度，但当下的科技发展早已超越了十几年前小说中的幻想。在国家超级计算无锡中心，全球首个突破每秒十亿亿次计算速度的超级计算机"神威·太湖之光"，其峰值计算速度达到12.54亿亿次每秒。

作为国家超级计算无锡中心副主任的清华大学地学系长聘教授付昊桓，虽然今年只有38岁，但已两次捧起全球超算应用领域的最高奖——"戈登·贝尔"奖。他所带领的超算青年团队在近五年的时间里，为"神威·太湖之光"超级计算机研发了气候模拟、地震模拟、工业仿真、生物医药、深度学习算法库等一系列国产应用软件，将每秒十亿亿次的超强计算力切实转化成为基础科研和工程创新的探索能力，展示了国产超算硬件与国产超算软件相结合的巨大潜力。

当计算机遇到地学

1999年，付昊桓以湖北省黄冈市高考理科状元的佳绩考入清华大学计算机系。本科毕业之后，他先后在香港城市大学、英国帝国理工学院获得计算机硕士和博士学位。

一路学习计算机专业的他，在美国斯坦福大学的一次暑期合作研究项目中，偶然遇到了一位地球物理系精通计算机技术的"交叉型"导师，初次体验了学科交叉的不同视角和独特魅力。这次合作项目的后续成果发表和会议展示，进一步拓展了他对地球科学的了解，也令他最终决定到斯坦福做地学与计算机交叉方向的博士后研究。

2010年，正值清华大学复建地学学科，付昊桓回清华任教。他的主要研究兴趣是结合应用、算法及底层的异构加速器，研究高效、高可扩展的数值模拟方法和智能化的大数据分析方法，尤其是在地学和高性能计算的交叉领域展开研究。

理论与实践相结合，敢于跨界尝试，让付昊桓很快崭露头角。2015 年，付昊桓研究小组所发表的论文获选为 FPL 国际会议 25 年以来所发表的 1765 篇文章中最有影响力的 27 篇文章之一。同年，在第 27 届人工智能工具国际会议（ICTAI 2015）上，付昊桓等人的论文获最佳论文奖。

两次捧起国际超算应用领域最高奖

2015 年底开始，付昊桓作为清华大学派驻无锡的团队一员，任职国家超级计算无锡中心主管研发的副主任。中心运营的超级计算机"神威·太湖之光"采用自主可控的"中国芯"，在 2015 年美国对中国超算机构实施芯片禁运的不利局面下，于 2016 年 6 月成功问鼎世界超级计算机 TOP1。付昊桓解释，这台机器一分钟的计算量，如果换算为人工计算，需要全球 72 亿人每人拿个计算器不间断地算 32 年。

自主可控的全新硬件架构是"神威·太湖之光"超级计算机的核心竞争力之一，但与 x86 处理器截然不同的硬件特性，也对软件生态的建设带来了巨大的挑战。与超算硬件相对独立的阶梯式发展不同，应用软件的发展需要长期的积累。通过跨学科、跨单位的广泛交叉合作，基于"神威·太湖之光"系统的并行应用成果频出。2016 年，3 项全机应用入围"戈登·贝尔"奖（ACM Gordon Bell Prize）。"戈登·贝尔"奖是国际超算应用领域的最高奖，从 1987 年设立以来，中国团队从未入围过。这是该奖项近 30 年来中国首次入围。最终，经过评估与答辩，付昊桓参与的"全球大气非静力云分辨模拟"荣获"戈登·贝尔"奖。

在 2017 年的全球超级计算大会上，付昊桓等共同领导的团队所完成的"非线性地震模拟"再次让中国捧起"戈登·贝尔"奖。这次，付昊桓团队所完成的"非线性地震模拟"工具，可在 320 千米 × 312 千米 × 40 千米的模拟空间里，进行分辨率达 8 米的精细模拟，这让科学家可以更好地理解不同场景中地震所造成的影响，并对地震防灾减灾提供重要借鉴。

让大机器解决大问题

付昊桓说，超级计算机为解决工程和科学中的重大难题而生。超级计算机比的不只是速度，更是比应用。通过不同学科的交叉合作，实现中国在生物科技、航空航天、气象气候、AI 等领域超算软件的蓬勃发展，是超算团队责无旁贷的使命。"其实我很幸运，在回到清华短短几年之后，就遇到了"神威"这样一个世界级的超算平台，有机会将个人的研究融入国产超算应用软件发展的集体事业中去。"2019 年，付昊桓光荣地加入了中国共产党。

回想过去，付昊桓最难忘的是，2015 年暑假和同学们初到尚在建设中的超算中心，用网上淘来的工业大风扇来驱走酷热的那段日子，还有和同学们一起冲刺"戈登·贝尔"奖时"7×24 小时"的"备战"经历。

博士生的培养也是付昊桓工作中最重要和最快乐的一个环节。付昊桓说，科研的过程也是和同学们教学相长、共同提高的过程。令他欣慰的是，研究组里几位"90 后"的博士在这样的交叉合作项目中，已经站到了高性能计算应用研究领域的国际舞台，成为超算领域的学术新秀。甘霖博士于 2018 年荣获 IEEE 高性能专委会杰出新人奖，目前已成为清华大学计算机系的一名年轻老师。何聪辉博士毕业后去腾讯工作，刚去的第一年所发起的项目就荣获腾讯内部公司级的技术突破金奖。

计算无极限，挑战无止境。把世界领先的计算力转化为科研和产业上的价值，付昊桓说，在超算的平台上，这只是开始。

学生记者　张同顺

清华新闻网 2020 年 4 月 28 日电

追思"建筑仁者"李道增

——先生之风 山高水长

从青年意气风发到两鬓斑白,
热爱可抵岁月漫长。
他一生耕耘不辍,
在建筑领域留下了自己浓墨重彩的一笔。
"有人住高楼,有人处深沟,有人光万丈,有人一身锈,
世人万千种,浮云莫去求,斯人若彩虹,遇上方知有。"
感动于先生的追求,钦佩于先生的坚持,
希望能在一代建筑大师的剧场空间和设计维度中,
见天地,见人生。
谨以此文纪念敬爱的李道增先生。

李道增(1930—2020),清华大学建筑学院首任院长、清华大学建筑设计研究院顾问总建筑师,中国工程院院士,我国著名建筑学家、建筑教育家。

2011年12月16日,清华大学2012新年音乐会在新清华学堂拉开帷幕,这也是这座剧场的首次试演。远远望去,砖红色的圆形建筑优雅端庄,与百年的园子完全融为一体。舞台上学生艺术团正在徐徐演奏,观众厅座无虚席,一位耄耋老者坐在前排,和全场观众一道如痴如醉。他就是这座建筑的总设计师——李道增。

包括这座剧场在内的一组建筑——新清华学堂于2011年落成,既是李道增先生的封山之作,也是他献给清华百年华诞的礼物。建设过程中,八十高龄的他多次亲自到工地巡视,对工程施工质量尤其关注,他强调:"这是百年建筑,一定要保证质量。"团队一开始就坚持综合各方意见,不断进行设计优化,比如取消了新清华学堂的电影放映功能,将建筑声学混响时间定在1.6~1.7秒,实现了综合歌剧院的专业声学效果等。

2012年4月8日,新清华学堂正式启动,当天中国爱乐乐团应邀举行首场音乐会。演出后,指挥家余隆激动地说:"这是非常专业的剧场,我为清华有这样的剧院感到惊喜!清华有伟大的建筑系!"

李道增17岁进入清华,一生致力于剧场建筑的研究,在夫人石青心里,先生无疑想

为母校亲手设计一座最好的剧场。

"凿户牖以为室"

李道增从小好学善学，是李鸿章所在的李氏家族中公认的学习榜样。1947年，李道增以高分考取了清华大学电机系，后转入建筑系。因从小喜欢画画，而建筑专业又是一门综合性的学科，他的物理学基础和美术爱好能得到很好的发挥。

1946年，著名建筑学家梁思成在清华创建了建筑系。1947年秋，梁思成刚刚从美国回来不久，李道增便进入建筑系学习。梁思成那部创中国古建筑研究之先河的《中国建筑史》让李道增着了迷，人生便这样掉转了船头。

"梁先生给我们讲建筑史的课，《中国建筑史》教材也是他写的。书的大意是说，建筑活动是以其地域、时代、气候条件和当时能够提供的物产、材料的品种数量，更不自觉地受到同一时间的艺术、文化、技巧、知识、发明的影响，而建筑本身的规模、形体、工程艺术恰恰是民族文化兴衰的一面镜子。一个国家，一个民族的建筑，将最准确地反映这个国家、民族物质精神继往开来的面貌。他期望的建筑是人对于城市寄托的一种美好理想的追求，使城市成为人们思想精神的载体，得到艺术上的升华。"

李道增回忆："他在我们新同学入学的迎新会上讲了一个小故事，我一直记得。他当年在美国，作为中国代表，跟很多专家商讨联合国大厦的建设方案，拜访了美国现代建筑大师莱特，这位大师非常了不起，是唯一一位上美国邮票的建筑师。莱特见了他以后，第一句话就问他：'你为什么要到美国来学建筑？你们中国伟大的哲学家老子，两千年前就在《道德经》里把建筑的哲学问题讲透了，'建筑是空间，而非实体，实体包含的空间才是建筑中的主角'。《道德经》的原话说，'埏埴以为器，当其无，有器之用。凿户牖以为室，当其无，有室之用。故有之以为利，无之以为用。'从那个时候起，这句话才在建筑界传开，变成了历史名言，大大地长了我们中国人的志气。"

当年的清华建筑系只有二十多名学生，但梁思成和林徽因两位先生执教却毫不含糊，重国学也重专业，重理论更重实践。他们在设计课中引进了现代建筑的理论，尝试用包豪斯新学派中的一些观念大胆改革传统学院派的教学体系和内容。李道增从一年级开始学"抽象图案"，替代古典建筑中的五种柱式。这在当时，可谓开全国建筑系之先河。

梁思成还十分重视加强学生的文化艺术修养，认为只有这样才能全面提高学生的审美趣味。如果只顾练"技巧"，艺术作品必多"匠气"而少"灵气"与"内涵"。他说："建筑师应当是在日常生活中最敏感的。建筑师所见到、听到、感觉到的东西比一般人多而深，因此比一般人也多一层美的享受。要善于体验，善于观察，善于分析，处处皆学问。"这些都让年轻的李道增受益良多，也为他日后在建筑设计中使建筑与文化融合在一起奠定了基础。

1952年，李道增毕业留校，先后担任梁先生的秘书兼助教、教研室主任、系副主任、系主任。他选择了过去国内少有人涉及、被称为建筑界重工业的剧场建筑作为毕生主要研究方向。1988年清华大学成立建筑学院时，他担任了首任院长。

"一生的剧场"

1958年，为庆祝新中国成立十周年，国家剧院的建设曾被提上议事日程。几经评比，最终选中了当时年仅28岁的李道增主持设计的方案并委托清华大学作为设计单位。

然而，设计工作一开始便面临重重困难，剧场工程要涉及声学、灯光、舞台机械、建筑设备等多方面的知识，可当时国内既缺乏现代大型剧场设计经验，也没有相应的设计规范，可借鉴的仅有苏联和民主德国的剧场设计。虽是白手起家，但李道增和他的同事们还是迎难而上。他们翻遍了图书馆里所有外国杂志、图书，在汲取国外剧场设计经验的同时，积极开展科研工作。此外，还广泛征求著名艺术家们的意见，不断修改完善设计方案。

夫人石青介绍说："当时李先生刚升了讲师，带了12个高班同学，就是毕业班的同学（来做这个设计），就这么多人。那时候一天等于20年，真的，敢想敢干，没日没夜。"

清华大学从建筑系、土木系等抽调了300名精兵强将，具体设计方案及图纸全部如期完成。可到了破土动工的时候，却因经费困难被叫停。这一等，就是四十年。

20世纪80年代后，国家大剧院项目又开始提上议事日程，李道增积极参与可行性研究设计，提供了很好的设计参照。1998年4月，在京开始举办国家大剧院建筑设计的国际邀请赛。经过数轮的设计之后，仅剩下几家国内设计单位与国外的设计事务所。这几家国内外设计单位分别组队联合设计，清华建筑学院与法国安德鲁领衔的巴黎机场设计公司合作。在合作过程中，两家单位分别出具自己为主的方案，相互建议对方方案。为此，清华团队的主要成员（李道增、胡绍学、朱文一、庄惟敏、吴耀东、卢向东）还到巴黎访问，与安德鲁团队协商。

"剧场的古典主义的精髓深深地扎根在李先生的心中。严格的几何关系构图、精细的立面细部、丰富的雕塑、空间秩序、功能应对，都是李先生在剧场设计中坚持的。"清华大学建筑学院副教授卢向东回忆道，"那次参访过程中，我们参观了巴黎数个剧场，其中有巴黎歌剧院、巴士底歌剧院。在巴黎歌剧院，李先生激动异常，我想，他终于亲身体会了这个神交已久的经典剧场。"李道增兴奋地不停拍照，给大家讲解这个剧场设计的故事。院方带领团队在歌剧院舞台上上下下参观，李道增不顾年纪已高和自己的身体状况，坚持与年轻人一起爬上巴黎歌剧院的台塔参观。他看得很仔细，问得也很专业。彼时还是青年教师的卢向东在一旁听着，感觉上了一堂生动的剧场课程。

最终李道增提出了一个结合佛教坛城和九宫格构思的设计方案，得到大家高度认可。这个方案的主要剧场布局依然是他在20世纪80年代可研方案时的样式，三个剧场一字排开，南北朝向。但是此时的新方案增设了一个圆形的巨大围廊，围廊周边是巨大的水面，围廊、水面、剧场三者之间构建了复杂丰富的室内外空间，与周边的环境具有良好的契合关系。同时，方案本身也高度结合了东西方文化的内在精华，无论在形式上还是在空间上，既有西方古典建筑的气息，又有东方建筑文化的韵味，反映了其高超的设计水平和学术功底。

在这段呕心沥血的竞赛过程中，李道增几乎付出了全部身心，期间曾多次重病，甚至危及性命，但是什么都不能阻止他参加竞赛的决心。"虽然最终很遗憾未能作为实施方案，但是这个方案反映了先生不断突破自己的追求，让人肃然起敬。"卢向东说。

从而立的血气方刚到古稀的"从心所欲"，40年的等待并没有消磨掉李道增对建筑的热爱。无论是设计国家大剧院、天桥剧场、儿童艺术剧院还是后来的新清华学堂，每当有了任务，他便沉醉于其中，废寝忘食、没日没夜地工作，"对设计达到痴迷的状态"；每当讲解剧场设计理念和构思时，他总会结合戏剧的发展娓娓道来，双眼闪闪发光，表情丰富、手舞足蹈，整个人仿佛也融入了剧场中的戏剧艺术家的表演之中。

夫人石青曾问先生："做了这么多（建筑），你最喜欢哪个啊？"李道增回答说："盖起来的我都喜欢，没有盖，我虽然很遗憾，但是我也都很喜欢。"

川泽纳小，所以成其深厚；山岳藏微，所以就其博大。一切成就的获得都是李道增多年沉稳努力、日积月累的结果，《西方戏剧剧场史》专著是最好的例证。自1958年始至1999年，他汇集四十余年国内外访问、调研所得的学术积累，出版了这部150余万字、近1500幅插图的皇皇著作。该书横跨戏剧与建筑两个学科，融人文与科技于一体，史料翔实，被公认为是他对剧场研究所作的重要贡献。

"建筑师得像裁缝一样"

20世纪80年代，生态可持续发展的思潮在国内开始热起来。早在80年代初，李道增就在《建筑学报》上发表的论文中指出，中国的建筑应该走结合国情的因地制宜的道路，并提出"新制宜主义"的理论观点。这一观点被认为是我国那个时期较早关注生态和可持续发展，并上升到理论高度的学术思想之一。李道增主张"因地、因事、因时制宜"，追求在历史、人文和自然环境共同作用下，把人和房子的自然关系调整到最佳状态。其设计思路概括出来则是"情理之中，意料之外；得体切题，兼容并蓄；妙在似与不似之间，且强调细部设计。"

在那个年代里，我国新建和改建剧场达数百个，连一些县城也拥有了大剧院，其中60%以上占地面积在1万到5万平方米之间。而李道增看来，剧场规模太大并不可取。他一生坚持，建筑师得像裁缝一样，讲究"量体裁衣"，神居于形。"有很多建筑师他不甘于做服务工作，好像是你必须听我的，这颠倒过来了。"李道增说。

获"首都十佳优秀公建方案"第一名的天桥剧场方案，便是"新制宜主义"思想指导下"量体裁衣"的作品之一。"酒旗戏鼓天桥市，多少游人不忆家"是当年对天桥"场所精神"生动的写照。李道增认为。天桥留在老北京脑海中最突出的印象，就是下层平民百姓重要的活动场所，既"杂"且"精"，为以杂取胜、以精取巧、中西合璧、土洋结合的民俗文化发祥地。因此，他运用了既简洁、明快、大方、庄重，又丰富、细腻、活泼、可亲的兼有北京地方色彩与时代精神的造型手法，来表现剧场的高雅与民俗相结合的艺术特色。

在考虑观演关系的同时，李道增还将剧场看作一个复杂的、需要经营的综合体。在天桥剧场的设计中，他多次带着团队与著名芭蕾舞艺术家赵汝蘅等众多使用方讨论设计，非常尊重使用方的意见。了解到芭蕾舞演员在上场前需要热身，因此将一个大排演厅安排在舞台后方，化妆间布置在周围，以方便等待上场的演员在排演厅练习热身、就近上场；考虑到剧场接团时演员的住宿和餐饮，主动提出增设演员宿舍和餐厅，等等。这个做法也为随后台州市文化艺术中心的实际使用起了很好的作用。

台州市文化艺术中心位于台州市新区文化广场东南侧，包括一个1080座的剧院和培训中心等一系列文化设施。建筑的天际线与周围山水环境的轮廓线遥相呼应，充分体现文化艺术类建筑的特征，造型活泼。使用当地石材作为主要外饰面材料，以廊、桥、墙体、内外庭院相互穿插组合成轻松自由的建筑群体，运用水面、雕塑、浮雕墙面组织外部空间，多种艺术形式的交汇融合使文化中心的艺术主题更加突出。同时重视广场上四幢建筑之间的总体协调，并利用墙、廊、统一材质等共同的造型元素营造既多样又统一的总体形象，是对以西方现代建筑语言表达中国建筑空间特质的一次探索。

李道增遵循安全、实用、经济、美观的原则，结合台州实际情况，回归建筑创作的基本原点，建成节地、节资、节能的多用途文化艺术中心。运营以来，台州市文化艺术中心已达到全年满负荷演出并自负盈亏，与一些求大求全、求特求奇、依靠政府贴补运营的剧场形成鲜明对照。

对于学术和创作，李道增总是以最充满激情的状态去吸收、去涉猎、去钻研、去传播，时刻关注学科前沿和热点问题。1982年即发表过符合可持续发展思想的论文《重视生态原则在规划中的运用》，1985年在国内领先开设"环境行为学概论"（已出版同名著作）学位课程，将研究领域扩展至可持续发展生态建筑。

作为建筑学院首任院长的他，又是一位理念鲜明、头脑清晰的学科带头人，"一个学校不能随波逐流，应该成为指南针、智囊团，引导发展。"李道增总和学生们讲，"梁先生说：'建筑师的知识领域要很广，要有哲学家的头脑、社会学家的眼光、工程师的精确与实践、心理学家的敏感、文学家的洞察力……但是最本质的，他应当是一位有文化修养的综合艺术家'。"他从梁思成那里继承了清华建筑办学的思想，也用这一思想领导清华建筑学院的发展，指导学生成长成才。

"春风化雨乐未央"

李道增对学术的严谨，是他的学生们都充分领教的。

现任建筑学院院长、中国工程院院士庄惟敏教授，博士在读期间赴日本千叶大学进行博士生联合培养，专攻"建筑计画"。建筑计画（即建筑策划）是关于建筑设计前期研究的工作，涉及各建筑相关因素的分析、评价和论述，其目的是研究、归纳和分析推导出建设项目科学合理的设计任务书以指导建筑设计，避免建设项目在一开始出题的错误。近几十年来该研究在西方兴起，被称为Architecture Programming，开创了建筑学领域的一个新的学术方向。尽管英文和日文对其都已有明确的文字表达，但在中国还是很不明确，如何定义和明确它的中文表达，李道增非常谨慎和认真。

"先生认为这是建筑学的学术问题，更是一个学科发展的体系问题。"当时庄惟敏的论文已经有了基本雏形，李道增在和他多次的通信往来中一直探讨标题的表述，"事实上就是对该研究方向和理论体系的中文名词表达的讨论。当时对 Architecture Programming（建筑计画）台湾已经有学者翻译为'企划和计划'，为此先生参阅了大量的英文、日文资料，了解国外发展的背景，并结合中国的国情进行分析，特别邀请时任建设部政策研究中心主任的林志群先生和建设部设计局局长张钦楠两位资深学者一同探讨中文名称的界定问题。经过慎重的分析，最终确定'建筑策划'的中文表达，而我的论文题目《建筑策划论——设计方法学的探讨》也就最后确定下来。"

建筑策划的理论也因此受到国内建筑界的关注，经过几十年的研究、实践和理论积累，建筑策划已经成为当今建筑学学科体系中的一个重要知识组成，成为注册建筑师考试中一项重要的知识要点，建筑策划也被纳入《建筑学名词》。

画图是建筑的基本功，学生们都知道李先生做设计、画图既好又快，是一位身怀绝技的"高人"。天桥剧场地处闹市，且地段狭窄，如何将复杂的功能和空间安排妥当？李道增将方案草图绘制得非常细致，将半透明的草图纸覆盖在有网格的坐标纸或底图上进行工作。多数草图都是用尺规完成，有铅笔线条也有墨水线条，修改之处的痕迹明显，或者用涂改液覆盖后再画，甚至局部粘上另外一张纸继续画。

在1993年后，计算机运用开始进入设计领域，李道增敏锐地察觉到它将对建筑设计带来的巨大影响，从自己的科研经费中购买当时最好的计算机，让学生们学习使用。但他依然是拿着异常工整的手绘草图，让学生在计算机上绘制正式图。

"李先生饶有兴趣地坐在我们一旁，盯着屏幕，看着我们点击鼠标、敲击键盘、将图输入，时不时提出修正意见。当看到屏幕上一些有趣的绘图命令执行结果时，李先生会天真般地乐不可支。他常常一坐就是半天，甚至一整天。"卢向东说道。

"采得百花成蜜后，为谁辛苦为谁甜。"不善言表的李道增，总是这样把对学生的关爱默默融在行动之中，学术上严谨求实没有丝毫的马虎，精神上给予充分的理解和鼓励。

1993年，庄惟敏赴美短期考察。李道增知道后很高兴，耐心地向他介绍应该去哪个学校访问，去哪个建筑参观，还给他写下了小儿子在美国的住宅地址，告诉庄惟敏可以去那里暂住，并细心地告知该乘哪路汽车、到哪站下车、下车站的情景和地点特征，同时给他看小儿子的照片和家人的照片，关照之细致令庄惟敏深深感动。

庄惟敏动容地说："后来听说李先生为此专门给他的小儿子打电话，告诉他我的详细行程，以及嘱咐他到车站去接我，怕我一个人人生地不熟找不清方向。他就像长辈嘱咐出远门的孩子一样，事无巨细，详尽周到。"

"匠人营国，方九里，旁三门。国中九经九纬，经涂九轨。左祖右社，前朝后市，市朝一夫……"七十余载风雨，李道增同清华大学建筑系一道走来。前人栽树，后人乘凉。系馆旧貌换新颜，依然青枝绿叶。被评为校级精品课的"环境行为学"交换接力棒，依然书声琅琅。上百页教案工整誊写，牛皮纸袋里投影胶片张张精美，建筑学院的办学理念在师生间代代传承。百年学堂翻开新篇章，依然是师生心中最向往的艺术殿堂。悠悠时光里，唤起莘莘学子心底对美的渴望。

"学校百年诞辰的第二天,我正在清华设计院门口等人,突然身边有一辆电瓶单车疾驰而来,我定睛一看,吃了一惊,原来骑车人是李先生。"

庄惟敏回忆道:"我原本以为是李先生心情高兴,偶尔骑着放松一下,可谁知那以后电动单车就成了李先生上下班的代步工具了,而且骑行的速度并不慢。要知道那时的李先生已经是 81 岁高龄了。"

谦谦仁者,为也欣欣,退也融融。

记者　张静

清华新闻网 2020 年 5 月 6 日电

耗尽光与热，平凡的人和他不平凡的人生
—— 记清华大学化工系退休教授杨基础

杨基础，清华大学化学工程系教授，博士生导师。

这是一场至今素未谋面的采访。

这是一场马拉松式的采访。

两年前的春天，海南的阳光犹如初夏，刚刚跑赢了"死神"的他终于得以休整，这可能是他从清华退休后最清闲的时光。

相隔两千多公里外的北京，依旧寒冷而干燥。我们在将近两个星期的时间里，先后采访了他在清华化工系多年的领导、同事，他在青海大学化工学院挂职期间的同事、朋友。我们还想采访他相濡以沫的妻子，被他婉拒了。

我们只好在电话里"相逢"。

他并不是一个具有显著"新闻点"的采访对象——他不是清华园中众人皆知的"明星教授"，尽管深受学生爱戴；他不愿也从未被公开报道过，尽管在他近半个世纪的从教生涯中已交出了一份扎实的成绩单；他不是一个善于言辞的人，尽管他的感情澎湃而深沉。在他的老同事、清华大学化工系教师张立平的描述里，他长得精瘦精瘦的，为人精干低调，性格黑白分明，直言敢谏，一丝不苟。

在清华园，他只是位"平凡"的教授。

而让人意外的是，这样一位"平凡"的清华教授却赢得了周边共事的领导、同事、学生和朋友们的尊重与一致称赞。他的家庭美满和谐，也以他为荣。在他2017年被查出患有腹膜癌的时候，很多人牵挂着他，为他心疼、为他感动、为他祝福。他就是清华大学化工系的退休教授杨基础。

在那篇稿子即将刊发之际，他说："我一生低调惯了，得病的事也不想声张了，感谢你们的工作，请允许不要报道我了。"

按下"暂停键"的这篇稿子一直尘封在电脑里，同时存下的也是我们一份深深的敬重。

两年后的春天，2020年4月16日，张立平转来杨基础的微信：

张老师：你好！

让你挂念了，感谢你的关心。

二月底以来，我的病情有所加重，而且目前似乎也没有什么好办法，详情邓晶大概已跟你介绍了，我不多说了。总之情况不容乐观。对此我有思想准备。没有什么遗憾，也没有什么恐惧。人固有一死。74岁不长，也不算太短。

有点小小遗憾，就是"化学化工前沿"课题未能善始善终，让你受累，抱歉。还剩一个碳纳米管文稿未审，人工酶视频未启动，本是我想完成的。如果碳纳米管文稿马上写好，发来我还可以看看，一是那是我修改过的、熟悉；二是看一篇稿子还有精力；三是了却我一个心愿。

杨基础 2020.04.15

寥寥数语。两年前，电话那头浑厚而略显疲惫的声音仿佛在耳边回响。

张立平在微信中写道："这是杨老师发来的微信，他肿瘤复发，无法手术，病情凶险，随时可能有生命危险，仍惦记着工作。他是一名普通教师，却完美地体现了清华厚德载物的精神。我们希望在他去世前能为他做点什么。"

我们希望以这篇迟来的报道，献上我们深深的祝福。

从清华到青海，花甲之年再出发！

时间回到2007年，已经在清华任教20余年的杨基础步入花甲之年，如果不出意外，他将延续之前的轨迹，平稳度过在清华最后的几年教涯，然后办理退休手续，与家人享受天伦之乐。

但是，杨基础作出了一个看似毫不费力却影响深远的决定，从此他人生的后半程被立即改写，也深刻改变了千里之外青海大学化工学院的发展之路。

这个决定的大背景是清华大学从2001年起开始对口支援青海大学，学校陆续选派了多位优秀教师任挂职干部，开展支援工作。清华大学化工系负责对口支援青海大学化工学院，2007年需要一位教授去开拓这方面的工作。

时任清华大学化工系党委书记的朱兵等系领导第一个想到的人选便是杨基础。杨基础曾多次参与化工系教学科研规划工作，经验丰富、见解独到、责任心强，从个人能力与品质上是不二人选，但考虑到他当时已年过60，能否承担繁重的对口支援工作还是未知。当系里抱着试一试的态度征询杨基础的意见时，没想到，他一口答应了下来，这一干就是6年！

"当时为什么立即就同意了呢？"

"没想太多，清华人就是这样吧。"

西部地区高校基础普遍较弱，青海大学化工学院相较于其他学院发展更显滞后，存在着硬件条件差、师生凝聚力不强、教学科研方向不清等不少问题。面对这一客观情况，如何因地制宜地开展支援工作，成为刚到青海后摆在杨基础面前的第一道重要"考题"。

"没有调查就没有发言权，只有了解青海，才能理解青海，最终服务好青海"。杨基础暗下决心。

为了摸清当地化工行业的实际发展情况，从2007年到2016年，他沉下身来到一线去调研，克服高原反应，跑遍了西宁和柴达木盆地三分之二以上的化工企业。这些企业地处青藏高原、深入盆地腹地，动辄就要七八个小时的车程，交通条件非常不便。每到周末，天地之间，两行车辙，便是杨基础的"出行印记"。这对于很多当地人来说也做不到的事，年逾六十的杨基础做到了，这期间他把自己的所见所闻所感都翔实地记录下来，成为后来开展工作宝贵的第一手材料。

也是从刚到青海这年开始，杨基础坚持每年暑假组织清华大学化工系的教师去青海大学调研，了解受援方的实际困难和需求，帮助制定教学规划。"化工学科的建设与当地的条件与需求密不可分，不能简单地拿清华的条件和标准去套，否则效果会大打折扣。"杨基础说。

青海民族大学副校长王刚是当时与杨基础在青海大学化工学院共事的学院院长。时隔多年，回忆起杨基础，他评价说："每年来对口援助的高校教师也不少，但是杨老师是我认识的年龄最大、跑的地方最多、最讲奉献的一位教授，我被杨老师高尚的人格深深感染。"

谈及杨基础的"拼"，有一件事至今仍让他感慨不已。"2012年，杨老师指导和参与青海大学化工学院盐湖资源化学与过程工程协同创新中心实施方案的撰写，在答辩的前一天晚上，他还拉着我反复讨论、修改方案到凌晨三点多。他那么大年龄，不仅没有任何抱怨，还一直给我鼓劲打气。"杨基础身上体现的清华精神，后来也深深影响了王刚的行事作风。

杨基础认为，建设好青海大学化工学院应该要做到两个"就地取材"：一是研究方向就地取"题材"；二是要培养利用好当地"人才"。为了夯实教师队伍，提升思想凝聚力，他对学院100多位教师的个人情况都了如指掌，结合每位教师的特点和研究方向进行"传帮带"，重引导、不包办，重过程、不功利，一步一个脚印地筑牢青海大学化工学院师资力量的基石。

"能力有大小，但首先要尽心"

在牵头负责清华对口援助青海大学化工学院3年后，2010年，应青海大学方面的请求与杨基础自己的意愿，清华大学正式任命杨基础常驻青海大学，并挂职担任青海大学化工学院副院长。

2010年前，青海大学化工学院由于定位不清、目标不明等问题，几乎没有开展过高质量的科研工作，一年的科研经费也只有30万元左右。经过周密的调研与反复论证，在杨基础的建议下，青海大学化工学院明确了以"盐湖合理利用和生态环境保护"为核心的建设发展目标。他牵头组建了生态工业与循环经济和盐化工分离工程两个科研团队，指导和参与盐化工分离工程研究平台和生态工业研究平台的建设，并抓住"十二五"的发展契机，获得科研经费 200 多万元，其中生态工业与循环经济科研团队直到现在仍在青海大学发挥着排头兵的作用；在青海大学"提升综合实力建设规划（2012—2015 年）"中，杨基础就化工学院相关的子项目亲自编撰，思路清晰、讨论充分，得到了学校评审专家的好评，获得资助金额 5000 多万元，为化工学院的发展创造了资金支持。

在教学方案、人才培养和发展谋划上，杨基础同样做出了不俗的成绩。本科教学方面，他提出并推进了化工设计类课程群的建立，初步建立了模块教学体系，这是在青海大学历史上首次提出基础教育的课程群概念，收效甚佳；研究生培养方面，他组织并参与"化学工程与技术"一级学科硕士点的申报工作，并最终成功获批，随后组织编写了《青海大学化工学院硕士生培养方案（草案）》，初步构建了化工学院硕士生培养体系；2013 年，他牵头编写了《青海大学化工学院"十二五"发展规划》，并组织、参与了化工学院为期两个月的教学大讨论，确立了新的教学管理体制与制度，为化工学院今后的发展打下了良好的制度基础。

唯一令他感到遗憾的是，他心心念念的工程硕士点因为种种原因没有申报下来。"在我们走访的时候发现青海要培养适合当地的人才，工程硕士可以极大缓解当地人才短缺的问题，但当时一个失误，失之交臂。"至今，他仍然因为这件事感到遗憾不已。

这期间还发生了一个"小插曲"。2012 年 4 月，杨基础退休年龄到了。在清华办理退休手续后，就在大家纷纷以为他终于可以回家享享清福的时候，他还是选择留在青海继续工作。直到 2017 年，他被查出患有腹膜癌，不得不离开了这片他付出了无数心血与热爱的地方。

从 2007 年算起，杨基础将十年光阴献给了青海，献给了他毕生热爱的教育事业。回首来路，当年从清华到青海，从绿草茵茵到高原旷野，所有付出在不经意间都结成累累硕果开在了青海大地。

"不做则已，做则至全。能力有大小，但首先要尽心。"在电话采访中，"认真""尽心"是杨基础反复提到的几个词，没有华丽的辞藻与口号，而是细水长流的责任与担当，是默默无闻地始终坚持做好一件事。

清华大学对口支援办副主任朱涛评价道："像杨老师这么大年龄，并且任挂职副院长 6 年的情况还是不常见的。他在挂职期间，兢兢业业，在科研、教学等方面发挥了自己的特长，作出了重要贡献。"

在杨基础看来，从清华走出去，就要担起清华人的责任。杨基础感慨地说："从我的挂职经历来看，清华对对口支援工作是非常重视的。十几年来，每年暑期学校领导都会来到青海参加对口支援工作年度会议，布置年度工作重点。每年学校领导都会当面向我们挂职干部了解对口支援工作的难点和重点。许多工作的顺利开展得益于身后'清华大学'四个大字的力量，所以要不负使命。"

功成不必在我，功成必定有我。晚年黄金十年，他燃烧自己的生命，在青海写下了自己浓墨重彩的一笔。

耗尽光与热，只为爱计深远

在杨基础退休前后，他还默默做了一件为清华化工学科"计深远"的事。

一个学科的源起、发展、兴盛与衰落，和整个社会的经济发展、产业结构变化等因素有着密不可分的关系。20世纪，化工专业还是非常热门的，每年都有大量优秀的青年学生投身化工专业学习，学科发展势头强劲，包括杨基础在内的一大批老化工人正是在这个阶段与化工结缘，在科研创新与实业发展上都取得了显著的成绩。但近些年来，受社会经济发展变化、产业结构调整等客观因素的影响，无论是学界还是实业界，越来越多的优秀人才正在流失，还有不少人对化工不甚了解，存在一些偏颇的认识。

杨基础看在眼里，急在心上，作为一位和化工打了一辈子交道的老教师，他心里十分清楚化工行业在整个国家和社会发展过程中所扮演的基础性的、不可或缺的重要角色。如何让化工专业吸引到更多优秀的青年学子，成为萦绕在他心头的一个难题。

2009年，化工系金涌院士提出了一个动议：专门编写一套针对青年学生的化学化工视频短篇集并配科普书，让同学们通过动画视频这一更直观、生动的形式去了解化工，破除对化工学科与行业的一些偏见。

金涌的动议与杨基础心底的担忧不谋而合！拍视频短片是适应青年学生特点的一个有效的宣传方式！

想法很美好，但要实施起来却面临着许多困难：化工系的教师搞教学科研是一流，但拍动画短视频可是个"门外汉"！如何选题、编撰与设计内容？如何将复杂抽象的科学原理通过短短几分钟的动画视频呈现出来又不乏趣味？

关键时刻，杨基础又站了出来："我没拍过视频短片，能力差一点，但是态度认真一些，也是能够做好的。"他谦逊地说。

2010年，在43位两院院士的共同倡议下，这项名为"'高中化学与工程'教育与我国社会经济发展优化衔接"的科普短片项目正式在中国工程院化工冶金与材料工程学部立项。

在视频制作行业中，这样的工作通常要由一个庞大的专业团队操盘，然而在清华化工系，这项任务全程只有两个人在具体负责，他们都是化工系的退休教师——杨基础负责找选题、写脚本，张立平负责协调联络制作公司。

看似几分钟的短片，但背后的工作量却非常大。他们邀请了多位院士和几十位在高校科研机构一线从事教学科研的专家担任顾问、参与选题策划，经过反复研讨，最终精心确定了18个课题。

而最令人感到"崩溃"的是，尽管协调各方专家编写视频短片脚本，反复沟通指导制作公司制作视频，但拿到的"样片儿"总是与预期有巨大的落差：课题的内容过于深奥，不适合青年学生观看；短片不能恰当地反映科学原理，在严谨性上欠妥……于是只能再次"返工"重来。作为执行主编的杨基础毫无怨言，对每一帧视频、每一段文字他都精心把关，仅召开的研讨会就有上百次，有关细节的讨论更是不计其数。

终于，这部寄托了清华化工人对自己专业热爱与执着的科普短片——《探索化学化工未来世界》（第一辑）于 2016 年 5 月发布，10 个视频短片，配套 1 万套图书，包括了桌面工厂、电力银行、智能释药、神奇的碳、分子机器、OLED 之梦等章节，主题均以当今世界前沿的化学化工科技成果为首选。没有传统印象里排着废水、冒着黑烟的化工厂，化学化工技术成为先进技术的出口，造福人类社会，也彻底颠覆了大家对于化学化工的理解与认知，得到了青年学生的热烈欢迎和一致好评。

而就在紧张充实的工作不断取得可喜的成果时，一次身体检查打破了原本既定的节奏。

2017 年，杨基础被查出腹膜癌。令人难以置信的是，在他精瘦的身体里，居然长出了直径 16cm 的肿瘤。

"你疼么？"杨基础的夫人拉着他的手问。

"还行吧"。他淡淡地说。

他对于身上的病痛从不愿多言，不想增加身边人的负担与压力。在上海的一家医院，他成功做了肿瘤切除手术。在切除肿瘤的同时，他也失去了一颗肾脏、一段结肠、一部分脾脏和一部分胰脏。手术后他直接被送入 ICU，一住就是 3 个月。

而在 ICU 病房，他依然每时每刻在想着工作，精神状态稍微好一点的时候，他居然还在构思着等病好了可以做一个 ICU 里化工原理的短片。

"我们都知道他的身体状况不太好，大家都劝他把工作放一放，但他在接受治疗的前几天还来系里讨论科普短片的事情，在医院的病床上也一直关心着工作进度。手术后，我每天都和他爱人微信联系，无数次心脏紧张得跳到嗓子眼儿，每次他又凭借自己顽强的斗志挺了过来。"张立平回忆说。

手术后时间不长，他又坚持参加了在学校近春园召开的一次课题研讨会。"因为涉及多个学校，凑起来不容易，要尽快商定方向后找制作公司落实。我们想一天把会开完，但又担心杨老师刚手术完坚持不住，我们询问他的意见，他二话不说表示没问题。这一天，他不仅坚持参加了所有讨论，中午也和大家一起吃了盒饭，他肾脏刚刚切除，吃不了外面那么咸的饭菜，但他什么都没说。"每每提到这些工作相处中的细节，张立平的眼睛里都会噙满了泪花。

2019 年 5 月，杨基础癌症复发，他没有向任何同事透露病情，仍然坚持工作。当年 12 月，他坚持去山东开会，向全国几百名高中老师介绍化学化工前沿课题，亲力亲为准备素材，报告时长 1 个小时，现场反响极为热烈。

没想到不到两个月，病情急转直下，从今年 2 月开始他无法进食，完全靠营养液维持生命，4 月仍然坚持在微信中与课题组讨论科普义稿，4 月 29 日第一次病危通知书前一天，他仍在讨论……

刚刚度过第一个危险期，4 月 30 日，他又开始在微信上办公。

生命不息，工作不止。无论是近十年之久的青海对口支援，还是在病床上对科普短片念念不忘，这位清华园里"平凡"的老教授耗尽自己的光与热，一直默默在做着看似"无用"之事。其实，他同样渴望其乐融融的晚年生活，他的微信头像是自己的一对可爱的小外孙，他自称是"菠萝松果姥爷"，原因是菠萝与松果是两种长得很像的植物。谈及夫人，他言语不多但充满深情:"多亏了她的照顾,感谢她在身边。"

他的深情,只有懂他的人才更懂。

在偌大的清华园,从不乏埋头苦干的人,不乏拼命硬干的人,不乏以身许国的人,他们在时代的浪潮中,犹如珍珠在浩瀚烟海,不求闻名,只求无愧于心,而这个园子也许正因为这些看似"平凡"但"绝不平凡"的人生才最终成就她耀眼的光芒。

记者　高原

学生记者　张北辰

清华新闻网 2020 年 6 月 7 日电

蒙克：关注现实 以人为本

近日，清华大学公共管理学院副教授蒙克入选世界经济论坛2020年青年科学家榜单。该榜单仅颁给40岁以下，对推动科学前沿作出贡献、助力改善人类健康、促进可持续发展、提升包容性水平、推动社会平等的青年优秀科学家。蒙克的主要研究方向是政治经济学、国际关系、社会政策与公共政策。这次，他以"研究人口老龄化和生育率下降的社会经济原因，并为解决上述问题提出具有创新性的公共政策举措"而获评。

研究：以人为本，是解释并最终解决社会问题的关键

蒙克，清华大学公共管理学院副教授、清华大学苏世民书院副教授，2020年世界经济论坛青年科学家。

蒙克赶到清芬园三楼时已经过了"饭点儿"。中午1点，阳光正烈，蒙克满头是汗、步履匆匆从门口走进来。9月份举行的全国青年教师基本功大赛临近，他正紧锣密鼓地筹备比赛，采访的地点也一改再改，从教师餐厅辗转到旁边的小花园。

近年来，他一直将自己的研究领域"锁定"在人口老龄化和生育率下降的社会经济原因及相关公共政策举措上。在他看来，人口老龄化与生育率下降是亟待解决的全球性挑战，而21世纪以来，中国在这两方面的问题也愈发凸显。

"老人越来越多相对比较好理解，为什么越来越多的年轻人不想生孩子？"

蒙克认为，解读这一社会现象产生的原因，离不开对多方面因素的综合判断，例如高速发展的城镇化水平、不断提升的总体受教育程度、婚育年龄推迟等因素。对于处在社会转型期的中国来说，多子多福的传统观念在百姓的认识中也发生了很大变化。这一切都对生育水平产生了影响。虽然2015年，国家出台全面二孩政策，但目前社会情况已证实，单纯鼓励生育的政策不能从根本上解决问题。

关注到这一问题的严重性，蒙克回国后一直将研究的目光投向这一领域。"正如十九大报告提出要'积极应对老龄化'，准确剖析中国人口老龄化与生育率下降的复杂原因，

对国家的政策制定与特色化发展找到合理依据具有重要意义。作为高校科研工作者，着力于基础研究，关注中国问题，也是我义不容辞的责任。"蒙克坚定地说。

20世纪70年代以来，发达国家通过采取双薪型家庭政策来刺激生育率。"这类家庭政策会削弱女性离职居家生养后代的动力，促进妇女的劳动参与，岂不是与提高生育率的目标自相矛盾？"在大量的研究文献中，蒙克带着问题找答案，并敏锐地把"女性劳动参与率"和"总和生育率"这两个重要参数纳入自己的研究视野。通过定量与定性的研究方法，他不仅找到了二者之间的关系，还得出两者呈"反J型"关系的结论。这是学界对这一关系的首次总结。

"所谓'反J型'，即发展趋势的曲线就像英文字母J的镜像图形——随着女性劳动参与率的提高，总和生育率先下降，然后略微上升。"蒙克解释说。

通过这样一个模型，一个对生育率有重大影响且尚未得到足够重视的关键原因"浮出水面"，那就是"如何理解、定位女性在社会中的价值与角色"。

在蒙克看来，提高生育率是一项长期工作，不应只追求短期数率的提升，一段时间内的下降亦是一种必然规律。人们普遍认为，当前经济压力是影响生育意愿的一个重要原因，但很多人并没有注意并重视女性在社会中的价值与角色对于生育率影响的重要作用。

"从目前来看，想让女性就业与生育之间呈正相关，需要颁布一系列政策，支持女性平衡好'家庭—工作'中的职责。这不仅需要生育政策，还要有其他福利政策的支持。"蒙克说。

在蒙克看来，社会科学的研究最重要的是深入人的内心。"比如生育率问题，放开二孩政策后可以生两个了，但愿意生的人很少，为什么不愿意生呢？是因为生不起还是不想生？或者出于别的什么考虑？这时，每个个体都不是干巴巴的数字，每个人都有自己的想法。虽然从数据上能看出一些规律，但深入人的内心才能理解背后的道理，才能在解决问题时对症下药。"

"以人为本，重视人的价值，才是解释并最终解决社会问题的关键。"蒙克总结说。

教学：打通不同学科、不同领域、不同现象之间的界限

2015年，从牛津大学学成归国的蒙克来到清华，在他的面前，正在发生深刻转型的中国经济社会结构犹如一块巨大的"样本田"，为社会科学研究工作提供了肥沃的土壤和丰富的养分。

与此同时，蒙克在清华园里又多了一重新的身份——青年教师。

初登讲台，蒙克坦言，难免紧张。从当初的局促不安到享受其中，短短不到5年间，蒙克在学校浓厚的教学氛围中发现了独有的乐趣。"教学不仅是一份'良心活'，还是促进科研进步的重要路径。在备课过程中发现值得探究的问题，再将得出来的成果反哺教学，这是一个美好的'闭环'。"蒙克说。

2019年，他代表清华大学参加北京高校第十一届青年教师教学基本功比赛并获得社科组冠军一等奖第一名。回顾青教赛紧张的备赛过程，蒙克感慨犹如一场"淬炼"："刚走

上讲台，上课更多是以自我为中心。现如今，上课逐渐转向为以'听众'为中心。"

现在，他正和学校的教练团队一起为"国赛"紧张准备着。回顾自己在清华5年的教学实践、两次高强度备赛，蒙克说，"正是在比赛中，我开始真正领悟到什么是教学艺术之美，并开始思考定义自己的教学工作，那就是'打通不同学科、不同领域、不同现象之间的界限'。"

"这里的'打通'不仅是在知识层面有交叉，能力层面可融汇，更是在价值层面拥有博大的胸怀，以及强烈的社会共同责任意识。"对教学本质更深层次的理解，是蒙克在教学实践中一个重要的收获。作为清华的教师，他希望能帮助学生打通"界限"，从而以全球视野来思考中国问题和世界问题。

2020年年初，蒙克和全校教师一起开始了全新的线上授课模式。"线上教学以一种非常特殊的方式，向我们揭示了教学的本质——想象的学术共同体。就社会学研究而言，它也是一个生动的案例，向我们展示正在发生的现代性。"

"越深入理解，越深度热爱。教学与科研，同样需要深入人的内心。"在不断的探索中，蒙克愈发沉浸于教学、科研的迷人魅力，"教学与科研，都是一份良心，一门艺术，一门学问。"蒙克说。

实习记者　曾宪雯
清华新闻网2020年7月6日电

结缘稀土　深耕一生

——对话中国科学院院士、清华大学化学系教授张洪杰

张洪杰，清华大学化学系教授，无机化学家，中国科学院院士，发展中国家科学院院士。

张洪杰长期致力于稀土功能材料的研究，以材料的结构与功能关系为研究重点，着重解决影响学科发展的关键科学和技术问题，发展了系列材料制备的新方法和技术。他将基础、高技术及应用研究有机结合，研制出的稀土新材料已成功应用于稀土交流LED照明、稀土环保着色剂、航天航空高超风洞测温、稀土镁合金汽车零部件、国防军工兵器等领域，满足了国家的战略需求。发表学术论文500多篇，被他人引用36000多次，获授权发明专利72项。撰写专著1部，编著3部。曾获国家杰出青年基金，入选中科院百人计划、国家基金委创新群体学术带头人，担任国家"973"项目首席科学家。以第一完成人获得国家自然科学二等奖、中科院杰出科技成就奖、吉林省特殊贡献奖、吉林省科学技术发明一等奖、吉林省科技进步一等奖、吉林省学术成果特别奖、香港"求是"基金会杰出青年学者奖、澳大利亚金袋鼠世界创新奖等奖项。

稀土被称为"工业黄金""新材料之母"。但这些美誉，不能完全说明稀土在当下和未来对于人类经济社会发展的重要性和影响力。小到手机、照相机、计算机，大到飞机、导弹、卫星的制造都离不开它。

在张洪杰看来，稀土是闪闪发光的神奇宝库。谈起心爱的稀土研究时，张洪杰的眼中也闪烁着光芒。他的计划表里还有许多项新奇而富有挑战的研究等待他一一突破。

与稀土结缘，张洪杰找到了一生挚爱的研究方向，也找到了科研报国的创新之路。

这条路充满着艰难险阻。在"板凳一坐十年冷"的基础研究领域，张洪杰时刻思考着如何将基础研究与实际应用紧密结合。

成为对社会有用的人，是张洪杰年少时一个单纯的理想。如今，他做出了对国家战略发展领域有卓越贡献的研究成果，研发出的稀土新型材料已广泛应用于经济社会的各个领域。

而对于科学探索，他却仍如少年般，永葆一颗纯真、好奇、赤诚和敬畏之心。

几十年如一日 深耕稀土材料研究

记者：您长期致力于稀土发光材料、稀土功能材料的研究，为什么选择稀土材料作为您深耕的方向？对于研究方向的选择，您有怎样的心得？

张洪杰：稀土是我国重要的战略资源，是高新技术材料的宝库。我国稀土资源丰富，且元素品种齐全，从事稀土材料研究得天独厚。稀土基础研究是国际前沿热点课题，稀土新材料具有十分广阔的应用前景，是改造传统产业、发展新兴产业的关键战略性基础材料。稀土在信息、能源、智能制造、电子芯片、机械钢铁、核电、光纤电缆、石油化工、航空航天、国防军工和兵器系统等13个领域40个行业得到了广泛的应用，对我国具有十分重要的战略意义。

我的导师苏锵院士1952年大学毕业后到应化所从事稀土分离研究，1972年开始从事稀土发光材料的研究。我1982年考取了苏先生的硕士研究生，在苏先生的言传身教和精心培育下，我作出了一辈子从事稀土研究的选择。现在看来这个选择是正确的，因为稀土高端材料在国民经济发展、国防军工等国家安全领域，具有不可替代的战略地位。

在研究方向的选择上，我认为最好能够与国家的战略需求相结合，而且能够将研究落地，做出有用的成果，这样才能为国家经济社会发展作出一些力所能及的贡献。

记者：稀土被称为"工业黄金"，我国稀土材料的研发创新能力在国际上处于什么水平？

张洪杰：经过几十年的不懈努力，我国依靠自己的力量，建立了完整的稀土采、选、冶、用的工业体系，培养造就了一大批稀土科研、产业、管理人才，稀土应用基础研究和技术进步也取得了长足进展。

一直以来中国稀土占据四个世界第一：储量第一、产量第一、出口量第一和消费量第一。但是中国是稀土生产大国，不是稀土高科技强国，具有自主知识产权的高附加值稀土功能材料不多。我国在稀土功能材料的高端应用与世界先进水平还存在一定差距。美国、日本等发达国家把稀土列为战略元素，纷纷加大投入、优先发展，并拥有世界一流的稀土应用技术。因此，我们必须加倍努力，研制出大量自主创新高端稀土新材料，延伸产业链，为国民经济的可持续发展作出应有的贡献。

记者：在当前复杂多变的国际形势下，稀土的研发是否更为紧迫，战略价值是否更加凸显，您是如何理解的？

张洪杰：在当前复杂的国际形势下，稀土的研发迫在眉睫，欧洲国家、美国、日本等正加大力度发展稀土高端材料，以抢占新一轮产业发展制高点，进一步扩大对我国高端稀土材料的领先优势。稀土是用以保障国家安全的众多武器系统的必需元素，像激光、雷达、声呐、夜视、制导、卫星、导弹、喷气发动机、主站坦克以及装甲战车等等都需要用到稀土材料。

2019年，习近平总书记在赣州考察时强调："稀土是重要的战略资源，也是不可再生资源，要加大科技创新工作力度，不断提高开发利用的技术水平，延伸产业链，提高附加值，加强项目的环境保护，实现绿色发展，可持续发展。"我们要认真贯彻落实总书记的重要指示，为国民经济的可持续发展和国家安全作出更大的贡献。

"时刻想着如何与应用相结合"

记者：回顾您的科研生涯，如果请您谈谈您最引以为豪的一项研究，您觉得是什么？

张洪杰：最让我引以为豪的是稀土环保着色剂的研究，从研发到产业化经历了一个漫长的过程。稀土环保着色剂可广泛应用于橡胶、塑胶、塑料、油漆、油墨、绘画、陶瓷、印泥、化妆品、皮革及涂料等领域，具有巨大社会意义和经济价值。由于可以替代目前市场广泛使用的有毒有害的有机着色剂和含镉、铬、铅等重金属离子的无机着色剂，稀土着色剂在2016年被列入科技部、工信部和环保部联合颁布的《国家鼓励发展的有毒有害原料产品替代品名录》。在稀土着色剂被列入名录后不久，我们就完成了研发，非常及时地解决了国家发展的技术瓶颈。

这项研究是我们遇到困难最多的一项研究。我带领团队从2001年开始从事这项研究，总共历时16年。国际上采用的着色剂传统制备方法，大多使用有毒有害或易燃易爆气体，生产过程能耗高，设备损耗大，产量低，成本高，不能实现产业化。我们团队在国际上首创稀土着色剂合成的新方法和技术，打通了连续化、规模化生产工艺技术瓶颈，于2016年底在包头建成了世界首条稀土着色剂连续化、规模化隧道窑生产线，成功地实现了产业化。我们的成果入选2017年中国稀土十大科技新闻和中国科学院2017年度六项科技成果转移转化亮点工作之一。

往往一项研究历时越长，遇到困难越多。作为科研工作者，要有报效祖国的使命感，以及默默奉献持之以恒的精神，才能攻克种种技术难关，才会"山重水复疑无路，柳暗花明又一村"。如果中途遇到困难就轻言放弃，那么国家亟须解决的技术瓶颈就无法突破，坚持到底才能胜利。

记者：化学是非常重要的基础学科，您觉得做基础研究有什么特别的地方，或者说更难的地方？您又是如何突破的？

张洪杰：做基础研究最难的就是始终保持着饱满的热情，基础研究的过程往往很枯燥，可能即使付出了许多努力也得不到理想的结果，在遇到困难时就很容易失去信心。能在自己的研究一筹莫展时还保持着旺盛的精力，继续坚持自己的研究并能解决遇到的科学和技术问题才是最难能可贵的。

古人说："学以致用"，我觉得即使做基础研究，也要时刻想着如何与应用相结合。科研成果产业化遇到的问题与基础研究息息相关，基础研究做得越踏实，对应用研究越有利。我们在成果转化过程中如果要做原创型创新或者填补国内空白，会遇到许多意想不到的困难。我的体会是贵在坚持，持之以恒，"有所发现，有所发明，有所创造，有所前进"，才能实现从基础研究到产业化的跨越。

记者：您和您的团队目前有哪些研究已经投入产业化应用并取得了成效？您对科研成

果如何走出实验室、真正实现产业化有哪些心得？

张洪杰：我们团队有 5 项成果实现了产业化，其中两项科研成果即高超风洞测温用稀土发光材料和航空航天及兵器用稀土镁合金材料，打破了西方发达国家的封锁和禁运，满足了国家重大战略需求。另外三项科研成果成功地用于国民经济领域，实现了产业化，包括稀土交流 LED 灯用产品、稀土环保着色剂、稀土镁合金汽车零部件，已累计创产值超过 20 亿元。

举一个例子，我们团队聚焦最具发展前景的高效照明产业，研制出稀土交流 LED 发光材料与器件。我们与四川新力光源股份有限公司携手攻关，锁定稀土长余辉发光材料，从源头上解决了交流 LED 频闪的世界难题。我们着手解决的难题要填补国家的空白，在国际上也鲜有人解决，其难度可想而知。从调研、理论分析、方案设计到实验生产，每个环节都举步维艰。

经过近 7 年的协力开拓，新一代交流 LED 照明技术及产品终于问世。中科院鉴定专家组认为："该成果实现了从基础研究到产业化的跨越，达到国际领先水平，使中国成为世界上唯一掌握通过稀土荧光粉生产低频闪交流 LED 产品的国家"。目前，研究成果已获得 4 项中国发明专利授权，27 项 PCT 专利获国际授权，构筑了自主知识产权体系。9 大系列室内外照明产品已通过国家及美国保险商实验室（UL）、美国联邦通信委员会（FCC）、欧洲统一（CE）和欧盟环保（RoHS）等认证，销往美国、加拿大、墨西哥、西班牙、巴西等多个国家，销货额已超 10 亿元，取得显著的经济和社会效益，荣获澳大利亚金袋鼠世界创新奖。

科研成果要想走出实验室、实现产业化，不仅要有很好的科研团队，而且要有具备战略眼光的优秀企业家团队，团队之间密切配合、产学研深度融合是成功的关键。

来清华开拓更创新的研究领域

记者：您博士毕业后就一直在中科院长春应用化学研究所工作，为什么选择来到清华？

张洪杰：我对清华的印象非常好，清华不仅是国内顶尖的学府，也是管理一流的大学，不仅充满创新活力，也是温馨的家园。清华大学建校至今，已经形成了独特的魅力和深厚的文化底蕴。清华秉承着"厚德载物、自强不息"的校训，百余年来，它的精神滋养着一代代清华人，也在不同的时代背景中被赋予了新的内涵，其中不变的是爱国奉献、追求卓越的精神。所以当清华邀请我加盟的时候，我毫不犹豫地选择了清华。我想借助清华的广阔平台，把我们的科研成果转化为生产力，为经济社会发展作出更大的贡献。

记者：您在清华已经进行了怎样的探索？未来有什么样的目标和规划？

张洪杰：最近我们团队在清华制备了新型稀土纳米晶的热致介晶相，在无溶剂下该介晶相具有长程有序行为，并获得了极化荧光性能，有望实现稀土纳米材料长程有序组装和柔性加工，在新一代微型智能光电器件领域将有潜在的应用前景。

未来，我们计划开展稀土与生物领域交叉基础与应用研究，聚焦稀土发光材料在脑重大疾病诊疗的应用探索，推动轻质高强稀土生物蛋白纤维材料的基础研究与应用，发展形态和结构可控的稀土基生物用黏合剂和皮肤修复材料，结合稀土元素与DNA发展新型协同信息编码和存储材料的研究。

另外有4项科研成果拟借助清华的平台实现产业化，包括稀土交流LED补光灯（蔬菜、水果、农作物等），稀土环保着色剂，高黏合生物医用稀土蛋白胶水，以及用于国家安全的稀土高端材料。

记者：您是稀土资源利用国家重点实验室的主要创建人，并集合了非常优秀的团队。在团队建设方面您有哪些体会和规划？

张洪杰：1996年我担任中科院稀土化学与物理重点实验室主任，2007年我们成功地进入国家重点实验室的行列。二十多年来培养和引进了一大批优秀的年轻人。当今世界科技进步日新月异，人才竞争日趋激烈，世界科技大国的竞争归根到底是人才的竞争。只有全面提升队伍建设和人才培养水平，才能推动科教兴国，才能真正实现从中国制造向中国创造的转变，进而为中华民族伟大复兴和人类文明进步作出更大的贡献。

来到清华后，希望能招聘3~5名优秀人才，成立稀土功能材料研究中心。在加强基础研究的同时，注重科研成果转化，与校企强强联合，实现产业化，为经济社会贡献力量。

"让每位学生发挥最大潜能"

记者：之前采访了您的团队成员，在他们心中，您是一位对学生和蔼可亲但是要求严格的老师，经常鼓励大家开展跨学科的研究。您觉得培养学生哪些方面的能力最重要？在培养学生方面您有哪些心得？

张洪杰：培养学生最重要的还是独立思考能力、动手能力、交流能力。在研究生阶段，论文题目选定之后，就需要提出自己的看法和想法，对遇到的科学问题提出可能的解决方法，这都需要独立思考能力以及良好动手能力来实现。交流能力也很重要，从事科学研究需要相互交流，相互学习，相互借鉴，共同提高。在交流中，大家通过思维碰撞，发现自己的问题，为自己的研究进一步开展提供新的想法。

培养学生要注重因材施教，不同的学生因为成长环境、接受的家庭教育和学校教育不同，养成了不同的性格，也具备不同的能力。在培养学生独当一面地解决科学问题的过程中，不要抹去他们身上原有的闪光点，不要把所有学生都进行模式化培养，而是要让每位学生发挥最大潜能，展现出最好的自己。人尽其才，才能培养出人才。作为一名老师，要有社会责任感，不仅要把好学生培养得更加优秀，还要把相对落后的学生培养好，让他们成为有用的人才。

记者：您会如何向想要进入化学学科学习研究的学生或年轻者描述当下化学学科？

张洪杰：化学学科已经有200多年的发展历史，在发展中逐渐完备，形成如无机化学、有机化学、分析化学、物理化学、高分子化学与物理、化学生物学等众多二级学科，成为科学体系中不可或缺的重要一环。化学是研究物质变化的科学，在变化中创造出新物质，改造丰富了现有的物质世界，化学学科的成果已经走进日常生活的方方面面。当前各学科都在快速发展中，化学学科也日益彰显出与其他学科之间的联系。只有在学科交叉中借鉴发展出化学学科的新方向、新理论，才能把握化学学科发展的新机遇。

记者：您对有志从事科学研究工作的年轻人有什么建议？

张洪杰：从事科学研究要保持严谨的态度，做科研是一件十分严肃的工作，来不得半点的马虎，一处小小的不注意，可能就会导致最终结果的准确性出现偏差，所以做研究要兢兢业业。对于新问题不要畏惧，要敢于去尝试，有解决问题战胜困难的信心，就像学习游泳一样，不下水永远也学不会。同时，科学研究并不会一直顺利，要保持平和的心态，遇到困难时不要气馁，不要因为一时的失败就选择放弃，要静下心来分析原因、解决困难。另外，还要做好规划，设立长期目标与阶段目标，长期目标可以是未来几年科研工作的规划，阶段目标可以是对某一课题或某一想法的实施方案。明确了目标就有了努力的方向，在开展研究工作时，向着自己的既定目标前进，不被其他事所分心，持之以恒，定能成功。

记者　吕婷

清华新闻网 2020 年 8 月 28 日电